OBSERVATIONS
SUR
LE DROIT DES PATRONS,
ET
DES SEIGNEURS DE PAROISSE
AUX HONNEURS DANS L'EGLISE;

Et sur la qualité de Seigneur *sine addito*, c'est-à-dire Seigneur purement & simplement de tel Village.

Par Me GERMAIN-ANTOINE GUYOT,
Avocat au Parlement.

A PARIS,
Chez B. BRUNET, Imprimeur-Libraire, rue S. Jacques, vis-à-vis celle des Mathurins.

M. DCC. LI.
AVEC APPROBATION ET PRIVILEGE DU ROI.

AVIS DU LIBRAIRE.

L'Auteur de ce Traité étant décedé pendant le cours de l'impreſſion, un de Meſſieurs ſes Confreres (M. BOUCHER D'ARGIS) *a fait la Préface, & une Addition pour le Chapitre V. qui eſt placée à la fin du Volume, immédiatement après le Traité.*

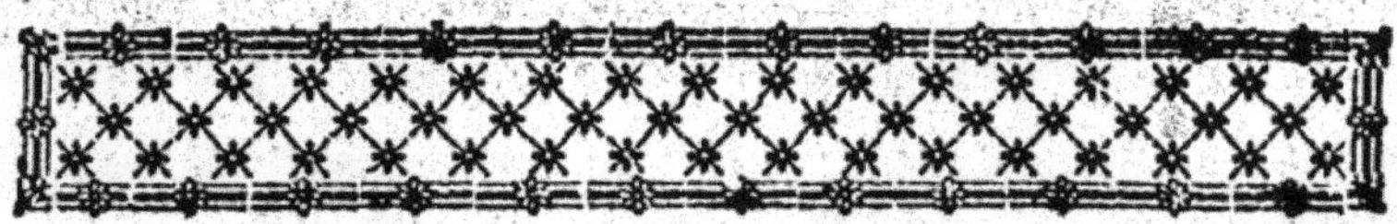

PRÉFACE.

FEU M. GUYOT, Avocat au Parlement, déja connu par son Traité des Fiefs, & Auteur de ce NOUVEAU TRAITÉ DES DROITS HONORIFIQUES, étant décedé pendant le cours de l'impression de celui-ci, il a paru convenable, en présentant son Ouvrage au Public, de lui rendre compte de l'objet que l'Auteur s'est proposé & du plan qu'il a suivi.

Le titre seul de cet Ouvrage annonce déja combien il doit être utile; la matiere est importante par elle-même, & d'un usage très-fréquent.

Les Droits Honorifiques, les Préséances, & toutes les Prééminences en général tirent leur origine de l'ambition des hommes, lesquels sont naturellement avides d'honneurs & de distinctions.

Ce n'est pas seulement dans les cérémonies profanes que cette émulation se manifeste; elle éclate jusques dans nos Temples, où l'on ne devroit entrer qu'avec un esprit d'humilité, & ne s'occuper que d'objets de Piété & de Religion.

Quelque soin que l'Eglise prenne pour éloigner des Fidéles tout esprit de vanité, elle accorde néanmoins quelques honneurs & distinctions à certaines personnes ausquelles elle a cru ne pouvoir légitimement les refuser.

Les Patrons & les Fondateurs sont les premiers ausquels appartiennent de droit les Honneurs de l'Eglise. Ils y occupent la premiere place, sont recommandés aux Prieres, reçoivent l'Encens & l'Eau benite par diſtinction, ont le droit de Litre ou Ceinture funebre à leurs armes, & de Sépulture au Chœur de l'Egliſe; & d'avoir le premier rang pour l'Offrande, le baiſer de Paix, la diſtribution du Pain benit, la Proceſſion, & autres cérémonies.

Deux motifs ont engagé l'Egliſe à déferer ces Honneurs aux Patrons & Fondateurs; l'un eſt pour marquer ſa reconnoiſſance à ſes Bienfaiteurs; l'autre eſt pour exciter les Fidéles à ſuivre leur exemple.

Après les Patrons & Fondateurs, on accorde les mêmes Honneurs aux Seigneurs Hauts-Juſticiers du lieu ſur lequel l'Egliſe eſt bâtie; ce qui ſe pratique à leur égard en conſidération de la Puiſſance publique qu'ils exercent, & pour les engager à prendre l'Egliſe ſous leur protection.

Il a fallu auſſi, pour éviter la confuſion & le déſordre, régler les rangs entre les autres perſonnes qui prétendoient quelque préſéance & diſtinction dans l'Egliſe, tels que les Seigneurs de Fiefs, les Gentilshommes, les Commenſaux de la Maiſon du Roi, les Officiers de Juſtice, ſoit Royaux ou Seigneuriaux, les Corps & Communautés Laïques ou Eccléſiaſtiques, ſéculieres ou régulieres, & généralement pour toutes ſortes de perſonnes qui méritent quelque conſidération.

Ce n'eſt pas ſeulement pour le bon ordre de la Société civile qu'on a réglé les rangs & les préſéances, la Religion même y étoit intéreſſée; puiſqu'autrement l'ambition que chacun auroit eu de ſe diſtinguer, auroit été une occaſion continuelle de confuſion & de ſcandale, qui auroit troublé le Service Divin.

Mais les Patrons & Fondateurs, & les Seigneurs Hauts-Jusliciers du lieu où l'Eglise est bâtie, sont les seuls qui puissent légitimement prétendre aux Droits Honorifiques proprement dits; toutes autres personnes, quelques qualifiées qu'elles puissent être, ne peuvent avoir entr'elles, & relativement à leurs inferieurs, que de simples préséances ou prééminences pour le pas à l'Offrande ou à la Procession, pour la distribution du Pain benit, & autres cérémonies semblables.

La Puissance séculiere, sous la protection de laquelle est l'Eglise, & dont le premier soin est de maintenir le bon ordre & la tranquillité qui doivent regner dans l'Etat, & principalement dans les Lieux saints & dans les Cérémonies de l'Eglise, maintient chacun dans les honneurs & prééminences qu'il a droit de prétendre.

Cette legere idée que l'on vient de donner de la nature des Droits Honorifiques, & des préséances & prééminences, suffit pour faire sentir l'importance de cette matiere, qui intéresse, comme on voit, tous les Patrons & Fondateurs, les Seigneurs Hauts-Justiciers, les Seigneurs de Fiefs, les Gentilshommes, les Personnes constituées en dignité, & généralement tous ceux qui peuvent mériter quelque considération, & qui sont jaloux de conserver leur rang.

La plupart des hommes, plus sensibles à l'honneur qu'à l'intérêt, sacrifieroient une partie de leur fortune plutôt que de se relâcher sur un Droit Honorifique ou sur une préséance. C'est pourquoi il n'y a guére de matiere qui occasionne plus de contestations que celle-ci, ni par conséquent qui mérite mieux d'être éclaircie; c'eſt l'objet que s'eſt propoſé l'Auteur de ce Traité.

Quoiqu'un grand nombre d'autres Auteurs ayent déja écrit ſur le Patronage & les Droits Honorifiques, leur travail ne diminue rien du mérite & de l'utilité de celui de M. Guyot.

Les uns ſont des Auteurs étrangers peu connus qui ont fait des Traités en Latin ſur le Patronage ſeulement; tels que Vivianus, Finkeltaüs, &c.

Il y en a encore ſept de la même claſſe, que l'on trouve communément joints enſemble dans un même volume in-folio; ſçavoir, Antonius de Butrio, Joannes de Anania, Henricus Boich, Ceſar Lambertinus Epiſcopus Inſulanus, Rochus de Curte, Paulus de Citadinis, & Joannes-Nicolaus Delphinates. Les trois premiers de ces Traités ne ſont autre choſe qu'un Commentaire ſur le titre des Decretales *de Jure Patronatûs.*

De Roye a auſſi fait un Commentaire ſur ce même titre, à la ſuite duquel il a joint un Traité *de Juribus Honorificis in Eccleſiâ.*

Tous ces Auteurs n'ont traité principalement que du Droit de Patronage & des Droits Honorifiques par rapport aux Patrons; ce que quelques-uns d'eux ont dit du droit des Seigneurs Hauts-Juſticiers eſt peu conſidérable; & en général leurs maximes ſont peu conformes à nos mœurs.

Nous avons auſſi quelques Interprétes du Droit qui ont écrit du droit de Préſéance; tels que Jacques Godefroy, Cruſius & autres.

Un certain Hornius, Allemand, a auſſi fait ſur

cette matiere un petit Traité, (*a*) dont le Lecteur ne sera sans doute pas fâché de trouver ici une courte analyse, par rapport à la singularité des questions qui s'y trouvent traitées, & que l'on ne trouveroit point ailleurs.

Dans la premiere partie, il prouve d'abord qu'il est du bon ordre & de la police d'un Etat de régler les rangs & les préséances; que ce droit n'est point opposé à la Loi du Christianisme, ni aux préceptes d'humilité de notre Religion; qu'il est permis de disputer & de plaider pour la préséance; & que comme il y a de l'ambition à affecter un rang qui ne nous appartient pas, il y a de la justice à défendre & conserver celui qui nous est dû.

On connoît aisément que l'Auteur est Protestant, par l'interprétation qu'il donne au différend arrivé à Salamanque, entre deux Ordres Religieux, aux funérailles de Marguerite Reine d'Espagne, où ils disputerent, non de la préséance, mais à qui auroit le dernier rang; ce qui dans ces sortes de cérémonies est une marque de prééminence.

L'Auteur examine ensuite différentes questions de préséance, dont plusieurs sont propres à son Pays.

Par exemple, si le Conseiller d'un Prince de l'Empire doit préceder les Docteurs & les Licenciés? Quel rang doit avoir un Conseiller de la Cour de l'Empereur dans une Ville, où un autre Magistrat a la Juris-

(*a*) *De Jure Prædriæ seu Præcedentiæ variarum quæstionum Decades duæ, Authore Gaspare-Henrico* HORNIO, *J. C. & Antecessore Wittebergensi. Wittebergæ, apud Meicrum & Zimmermannum* 1702. C'est-à-dire, différentes questions du droit de Préséance en deux decades, par Gaspard-Henri HORNIUS, Professeur en Droit à Vittemberg, vol. in-4°. de 104 pages. L'extrait de cet Ouvrage est au Journal des Sçavans du 12 Février 1703.

diction ordinaire? Si celui qui le premier a obtenu ses Licences, & depuis a été fait Docteur, doit avoir le pas sur celui qui a obtenu ses Licences & ses Lettres de Doctorat dans le tems intermédiaire? Si la fille d'un Docteur, non mariée, doit être préférée à la femme d'un Marchand? De quelle maniere on termina le différend entre la femme d'un Relieur & celle d'un Boucher, touchant la préséance? Qui de deux Pourvus en même tems d'un Office doit être préféré? Si un Greffier de Ville qui est lettré, a droit de préceder les Conseillers de l'Hôtel-de-Ville non lettrés? Si le Corps des Conseillers de Ville doit être reçu à prendre la défense de son Maire, à qui l'on dispute la préséance? Si les Bourgeois qui dans leur Ville ont la qualité de Porte-Enseigne, doivent avoir un rang au-dessus des autres Boutgeois?

La seconde partie comprend beaucoup d'autres questions, dont les principales sont de sçavoir, si en matiere de préséance, le successeur peut s'aider d'un acte de possession fait par son prédécesseur? Quel est l'effet de la préséance respective, lorsqu'un Officier possede deux différentes Charges, dont l'une lui donne rang au-dessus de certaines personnes, & l'autre au-dessous? Lorsqu'il y a concours entre plusieurs dans l'exercice de la même Jurisdiction, qui doit avoir la préférence? De la distinction qui doit se faire pour les rangs entre les actes publics, & les actes de familles ou privés?

L'Auteur agite encore plusieurs autres questions de préséance en faveur des Docteurs, des Avocats, des Substituts, ou de ceux qui tiennent la place d'un autre. Il y fait mention d'un Procès entre un Libraire

&

& un Marchand, au ſujet de la préſéance. Enfin, il rapporte des conteſtations ſemblables arrivées entre des perſonnes d'un emploi ſi vil & ſi mépriſable, qu'elles ont excité la riſée du Public, & que l'on auroit honte de nommer ici leur Profeſſion (*a*).

Pour ce qui eſt des Auteurs François qui ont traité des Droits Honorifiques & des Préſéances, on les peut diſtinguer en deux claſſes; l'une, de ceux qui n'en ont parlé que dans des Traités généraux de Droit qui embraſſent pluſieurs matieres; l'autre, des Auteurs qui en ont fait des Traités particuliers.

Loiſeau dit qu'il eſt le premier qui ait traité des Droits Honorifiques; il en parle en pluſieurs endroits de ſes Ouvrages, mais particulierement dans ſon Traité des Seigneuries, chap. XI, qu'il a intitulé *des Droits honorables des ſimples Juſtices, notamment des Honneurs de l'Egliſe.* Il nous a donné d'excellens principes ſur cette matiere; mais ce qu'il a dit des Droits Honorifiques ſe trouve principalement renfermé dans un chapitre d'une douzaine de pages, dans lequel il n'a pû prévoir toutes

(*a*) *Poſſeſſio & Conſuetudo Regis præcedentias, cap. licet cauſam, de probationib. ubi omnes communiter & maxime. Baldus, n. 6. Felinus & Decius, n. 1. Tiraquellus, de Nobilitate, cap. 20, n. 58. Lara de Corduba in princip. leg. ſi quis à liberis, n. 31. Beſoldus, de Præcedentiâ, cap. 3, n. 5. Innocent. in cap. 1 de Majorit. & Obedient. Baldus in cap. cum olim, de Conſuetud. & in Leg. obſervandum, §. Antequam, ff. de Offic. Proconſulis. Pariſius, vol. 4, conſil. 149, n. 1. Aretinus, conſil. 23. Grammaticus, deciſ. 64, n. 35. Seraphinus, deciſ. 964. Maſtrillus, de Magiſtratibus, lib. 5, cap. 4, n. 30. Gratianus, tom. 2 Diſceptationum, cap. 298, n. 8 & 9, & tom. 3, cap. 492, n. 9, & tom. 5, cap. 867, n. 27. Fabius de Anna, conſil. 40, n. 1. Felix Contelorius in quæſt. de Præcedentiâ, n. 6 & 58. Ludovicus Rudolphinus, in Tract. de origine & dignitate & poteſtate Ducum Italiæ, n. 234 & 252.*

On peut auſſi voir Jean-Baptiſte Larrea, Auteur Eſpagnol, en un volume in-folio réimprimé à Lyon en 1732, Ouvrage intitulé *Allegationes fiſcales*, diviſé en deux parties, dans la premiere deſquelles les Allégations 51 & 52 traitent l'une & l'autre *de Præcedentiâ.*

les queſtions auſquelles les Droits Honorifiques donnent lieu.

Il en eſt de même de ce que Bacquet en a dit dans ſon Traité des Droits de Juſtice, chap. 20; Carondas, liv. 4, rep. 99; Tournet, lett. P, Arr. 5; la Bibliotéque de Jovet; Coquille, tome 1, p. 251; M. le Prêtre, cent. 2, ch. 36.

Chenu, dans ſon Traité des Offices, a fait un titre particulier des prérogatives, prééminences, rangs & ſéances d'entre perſonnes Eccléſiaſtiques, Magiſtrats & autres Officiers; c'eſt le titre 40ᵉ. qui eſt diviſé en quatre-vingt-cinq chapitres.

Quelques Commentateurs de Coutumes ont auſſi parlé des Droits Honorifiques, entr'autres Baſnage, ſur les art. 69 & 142 de la Coutume de Normandie, & les autres Commentateurs de cette Coutume.

On trouvera auſſi pluſieurs queſtions de préſéance traitées dans le Recueil d'Arrêts du Parlement de Normandie, donné par M. Froland, qui contient pluſieurs recherches curieuſes à ce ſujet.

Nos Canoniſtes François, en traitant du Droit de Patronage, ont pareillement touché quelque choſe des Droits Honorifiques, mais principalement pour les Patrons. On peut voir la Bibliotéque canonique & les Définitions canoniques, au mot Patron; les Loix Eccléſiaſtiques de M. d'Hericourt; le Traité des Matieres Bénéficiales de M. Fuet; les Mémoires du Clergé, premiere Edition, tome 2, part. 2, tit. 5; le Recueil de Borjon des Bénéfices, & pluſieurs autres ſemblables.

Les Arrêts de M. le Premier Préſident de Lamoignon contiennent auſſi pluſieurs déciſions ſur les Droits Honorifiques.

Mais un Ouvrage qu'il est peut-être plus nécessaire d'indiquer, parce que son objet principal ne semble point annoncer qu'il doive traiter des Droits Honorifiques, quoique néanmoins il contienne un assez grand nombre de questions de cette nature ; c'est l'Ouvrage de Me Royer-André de la Paluelle, Licencié en Théologie & en Droit, Curé de Clinchamps, Syndic du Diocèse de Coutances, & Seigneur Patron de la Lucerne.

Il est intitulé *Résolutions de plusieurs cas de conscience, & des plus importantes questions du Barreau, touchant les droits & devoirs réciproques des Seigneurs, des Vassaux, des Patrons & des Curés, tant pour le for exterieur que pour celui de conscience.*

Cet Ouvrage, qui forme deux volumes in-8°, est divisé en trois parties : la seconde est celle qui a rapport à l'objet que nous traitons ici ; elle contient vingt Dissertations en forme de Lettres, dans lesquelles il examine plusieurs questions concernant le Patronage & les Droits Honorifiques dûs tant aux Patrons qu'aux Seigneurs.

En quel tems a commencé le Droit de Patronage, & l'usage de faire des Prieres nominales pour les Patrons ; si on les faisoit après leur mort.

Quels sont les devoirs d'un Curé à l'égard de son Patron ; en quelles occasions le Patron doit préceder le Curé ou lui déferer.

Si le Curé doit quelquefois differer le Service Paroissial à la priere du Patron.

Comment il doit faire les Prieres nominales pour son Patron & sa famille au Prône de la Messe.

Si les Curés sont tenus de faire donner l'Encens

aux Patrons, aux Seigneurs & Dames de Paroisse.

S'ils le doivent donner eux-mêmes quand ils officient.

De combien de coups les Patrons doivent être encensés, ainsi que leur femme & enfans.

Si l'on doit leur présenter l'aspersoir pour prendre de l'Eau benite, & leur présenter l'instrument de Paix.

Qu'un Curé n'est pas obligé d'aller chercher un Patron au bas de l'Eglise pour lui donner l'Eau benite.

Que les Gentilshommes n'ont pas droit de prétendre qu'on les aille chercher dans leurs places pour leur donner l'Eau benite & leur présenter le Pain benit avant les Roturiers.

Quel droit le Seigneur a dans le Chœur, soit pour s'y placer, soit pour y faire placer d'autres personnes.

Qu'un Seigneur ne peut pas faire tenir ses Plaids dans le Cimetiere, ni dans le Portail de l'Eglise, ni les indiquer par le son des cloches.

S'il les peut tenir dans le Presbytere.

Qu'il ne doit jamais entrer dans l'Eglise avec d'autres armes que son épée.

Qu'un Curé ne doit pas refuser des Ornemens que le Seigneur de sa Paroisse veut donner, sous prétexte que ses armes y sont en broderie, pourvû que les Statuts du Diocèse ne le défendent pas, & qu'il n'y ait rien d'indécent.

De l'origine des Litres & Ceintures funébres.

Que les Magistrats des Paroisses & les Enfans-de-Chœur doivent avoir tous les Honneurs devant les Seigneurs, quand ils sont revêtus de Surplis.

Que les Majeurs des Confrairies ne doivent point préceder les Seigneurs & Gentilshommes.

Que les Seigneurs ne doivent point faire placer leurs Domestiques au-dessus des Ecclésiastiques, ni dans le même rang.

Qu'un Patron ne doit point affecter de communier seul, ni dans un lieu distingué.

Qu'un Curé ne doit point se faire appeller Monsieur d'une telle Paroisse, sans y ajouter le nom de Curé, quand le Seigneur du lieu en porte le nom.

Que le Patron honoraire jouit des mêmes Honneurs que le Patron présentateur.

Que le Seigneur a droit d'avoir le premier Banc dans la Nef, outre son Banc dans le Chœur.

Enfin, que les Patrons doivent être inhumés dans le Chœur de l'Eglise, & non pas dans le Sanctuaire.

Pour ce qui est des Auteurs qui ont traité *ex professo* des Droits Honorifiques, un des plus anciens est Jacques Corbin, qui a écrit sur les Droits de Patronage, Honorifiques, & autres en dépendans. Mais quoique le titre de cet Ouvrage semble annoncer qu'il ait beaucoup de rapport avec la matiere dont nous discourons ici, son objet principal est totalement différent; les Droits de Patronage dont il traite sont ceux des Maîtres sur leurs Affranchis, & des Seigneurs de Fiefs sur leurs Vassaux; & les Droits Honorifiques qu'il examine à l'égard de ces Seigneurs, ne sont pas les Droits dont ils jouissent dans les Eglises, mais des Droits féodaux, tels que les droits de retrait féodal, d'indemnité; le droit de Guerre, qui a été aboli à l'égard des Seigneurs. Il examine aussi quelques questions de régale, & autres droits régaliens. Tout cela, comme on voit, n'a aucun rapport que de nom avec les Droits Honorifiques dont les Patrons & les Seigneurs Hauts-Justiciers jouissent dans les Eglises.

On pourroit plutôt mettre au nombre des Auteurs qui ont traité de cette matiere, de Chasseneuz, qui a fait un Ouvrage très-connu, en un volume in-folio, intitulé *Catalogus gloriæ mundi*, qu'il composa à l'occasion de diverses questions de préséance agitées entre quelques Officiers.

M. du Perray a fait un Traité intitulé des Droits Honorifiques & utiles des Patrons & Curés primitifs, de leurs charges & de celles des Décimateurs : on y trouve plusieurs Arrêts remarquables, & de bons matériaux ; mais cet Ouvrage embrasse, comme on voit, plusieurs objets.

MM. Simon & de Ferriere nous ont donné de bons Traités sur le Droit de Patronage, où ils ont aussi parlé des Droits Honorifiques, mais principalement par rapport aux Patrons. Ils se sont peu étendu sur ce qui concerne les Seigneurs Hauts-Justiciers, & sur les préséances que peuvent prétendre d'autres personnes.

Le Traité de M. Maréchal sur les Droits Honorifiques étoit le plus général qui eût encore paru sur cette matiere.

Mathias Maréchal, Auteur de ce Traité, étoit un célébre Avocat, & un des premiers du Conseil de Mademoiselle Marie de Bourbon, Duchesse de Montpensier, qui épousa en 1626 Gaston-Jean-Baptiste Duc d'Orléans.

Il dédia à cette Princesse son Traité des Droits Honorifiques. Dans l'Epitre dédicatoire, datée du premier Janvier 1615, qui se trouve dans les premieres

Editions, il annonce qu'il composa ce Traité à l'occasion des querelles & différends qui s'élevoient fréquemment entre les Vassaux de cette Princesse, laquelle possedoit plusieurs grandes Seigneuries, & qu'il avoit eu pour but d'instruire ces Vassaux des régles qu'ils devoient observer en cette matiere.

Après la mort de cette Princesse, il continua d'être un des premiers du Conseil de Mademoiselle de Montpensier, fille unique & héritiere des grands biens de sa mere, & lui dédia la huitiéme Edition de son Traité des Droits Honorifiques, qui fut imprimée à Paris en 1643. Ce Conseil, dont il étoit membre, lui fournissoit toujours les mêmes occasions d'approfondir de plus en plus la matiere de son Traité.

Mais un autre motif particulier dont il ne parle pas, & qui néanmoins contribua sans doute aussi beaucoup à l'engager à faire ce Traité; c'est qu'il jouissoit lui-même des Droits Honorifiques en deux Eglises différentes, en qualité de Patron.

L'une de ces Eglises est celle de Vaugirard près Paris, dont le Patronage lui appartenoit du chef de la Demoiselle le Cogneux sa femme, descendante de Simon de Bucy, Premier Président du Parlement, lequel possedoit à Vaugirard une Maison non seigneuriale, & fonda dans ce lieu une Chapelle, qu'il fit ensuite ériger en Paroisse en 1342. Sa Maison, qui dans tous les titres est appellée la *Maison Patronale*, passa par succession jusqu'à M. Maréchal avec le Droit de Patronage qui y est attaché, & que l'on peut regarder comme un Patronage mixte, c'est-à-dire attaché tout à la fois à la famille du Fondateur & à une Glebe, mais non seigneuriale.

Me Maréchal avoit contribué personnellement aux bâtimens de cette Eglise, comme il paroît par ses armes qui sont gravées en pierre au dehors de l'Eglise, derriere le Chœur.

Il étoit aussi Patron d'une Chapelle sous le titre de Saint Jacques & Saint Philippe, fondée en l'Eglise de Sainte Croix de Lyon, dont il avoit la pleine provision & collation; il en parle dans le chapitre premier de son Traité.

Comme chacun est naturellement porté à soutenir les droits d'un Titre dont il est décoré, on ne doit pas être surpris que M. Maréchal, qui ne jouissoit des Droits Honorifiques qu'en qualité de Patron, se soit un peu trop prévenu dans son Traité en faveur des Patrons, en leur attribuant les Droits Honorifiques à l'exclusion des Seigneurs Hauts-Justiciers.

Il a lui-même fait mention, chap. 1, d'une Critique qui fut faite à ce sujet de son Traité par un Religieux en 1636.

M. Guyot étoit instruit des circonstances dont nous venons de parler; on sçait même qu'il avoit dessein d'en faire mention dans la Préface de son Ouvrage.

Ce n'est donc pas sans raison qu'il a été en garde contre certains endroits du Traité de M. Maréchal, où cet Auteur a porté trop loin les priviléges des Patrons.

Il observe, 1°. Que Maréchal s'est trompé en supposant que l'Ordonnance de 1539, faite pour régler les Droits Honorifiques en Bretagne, devoit être observée par tout le Royaume comme un Droit commun; que cette Ordonnance n'a été adoptée qu'au Parlement de Normandie; ce qu'il établit par le sentiment des meilleurs Auteurs.

2°.

2°. Que Maréchal ne devoit pas attribuer indistinctement, comme il a fait, aux Patrons les Droits Honorifiques privativement aux Hauts-Justiciers; que ce droit exclusif des Patrons n'a lieu qu'en Normandie, où le Patronage est presque toujours joint à la Seigneurie, & où le Patron seul jouit des Droits Honorifiques; tellement qu'à défaut même du Patron, le Seigneur Haut-Justicier n'en jouit pas; mais qu'ailleurs le Patron ne les a pas exclusivement, qu'il les a seulement par préférence au Haut-Justicier, lequel jouit de tous les mêmes Droits après le Patron, à l'exception de la nomination au Bénéfice.

3°. Que la plupart des Arrêts sur lesquels Maréchal fonde ses décisions, sont tirés du Parlement de Normandie, dont la Jurisprudence ne doit point être proposée comme une régle générale, étant fondée sur des principes particuliers à cette Province.

On sent aisément toute l'utilité de cette discussion que M. Guyot a fait des principes posés par Maréchal, & des Arrêts qu'il cite.

M. Danty avoit déja fait vingt & une Observations sur le Traité de Maréchal, qui sont fort bonnes. Elles ne suffisoient pourtant pas encore pour suppléer tout ce qui manquoit au Traité de Maréchal, & ne relevent pas certaines erreurs échapées à cet Auteur.

Pour ce qui est du petit Traité des Droits Honorifiques, imprimé à la suite de Maréchal, & que l'on attribue à M. de Clugny, Conseiller au Parlement de Dijon, c'est un excellent Précis de la matiere, & qui a seulement le défaut d'être trop succint pour embrasser toutes les questions qu'elle fait naître.

Ainsi, quoique cette matiere ait déja été traitée par divers Auteurs, & que leurs Ouvrages ayent chacun leur mérite & leur utilité, la matiere avoit encore besoin d'une nouvelle discussion; & c'est ce que M. Guyot a fait dans les Observations que l'on présente ici au Public.

La matiere des Fiefs, qui étoit son étude favorite, l'avoit conduit naturellement à approfondir aussi celle des Droits Honorifiques & des Préséances, qui a beaucoup de liaison avec la premiere, puisqu'elle intéresse tous les Seigneurs féodaux, & les Hauts, Moyens & Bas-Justiciers.

Pour décider les questions de Droits Honorifiques & de Préséances, M. Guyot s'est attaché principalement aux vrais principes plutôt qu'aux autorités; c'est-à-dire qu'il ne s'est point laissé entraîner par la force des préjugés, sans en sçavoir les circonstances & les motifs, ni au sentiment de certains Auteurs qui ne se déterminent que par des préjugés, dont ils font souvent une mauvaise application.

Ce n'est pas qu'il ait négligé ce que les Auteurs ont dit avant lui sur les Droits Honorifiques; il a eu soin de rapporter leur sentiment; mais sans prendre un ton trop décisif, il a discuté les raisons qu'ils ont donné de leur avis, & a réfuté celles qui ne lui ont pas paru bonnes.

Il a aussi fait mention des Arrêts sur lesquels les Auteurs ont fondé leurs décisions; mais il a examiné par lui-même l'espéce & les motifs de ces Arrêts; il a fait voir que plusieurs Auteurs, & notamment Maréchal, ont donné quelques Arrêts comme ayant jugé certains points, quoiqu'ils ayent jugé toute autre chose. Pour démontrer leur erreur, il a fait beaucoup de recherches, & a fait diverses réfléxions sur ces Arrêts pour en tirer de justes conséquences.

Les Arrêts remarquables intervenus sur des questions de Droits Honorifiques depuis l'Edition des précedens Traités, ne lui ont pas non plus échappé ; il en a fait l'analise aussi-bien que des Mémoires imprimés qu'il a pû recueillir ; & l'on voit qu'il a eu l'attention d'extraire les Arrêts sur des copies en bonne forme ; ensorte que l'on peut compter sur l'exactitude de tout ce qu'il avance.

Il a expliqué d'une maniere bien sensible les deux sources d'où dérivent tous les Droits Honorifiques, qui sont le Patronage & la Haute-Justice. Il s'est attaché par tout à distinguer les Droits Honorifiques proprement dits, qui n'appartiennent qu'aux Patrons ou Fondateurs, & aux Seigneurs Hauts-Justiciers, d'avec les simples préséances ou distinctions de rang, qui peuvent être accordées à beaucoup d'autres sortes de personnes ; & en faisant attention à cette différence, il a concilié divers préjugés qui paroissoient établir des principes contraires les uns aux autres.

Il a encore observé, que l'on ne doit point argumenter de certains Arrêts qui paroissent contraires aux Droits des Seigneurs Hauts-Justiciers, attendu que ceux contre lesquels ces Arrêts ont été rendus, avoient bien quelque droit de Haute-Justice dans la Paroisse, mais n'étoient pas les Seigneurs Hauts-Justiciers du lieu où la Paroisse étoit bâtie ; circonstance qui doit concourir pour leur attribuer les Droits Honorifiques.

Comme ces sortes de Droits n'appartiennent qu'aux Patrons & aux Seigneurs, M. Guyot a trouvé nécessaire d'examiner qui sont ceux qui peuvent se qualifier Seigneurs du Lieu indéfiniment ; quels sont ceux qui peuvent se dire Seigneurs en partie du même Lieu ; si ceux qui n'ont qu'un simple Fief dans le Lieu, peuvent ſe qualiſier Seigneurs en partie; & pluſieurs autres queſtions qui appartiennent à la matiere des Fiefs, mais qui entrent néanmoins néceſſairement dans celle des Droits Honorifiques, étant un préalable de décider toutes ces queſtions, pour ſçavoir quels ſont ceux qui peuvent prétendre les Honneurs de l'Egliſe.

M. Guyot a examiné toutes ces queſtions, non-ſeulement par rapport aux Patrons & aux Seigneurs Hauts-Juſticiers, Seigneurs de Fiefs & autres, mais auſſi par rapport à leurs femmes & enfans, leurs Officiers, Domeſtiques, & autres perſonnes qui peuvent les repréſenter.

Il a même prévu juſqu'aux queſtions qui peuvent naître par rapport aux Chapelles que quelques Seigneurs ont dans les Egliſes Paroiſſiales.

Enfin il a diſcuté pluſieurs queſtions nouvelles, & a raſſemblé tout ce qui avoit rapport à la matiere; enſorte qu'on ne peut douter que cet Ouvrage ne ſoit très-utile au Public, & qu'il ne ſoit néceſſaire même à ceux qui ont déja les autres Traités des Droits de Patronage & Honorifiques.

Dans le Chapitre cinquiéme, p. 258, où M. Guyot a fait mention d'un Arrêt du 18 Janvier 1603, rapporté par Maréchal, il a obſervé qu'il eût été à ſouhaiter que Maréchal eût inſtruit le Public de l'eſpéce de cet Arrêt, & des vraies qualités des Parties; c'eſt pourquoi l'Auteur de cette Préface, qui a une connoiſſance particuliere des circonſtances de cet Arrêt, & du local des Seigneuries des Parties, a fait une Addition pour cet endroit du Chapitre cinquiéme que l'on trouvera à la ſuite de ce Traité, dans laquelle il a rapporté l'eſpéce de cet Arrêt, & y a joint quelques réfléxions auſquelles il donne lieu.

TABLE DES SOMMAIRES.

CHAPITRE PREMIER.

Cause & dessein de l'Ouvrage ; des Honneurs de l'Eglise en général ; de leurs causes productives & effectives.

CHAPITRE SECOND.

Des personnes qui en général peuvent par droit prétendre aux Honneurs de l'Eglise.

CHAPITRE TROISIEME.

CHAPITRE

CHAPITRE QUATRIÉME.

Combien de sortes d'Honneurs ou de Droits Honorifiques dans l'Eglise.

CHAPITRE CINQUIÉME.

Des grands Droits Honorifiques, appellés Majores Honores.

SECTION PREMIERE.

De la Litre ou Ceinture funebre.

PREMIERE QUESTION.

Le Patron a-t-il droit de Litre en dedans & en dehors de l'Eglise? L'a-t-il privativement au Haut-Justicier?

DEUXIÉME QUESTION.

Lorsque le Patronage ou la Haute-Justice sont à plusieurs pro indiviso, vel pro diviso, *c'est-à-dire avec assignat de portions, y aura-t-il autant de Litres que de Copatrons & de Coseigneurs?* Quid *des Moyens & Bas-Justiciers?*

TROISIÉME QUESTION.

L'Acquéreur du droit de Patronage ou de la Haute-Justice peut-il faire effacer les Litres de l'ancien Patron ou du Haut-Justicier?

QUATRIEME QUESTION.

Quelles personnes ont droit de Litre & autres Honneurs dans les Eglises non Paroissiales, comme Collégiales, Conventuelles ?

SECTION SECONDE.

Des Prieres nominales.

SECTION TROISIÉME.

Du Banc dans le Chœur.

SECTION QUATRIÈME.

De l'Encens.

SECTION CINQUIÈME.

De la Sépulture au Chœur.

SECTION SIXIÉME.

Si les grands Honneurs se multiplient.

CHAPITRE SIXIÉME.

Des Honneurs moindres.

SECTION PREMIERE.

De l'Eau benite.

Arrêts

SECTION SECONDE.

Du Pain benit.

SECTION TROISIÉME.

De la Paix, Offrande & Procession.

CHAPITRE SEPTIÉME.

De la forme d'agir pour les Droits Honorifiques, & quels Juges en doivent connoître.

CHAPITRE HUITIÉME.

De l'heure du Service Divin; & du droit de donner la permission de la Fête du Village.

CHAPITRE NEUVIÉME.

Des Chapelles dans les Eglises.

ADDITION AU CHAPITRE CINQUIÉME,

OBSERVATIONS

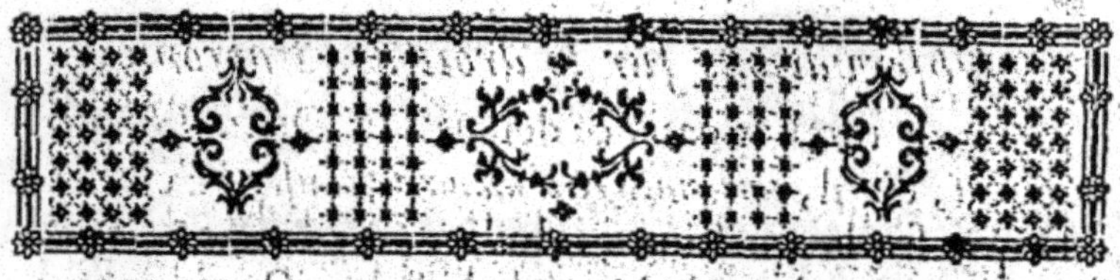

OBSERVATIONS SUR LE DROIT DES PATRONS AUX HONNEURS DANS L'EGLISE, &c.

CHAPITRE PREMIER.

Cause & dessein de l'Ouvrage ; des Honneurs de l'Eglise en général ; de leurs causes productives & effectives.

I. *Auteurs qui ont traité des Droits Honorifiques.*

II, III, IV. *Causes du présent Ouvrage.*

V. *Ce qu'il faut sçavoir pour décider les Questions sur ces Droits.*

VI, VII, VIII, IX. *Causes natives des Honneurs dans l'Eglise.*

X. *Causes productives des Honneurs dans l'Eglise.*

I. *IN re facili multi, in difficili muti*, disoit Cujas aux Auteurs ultramontains qui se multiplioient sur les Matieres aisées & rebattues, dont les principes & les conséquences étoient si publiques, qu'il n'étoit permis à personne de les ignorer. Bretonnier sur Henrys, Plaidoyé 16, a craint de tomber dans ce défaut : *les Droits Honorifiques sont*, dit-il, *une matiere commune & usée* ; c'est pour cela que sur la question 3. du liv. 1, éd. 1708, tome second, en parlant de Maréchal, il dit : *Quand une matiere est traitée* (ex professo) *par un bon Auteur, je me contente d'y renvoyer.*

La modestie de ce digne Confrere, dont les Notes sur l'illustre Henrys pétillent d'esprit & de science, ne devroit-elle pas retenir ma plume ? Si cet Annotateur doué d'un génie aussi capable d'ajouter aux Oeuvres de Maréchal, d'enchérir sur cet Ouvrage, s'est arrêté devant le crédit mérite de cet Auteur, dois-je entreprendre de retoucher cette matiere ?

Loyseau, chap. 11. des Seign. n. 16, dit qu'il a le premier traité les Droits Honorifiques. On doit avouer que sur des fondemens jettés par un Ecrivain, dont la mémoire est aussi glorieuse, il a été facile à ceux qui ont écrit sur ces Honneurs, de bâtir & d'elever. Corbin, des Droits de Patronage ; Bacquet, chap. 20, des Droits de Justice ; De Roye, *de Jure Patronatûs & Juribus Honorif.* Basnage sur Normandie, articles 69 & 142 ; l'Auteur des Définitions Canoniques, au mot *Honneurs* ; Maréchal, Simon & Danti ses Additionnaires ; Ferriere, du Droit de Patronage, & des Droits Honorifiques ; M. de Clugny, Conseiller au Parlement de Dijon, Auteur du petit, mais sçavant Abregé qui se trouve à la fin de l'édit. de 1740, du Traité de Maréchal ; tous ces Auteurs n'ont-ils pas épuisé la matiere ? Que reste-t-il à desirer sur cela ?

II. Je suis de bonne foi ; j'avoue que ce que je vais écrire, je l'ai puisé pour la majeure partie dans ces Auteurs ; j'y ajoute des jugemens qu'ils n'ont pas connus.

Je veux cependant traiter de nouveau ces Droits. Depuis trente-six ans que je suis Avocat (1749.) toutes mes veilles ont été consacrées à mon Ordre; c'est ainsi que j'espere finir ma carriere, non en accablant mes Confreres de Traités nouveaux: à force d'embrasser trop de champs, dont les routes ne me seroient pas si favorites, je courrois risque de donner dans le faux, & d'occasionner de mauvaises décisions; mais je continuerai, en perfectionnant de plus en plus, autant que mes lumieres & la fragilité de ma santé le permettront, les Ouvrages que j'ai voués au Barreau. *Non nobis solum nati sumus, ortus nostri partem patria, partem parentes vindicant, partem amici.* Cicer. *de Offic. lib.* 1.

C'est ce goût de n'être Avocat que pour être utile à mes Confreres, qui m'a fait risquer de franchir l'océan des Fiefs: j'ai essayé de leur donner un fil qui les aidât à sortir heureusement de ce labyrinthe, que, malgré les travaux précieux de Dumoulin, les Auteurs modernes avoient rendu inextricable.

Je n'entreprends ce petit Ouvrage que pour applanir devant mon Ordre la voye qui mene aux bonnes décisions.

III. Le dirai-je? J'ai peine à m'y résoudre; le mérite des Auteurs qui ont écrit sur les Honneurs dans l'Eglise est décidé; mon dessein n'est pas de diminuer les louanges qui leur sont acquises.

Mais dans la confiance où je suis que mon caractere est assez connu de mes Confreres, pour ne me pas supposer jaloux & impatient de la gloire des autres, si ce n'est de cette jalousie que tout honnête homme doit avoir; cette belle émulation qui doit nous animer, & nous porter à imiter nos illustres prédécesseurs; cette noble jalousie, dit Boileau, si utile aux hommes, c'est elle qui perfectionne les Sciences & les Arts ; me flatant qu'on me regarde au contraire tel que je suis, admirateur du bon, applaudissant le premier aux Ouvrages où la science & la justesse du génie s'annoncent, & ne se font pas chercher ; n'ayant d'autre but que d'ouvrir le chemin du vrai, je vais le dire.

En lisant ces Auteurs, j'ai trouvé qu'en remontant à la source, les Arrêts qu'ils citoient, & dont ils donnoient le double entier, ou ne s'appliquoient pas à la question, ou n'y venoient que de biais, ou ne pouvoient fonder des maximes que l'on avançoit comme générales & certaines ; j'ose le dire, la plûpart n'ont pas voulu se donner la peine de raisonner d'après les Jugemens ; ils ont décidé historiquement, en racontant les Arrêts dont ils avoient connoissance.

IV. Voilà la cause de ce petit Traité que je mets au jour : je veux tirer au clair & les Questions & les Décisions ; appliquer les Jugemens aux cas qui ont pû les faire rendre ; montrer, s'il est possible, le principe de chaque Question : je veux que l'on sçache au vrai ce que les Arrêts ont jugé : je veux mettre le Lecteur en état de sçavoir & ce qu'ont pensé les Auteurs, & ce que les Arrêts ont adopté, & ce sur quoi il peut compter : pour cela, j'expliquerai d'abord la cause native & efficiente des Honneurs déférés par l'Eglise.

V. Je l'ai dit plusieurs fois dans mon Traité des Fiefs ; faute de commencer par le principe, faute de connoître la cause d'un Droit, son origine, le pourquoi il a lieu, combien de mauvaises décisions ! On se contente de sçavoir qu'un tel Auteur a pensé ainsi : cet Auteur a du nom, cela suffit. Mais pourquoi a-t-il décidé de cette façon ? A-t-il bien décidé ? On l'ignore : l'espéce sur laquelle il a écrit, ne se trouve souvent pas identifiquement la même que celle qui se présente ; il n'importe, un tel a décidé : & voilà comme on ne sçait jamais ce qu'on doit sçavoir d'abord. Si on alloit au principe, on verroit que dans la Question que l'on traite, il faut penser autrement que cet Auteur. Je le dis, même avec douleur, il arrive quelquefois que, chargé d'une affaire douteuse, on se trouve gêné par le principe ; on le nie, ou tout au moins on veut se persuader que ce principe, souvent le plus avoué, n'en est pas un ; & alors on s'écarte, on donne des sophismes pour des raisonnemens. Eh quoi ! n'est-il pas plus glorieux au Jurisconsulte de rendre d'abord hommage aux principes ? Ils sont le repos des familles. Tirez vos conséquences selon la Cause, *bene sit* ; mais ne faites jamais briller votre esprit aux dépens de la vérité.

Les autorités sur lesquelles on se fonde, sans en sonder les motifs, sont presque toujours un obstacle à la découverte de la vérité, qui, sur-tout dans notre profession, est le but unique où doivent tendre tous nos soins.

En se reposant sur une autorité que l'on a trouvée, & que l'on ne saisit que trop avidement pour ménager son esprit, pour abreger le tems que l'on doit donner à la discussion d'une Question, on cesse de faire usage de son propre jugement ; on se livre indiscretement. *Non tam autoritatis (a) in disputando, quam rationis momenta quærenda sunt, quin etiam obest plerumque iis qui discere volunt autoritas eorum qui se docere profitentur ; desinunt enim suum judicium adhibere, id habent*

(a) Dans quelques éditions il y a *Autores.*

ratum quod ab eo quem probant vident judicatum. Cicer. *de Nat. Deor. lib.* 1.

Je vais donc agiter la cause des Droits Honorifiques; quelles personnes ont droit d'y prétendre; quelles autres peuvent les avoir par possession; si ces Droits se multiplient; ce qu'ils sont chacun en particulier; s'ils ont lieu dans toutes les Eglises paroissiales, conventuelles, ou autres. Je traiterai de la qualité & du titre *de Seigneur sine addito.* En un mot, je parlerai de tout ce qui peut y avoir rapport.

Causes natives des Honneurs.

VI. Les Honneurs dans l'Eglise, que l'on a nommés *Droits Honorifiques*, ne sont pas *proprie* des Droits; l'ambition a réalisé ces Honneurs, & en a fait des Droits attachés aux familles & aux Seigneuries: cependant dans le principe vrai, ce ne sont pas des Droits; c'est ainsi qu'en ont pensé les bons Auteurs. Loyseau, des Seign. chap. 11, nomb. 48, dit: *Les prééminences de l'Eglise sont simples honneurs, non par commandement; ils consistent en préseances* (*a*), *non en puissance.*

Les Honneurs sont le prix de la vertu: *Honor est exhibitio reverentiæ in testimonium virtutis.* Chassanée, *de gloria mundi*, part. 1, consid. 3. *Honor*, dit-il un peu plus bas, *est testimonium excellentiæ quæ est in homine, sed maximè secundùm virtutem, ideo secundùm virtutem & dignitatem dantur Honores.* Dans le cas que nous traitons, les Honneurs sont des actes de reconnoissance, ou d'un grand bienfait, ou de la protection qui émane de la puissance publique, *id est*, la justice. *Honor in hoc tractatu nihil aliud est quam cultus & reverentia quæ viris eximiis habetur in Ecclesia, propter singularem eorum*

(*a*) Ne prenez pas crument ce terme de Loyseau; je l'explique Chap. IV.

beneficentiam, & potestatem. De Roye, *de Jurib. Honor, lib.* 1, *cap.* 1.

De ces actes de reconnoissance, de ces déférences pour les bienfaits, pour la puissance publique, sont nés ce qu'on appelle les Droits Honorifiques : ils passent de famille en famille ; ils sont comme dans le commerce ; ils vont à l'acquereur de la Glebe patronale, ou de la Seigneurie.

VII. Les hommes n'obligent pas ordinairement pour le seul plaisir d'obliger ; ils attendent du retour, ils y comptent, ils l'exigent ; ils se croyent méprisés, si on ne marque pas qu'on leur est obligé : *à quo plurimùm sperant, etiamsi ille his non indiget, potissimùm inserviunt.* Cicer. *de Offic. lib.* 1. La béneficence (*a*) est une des vertus les plus convenables à l'homme ; mais qu'il est rare de s'y porter sans espoir d'une reconnoissance prochaine ! On ne connoît plus ce beau précepte de Seneque, *lib.* 1, *cap.* 6, *de benef. Domus Beneficium non fœneremur.* S'il est vrai qu'on peut esperer la reconnoissance comme une conséquence naturelle du bienfait, il est également vrai que le bienfaiteur n'a aucun droit de l'exiger.

Néanmoins, quoi de plus commun ? Je ne dis pas seulement de s'impatienter, quand la reconnoissance ne suit pas de près le bienfait ; mais de forcer ceux à qui on fait du bien à le reconnoître, de leur en faire une loi, de prendre les marques de reconnoissance comme un tribut servile que l'on doit acquitter, cela ôte la portion la plus flateuse du bienfait : *Incipit non beneficium esse, sed creditum.* Seneque, *de benef. lib.* 3, *cap.* 7.

C'est sans doute ce qui a fait dire à de Roye, *ibid.* lib. 2,

(*a*) On me passera ce terme, il explique mieux ma pensée.

cap. 1 : *Fortè quidem Honores illi solo pudore fidelium ab initio continebantur, sed post modum conversi sunt in assiduam jurisdictionem.* Et il le faut avouer, les liberalités des premiers Chrétiens n'avoient d'objet que la gloire de Dieu, la magnificence de son culte, & le desir d'attirer ses graces. L'ambition a dénaturé le bienfait.

VIII. De-là tant de querelles, qui, *teste* Loyseau, ont coûté la vie à tant de Gentilshommes, tant de procès pour acquérir ces fumées, dont le cœur humain se repaît si avidement.

Le Patron n'est pas content que ses armes sculpées sur la clef de la voute, qu'un titre autentique de fondation, apprennent aux siécles à venir que le Temple lui doit son être matériel; il veut que chaque jour solemnel en retrace la mémoire à tout le Peuple; il plaide, si la reconnoissance ne se montre pas assez publiquement par des actes extérieurs qui nourrissent sa vanité. *Videre etiam plerosque, non tàm natura liberales, quàm gloria quadam ductos ut benefici videantur, facere multa quæ ab ostentatione, magis quam à voluntate proficisci videantur.* Cicer. *ibid.* Ce n'est pas assez pour le Haut-Justicier que sa qualité, son autorité le distinguent dans l'Eglise du reste des habitans, & lui attirent nécessairement les respects & l'estime de distinction, qui est l'estime vraiment digne de l'homme; *habet enim venerationem justam quidquid excellit.* Cicer. *de Nat. Deor. lib.* 1. Il veut que tous les Honneurs payent la protection qu'il doit à l'Eglise; combien même veulent se les arroger, & n'ont d'autres titres que leur ambition?

IX. Mais enfin l'Eglise toujours pleine de gratitude pour ses bienfaiteurs, a décerné ces Honneurs à ceux qui lui font du bien, ou qui la protegent. De Roye, *ibid.* le le démontre par plusieurs Canons des Conciles. Ces Honneurs sont aujourd'hui des droits de Familles & de Seigneuries. Cherchons-en donc les causes productives & efficientes pour assurer le droit de ceux qui peuvent y prétendre, contre les refus trop fréquens, souvent indécens, de ceux qui, obligés de les déferer, se font un mérite d'oublier ce précepte du Droit naturel que les Canons leur ont prescrit, en accordant ces Honneurs aux Patrons & aux Seigneurs. *Nullum officium referenda gratia magis necessarium est.* Cic. *de Offic. lib.* 11, *cap.* 15. Si le bienfaiteur doit obliger par le seul motif d'obliger, & de faire le bien sans compter sur la reconnoissance, sans se croire en droit de l'exiger; la reconnoissance, quoiqu'elle doive avoir un je ne sçai quoi de libre, n'est pas moins une espéce de tribut que nous devons pour les bienfaits reçus, & que l'honneur nous impose.

X. Les Auteurs sont assez d'accord pour ne reconnoître que deux causes productives de ces Droits. *Beneficentia, potestas publica.* De Roye, *de Jurib. Honor. lib.* 1, *cap.* 1. Il le dit encore, *lib.* 2, *cap.* 5. Les autres Auteurs bien entendus conviennent de ce principe. La suite le démontrera.

Causes productives des Droits Honorifiques.

Les bienfaits, la puissance publique qui prête son secours à l'Eglise pour en conserver les biens, pour maintenir la décence & la tranquillité dans les Eglises, sont les deux sources uniques de ces Honneurs. Voilà ce qui peut les faire avoir *par droit.*

Quand je dis que les bienfaits sont une des deux causes productives des Droits Honorifiques, je ne parle pas des dons particuliers faits à l'Eglise; ces bienfaits ne produisent que des commémorations, des prieres ordinairement stipulées par les contrats de liberalités.

Je parle de la fondation & dotation de l'Eglise ; c'est cette liberalité qui ayant donné l'être matériel au Temple consacré à Dieu, produit le Droit de Patronage, & par conséquent les Honneurs de l'Eglise. *Charitas quæ ædificat, & potestas publica quæ est à Deo ad tutelam bonorum, & malorum vindictam.* De Roye, *ibid. lib.* 2, *cap.* 1. Ou bien comme il le dit *ibid.* un peu plus haut : *Ex insigni beneficentia, & pia liberalitate sine qua non consisteret ipsa Ecclesia, & ex potestate publica, per quam Ecclesia & ejus liberi pacem & justitiam à Deo suscipiant, ac defendantur à sceleratis, & hominibus malæ rei.*

On a introduit, dit M. le Bret, liv. 3, décis. 8, des priviléges en faveur des Patrons & Fondateurs, & où ceux-ci ne paroîtroient, en faveur des Châtelains & Hauts-Justiciers, qui leur permettent d'être enterrés dans le Chœur des Eglises, & d'y avoir pendant leur vie toutes sortes de prééminences & de prérogatives, qui ont été accordées aux uns pour reconnoissance de leur pieté, & pour exciter par leur exemple ceux de la même condition à se rendre recommandables par leur vertu ; aux autres, afin que par cet honneur ils fussent exhortés à défendre & à proteger les Droits de l'Eglise.

M. le Bret n'admettoit le Haut-Justicier qu'à défaut de Patron. La Jurisprudence a décidé qu'il avoit cet Honneur *après* le Patron ; qu'il les avoit, soit qu'il y eût ou qu'il n'y eût pas de Patron.

Mais on voit toujours que ce digne Magistrat ne posoit que deux causes des Honneurs de l'Eglise, *beneficentia, potestas publica.*

XI. Retenez bien ces deux causes productives, ce double germe des Honneurs ; vous serez en état de décider toutes les questions que ces Droits font naître tous les jours, selon que vous verrez que ceux qui les demandent, portent ou ne portent pas avec eux une de ces deux causes.

Cette fixation des causes productives des Honneurs nous conduit à parler de ceux qui ont *droit* d'y prétendre, ausquels les Curés ne peuvent les refuser, & qui peuvent empêcher qu'on ne les déferent à d'autres. Mais comme dans le détail de ces Honneurs nous en parlerons plus particulierement, en rapportant les Arrêts qui ont adjugé chacun de ces Droits, le Chapitre suivant sera un Chapitre général de ceux qui les ont *par droit*.

CHAPITRE II.

Des personnes qui en général peuvent par droit *prétendre aux Honneurs de l'Eglise.*

I, II. *Qui sont ceux qui ont droit aux Honneurs.*

III. *Observation importante sur les preuves du Patronage ; distinction entre l'Ecclésiastique & le Laïc.*

IV, V. *Des signes du Patronage ; & quels doivent être admis. Arrêts sur cette Question.*

VI. *Que les Honneurs n'appartiennent qu'aux Patron & Haut-Justicier de l'Eglise ; que les Seigneurs de Fief & Gentilshommes ne peuvent les prétendre par droit.*

Que la Cour autorise quelquefois un Seigneur de Fief à empê-

a droit aux Honneurs de l'Eglise ; quid *, des autres Usufruitiers.*

Conclusion ; que pour avoir ces Honneurs, il faut avoir titre & qualité, titre de Patronage, qualité de Haut-Justicier.

I. SI la Jurisprudence n'avoit pas mis un frein à l'ambition des hommes, il n'y en a pas un, pour peu qu'il fût quelque chose dans la Paroisse, qui ne prétendît aux Honneurs de l'Eglise. Combien de Seigneurs de simples Fiefs, qui ne trouvent en leur chemin ni Patron, ni Haut-Justicier de la Paroisse, les demandent ? Combien de simples Gentilshommes ont cru que ces Honneurs devoient suivre leur noblesse ? Heureusement la Justice ne s'est point prêtée à ces desirs fastueux : cependant combien ont profité ou de la foiblesse, ou de la complaisance, souvent même d'un petit intérêt des Curés, & se sont arrogés par possession ce qu'ils ne pouvoient avoir par droit.

II. Les bons Auteurs conviennent que le Patron & le Haut-Justicier de la Paroisse ont *seuls droit* aux Honneurs de l'Eglise. Je m'explique, le Patron & le Haut-Justicier *seuls* ont ces Honneurs *par droit ;* tous les autres qui en jouissent, ne les ont que par pure tolérance & possession. *Hors le Patron & le Haut-Justicier, je n'estime pas que les Honneurs appartiennent* par droit *à aucun, non pas même au Moyen & Bas-Justicier.* Loyseau, des Seign. chap. 11, n. 30.

Il est vrai que Maréchal, chap. 1, prétend que les Droits Honorifiques appartiennent au Patron, *privativement* à tous autres : il dit que les Parlemens l'ont jugé ainsi en toutes occasions. Je démontrerai dans la suite combien cette opinion a eu peu de succès. De Roye, *lib.* 1, *de Juribus Honor.* prouve par l'autorité de plusieurs Canons des Conciles de Wormes & autres, le droit du Haut-Justicier; & il dit, *non est ergo novum Seniores locorum à Clericis earum Ecclesiarum honorari quæ in eorum Senioratu positæ sunt.*

Qu'on ne dise pas que par ce mot *Seniores*, de Roye entendoit le simple Seigneur du Fief. Voici ce qu'il dit, liv. 2, chap. 4. *Hic de iis tantum Senioribus agimus qui omnimodam jurisdictionem in suo Senioratu habent, & in eo positam Ecclesiam cujus tamen non sunt Patroni ..... sicque illius honoris fundamentum & origo qui nostris illis Senioribus defertur in suæ ditionis Ecclesia non aliunde manat aut derivatur quam ex eorum jurisdictione, & potestate publica, quam semper venerati sunt sacri Canones, quasi à Deo institutam.*

III. Je n'agiterai point le Droit, ni les Questions du Patronage; les Auteurs ci-dessus cités, & plusieurs autres, en ont fait des Traités exprès : je ne veux pas copier; je ne traite que les Droits Honorifiques qui appartiennent au Patron; je suppose le Patronage bien établi.

Je pourrois dire avec Loyseau, *ibid.* n. 29, que celui qui est en possession paisible des Honneurs de l'Eglise, (j'entends celui qui n'a point de qualité, comme de Justicier, ou même Féodal) n'est pas pour cela réputé en possession du Patronage, ne doit pas être censé Patron. Selon cet Auteur, *la marque univoque du Patronage est quand on est en bonne possession de présenter à la Cure.* C'est assez le sentiment des autres Auteurs, si vous en exceptez Danti. Nous parlons ici du Droit général, & particulierement du Patronage personnel attaché à une famille.

Mais notez spécialement, vous en trouverez la preuve dans la suite de cet Ouvrage, que *par rapport aux Ecclésiastiques, Titulaires, ou Communautés*, la collation de la Cure n'est pas toujours la marque du Patronage; il faut qu'ils se montrent *Fondateurs* de l'Eglise; autrement les Arrêts leur ôtent les Droits Honorifiques, *sans préjudice de leurs Droits de Présentation à la Cure.* On ne présume point la fondation de l'Eglise dans les Ecclésiastiques, par la présentation à la Cure.

Observations importantes.

Ainsi n'appliquez pas indiscretement cette doctrine de Loyseau, vraie en elle-même, à tous ceux qui se prétendent Patrons; mais aux *Laïcs*, qui régulierement ne peuvent présenter à la Cure, s'ils ne sont Patrons. Les Ecclésiastiques souvent présentent à la Cure, parce qu'eux-mêmes la desservoient autrefois, & que par l'Ordonnance de 1629. les Cures ont été désunies des Communautés Ecclésiastiques & des Bénéfices qui ont retenu le titre de Curés primitifs. Sous ce point de vûe ils sont eux-mêmes Curés; ils sont, non Collateurs, mais *déleguants* à la Cure, *dicemus infra.*

J'ajouterai que celui qui a aumôné le Patronage à l'Eglise, même sans réserve, a néanmoins tous les Droits Honorifiques, ce qu'on appelle Patronage honoraire, à l'exception de la collation de la Cure, art. 142. de Normandie; & c'est le sentiment des Auteurs.

IV. Comme la qualité de Patron est incontestablement *la premiere* pour les Honneurs de l'Eglise, il arrive souvent que ceux qui se prétendent Patrons à défaut de titres, & n'ayant pas la présentation de la Cure, donnent plusieurs signes pour se maintenir dans ce rang; par exemple, les armes de leurs prédécesseurs, soit à la clef de la voûte, soit à la maîtresse vitre, soit sur les cloches où cette qualité sera gravée.

Tous ces signes sont équivoques; peu, après les avoir bien prouvés, réussissent dans leur prétention. Les armes à la clef de la voûte, aidées de quelques preuves, pourroient ce me semble être une preuve plus positive; il n'est guéres possible de n'en pas induire la construction de l'Eglise.

Lange rapporte un Arrêt du 18 Janvier 1603; il est dans les Mémoires du Clergé, édit. 1716, tome 3, qui n'admet pas ces présomptions.

Nous en avons un du 14 Juillet 1714, qui a été donné au Public, entre Maximilien-Denis de Beaurains, Conseiller au Conseil Provincial d'Artois, la Dame du Quesnoi son épouse, Seigneur & Dame de Savie, & le sieur Bon l'Allard, Seigneur du grand Berlette.

Voici le fait tel qu'il a été imprimé.

Les Villages de Savie & Berlette en Artois, n'ont que la même Eglise Paroissiale; elle s'appelle de Savie; elle est située au milieu du Village de Savie.

En 1559. les Seigneurs de Berlette étoient sous la domination d'Espagne; ceux de Savie étoient sous la domination de France. En ladite année on fit refondre les trois cloches de l'Eglise de Savie, & sur la plus grosse on mit cette inscription :

» Martine par baptême suis nommée; ce nom m'ont » donné, noble Dame Madame Jacqueline de Ber- » lette, veuve de Messire Claude d'Oignies, Cheva- » lier-Seigneur d'Estrées, Dame propriétaire dudit Ber- » lette, *fondatrice de l'Eglise*; Sire Guillaume de la Ruel- » le, Abbé du Mont-Saint-Eloi; Sire Robert Huttier, » Prieur d'Aubigny, 1559.

En

En 1621. les cloches furent encore refondues, & sur la plus grosse on lisoit :

» Isabelle suis nommée par noble & puissant Sei-
» gneur Messire Charles-Philippes d'Oignies, Cheva-
» lier, Seigneur de Rolançourt, Sieur d'Estrées & Ber-
» lette, & Dame Eleonore-Hippolite d'Oignies sa
» compagne, *Fondateurs de cette Eglise*; Sire Adrien du
» Quesnoi, Abbé du Mont-Saint-Eloi; Sire Abbé
» Connel, Prieur d'Aubigni, 1621.

Alors Berlette & Savie étoient encore sous les deux dominations de France & d'Espagne.

En 1665. la Terre de Berlette fut saisie réellement sur le Comte d'Estrées : dans l'exposé en vente au Parquet du Conseil d'Artois, du 30 Juin 1683, on insera cette clause : *comme aussi les Seigneurs de Berlette sont Seigneurs de l'Eglise de Savie, & comme tels jouissent des Droits Honorifiques.*

Ledit jour 30, Dame Françoise Boucherat, Dame de Savie, forma opposition à cette clause.

Le 6 Decembre suivant, Requête de sa part à fin de radiation de cette clause. Le 5 Decembre 1684. appointement à faire preuve.

17 Octobre 1685, adjudication de la Terre de Berlette à Dame Therese de Geneviers, à la charge & sans garantie de l'opposition.

En 1690. la Dame de Geneviers fit mettre un banc dans le Chœur, ses armoiries à la maîtresse vître du Chœur; elle se fit recommander aux prieres nominales : le 8 Octobre 1689. elle en avoit donné un billet d'indemnité au Curé.

En 1697. les Sieur & Dame de Beaurains acquirent la Terre de Savie : le 13 Mai 1702. ils firent ôter le banc de la Dame de Geneviers; le 20, complainte de la part de cette Dame; 4 Août 1702, Sentence qui par provision condamne les Sieur & Dame de Beaurains à faire rétablir le banc, & sur les Droits Honorifiques appointe en droit.

En 1703. la Terre de Berlette fut saisie réellement sur la Dame de Geneviers : dans l'exposé en vente au Parquet du Conseil d'Artois, on insera cette clause : *comme aussi les Seigneurs de Berlette sont Seigneurs de l'Eglise de Savie, & comme tels jouissent des Droits Honorifiques.* Le même jour, opposition à cette clause par le sieur de Beaurains.

Le 16 Juin 1706. le Sieur Bon l'Allard se rendit adjudicataire de Berlette, à la charge de l'opposition du Sieur de Beaurains.

Le sieur Bon l'Allard a suivi le procès; il a soutenu qu'il étoit Fondateur de l'Eglise de Savie, ayant le plus ancien & le plus noble Fief de la Paroisse, Berlette étant Baronnie : il rapporta les inscriptions sur les cloches, les adjudications de Berlette de 1685. & de 1706, un dénombrement de 1543, un Contrat de vente de cette Terre de 1451. où ces qualités étoient relatées ; il articula sa possession des Droits Honorifiques ; il excipa de ses armes à la maîtresse vître du Chœur, de son banc dans le Chœur à la place la plus honorable, & que le sieur de Beaurains avoit été condamné de rétablir.

Au contraire, le sieur de Beaurains prouva qu'il étoit Seigneur de Savie, *où l'Eglise étoit située ;* que de tout tems les Seigneurs de Savie, les jours de Patron, de Pâques & de Noël, avoient reçu publiquement les Honneurs de l'Eglise de Savie ; que les tableaux funebres des anciens Seigneurs de Savie étoient attachés aux murailles du Chœur. Il rapporta un procès-verbal du Conseil d'Artois du 2 Mai 1635, des attestations de

1621. & 1664, qui prouvoient que les Seigneurs de Savie avoient été recommandés aux prieres nominales. Il en rapporta des certificats des Curés, notamment un de 1690.

21 Juillet 1712, Sentence au Conseil Provincial d'Artois, qui appointe les Parties à faire preuve.

Appel interjetté d'abord par le sieur de Beaurains, qui forma le procès par écrit, joint son appel verbal de l'Ordonnance & Sentence du 4 Août 1702. Le 7 Juillet 1714, le sieur Bon l'Allard interjetta aussi appel de la Sentence du 21 Juillet 1712.

Les Abbé & Religieux du Mont-Saint-Eloi prétendirent les mêmes droits; ils se prétendoient aussi Seigneurs Vicomtiers du contour de l'Eglise; ils se firent recevoir Parties intervenantes: dans la suite ils se désisterent de leur prétention; le Curé étoit aussi intervenu. Le 27 Juin 1714, Arrêt qui disjoignit les interventions.

14 Juillet audit an 1714, Arrêt définitif entre les Sieur & Dame de Beaurains, Seigneur & Dame de Savie, & le sieur Bon l'Allard, Seigneur de Berlette, en la premiere des Enquêtes, au rapport de M. l'Abbé Lorenchet. Le voici. Arrêt définitif.

» Notredite Cour, par son Jugement & Arrêt, faisant » droit sur les appellations & demandes d'entre lesdits » de Beaurains & Bon l'Allard, a mis & met les appel» lations respectivement interjettées, Sentences & ce » dont est appel, au néant; émendant, ayant aucune» ment égard aux demandes dudit de Beaurains, or» donne que les deux adjudications faites au Conseil » d'Artois les 18 Octobre 1685, & 16 Juin 1706, de la » Terre de Berlette, seront reformées, *en ce qu'elles por-*

» *tent que les Seigneurs de Berlette sont Seigneurs de l'Eglise* » *de Savie, & comme tels jouissent des Droits Honorifiques;* ce faisant, que lesdits mots seront rayés, & » qu'en marge d'icelles où se trouveront lesdits mots, » mention sera faite du present Arrêt: fait défenses audit l'Allard, Seigneur de Berlette, ses successeurs & » ayans cause, *de se qualifier réellement & personnellement Seigneurs de l'Eglise de Savie, ni Fondateurs d'icelle;* comme aussi, que les mots de Fondateurs d'i» celle qui sont écrits sur une cloche de l'Eglise de Sa» vie, ne pourront nuire ni préjudicier audit sieur de » Beaurains, ses successeurs & ayans cause, ni l'Allard » en tirer avantage; maintient & garde ledit de Beau» rains dans le droit de se dire & qualifier *seul* Seigneur » Justicier, Foncier & Vicomtier du village de Savie, » *& comme tel, Seigneur temporel & réputé* (a) *Fonda» teur de l'Eglise de Savie:* en conséquence ordonne » que ledit de Beaurains, *en cette qualité*, continuera » d'être recommandé par les Curés du village de Savie » dans les prieres publiques du Prône; que les comptes » de la Fabrique seront présentés audit de Beaurains, » suivant & conformément au Placard du premier Juin » 1587, & qu'il continuera aussi de jouir de tous les » autres Droits Honorifiques; fait défenses audit l'Al» lard de l'y troubler: ordonne que les Armoiries de » Therese de Geneviers, posées en l'année 1690. sur » une des vîtres du Chœur de ladite Eglise, & l'accou-

(a) *Nota.* Cette disposition de l'Arrêt qui *répute* Fondateur le Justicier, Vicomtier de la Paroisse, est fondée sur l'article 29. chapitre premier de la Coûtume de la Salle de Lille, qui fait l'usage de l'Artois & de la Flandre. Cet article y est précis: le sieur de Beaurains y concluoit précisément. Nous le rapporterons *infra.* *Vide* l'Arrêt du 12 Juin 1739 ci-après, sur la litre.

» doir en forme de banc placé dans le Chœur du côté » de l'Evangile en la même année, depuis le procès » commencé en l'année 1683, seront enlevés: fait dé- » fenses ausdits l'Allard & son Lieutenant d'aller les » premiers aux processions & aux offrandes, ni de se » faire donner les premiers l'eau benite & le pain beni, » ni de prétendre aucunes prééminences de cette na- » ture, lesquelles appartiendront & seront données par » les Curés & autres Officiers de l'Eglise de Savie audit » de Beaurains, à son épouse & à leurs successeurs, » Seigneurs & Dames dudit Savie, *& en leur absence,* » *à leur Bailly ou Lieutenant, comme premier Officier de* » *Justice*; & sur le surplus des demandes dudit de Beau- » rains, met les Parties hors de Cour; déclare, en tant » que besoin seroit, le présent Arrêt commun avec la » Dame du Quesnoy, épouse dudit de Beaurains; dé- » boute ledit l'Allard de toutes les autres demandes, & » le condamne aux dépens, tant des causes principales » que d'appel & demandes envers ledit de Beaurains » & sa femme.

Cet Arrêt accorde les préseances au Bailly ou Lieutenant du Justicier de l'Eglise, *en l'absence dudit Seigneur*, avant un autre Seigneur *dans* la Paroisse. J'en parlerai dans la suite: je remarque ceci afin que rien n'échappe au Lecteur. Cet Arrêt, comme l'on voit, rejette ces preuves équivoques du patronage: néanmoins *vide* ci-après sur la litre, question premiere, l'Arrêt de 1746, & les réflexions que j'y fais.

V. Le 10 Juin 1716, l'instance d'entre les Sieur & Dame de Beaurains, les Abbé & Religieux du Mont-Saint-Eloi, & le Prieur d'Aubigny, disjointe par le précedent Arrêt, fut jugée définitivement.

Comme cet Arrêt s'applique particulierement à la distribution des Honneurs de l'Eglise *par le Curé*, comme l'encens, l'eau benite, je le rapporterai fidelement chap. 6, sect. 1. Il est important pour la matiere que j'y traite.

Je dirai seulement, que cet Arrêt homologue d'abord les actes de désistement & consentement, portés par une transaction du 9, ratifiée par Acte capitulaire du 20 Mai 1716. Cette transaction homologuée ne portoit autre chose, *sinon le désistement des Abbé & Religieux du Mont-Saint-Eloi, & du Prieur d'Aubigny, de leur intervention, & leur consentement à ce que l'Arrêt qui interviendroit entre les Sieur & Dame de Beaurains, & le Curé de Savie, fût déclaré commun avec eux.* Mais elle ne portoit pas sur les questions jugées par cet Arrêt : elles y sont jugées dans le pur droit.

VI. Ces Honneurs appartiennent tellement aux *seuls* Patrons & Hauts-Justiciers *de* la Paroisse, que si un Gentilhomme, ou simple Seigneur de Fief, qui n'auroit point, ou auroit acquis *mal & nullement* (*a*) la Haute-Justice de la Paroisse *de* l'Eglise, vouloit se les faire déferer, la Cour a autorisé un autre Gentilhomme, ou simple Seigneur de Fief, *égal* au prétendant, à empêcher cette usurpation.

Nous en avons un Arrêt récent, rendu au rapport de M. l'Abbé Pucelle, entre M. Bertin, Seigneur de Vaugien, alors Conseiller au Parlement, Commissaire aux Requêtes du Palais, Appellant; & Martin-Bernard de Fredy, Ecuyer, Seigneur de Coubertin, Intimé. Cet Arrêt a aussi été donné au Public. Voici le fait tel

(*a*) *Nota specialiter* pour ce que je dirai dans la suite sur l'acquisition de la Haute-Justice par un Seigneur de Fief.

que je l'ai pû recueillir, soit dans l'exposé des faits, soit dans le vû de la Sentence & de l'Arrêt, & des instructions que j'ai eues de l'Avocat de M. de Vaugien.

Le sieur Feydeau avoit possedé le Fief de Vaugien, sis en la Paroisse de S. Remi Deslandes près Chevreuse; il en avoit rendu aveu à Chevreuse, reçu par Sentence du cinq Novembre 1654. Par cet aveu il se qualifioit *Seigneur en partie de S. Remi.* En 1682, il y avoit eu un Seigneur de Vaugien inhumé dans le Chœur; ses armes sur la tombe plate & la même qualité y étoient. Le sieur Bertin, pere de M. de Vaugien, avoit acquis cette Seigneurie; il en avoit rendu aveu le 5 Avril 1701, & *y avoit pris la même qualité*; il y avoit ses litres & ceintures funebres.

Les Dames Abbesse & Religieuses de S. Louis à S. Cyr, près Versailles, sont Dames Baronnes de S. Remi, *& y ont seules les Droits Honorifiques.*

Le sieur de Fredy, Seigneur du Fief de Coubertin, même Paroisse, *&* *égal* alors au Seigneur de Vaugien, s'éleva contre ces entreprises: en vertu d'Ordonnance du Juge de Chevreuse, du 24 Mars 1727, il fit assigner à Chevreuse M. Bertin de Vaugien le 27 dudit mois & an, *pour voir dire qu'il seroit reçu opposant à la qualité de Seigneur en partie de S. Remi, prise par le feu sieur de Vaugien dans l'aveu du 5 Avril 1701; que défenses seroient faites à M. Bertin de prendre cette qualité; (mais seulement celle de Seigneur de Vaugien, sis en la Paroisse de S. Remi;) que ladite qualité seroit rayée de dessus l'Epitaphe, & par tout où elle auroit été prise; que les Droits Honorifiques appartiendroient aux seules Dames de S. Cyr; que la litre & ceinture funebre aux Armes des Seigneurs de Vaugien, en dedans & en dehors de l'Eglise, seroit effa-*

cée ; que dans les assemblées & cérémonies de l'Eglise, M. Bertin auroit rang & seance (suivant sa qualité de Conseiller au Parlement) & les autres Seigneurs suivant leurs qualités. M. Bertin fit renvoyer cette demande aux Requêtes de l'Hôtel. Mais,

Pour parer à cette demande, le 9 Février 1728 (a) il acquit des Dames Abbesse & Religieuses de S. Cyr, *la Haute-Justice sur l'Eglise de S. Remi, & les Droits Honorifiques* en icelle ; les Dames se *réserverent* la Haute-Justice *sur le surplus de la Paroisse, & les Droits Honorifiques dans l'Eglise avant lui*, & consentirent que les Armes restassent sur la tombe & la litre, le tout à la charge de la foi-hommage envers elles.

Sur ce Contrat, Lettres Patentes dont M. Bertin poursuivit l'enregistrement : opposition par le sieur de Fredy : Arrêt le 22 Juillet 1729, après quatre audiences, Me Huart pour le sieur de Fredy, Me l'Herminier pour M. Bertin, par lequel on reçut opposant à l'enregistrement, le Contrat fut rejetté, on ordonna que la Justice vendue à M. Bertin seroit *exercée par les Officiers de la Justice de Chevreuse, comme avant l'aliénation* qu'en avoient faite les Dames de S. Cyr ; & sur le surplus on renvoya aux Requêtes de l'Hôtel. Cet Arrêt proscrit un démembrement de Justice, une multiplication de Justice.

Dès le 24 Avril 1728, le sieur de Fredy avoit donné une Requête, par laquelle il avoit conclu à ce que, sans avoir égard au Contrat, ses conclusions lui fussent adjugées ; c'est ce qui fut renvoyé.

Le 6 Août 1729, plaidant Me Huart pour le sieur

(a) *Vide* au Chapitre suivant les remarques importantes que je fais sur ce Contrat.

de Fredy

de Fredy de Coubertin, Sentence par défaut aux Requêtes de l'Hôtel, par laquelle *on reçoit le sieur de Fredy opposant à la qualité de Seigneur en partie de S. Remi, prise par le pere de M. Bertin dans son aveu du 5 Avril 1701; fait défenses à M. Bertin de se qualifier Seigneur en partie de S. Remi, mais seulement Seigneur de Vaugien, sis en la Paroisse de S. Remi; & sans avoir égard au Contrat du 9 Février 1728, on ordonne que la qualité sera rayée de l'épitaphe de 1682. étant en ladite Eglise, & partout où elle a été usurpée; que la litre & ceinture funebre aux armes de M. Bertin ou de ses auteurs sera effacée; en consequence ordonne que les Droits Honorifiques & Prieres nominales appartiendront (seulement) aux Abbesse & Religieuses de l'Abbaye Royale de S. Louis établies à S. Cyr, à cause de leur Baronnie de S. Remi; (& qu'après leur Bailly ou leur Lieutenant, tous Gentilshommes ayant Fief & Justice en ladite Paroisse, auront rang & séance suivant leurs rangs, qualités & dignités;) condamne M. de Vaugien aux dépens.*

Appel par M. Bertin de Vaugien : le sieur de Fredy mit en cause les Curé & Habitans de S. Remi, pour voir déclarer commun avec eux l'Arrêt qui interviendroit: il interjetta aussi appel de la Sentence de Chevreuse du 5 Novembre 1654, qui avoit reçu l'aveu du sieur Feydeau : cela forma une instance au rapport de M. l'Abbé Pucelle. Le sieur de Coubertin donna une Requête le 6 Mars 1730, où il reprit toutes ses différentes conclusions; & sur les conclusions de M. le Procureur Général est intervenu le 11 * Janvier 1734. l'Arrêt dont voici le dispositif.

* Date de l'Arrêt.

« Notredite Cour faisant droit sur le tout, en tant » que touche l'appel interjetté par le sieur de Fredy, de

D

» la Sentence du Bailliage de Chevreuse du 5 Novem-
» bre 1654, a mis & met l'appellation & ce dont a
» été appellé au néant, en ce que ladite Sentence reçoit
» l'aveu dudit Feydeau, du 30 Décembre 1653, aux
» qualités prises par ledit Feydeau *de Seigneur en partie*
» *de S. Remi*; émendant quant à ce, ordonne que les-
» dites qualités ne pourront nuire ni préjudicier ausdits
» de Fredy: en consequence, sans s'arrêter à la deman-
» de dudit Bertin, portée par sa Requête du 13 Avril
» 1731, dont il est débouté; ayant égard à celle dudit
» de Fredy, portée par sa Requête du 6 Mars 1730, sur
» l'appel dudit Bertin de la Sentence des Requêtes de
» l'Hôtel du 6 Août 1729, a mis & met l'appellation
» au néant; ordonne que ce dont a été appellé sortira
» son plein & entier effet; condamne ledit Bertin en
» l'amende & en tous les dépens; déclare l'Arrêt com-
» mun avec les Curé & Habitans de S. Remi, dépens
» à cet égard compensés.

VII. Voici encore un Arrêt rendu en faveur du Haut-Justicier contre un Seigneur de Fief; quoique par sa date il semble que je devois le rapporter avant celui de Coubertin; néanmoins comme la question jugée par l'Arrêt de Coubertin confirme plus précisément le principe que j'ai posé, que les Droits Honorifiques n'appartiennent qu'aux Patron & Haut-Justicier *seuls*, puisque l'Arrêt, en confirmant la Sentence, juge ce point, sans que le Haut-Justicier fût en cause pour soutenir ses droits, qu'il les avoit même cedés à un Seigneur de Fief, j'ai cru ne devoir rapporter celui dont je vais parler qu'après.

Date. Il est du 31 Mai 1726. en la Quatriéme Chambre des Enquêtes, au rapport de M. l'Abbé le Moine, alors monté à la Grand'Chambre, mais qui étant encore dans son année, le pouvoit rapporter suivant le droit qu'en ont Messieurs les Conseillers Rapporteurs.

Cet Arrêt est rendu entre Messire Maximilien Boutou, Chevalier, Seigneur de la Baugisiere, *& du Fief Mauger assis en la Paroisse de S. Michel-le-Cloud en Poitou*, appellant d'une Sentence rendue au Siége de Vouvant le 6 Septembre 1724, & encore d'une Sentence arbitrale du 19 Avril 1667; & Messire Eutrope-Alexis Chataigner, Marquis de S. Georges, *Seigneur Haut-Justicier du Bourg de S. Michel-le-Cloud*, Châtelain de la Milleraye & autres lieux, Intimé. J'écrivois pour le Marquis de S. Georges. Voici exactement le fait.

En 1473. le Seigneur *du Fief Mauger*, auteur du sieur de la Baugisiere, avoit pris une concession de M. le Duc de Longueville, Engagiste de Vouvant, d'où releve S. Michel-le-Cloud, par laquelle *on lui permettoit litres & armoiries sur les tombeaux de ses pere & mere enterrés dans ladite Eglise (sans toutefois que pour cela il pût en induire être Fondateur de l'Eglise;)* en consequence les armes avoient été sculpées sur ces tombes.

En 1501. le Comte de S. Georges, ou ignorant son droit, ou peut-être croyant mieux contrebalancer cette concession, en obtint une pareille.

Ces actes étoient nuls de plein droit. L'Engagiste qui par lui-même n'a pas les Droits Honorifiques de l'Eglise, si le Roi ne les aliene, comme j'en ai vû, en vertu des Edits & Déclarations de 1697 & 1701, par l'Engagement de Villene en Duesnois (Bourgogne) & Coulemier-le-secq, au profit du sieur de Baudri, Grand-Maître des Eaux & Forêts de Flandres & de Picardie; cet Engagiste pouvoit-il les conceder? Cela soit dit *per transenuam. Vide* M. le Bret, de la Souveraineté du Roi, liv. 3, chap. 1.

Cet acte de 1473. commença une possession de tombe à ses Armes dans le Chœur en faveur du sieur de la Baugisiere, Seigneur du Fief Mauger : il en fit dresser Procès-verbal en 1658.

Le jour de la Pentecoste 1657, les Sieur & Dame de la Baugisiere trouverent mauvais que l'on eût présenté le Pain-beni à la Dame de S. Georges avant eux ; ils menacerent le Curé & le Sacristain.

Les 12 & 26 Mai, Requête & Assignation donnée à la requête du Comte de S. Georges, aux Sieur & Dame de la Baugisiere, pour se voir faire défenses de le troubler dans les Droits Honorifiques. Cette demande fut portée devant le Lieutenant Général de Poitiers.

Le 21 Juillet le sieur de la Baugisiere forma complainte & la porta devant le Juge de Fontenai. Arrêt en 1661, qui renvoye toutes les demandes devant le Lieutenant Général de Châtelleraulr, qui dressa des Procès-verbaux des Titres des Parties. Le 9 Août 1666, autre Arrêt qui renvoye à Montmorillon.

Il y avoit alors en Poitou une Chambre de réformation des Eaux & Forêts ; M. de Barentin Maître des Requêtes y présidoit : le Comte de S. Georges & le sieur de la Baugisiere convinrent de cette Chambre pour arbitres. Le 24 Mars 1667. compromis pour deux mois ; les Parties établirent domicile chez leurs Procureurs.

Sur les productions respectives, le 19 Avril 1667, la Chambre rendit sa Sentence arbitrale, par laquelle, *tout vû & consideré, sur les Reqûetes des 12, 26 Mai, & 21 Juillet 1657, on met les Parties hors de Cour* ; (*faisant droit au principal ; on ordonne que le Comte de S. Georges, comme Seigneur de la Terre & Seigneurie de S. Michel-le-Cloud, Droits & Justices en dépendans, aura & jouira des Honneurs, Prééminences & Prérogatives en ladite Eglise de S. Michel-le-Cloud, sans qu'il puisse y être troublé par le sieur de la Baugisiere, sans dépens.)*

Cette Sentence signée de M. de Barentin & des Commissaires, fut prononcée aux Procureurs des Parties le 12 May 1667, signifiée le lendemain au sieur de la Baugisiere. Le 27 Août suivant, sommation d'en interjetter appel.

Depuis ce tems jusqu'en 1713, le sieur de la Baugisiere demeura tranquille.

En 1713. les Sieur & Dame de la Baugisiere acquirent les Droits d'échange, & prétendirent jouir des Droits Honorifiques qui y étoient attachés.

Le Banc des Sieur & Dame de S. Georges, pour ne pas défigurer l'Eglise, étoit au côté gauche ; les Sieur & Dame de la Baugisiere firent placer le leur au côté droit, & pour ce firent démolir une partie du pilier : cela fut fait en l'absence des Sieur & Dame de S. Georges.

Le 5 Juillet 1714, le Marquis de S. Georges fit assigner les Sieur & Dame de la Baugisiere à Fontenay. Complainte par le sieur de la Baugisiere ; il demanda son renvoi à Vouvant : on y consentit.

Les défenses du sieur de la Baugisiere étoient, *que ce n'étoit pas assez que le Marquis de S. Georges fût Haut-Justicier : qu'il falloit justifier que l'Eglise fût bâtie sur son Fief ; que lui, de la Baugisiere, il étoit Patron, & qu'il avoit acquis les Droits d'échange.*

Par rapport au Droit de Patronage, il fut bien-tôt

effacé par le rapport du Brevet de don de 1473. *supra*. Par rapport aux droits d'échange, le Marquis de S. Georges offrit de les rembourser, comme il en avoit la faculté : depuis ils furent réunis au Domaine ; cela ne fit plus un moyen dans l'affaire : je puis attester ce fait, il est vrai.

En 1719. le sieur de la Baugisiere fils étant mort, on fit graver ses Armes sur sa Tombe : cela occasionna une demande du Marquis de S. Georges, à fin de faire effacer ces Armes.

Le 5 Juin 1723, le sieur de la Baugisiere interjetta appel de la Sentence arbitrale du 19 Avril 1667.

6 Septembre 1724, Sentence à Vouvant, qui ordonna que le sieur de la Baugisiere feroit juger l'appel de la Sentence arbitrale ; *& par provision adjugea tous les Droits Honorifiques au Marquis de S. Georges ; ordonna que le banc du sieur de la Baugisiere seroit démoli, & le pilier rétabli à ses frais ; & que les Armoiries & autres inscriptions étant sur la tombe du fils, seroient effacées.*

Appel par le sieur de la Baugisiere ; Procès conclu en la quatriéme Chambre des Enquêtes, au rapport de M. l'Abbé le Moine, joint l'appel verbal de la Sentence arbitrale, joint aussi les fins de non-recevoir, défenses au contraire.

Voici l'Arrêt.

» Notredite Cour, sans s'arrêter à la demande du » sieur de la Baugisiere, portée par sa Requête du 26, » signifiée le 27 Mai dernier, dont il est débouté, dé- » clare ledit de la Baugisiere *non-recevable* dans son ap- » pel de la Sentence arbitrale du 19 Avril 1667, & le » condamne en l'amende suivant l'Ordonnance : en tant » que touche l'appel dudit de la Baugisiere de la Sen-

» tence du 6 Septembre 1724, a mis & met l'appellation & ce dont est appel au néant, en ce qu'elle ordonne que ledit de la Baugisiere sera tenu de faire ôter & rayer les inscriptions & armes qu'il auroit pû faire mettre sur la tombe de son fils ; émendant quant à ce, décharge ledit Boutou de la Baugisiere de la condamnation contre lui prononcée de faire ôter lesdites inscriptions & armes, ladite Sentence au résidu sortissant effet ; condamne ledit de la Baugisiere aux trois quarts des dépens des causes principale, d'appel & demande, l'autre quart compensé.

VIII. Cet Arrêt juge trois choses.

La premiere, que le Haut-Justicier *seul*, quand il n'y a pas de Patron, a les Droits Honorifiques à l'exclusion des Seigneurs de Fief.

La seconde, qu'un Seigneur de Fief étant en possession de mettre ses armes sur une tombe plate, possession immémoriale & non contredite par le Patron ni le Haut-Justicier, telle que l'avoit le sieur de la Baugisiere depuis 1473, le Marquis de S. Georges ne l'avoit contredit que par sa demande du 5 Juillet 1714: il peut y être maintenu, cela n'attribue aucun droit dans l'Eglise.

D'Argentré sur l'article 271 de Bretagne, au mot *le Seigneur*, n. 9, dit : *Revera possessionum notæ, & usus legem judicandi imponunt.* Et sur la question 25 du partage des Nobles, n. 4, il dit que les actes permanens peuvent autoriser une complainte, *comme une Tombe en feu,* * *ou Armoirie ou Epitaphe qui est en une Eglise permanente ; car tandis que l'Armoirie y est engravée, elle tient & conserve la possession au profit de celui auquel sont les Armes*, per signum enim retinetur, & cognoscitur

* Caveau.

signatum ; *car telles marques valent non-seulement & emportent tradition de possession, mais même conservation & retention, & non-seulement en possessoire, mais en petitoire.*

Selon d'Argentré en ces deux endroits, les signes de possession donnent *droit* & possession. Quelle doctrine differente de celle de la consultation 5. qu'on lui attribue, où il dit que les Armoiries aux vîtres, les Bancs, les Tombeaux de famille, ne peuvent jamais fonder un droit ni une possession de Patronage, & qu'on ne doit y avoir égard ? *Quis enim tam vecors esset & rerum imperitus qui ob levissimam hujusmodi notam,* d'une Armoirie mise aux vîtres de l'Eglise, *aut ob scamnum aliquo ipsius angulo constitutum vellet dici & haberi Patronus & Fundator Ecclesiæ in qua quinquagesima plerumque sedilia videntur collocata, necnon & gentilia insignia, aut sepulcra familiaria : at de particularibus ad universale nulla fit illatio.*

Quoiqu'il en soit, je n'admets point la doctrine de d'Argentré, pour de ces marques d'honneur en induire *droit* & possession, surtout pour les grands droits, & vis-à-vis le Patron & le Haut-Justicier : à la bonne heure pour ces Tombes plates armoriées, quand il y a une possession si ample, si ancienne, sans contradiction; mais selon moi, cela ne peut autoriser une complainte ; cette action n'appartient qu'au Patron & au Haut-Justicier : il n'y a en ce cas qu'une action ordinaire. *Vide infra* chapitre dernier, où je rapporte un autre Arrêt qui admet aussi la possession immémoriale pour la sépulture au Chœur.

La troisiéme chose jugée par l'Arrêt, est qu'une Sentence arbitrale *non homologuée*, mais *prononcée & signifiée*

signifiée dans le tems, n'est pas moins une vraie Sentence; que l'homologation n'est qu'un *pareatis* du Juge Royal pour la mettre à execution, que le Juge Royal donne sans connoissance de cause, & qui ne l'affranchit pas de l'appel.

Ce dernier point avoit été agité *ex professo* par le sieur de la Baugisiere : j'avois répondu que cette Sentence *ne gissant point en execution*, puisque le Comte de S. Georges n'avoit que *continué* sa jouissance des Droits Honorifiques, l'homologation avoit été inutile; qu'elle n'étoit pas moins Sentence; que l'homologation qui se donnoit sans connoissance de cause, ne confirmoit point la Sentence; qu'on ne pouvoit même l'empêcher par opposition; que c'étoit ainsi que s'en étoit expliqué M. l'Avocat General Bignon, lors de l'Arrêt du 4 Janvier 1630, qui renvoya l'homologation devant le premier Juge; (cet Arrêt est dans Bardet, tome 1, liv. 3, chap. 80.) que l'homologation ne se demandoit que pour donner à la Sentence une execution parée, parce que les Arbitres qui n'ont point de territoire ne pouvoient la donner; que celle dont est question n'ayant besoin d'aucune execution depuis 1667. qu'elle avoit été prononcée & signifiée, elle n'étoit pas moins Sentence; que le sieur de la Baugisiere étoit consequemment *non-recevable* dans son appel. L'Arrêt le juge ainsi.

Comme ce point de procedure est important, & que j'ai vû souvent s'opposer fortement à l'homologation d'une Sentence arbitrale, dans la crainte que cela n'emportât confirmation; voici comme M. Bignon s'en est expliqué lors de cet Arrêt: *Par le Droit Romain, les Jugemens des Arbitres n'avoient que force d'avis; en*

France ils ont davantage mérité, ils y portent le nom & qualité de Sentence, qui néanmoins ne donne hypoteque, ni ne porte aucune execution parée; mais pour acquerir ce droit d'hypoteque, & pouvoir être mise à execution, il est necessaire d'en demander l'homologation pardevant le Juge ordinaire des Parties, qui ne peut prendre aucune connoissance de cause, & doit purement & simplement homologuer la Sentence, & laisser aux Parties à se pourvoir par appel ou autrement, ainsi qu'elles verront bon être : (mais de recevoir une opposition à l'execution de la Sentence pour l'infirmer ou corriger indirectement, parce qu'il ne le peut directement; cela n'est pas soutenable ni tolerable.) De-là on voit que l'homologation n'est que le sceau d'autenticité; comme quand le Juge Royal déclare executoire une obligation passée devant un Notaire de Village, on ne peut s'y opposer, cela n'empêche point les voyes de droit contre cette obligation.

IX. Observez, 1°. qu'en Bretagne on tient que le Patron *seul, de droit*, a les Honneurs de l'Eglise, suivant l'Ordonnance de 1539, rapportée par Loiseau, ch. 11 des Seigneuries, n. 22. Voici le texte : « Nous, » pour faire cesser les contestations d'entre nos Sujets, » avons ordonné qu'aucun, de quelque qualité & con» dition qu'il soit, ne pourra prétendre droit, possession, » autorité, prérogative ou prééminence en dedans les » Eglises, soit pour y avoir banc, siége, oratoire, es» cabau, accoudoir, sépulture, encens, armoiries, » écussons, & autres enseignes de leurs maisons, (sinon » qu'ils soient Patrons & Fondateurs, & qu'ils en puis» sent promptement informer par Lettres & Titres de » fondation, ou par Sentences & Jugemens dûëment » donnés avec connoissance de cause, & avec Partie

» légitime :) & outre lesdits cas susdits, ne seront nos » Sujets reçus à intenter aucuns procès pour raison des- » dits prétendus droits, & déclarons être étroitement » condamnés en bonnes & grosses amendes envers nous, » pour leur calomnie & témérité procedant à cause de » leurdite contravention.

De cette Ordonnance, d'Argentré conclut affirmativement que le Droit de Patronage doit être expressément réservé.

Néanmoins, Hevin en ses Questions feodales, édit. 1736, à Rennes, pages 174 & 175, pose pour maxime que le Haut-Justicier d'une Eglise en est supérieur présumé fondateur, qu'il peut y faire mettre ses Armes s'il n'y a point d'autre Patron.

Il dit aussi, *ibid.* p. 317, que cette Ordonnance ayant causé beaucoup de rumeurs en Bretagne, elle fut révoquée par une Déclaration donnée en Septembre audit an, qui laissa les choses comme auparavant l'Ordonnance, & qu'elles furent toutes deux enregistrées le même jour.

Il repete encore cette maxime dans la 14e ou 24e, *non recordor*, mais cela est certain, de ses Consultations imprimées à Rennes en 1734. Il s'appuye sur les Coutumes de Lodunois, de Tours & de la Salle de Lille, qu'il veut être le Droit commun.

Mais *vide* la Préface sur cette Consultation, où l'on remarque que la maxime contraire a lieu, & que l'on suit l'Ordonnance de 1539.

Pour moi je pense que l'on peut accorder l'opinion d'Hevin, & l'observation faite dans la Préface de ses Consultations.

Hevin prétend que cette Ordonnance fut *révoquée*

par la Déclaration donnée à Compiegne ; mais dans la Conférence de Guenois, édit. 1660, liv. 1, p. 12, on voit cette note sur l'art. de l'Ordonnance ci-dessus. *Idem* (François I.) *à Compiegne le 24 Septembre* 1539. *ordonna que l'effet de cet article n'auroit lieu que pour l'avenir.*

D'Argentré dans cette Consultation 5. qu'on lui attribue, qui toujours est de quelque Sçavant du pays, dit : *Quæ tamen constitutio sequenti anno* (a) *ita coarcta & interpretata fuit, ut ad futura duntaxat tempora extenderetur ; quoniam in tota fere armorica mos, & usus talis jamdiu invaluisset, ideoque gravioris cujusdam periculi metus videbatur impendere, si ad præterita tempora constitutionis hujusmodi series respexisset.*

D'où je pense, pour accorder ce que dit Hevin, & l'observation de la sçavante Préface sur ses Consultations, qu'il faut distinguer les possessions articulées *avant* l'Ordonnance de 1539, & celles qui, quoiqu'à present immémoriales, ne seroient nées que depuis cette Ordonnance ; que les premieres peuvent être admises suivant l'usage regnant dans ce tems ; les secondes doivent être rejettées.

Ce qui me fait prendre ce milieu, c'est la Déclaration même qui dit, *que l'effet de l'Ordonnance n'auroit lieu que pour l'avenir,* (*ayant été avisé de conserver ces Seigneurs autres que Patrons, en leurs possessions, & jouissance d'iceux droits.*)

X. Maréchal qui n'avoit en vûë que les Patrons, & comme nous l'observerons, qui a toujours prétendu que les Hauts-Justiciers n'avoient pas *de droit* aux

(a) On s'est trompé, l'Ordonnance est d'Août : la Déclaration est du 24 Septembre 1539.

Honneurs, dit chap. 1, *qu'encore que cette Ordonnance fût faite particulierement pour la Bretagne, néanmoins le mal étant devenu commun par toutes les autres Provinces du Royaume, on a estimé que le remede devoit être aussi commun, & general.*

D'où il conclut que les Honneurs de l'Eglise appartiennent au Patron *privativement* au Haut-Justicier. Il se fonde sur un Arrêt de Paris du premier Août 1620, qu'il rapporte tome 2, n. 4, entre Dame Anne Dubeuil, qui fut maintenue en possession de se nommer & dire Châtelaine de la Paroisse des Clefs; & François de Menon, en qualité de Seigneur de la Terre de Chabloux, qui fut maintenu en possession de se dire & nommer Fondateur de l'Eglise des Clefs; avoir tous Droits Honorifiques, même Banc au Chœur, au lieu le plus honorable après le Curé; mettre Armes, Ceintures, Litres, Sépultures; faire les Prieres pour lui en qualité de Fondateur *privativement* à la Dame Dubeuil; & outre en possession de contraindre les Habitans, même les tenans de la Dame Dubeuil, nouveaux mariés, de lui donner une pelote, ou 4 deniers à la boëte de l'Eglise.

Je tiens, & tous les Arrêts que je rapporterai dans la suite le feront connoître, que ce terme *privativement*, inseré dans l'Arrêt, ne dit autre chose que *préférablement*. Aussi le sommaire de cet Arrêt dit: *Arrêt qui juge que le Patron & Fondateur auroit les Honneurs (par preference) à la Dame Châtelaine du lieu.* Le Patron a le Droit *premier*, non *privatif*.

Maréchal l'explique lui-même audit ch. 1. Il dit: On remarquera que quand on dit que ces Droits appartiennent au Patron, privativement *& par preference* à tous autres, cela s'entend *de preference à tous Laïcs.* L'Arrêt ne juge donc que la primauté du Patron.

Aussi le docte Loiseau, chap. 11 des Seigneuries, n. 24, dit : *Je tiens que le Patron est preferable au Haut-Justicier en ces Honneurs, qui notoirement sont partie de Patronage.*

Comme incontestablement, suivant tous les Arrêts que nous rapportons *infra*, & le sentiment des meilleurs Auteurs, le mot *privativement* ne veut dire que *preferablement*, cet Arrêt ne juge rien d'extraordinaire, puisque ce Seigneur de Chabloux étoit Patron Fondateur, & que la Dame Dubeuil n'avoit que la qualité de Châtelaine, qui ne lui donnoit les Honneurs qu'après le Patron.

Observez, 2°. que quoiqu'il en soit, les meilleurs Auteurs sont d'accord que cette Ordonnance de 1539. n'est faite que pour la Bretagne, & qu'elle ne s'est étendue qu'à la Normandie. Basnage qui la rapporte sur l'article 142, après avoir dit que cette Ordonnance fut faite pour la Bretagne, ajouté : *& c'est aussi un usage certain en Normandie.*

Loiseau, *loco citato*, dit : *Mais cette Ordonnance n'est que pour Bretagne, où possible les Justices Seigneuriales ne sont établies en telle autorité qu'ès Provinces en deçà ; & néanmoins en consequence d'icelle, je tiens que le Patron (est preferable) au Haut-Justicier en ces Honneurs de l'Eglise, qui notoirement sont partie du Patronage . . . . Ainsi donc cette préséance en l'Eglise étant attribuée au Patron par un droit singulier & exprès, même comme par une loi imposée à l'Eglise lorsqu'il l'a donnée à Dieu, (est sans doute preferable à l'honneur qui redonde au Seigneur Haut-Justicier, en consequence de la Justice, par un droit * commun & universel.)*

* Termes importans pour le Droit du Haut-Justicier après le Patron.

Ce grand Auteur, *loco supra*, donne bien au Patron le droit *primitif*, le droit premier, mais non pas le droit *exclusif privatif*. Nous verrons ci-après qu'il s'en explique encore mieux.

Simon, chap. 16. de son Traité des Droits Honorifiques, qui est à la tête des Oeuvres de Maréchal, dit: *Et quoique par l'Ordonnance de François I. de l'an 1539, les Châtelains & les Hauts-Justiciers n'ayent les Droits Honorifiques que lorsqu'il n'y a aucun Patron, ou lorsqu'il n'en paroît pas, ils ne laissent pas d'en jouir presque partout, pourvû que l'Eglise soit située dans l'étendue de leur Justice: car quoique les Lieux Saints soient exempts de leur Jurisdiction, il est juste que ceux qui ont la puissance publique, soient distingués de leurs Justiciables par quelques marques d'honneur.*

Cette Ordonnance faite réellement pour la Bretagne, ne fait donc pas le Droit commun du Royaume, comme Maréchal veut l'insinuer.

Nous venons de le dire, le Parlement de Normandie pratique cette Ordonnance. Basnage sur l'art. 142, ainsi que Pesnelle sur le même article, dit: *Le Haut-Justicier n'a point les Droits Honorifiques: on ne les adjuge*, dit Pesnelle, *qu'aux Patrons & Fondateurs; la Jurisdiction ou Haute-Justice ne donne point cette prérogative, quoique l'Eglise soit bâtie dans l'étendue de la Justice ou du Fief: encore moins*, ajoute-t-il, *aux Moyens & Bas-Justiciers.*

De-là * gardez-vous bien de vous en rapporter aux Arrêts que Maréchal donne en grand nombre *contre les Hauts-Justiciers*; il les tire *tous* du Parlement de Normandie, où l'on n'admet aux Honneurs de l'Eglise que les Patrons, où le Haut-Justicier ne peut les avoir quand il n'y auroit pas de Patron, en conséquence de

* Observation très-importante pour toutes les décisions de ce Traité.

cette Ordonnance. S'il en cite quelqu'un de Paris, ou du Grand-Conseil, je l'ai vérifié; c'est un Arrêt rendu *sur évocation de Bretagne.* C'est sur ces Arrêts cependant qu'il pose pour maxime *generale*, que le Patron a les Honneurs de l'Eglise *privativement* aux Hauts-Justiciers, ausquels il ne les accorde que *par tolerance*, comme aux Moyens & Bas-Justiciers, & Seigneurs de Fief: il ne les donne au Haut-Justicier que quand il n'y a point de Patron. Nous démontrerons que les Hauts-Justiciers les ont *par droit*, concurremment avec le Patron qui les a *le premier* & *preferablement* au Haut-Justicier *de* l'Eglise. Quand je dis *preferablement*, ce n'est pas pour dire que si par exemple un Patron & Haut-Justicier qui eussent dormi sur leurs droits, voulussent les avoir, comme ils le peuvent, parce que cela est imprescriptible à leur égard; il leur suffit de prouver leur titre de Patronage, leur qualité de Haut-Justicier *de* la Paroisse: en ce cas le Patron peut être preferé de telle sorte, que le Haut-Justicier ne les auroit pas; je veux dire que le Patron les aura le premier en rang.

XI. Il y a des Coutumes, Tours titre 5, art. 60, Lodunois titre 5, art. 2, qui ne donnent ces Honneurs qu'aux Châtelains, à l'exclusion des Hauts-Justiciers leurs Vassaux.

Ces Coutumes décident trois choses notables.

La premiere, que le Châtelain peut prohiber à ses Vassaux de mettre Litres dans l'Eglise, *sinon que le Vassal fût Fondateur special; auquel cas peut mettre Litres en dedans & en dehors.*

En ce cas je tiens qu'il pourroit aussi y avoir les autres Honneurs. 1°. Comme Patron, il a pour lui le Droit commun primitif. 2°. Proust sur Lodunois, en

rapporte

rapporte Arrêt du 7 Mars 1570. au profit de Mathurin de Broc, contre Etienne d'Alance, Ecuyer, Sieur de la Roche-de-Broc, par lequel *on le maintint dans les prééminences à lui acquises en qualité de Patron & Fondateur, & on reçut sa complainte pour son banc.* Je dois observer pour la régularité, que cet Arrêt ne juge pas, comme Proust le fait entendre, la simple complainte *du Patron*; car le sieur de Broc étoit Châtelain & Fondateur de l'Eglise de Broc; le sieur d'Alance étoit un Gentilhomme, au pere duquel le sieur de Broc avoit permis un banc en un lieu éminent : d'Alance voulut faire monter son banc plus haut; le sieur de Broc étant Châtelain & Fondateur, forma complainte. *Vide* Bacquet, des Droits de Justice, chap. 20.

La seconde, qui est encore une exception : *Si ce n'est que l'Eglise fût la principale Eglise Paroissiale, en laquelle fût assis le Châtel, ou principale Maison de la Châtellenie; auquel cas le Patron n'aura ses Litres qu'en dedans, & non en dehors.* Je tiens que cela ne lui ôte pas les autres Honneurs *dans* l'Eglise : il a pour lui le Droit commun, & la Loi de la fondation qui est plus forte que la Coutume.

La troisiéme : *Si le Vassal est en possession de ses Litres en dedans, elles les lui conservent.*

Pocquet de Livonieres en ses Observations sur Dupineau, sur l'art. 43 d'Anjou, au mot *Châtel*, dit que les dispositions de ces Coutumes devroient avoir lieu dans tout le Royaume : je ne vois pas la raison de ce. Pourquoi ôter aux Hauts-Justiciers *immédiats* les droits qui leur sont acquis?

Loiseau nous dit, *ibid.* chap. 11, que la disposition de ces Coutumes, en ce qu'elles n'attribuent ces Droits *qu'aux Châtelains*, vient de ce *qu'anciennement les Hauts-Justiciers n'avoient pas la parfaite Jurisdiction, mais seulement la simple Jurisdiction de Droit, comme sont aujourd'hui les Moyens-Justiciers : comme il l'établit chap.* 10.

Cet Auteur parloit des temps où les Fiefs, c'est-à-dire, les Offices & Bénéfices n'étoient qu'à vie; mais non du temps de la parfaite patrimonialité, qui commença sous Charles le simple, & s'établit sous Hugues Capet. Car en son ch. 10 des Seigneuries, il renvoye à son premier livre des Offices, où, chap. *6*, il dit que le *Merum imperium* étoit *le Droit de juger souverainement, & sans appel, à mort.*

Mais quand les Fiefs vinrent parfaits patrimoines, ainsi que les Justices, à l'exception du droit de juger à mort sans appel, qui n'appartient qu'au Roi, ou au Prince Souverain, & que les Hauts-Seigneurs s'étoient attribués; le *Merum imperium*, qui est, ainsi qu'il en convient, chap. 10. des Seigneuries, le *Jus gladii*, que n'ont pas les Moyens & Bas-Justiciers, appartint *aux Hauts-Justiciers*, & fut un des principaux attributs de la Haute-Justice.

Ducange, sur le mot *alta Justitia*, en rapporte deux grandes preuves. L'une tirée d'une Charte du Roi Philippe le Hardi, de l'an 1272. en ces termes: *Necnon alta Justitia quam extendimus ad omnem casum in quo contigerit aliquem pati debere mortem, vel exilium, vel membri mutilationem.* L'autre d'Henry II. Duc de Lorraine & de Brabant, de l'an 1243. *Nihil juris nobis vel posteris, nostris (præter tres articulos altæ Justitiæ, scilicet manifestam sanguinis effusionem, membrorum mutilationem, & vitæ ablationem, si excessus delinquentium hoc exegerit) in ipso alodio reservando.*

Ainsi, pour accorder le sentiment de Loiseau avec ces Coutumes, il faut dire qu'elles ont conservé le très-ancien Droit des Fiefs, où les Châtelains étoient les Hauts-Justiciers.

Cette exception de possession portée par ces Coutumes, je l'ai vûë plusieurs fois; mais je ne crois pas qu'elle ait lieu contre le Patron & le Haut-Justicier, si ce n'est pour les Tombes: ce que Simon, titre 16, paroît décider, même pour les autres Honneurs pour les Seigneurs de Fief; surtout quand le Haut-Justicier n'a pas son manoir dans le lieu, ce dont je fais beaucoup de difficulté: je le prouverai *infra* sur le droit de banc. Aussi vers la fin de ce chapitre 16. il dit que les Moyens & Bas-Justiciers n'acquierent, *même par une possession immemoriale*, que les droits de *préceder à la procession, à l'offrande*, & de se faire donner le pain beni; les autres Honneurs *étant réservés aux Patrons & Hauts-Justiciers.* Voilà deux sentimens bien contradictoires dans un même chapitre: ce dernier est plus conforme au principe; cette possession ne leur attribue que *les simples préseances.*

XII. *Quid*, du Dominant Haut-Justicier, dans le cas où son Vassal est aussi *Haut-Justicier* du lieu où est l'Eglise?

Il est certain que le Seigneur dominant n'y a pas les Droits Honorifiques, & que le Vassal peut lui faire ôter le banc qu'il y auroit fait placer.

Arrêt précis du 16 Mai 1665, rapporté par Danti, septiéme de ses Observations sur Maréchal. La raison de cet Arrêt est, parce que les Droits Honorifiques étant dûs au Haut-Justicier, cela ne s'entend que du Haut-Justicier *du lieu où est l'Eglise*, si la Coutume n'y est contraire, comme Tours & Lodunois, qui en ce cas *locales sunt*. Or le Haut-Justicier du lieu est constamment celui qui a la Justice *immediate* sur les Habitans : le Dominant peut avoir le ressort par appel ; mais cela ne lui donne pas la Haute-Justice sur les Habitans du Vassal.

Simon, audit chap. 16 des Droits Honorifiques, rapporte le même Arrêt : & il est au Journal des Audiences, derniere édition, en 5 vol. Tome III, liv. 9, ch. 10. à la fin : il est à la suite des Arrêts des premier Avril 1683. & 31 Août 1684. * On a accolé sous le même titre de ce Chapitre trois questions jugées par trois Arrêts, tous trois de dates differentes.

* *Quod nota* pour le trouver aisément.

Je fais cette remarque afin qu'on ne le cherche pas dans le Journal sous sa date du 16 Mai 1665 : c'est sa vraie date ; mais, comme je l'ai dit, il est à la fin du chap. de l'Arrêt du premier Avril 1683 : les pages mêmes sont mal indiquées dans la Table.

C'est sur ce même principe qu'est rendu l'Arrêt du 11 Février 1655 du Parlement de Toulouse, rapporté par M. Catelan, liv. 3, chap. 1, qui adjugea le banc au Haut-Justicier *du sol* de l'Eglise, à l'exclusion des autres Hauts-Justiciers *dans* la même Paroisse. Maréchal, chapitre premier des Droits Honorifiques, en rapporte un de Dijon du premier Mars 1560, qui adjugea les Honneurs de l'Eglise à celui des deux Hauts-Justiciers d'un Village, qui par le local de sa Justice fut jugé que l'Eglise *étoit au dedans de sa Justice* ; à l'autre on ne lui adjugea que le droit de faire bâtir dans un an une Chapelle pour y avoir son banc.

Nous adoptons ce principe, en disant que le Haut-Justicier du lieu où l'Eglise est bâtie, a *seul*, *après le Pa-*

tron, les Droits Honorifiques. *Quæ in eorum Senioratu positæ sunt.* De Roye, lib. 1. *Qui omnimodam Jurisdictionem in suo Senioratu habeant (& in eo positam Ecclesiam) cujus tamen non sunt Patroni.* Lib. 2, cap. 4. Ce passage de Roye confirme bien ce que j'ai dit *supra*, ch. 2, n. 2, que quand il dit *Seniores loci*, il ne parle que des Hauts-Justiciers, & non des simples Seigneurs de Fief.

Tenez donc pour principe général, que *de droit* les Honneurs de l'Eglise n'appartiennent qu'aux Patrons & Hauts-Justiciers *seuls*, sans pouvoir les communiquer à d'autres, s'ils ne cedent le Patronage ou la Justice *sans réserve*, * comme le juge l'Arrêt de Coubertin, *supra.*

* *Quod nota specialiter*, pour ce que je dis *infra* sur l'Arrêt de Coubertin.

La raison de ce principe est dans ce que j'ai dit ch. 1. *supra*, que les Droits Honorifiques n'avoient que deux causes, *le Patronage, la puissance publique*, qui réside dans le Haut-Justicier, ou autre plus haut Dignitaire.

XIII. Les Moyens & Bas-Justiciers n'ont pas proprement la puissance publique : si, suivant quelques Coutumes, ils infligent quelques peines corporelles, ils ne peuvent infliger les peines capitales, qui est le *Jus gladii.*

Sanè, dit de Roye en parlant des Moyens-Justiciers, *ibid.* lib. 2, cap. 5, *iis non omnino competit publica illa potestas, quam honorum nostrorum veram esse originem, verum esse fontem & fundamentum probavimus.* Autre preuve de ce que je viens d'observer sur le mot *Seniores*, dont il use souvent. *Vide* le chap. suivant, n. 2, où je fais voir que de Roye explique lui-même ce terme *Senior.*

Si on les leur tolere, si on leur conserve leur possession, ce n'est jamais vis-à-vis le Patron & le Haut-

Justicier, surtout quand il a son manoir dans le lieu : nous en parlerons dans la suite. Simon, audit ch. 16, en rapporte Arrêt du 17 Mars 1650. pour le Marquis de Senectere.

Maréchal, ch. 1, derniere édit. en cite une Sentence en faveur d'un Haut-Justicier contre un Seigneur de Fief : le Haut-Justicier étoit Châtelain de trois Paroisses ; il s'agissoit d'une qui n'étoit pas celle du Château : & il prouve le bien jugé de cette Sentence, pages 306 & suiv. édit. 1714.

Par rapport aux Engagistes, *vide infra* sur la Litre : je discuterai leurs droits, ainsi que sur le Droit de Banc.

On a demandé si une veuve douairiere qui jouit en douaire d'une Seigneurie, peut avoir les Droits Honorifiques que son défunt mari avoit ? Pour la décision de cette question, on peut appliquer cette regle de Dumoulin, §. 1, gl. 1, n. 19 : *Jura Honorifica non sunt in fructu*. D'où il conclut que l'Usufruitier n'a rien à l'honorifique, qu'il n'a que l'utile. Simon, titre 15. des Droits Honorifiques, dit que l'Usufruitier, la Douairiere n'ont pas les Droits Honorifiques. Maréchal, ch. 5, est de même avis. *Idem*, Tronçon sur l'article 2. de Paris. Lalande sur l'article 65. d'Orleans. Il ajoute que l'usage journalier est que la Douairiere en jouit, si le Seigneur propriétaire ne réside pas sur le lieu. Je ne crois ni l'usage ni la décision de Lalande (en ce qu'il paroît l'adopter.) Dans les regles, l'absence de celui à qui ces Droits appartiennent, n'autorise point celui qui ne les a point à en user ; les principes ci-dessus le démontrent. Cependant je crois que si Lalande avoit distingué les vrais Honneurs que l'on dit les grands

Droits, & les préséances que l'on dit *minores Honores*, sa décision pourroit être bonne pour la Douairiere, qui pendant la vie de son mari, ayant joui des grands Honneurs, doit après sa mort jouir des préséances, *propter memoriam mariti*. Mais pour tout autre Usufruitier il ne les a pas ; si ce n'est que ce fût un Donateur ou un Vendeur, *retento usufructu*, qui les eût spécialement réservés. Ce n'est pas alors comme Usufruitier, mais comme Donateur ou Vendeur sous cette condition, ce qui est licite. Mais en ce cas le Donataire ou l'Acquereur n'en jouiront pas : on ne peut multiplier les *grands* Droits.

On voit que pour avoir ces Honneurs, il faut avoir titre ou qualité, titre de Patronage, *id est* la preuve certaine du Patronage, qualité de Haut-Justicier. Cette maxime qui est constante, nous conduit nécessairement à sçavoir qui est celui qui est le Seigneur du lieu, le Seigneur de l'Eglise; car, comme la portion la plus noble, elle entraîne la qualité de Seigneur du Village : nous pouvons même dire, & nous allons le démontrer, que celui-là *seul* est le Seigneur du Village, qui est le Haut-Justicier du *sol* de l'Eglise; que tout autre ne peut même se qualifier Seigneur en partie.

CHAPITRE III.

Des Seigneurs en particulier : qui sont ceux qui peuvent se qualifier Seigneurs sine addito, *Seigneurs indéfiniment, Seigneurs de tel Village, & qui* seuls *après le Patron ont Droit aux Honneurs dans l'Eglise?*

II. *Quel est celui qui peut se dire Seigneur du Village,* sine addito, *indéfiniment.*

Sentiment des Auteurs sur l'Arrêt de 1550. *appellé l'Arrêt des Budées.*

III. *Vrai jugé de cet Arrêt.*

IV. *Arrêts qui jugent que le Haut-Justicier de la Paroisse est le seul qui peut s'en dire Seigneur indéfiniment ; que les Seigneurs de Fief, quand leur Fief porteroit le nom de la Paroisse, ne peuvent se qualifier que Seigneurs du Fief tel, sis Paroisse . . . . . .*

Qu'il faut bien distinguer le Haut-Justicier de *la Paroisse, & le Haut-Justicier* dans *la Paroisse.*]

Explication de la Coutume de Boulenois, à l'occasion de l'Arrêt du 26 Février 1735.

V. *Preuves que la Jurisprudence du Parlement de Paris est celle des autres Parlemens.*

VI, VII, VIII, IX. *Suite de ces Preuves.*

X.

I. NOus venons d'établir au Chapitre précedent, que le Patron, *eo ipso* qu'il est Patron, a les Honneurs de l'Eglise, *préferablement*, non *privativement* à tous les autres; & comme le Patronage n'est pas toujours attaché à la glèbe, que souvent il est personnel, ce dont nombre d'Auteurs ont élégamment traité, nous ne parlerons plus des Patrons, ni de leurs Droits, que pour dire qu'ils les ont *les premiers, & avant les Hauts-Justiciers*, dans les Eglises; & dans le détail de ces Honneurs, nous en parlerons relativement aux Droits des Hauts-Justiciers. Venons aux Seigneurs du lieu.

II. Quel est donc celui qui peut se dire *Seigneur du lieu*, Seigneur de telle Paroisse, de tel Village, Seigneur indéfiniment? Quel est celui qui *après le Patron*, s'il y en a un, a *seul droit* aux Honneurs de l'Eglise?

Les bons Auteurs s'accordent sur ce point; la Jurisprudence a autorisé leur sentiment, & est uniforme sur cette question.

Le Seigneur *du lieu où l'Eglise est bâtie*, est le vrai, le seul vrai Seigneur du lieu; il est le *seul* entre tous les Hauts-Justiciers *dans* une Paroisse, qui peut prétendre *par droit* les Honneurs de l'Eglise. De Roye, *lib.* 2, *cap.* 4, *supra. Qui omnimodam Jurisdictionem habeant in suo Senioratu, & in eo positam Ecclesiam, cujus tamen non sunt Patroni.*

Il le dit encore plus particulierement *c.* 9. Il y parle des Hauts-Justiciers *dans* la Paroisse, qui après le Patron & le Haut-Justicier de l'Eglise, peuvent avoir quelques Honneurs. Il dit: *Quicumque omnimodam Jurisdictionem in quadam Villa, in quodam Paræciæ Vico, in quadam ejus parte habeant (in qua non sit Ecclesia) statim minores* *habent Honores*; (*semper * quidem ille dicitur Senior, qui in suo Senioratu constructam habet Paræcialem Ecclesiam, eique præ cæteris debentur Honores.*) Il est vrai qu'il refuse au Haut-Justicier même de l'Eglise, la Litre en dedans, l'encens & la réception processionale : ce sentiment a plu à Maréchal ; mais nous prouverons qu'il n'est pas suivi, quant à la Litre & à l'encens ; & ce que dit de Roye, chap. 2, que nous rapportons *infra* sur la Litre, prouve qu'il ne la leur refusoit pas absolument.

* *Hic.*

Notez bien ce passage de Roye ; il confirme ce que j'ai dit *supra*, que le terme *Senior*, dont il use toujours, est le Haut-Justicier de l'Eglise, & non le Seigneur du fief, qui n'est *réputé* Seigneur du Village que quand il n'y a point de Haut-Justicier.

Chassanée, ou Chassaneu, Auteur celebre, mort en Avril 1541, sur Bourgogne, titre des Justices, §. 1, au mot *Haut-Justicier*, n. 2, dit : *Item, adverte quod ille qui est Justitiarius in aliquâ Terrâ, habens ibi Jurisdictionem, licet alius habeat proprietatem, potest se dicere Dominum.* Cet Auteur oppose ici le *Haut-Justicier*, qui n'a que la Haute-Justice dans le Village, à celui qui a la Seigneurie directe féodale, ou censuelle, qu'il appelle *proprieté*. Il décide que le Haut-Justicier du lieu, qui n'a domaine ni censives, peut se dire *Seigneur* indéfiniment. C'est ainsi que s'en explique Loiseau lui-même, chap. 11. des Seigneuries, *in principio*.

Simon, chap. 16, dit : Le Haut-Justicier *seul* doit être appellé Seigneur du lieu, & peut faire faire défenses à un Seigneur de Fief de se qualifier autrement que Seigneur *d'un tel Fief*, comme a fort bien remarqué Mornac sur la Loi 1. au cod. *de off. præfect. urb.*

M. Salvaing, ch. 56, commence ainsi ce chapitre :

C'est une maxime reçue en France, que celui qui a la Haute-Justice d'une Terre, a seul *droit de s'en qualifier simplement Seigneur, par une prérogative qu'il a sur ceux qui n'ont que la Moyenne ou la Basse, ou qui n'ont que des Fiefs particuliers, ou des censives,* lesquels sont obligés de spécifier la qualité de leur Seigneurie. *La raison est, que la Haute-Justice emporte superiorité, commandement & puissance publique; qu'ainsi elle est entierement, & par excellence, Domination & Seigneurie.*

Loiseau, des Seigneuries, ch. 11, n. 2 & suivans, dit: *Le titre des Justiciers* (il parle de la Haute-Justice) *est qu'ils ont droit de se qualifier Seigneurs du Village, pourvû, s'ils n'ont pas la Justice de tout, qu'ils l'ayent en la majeure partie.* Il le dit encore *ibid.* n. 17, 18, 19 & 20. *Il suit,* dit-il, *que le Haut-Justicier (qui est le Seigneur du Territoire, &c.)*

C'est après avoir ainsi rendu hommage aux vrais principes, que ce docte Auteur, entraîné par l'idiome populaire, & par la façon de s'exprimer, dit, que dans l'usage on appelle Seigneurs du Village ceux qui ont la Seigneurie féodale ou censuelle de la plus grande partie des maisons d'icelui: & il estime qu'un Particulier, à faute d'interêt légitime, ne seroit recevable à leur empêcher ce titre; même que le Seigneur du Village n'y seroit fondé qu'en trois cas; sçavoir, ou que ce fût le principal Village de sa Seigneurie, ou celui dans lequel fût l'Auditoire de sa Justice, ou celui duquel même il a coutume de porter le nom. Il rapporte l'Arrêt appellé de Marly, rapporté par Chopin sur Anjou, liv. 2, & qui est aussi rapporté par M. Louet, Lettre F, somm. 31. Il est du 26 Février 1550.

Cet Arrêt, suivant Loiseau, qui le cite d'après Chopin, jugea que celui qui avoit un ample Fief relevant du Roi dans le Village du Haut-Justicier, pouvoit se qualifier Seigneur en partie d'icelui, sauf qu'ès actes où le Seigneur Haut-Justicier seroit nommé, il se qualifieroit Seigneur d'un tel Fief sis au Village de . . . . Et il ajoute :

J'estime toutes fois qu'il faut restraindre cet Arrêt à son hypotèse, qu'y ayant au Village un Haut, même un Moyen ou Bas-Justicier qui ait accoutumé de s'en qualifier Seigneur, le simple Seigneur féodal ne doit porter ce titre de Seigneur en partie, principalement si son Fief se trouve avoir un autre nom.

M. Louet prétend que cet Arrêt a jugé qu'il falloit faire distinction des Fiefs qui n'avoient aucun nom particulier, autre que celui du Village où ils sont situés, d'avec ceux qui ont un nom spécial ; qu'aux uns on dit Seigneur de . . . . en partie . . . aux autres, Seigneurs d'un tel Fief situé à . . . .

Est-il possible que deux grands hommes tels que M. Louet & Loiseau se soient si fort abusés, & n'ayent pas voulu sçavoir ce que cet Arrêt jugeoit ?

Chopin sur Anjou, liv. 2, part. 2, chap. 1, titre 4, a induit Loiseau en erreur. Il dit d'abord, que sur la querelle d'entre un Seigneur de Fief qui se vantoit d'être Seigneur du Village où étoit son Fief, & un Haut-Justicier qui se qualifioit aussi Seigneur, enfin la Cour décida pour M. Budé, Seigneur *Haut-Justicier* du Village de Marly, près Paris ; & fut dit que celui qui auroit un Fief dans le Bourg, seroit qualifié Seigneur de tel . . . . sis audit Village ; *excepté*, ajoute-t-il, *que si ce Seigneur dudit Fief reconnoissoit un autre Seigneur dominant que le Justicier, en ce cas il se diroit Sei-*

gneur en partie du Village ; toutes fois s'ils venoient à contracter ensemble, ou se rencontrans en un même acte, celui-ci, quoique relevant du Roi, seroit tenu de prendre la qualité de Seigneur dudit Fief sis audit Village, & le Haut-Justicier absolument Seigneur du Village. Il finit en disant : *D'où vient que l'on attribue aux Hauts-Justiciers la Seigneurie des lieux, & le titre de Seigneur?*

Cet Arrêt ne juge rien de toutes ces exceptions. Il juge purement & nettement la qualité de *Seigneur* en faveur de M. Budé, Seigneur Haut-Justicier de Marly, *quoique le Fief du Seigneur de Fief portât le nom de Marly*, qui est le Village.

Brodeau sur M. Louet, *loco citato*, le rapporte d'après Chenu, où il est transcrit en ses quest. cent. 2, quest. 31. Le dispositif porte, dit-il, *que Guillaume de Meaux ne s'intituleroit point Seigneur de Marly, ni Seigneur des Fiefs de Marly indistinctement, mais spécifiquement s'intituleroit Seigneur des Fiefs qu'il prétend être à lui assis en la Seigneurie & Territoire de Marly.* Tronçon sur l'art. 3 de Paris, au mot *Fief*, le rapporte de même.

M. Salvaing, *dicto cap.* 56, le rapporte en entier. Comme cet Arrêt est important, puisqu'il juge la question entre le Haut-Justicier, & un Seigneur d'un Fief *portant le nom du Village*, & qu'il a si fort partagé les grands Auteurs ; le voici.

» Entre François Budé, Ecuyer, Valet-de-Chambre » ordinaire du Roi, Tuteur & Curateur des enfans mi- » neurs d'ans de défunt M. Dreux Budé, en son vivant » *Seigneur de Marly-la-Ville en France*, & Antoine Bu- » dé, Controlleur des Guerres, Appellans de l'exécu- » tion de certaines Lettres Royaux en forme de Ter- » rier, & de ce qui s'en est ensuivi, en adhérant à un

» premier appel qui ci-devant avoit été interjetté par » feu Me Guillaume Budé leur frere, & du refus fait de » le recevoir à opposition, & encore lesdits François & » Antoine Budé esdits noms, ayant repris le procès, » & icelui reptenant au lieu dudit feu Me Guillaume » Budé, Prieur de S. Gation, en son vivant Appellant » de l'octroi de certaine Commission en forme de Pa- » pier Terrier, & des clauses contenues en icelle; & » Guillaume de Meaux, Ecuyer, Intimé d'autre; & en- » core ledit de Meaux *prétendu être surnommé de Marly*, » Appellant de ce qu'il dit avoir été passé outre à l'exé- » cution de certaines Lettres de Terrier au pardessus » une opposition qu'il dit avoir formée, ensemble Appel- » lant; de Jean Jaupitre, Sergent à verge au Châtelet de » Paris, Executeur desdites Lettres de Terrier, du pré- » tendu refus de le recevoir à opposition, & des défen- » ses dont en son procès verbal est fait mention, d'une » autre part; & lesdits François & Antoine Budé, Inti- » més, & ledit Jaupitre prétendant d'être follement in- » timé, d'autre part.

» Riants, pour les Budés Appellans, dit que cette » cause servira de regle pour les Seigneurs Hauts-Justi- » ciers, & autres qui ont des Fiefs particuliers en & » au-dedans de la Terre desdits Hauts-Justiciers, &c.

» La Cour, quant à l'appellation interjettée de la » part de Budé de l'exécution & procédures faites sur » les Lettres Royaux de Guillaume de Meaux, dit qu'il » a été mal exploité, exécuté, & procedé, bien appellé » par l'Appellant, & condamne l'Intimé ès dépens des » causes d'appel; permet toutes fois audit Intimé faire » reconnoître ses cens ou rentes par ceux qu'il prétend

» lui être redevables pardevant Notaires; & s'il y en » a procès ou opposition par les redevables prétendus, » de les poursuivre pardevant les Juges des Hauts-Jus- » ticiers; & en tant que touche l'appel interjetté par » Guillaume de Meaux, dit la Cour, qu'elle l'a mué & » converti en opposition, tous dépens réservés en défi- » nitive; & pour proceder sur l'opposition, renvoye les » Parties pardevant le Prevôt de Paris ou son Lieute- » nant à quinzaine; déclare Jaupitre, Sergent, avoir » été follement Intimé, & condamne de Meaux ès dé- » pens de la fausse intimation.

» Et * ayant égard à ladite Requête de Budé, or- » donne que de Meaux *ne s'intitulera* Seigneur de Mar- » ly *indistinctement*, mais s'intitulera *spécifiquement* Sei- » gneur des Fiefs qu'il prétend être à lui *assis en la Sei- » gneurie & Territoire de Marly*. Fait en Parlement le » 26 Février 1550.

* *Hic.*

Quant à ce que dit Loiseau, qu'aucun, même le Haut-Justicier, ne pourroit empêcher que le Seigneur d'un Fief ne se dît Seigneur, sinon en trois cas pour le Haut-Justicier, les Arrêts que je vais rapporter rejettent cet avis. L'Arrêt de Coubertin *supra* le juge nettement, dans le cas où, comme je le dirai *infra*, le Seigneur de Fief n'auroit pas acquis *légitimement & valitement* le Droit de Haute-Justice. Telle étoit l'espece où M. de Vaugien étoit: je le prouverai. La raison de ce est, qu'un Seigneur de Fief a interêt qu'un autre *son égal* ne s'arroge pas une qualité qui emporteroit des prééminences sur lui : *par in parem non habet imperium.*

Je vais donner un Arrêt récent qui juge si nettement

ment la question contre un Seigneur dont le Fief *portoit le nom du Village*, qu'il ne sera plus permis de douter que le Haut-Justicier *du lieu où est l'Eglise*, quoique son Manoir & Auditoire n'y fussent pas, a droit d'empêcher qu'un Seigneur de Fief ni autre ne s'arroge ce titre. Mais avant cela,

IV. Revenons aux Arrêts, dont plusieurs sont dans nos Livres.

Le premier est celui de Marly, que nous venons de rapporter, du 26 Février 1550.

Le second, du 17 Janvier 1604, rapporté par Ferriere, ch. 6, en son Traité des Droits Honorifiques, qui est à la suite de son Traité du Patronage, entre le Chapitre de Paris, & le sieur Roussel Apoticaire. Le Chapitre de Paris, *comme Haut, Moyen & Bas Justicier*, fut maintenu dans le droit de se dire *Seigneur de Bagneux*; défenses à Roussel de prendre la qualité de Seigneur pour le tout ou en partie de Bagneux, sauf à lui à se nommer *Seigneur du Fief, Chevalier, ou autrement*.

Le troisiéme, rapporté sur M. Louet, *ibid.* somm. 31, du 24 Janvier 1611, entre les Religieuses de S. Jean-du-Moucel lez-Pont-Saint-Maxence, *Hauts-Justiciers du lieu*, & Philippe le Bel, Seigneur du Fief S. Christophe sis en ladite Paroisse. La Sentence lui confirmoit la qualité de Seigneur en partie : *l'Arrêt infirme*, & ordonne qu'il pourra se dire *Seigneur du Fief S. Christophe assis* en la Paroisse de S. Jean-du-Moucel.

Le quatriéme *ibid.* par ces Auteurs, du 5 Août 1634, infirmatif d'une Sentence des Requêtes du Palais, qui déclara la Haute-Justice de Crisenoy & Champdent appartenir à Maître Louis Chauvelin, & la qualité *de Seigneur de Champdent*, donnée à Leon Fuzée dans les criées de la Terre de Champdent, *reformée.*

Le cinquiéme, rapporté *ibid.* du 21 Juillet 1645, entre Jean de Cuigy, Secretaire du Roi, & Michel Desprez & Jean Faure, qui fit défenses ausdits Desprez & Faure de se qualifier *Seigneurs en partie du Village de Clamard,* mais *du nom de leurs Fiefs sis* à Clamard; sçavoir, Desprez, *du Fief de Clamard* * sis à Clamard; & Faure, du Fief de *Chef-de-Ville, sis* à Clamard, avec Moyenne & Basse Justice dans l'étendue de leurs Fiefs seulement; *sans que leurs Officiers pussent prendre d'autre qualité que celle d'Officiers ausdites Justices.* Ordonne que ledit de Cuigy pourra se qualifier *seul* Seigneur *du Village, Terre & Seigneurie de Clamard,* avec tous droits appartenans aux Hauts-Justiciers, même de faire sonner les cloches pour tenir ses Plaids par ses Officiers.

* *Nota*, ce Fief portoit le nom du Village.

Le sixiéme, du 4 Juin 1646, rapporté sur M. Louet, *ibid.* aux additions, par M. Salvaing, *ibid.* & par Ferriere, *ibid.* en faveur de M. le Prevost, Seigneur Haut-Justicier d'Herbelay, *nonobstant possession immémoriale*, comme le remarque M. Salvaing.

Salvaing, ch. 56, qui le rapporte en entier, le date du 9; aux additions sur M. Louet on le date du 4; Ferriere le date aussi du 4. Il est du 4.

Il maintient M. le Prevost (sa qualité de Haut-Justicier étoit prouvée) *dans la* possession & jouissance de tous les Droits Honorifiques dans la Paroisse d'Herbelay, & de la Haute-Justice sur le Fief de Beauvais. Fait défenses audit de Beauvais de le troubler, *& de se dire Seigneur d'Herbelay en partie, ains seulement de la Moyenne & Basse-Justice dudit Fief de Beauvais, sis audit Village d'Herbelay.* Le condamne à faire ôter l'écusson de ses Armes qu'il avoit fait mettre au-dessus de l'Ange dans le Chœur de ladite Eglise; de faire effacer la Litre & Ceinture funebre qu'il avoit fait mettre aussi dans le Chœur; lui permet néanmoins d'en avoir une dans la Chapelle de Sainte Catherine de ladite Eglise seulement.

Le septiéme, du 5 Avril 1667, dont on m'a remis la copie entiere, lorsqu'en 1745 je fus consulté par le Seigneur de Comblaville, pour l'exécution de cet Arrêt.

Il est rendu entre Marie de Riviere, veuve de Charles de Gomez, Ecuyer, Seigneur de Lugnieres, Vaux-la-Reyne, *& Comblaville*, au nom & comme tutrice de Charles de Gomez son fils mineur, Appellante & Intimée; & Louis-Philbert de la Croix, Ecuyer, Sieur de Beaulieu, au nom & à cause de Marie-Octave de Bernard son épouse, & comme tuteur de Jacques de Bernard son frere, héritiers de défunt Henry de Bernard, Ecuyer, Sieur de Mongermon, & Marie Crespy, leurs pere & mere, proprietaires de la Seigneurie de Menessy, sise audit Comblaville, aussi Appellant de la Sentence du Châtelet du 20 Décembre 1664, & Exécutoire de dépens; & encore ledit de la Croix, Appellant d'une autre Sentence du 14 Février 1665; & la Dame de Riviere, Intimée.

Voici les Sentences dont étoit appel.

Par la premiere,

» On maintient & garde la Dame de Riviere esdits » noms, en la possession des Terres & Seigneuries de » Vaux-la-Reyne & Comblaville, & en la Haute, » Moyenne & Basse-Justice desdits lieux: Fait défenses » ausdits de la Croix & sa femme de l'y troubler, *&* » *de prendre à l'avenir la qualité de Seigneur & Dame de*

» *Comblaville en partie, ains seulement de prendre la qua-*
» *lité de Seigneur & Dame de Meneshy, sis au lieu de*
» *Comblaville*, & faire exercer *leur Justice Haute,*
» *Moyenne & Basse*, dans l'étendue dudit Fief, sur leurs
» Hôtes & Justiciables, ainsi qu'ils avoient accoutumé,
» sans néanmoins que les Officiers de ladite Justice puis-
» sent en aucune façon faire Messiers, donner taux,
» poids & mesures, ni autrement s'entremettre en l'e-
» xercice de Police & Voirie, laquelle appartiendroit
» aux Officiers seuls de la Justice de la Dame de Riviere,
» dans l'étendue tant dudit Comblaville, que dudit
» Fief de Meneshy, (comme étant la Justice de la Dame
» de Riviere *la premiere* & la plus considérable du lieu
» de Comblaville) à laquelle de Riviere *appartiendront*
» *aussi les Droits Honorifiques dans ladite Eglise* de Com-
» blaville, dont elle jouiroit & sa famille par préference
» ausdits de la Croix & sa femme; *& en cas d'absence*
» *de* ladite de Riviere & sa famille, lesdits Droits appar-
» tiendront ausdits de la Croix & sa femme, *par prefe-*
» *rence aux Prevost &* autres Officiers de la Dame de
» Riviere, *si ce n'étoit que ledit Prevost fût gradué; auquel*
» *cas icelui Prevost & autres* Officiers de ladite Justice,
» *comme representans la Dame de Riviere & sa famille, lors-*
» *qu'elle sera absente & sa famille de ladite Eglise de Com-*
» *blaville, jouiroient desdits Droits Honorifiques, preferable-*
» *ment ausdits de la Croix & sa femme.* Ordonne que la
» Ceinture funebre que la Dame de Riviere avoit fait
» apposer y demeurera, nonobstant l'opposition desdits
» de la Croix & sa femme; & seront les minutes &
» grosses de l'acte de foi desdits de la Croix & sa femme,
» du 14 Septembre 1657, réformées & réduites aux
» termes des qualités ci-dessus, nonobstant choses pro-

» posées au contraire par les Parties, dont elles sont dé-
» boutées. Ordonne que sur la demande de la Dame de
» Riviere, tant pour le banc qu'elle prétendoit que
» ledit de la Croix & sa femme avoient fait placer nou-
» vellement dans le Chœur de Comblaville, que pour
» la maison appartenante ausdits de la Croix & sa fem-
» me, sise audit Village de Comblaville, qu'ils avoient
» qualifiée seigneuriale, que la Dame de Riviere pré-
» tendoit être en roture, aussi-bien que la ruelle en
» question, lesdits de la Croix & sa femme défendroient
» & contesteroient plus amplement.

Par la seconde Sentence :

» Attendu l'appel desdits de la Croix & sa femme,
» ordonne que les Parties se pourvoiront au Parlement
» sur les chefs jugés définitivement, même pour raison
» de la demande à ce que lesdits de la Croix & sa fem-
» me fussent tenus de fournir aveu & dénombrement
» des terres & dépendances de leur Fief de Meneshy.

» Faisant droit sur les chefs interloqués, condamne
» lesdits de la Croix & sa femme à faire ôter le banc,
» si aucun ils avoient fait poser de nouveau dans le
» Chœur de l'Eglise de Comblaville ; autrement & à
» faute de ce faire, permis à la Dame de Riviere, après
» une sommation, de le faire ôter à leurs dépens.

Les autres chefs concernoient la maison & la ruelle. Voici l'Arrêt.

» Notredite Cour par son Jugement & Arrêt, en tant
» que touche l'appel desdits de la Croix & sa femme, de
» la Sentence du 14 Février 1665, (c'est la seconde) a
» mis & met l'appellation & Sentence dont est appel
» au néant, en ce qu'elle auroit ordonné que le banc
» dont est question sera ôté, & la ruelle rétablie en

» l'état qu'elle étoit auparavant; émendant quant à ce, » ordonne que la clôture du banc demeurera en l'état » qu'elle est de present, *pendant la vie desdits de la Croix* » *& sa femme*, * & que la ruelle leur appartiendra en » proprieté sous la censive de deux deniers envers le » Seigneur de Comblaville; la Sentence au résidu sortissant effet : Faisant droit sur l'appel respectif de la » Sentence du 20 Décembre 1664, & de l'Exécutoire » du 3 Mars 1665, a mis & met les appellations au » néant : Ordonne que ladite Sentence sortira son plein » & entier effet; *& néanmoins ne pourront les Officiers de* » *la Dame de Riviere, quoique gradués, préceder lesdits de* » *la Croix, sa femme & ses enfans, en cas d'absence de la* » *Dame de Riviere & sa famille, sans amende & dépens.*

* *Hic.*

Cet Arrêt juge, 1°. que le Seigneur Haut-Justicier du lieu de l'Eglise (la Dame de Riviere ès noms qu'elle procedoit avoit la Haute-Justice du sol de l'Eglise; j'en vis la preuve lors de la Consultation; la Sentence jugeoit sa Justice *la premiere* dudit Comblaville; & l'Eglise s'appelle l'Eglise de Comblaville) a *seul* la qualité de Seigneur du lieu, & les grands Droits Honorifiques. 2°. Qu'un Haut-Justicier *dans* la Paroisse ne peut pas même prendre la qualité de *Seigneur en partie*; que cette qualité est attachée à la *seule* Justice *de* la Paroisse, quand on y a part; l'Arrêt de 1700, dont nous allons parler, le juge ainsi. 3°. Que les Sieur & Dame de la Croix, qui n'avoient fait qu'enclore une place qu'ils avoient dans le Chœur, en jouiroient *pendant leur vie*; c'est une grace que la Cour leur faisoit : nous en parlerons section du Droit de Banc. 4°. Que les Officiers de Justice, *quoique gradués*, ne précederont point un Seigneur Haut-Justicier *dans* la Paroisse, même en l'absence du Haut-Justicier *de* la Paroisse. Nous discuterons ce point *infra*; nous rapporterons un Arrêt plus nouveau qui a jugé le contraire.

Mais observez * spécialement que cet Arrêt, en adjugeant au sieur de la Croix & sa femme les Droits Honorifiques en l'absence du Seigneur de Riviere, ne lui adjuge pas les grands Honneurs : cela ne s'entend que des Honneurs moindres, comme le pain beni, le pas à l'offrande, à la procession, comme nous l'observons *infra*, sect. du Droit de Banc, à l'occasion de l'Arrêt du 10 Juillet 1679, & section du Droit de pain beni, à l'occasion de celui du 24 Mars 1684, que nous y rapportons. Ces Arrêts n'adjugent à ces Hauts-Justiciers *dans* la Paroisse que des préséances. La raison est, 1°. que les grands Honneurs ne se multiplient pas. 2°. Que par l'Arrêt même on n'adjuge au sieur de la Croix & sa femme que l'usage de leur Banc au Chœur *pendant leur vie*. 3°. Ces Honneurs, par la Sentence & par l'Arrêt, ne leur sont adjugés que par préference aux Officiers de Justice. Or, par rapport aux Officiers de Justice, les Honneurs qu'ils peuvent prétendre ne sont que les simples préséances, *dicemus infra*; & dès qu'il ne s'agissoit en la Cour que de sçavoir si les Officiers de Comblaville, *étant gradués*, auroient les Honneurs avant les Sieur & Dame de la Croix, il est consequent que la Cour, en jugeant que ces Officiers, quoique gradués, ne les précederoient pas, n'adjugea que des préséances : enfin, c'est que ces Honneurs ne leur sont adjugés qu'au cas d'absence de la Dame de Riviere; & dans les grands Honneurs la plupart ne requierent pas la présence de celui à qui on les doit; absent comme present, il les a; il est nommé aux prieres

* *Hic.*

du Prône; il a sa Litre, son Banc, son Droit de sépulture; cela est incontestable.

Je fais cette observation, afin qu'un Lecteur ne se laisse pas surprendre en lisant rapidement un Arrêt, qui après avoir adjugé les Honneurs au Haut-Justicier *de* la Paroisse, *id est* du sol de l'Eglise, les adjugera ensuite à un Haut-Justicier *dans* la Paroisse: ce dernier n'a pas droit aux vrais Honneurs; mais par sa qualité dans la Paroisse, il peut prétendre les préséances qui sont les Honneurs moindres. C'est ce que juge bien disertement l'Arrêt du 10 Février 1700, rapporté *infra* sur le Droit de Banc au Chœur.

Le huitiéme, du 10 Février 1700, que je rapporte *infra*, sect. du Banc dans le Chœur, entre le sieur Commandeur de S. Maunny de Beaune, Seigneur Haut-Justicier dudit lieu, & le sieur de Poutrincourt, Seigneur Haut-Justicier du Fief de l'Hôpital (& autres tenus de Viry) assis en ladite Paroisse de S. Maunny.

L'Arrêt maintient le Commandeur dans le droit de se qualifier *Seigneur de S. Maunny*, avec Haute, Basse & Moyenne-Justice; fait défenses au sieur de Poutrincourt *de se dire Seigneur en partie, mais seulement Seigneur Haut-Justicier du Fief de l'Hôpital (& autres tenus de Viry) sis en la Paroisse de S. Maunny.*

Cet Arrêt réfute bien l'avis de Loiseau, qui dit que quand le Seigneur de Fief ne tient pas du Haut-Justicier, on ne peut l'empêcher de se dire Seigneur du lieu. Le sieur de Poutrincourt ne tenoit pas de Maunny ni de Sentenay, mais de Viry, & il avoit Haute-Justice *dans* la Paroisse, mais non la Haute-Justice *de* la Paroisse.

Observez bien, quand je dis & dirai Haut-Justicier

de

de ou *dans* la Paroisse, cela est different *toto cælo.* Haut-Justicier *de* la Paroisse est celui, comme dit de Roye, *loco supra, qui in suo Senioratu habet positam Ecclesiam.* Haut-Justicier *dans* la Paroisse, est celui qui n'a pas la Justice du terrein, *du sol* de l'Eglise; mais qui, ainsi que le dit de Roye *supra*, a la Haute-Justice *in quadam parte vici, in qua non sit Ecclesia*; consequemment n'est pas le Haut-Justicier *de* la Paroisse, & par une suite nécessaire ne peut se dire Seigneur d'un tel lieu, *ni en tout, ni en partie.*

Le neuviéme est celui du sieur de Beaurains, chap. 2 *supra*, du 14 Juillet 1714.

Voici le dixiéme récent rendu en faveur de Mre Jacques-Auguste de Thou, Abbé Commendataire de l'Abbaye Royale & Comté de Samert-aux-Bois en Boulenois, contre Messire Louis Comte de Mailly, Capitaine-Lieutenant des Gendarmes Ecossois, Commandant la Gendarmerie de France, *Seigneur du Fief de Manneville*, sis au Village & Paroisse de *Manneville* en Boulenois. *Nota* ce Fief portoit le nom * du Village.

* Hi[illegible]

J'écrivois pour M. l'Abbé de Thou. Comme cette affaire avoit ses singularités par rapport à la Coutume de Boulenois, on ne sera pas fâché que j'en rapporte les traits principaux : ils touchent les Droits de Haute-Justice, les Droits Honorifiques, & la qualité de Seigneur du Village.

Ces trois points, dont celui de la Haute-Justice est un point de Coutume, sont jugés nettement par l'Arrêt. Ce point parut nouveau dans la Province, parce que, quoique jugé litteralement sur la Coutume, on n'y sentoit pas les grandes consequences des articles que je vais rapporter. Cet Arrêt est une réelle interprétation de cette Coutume.

M. l'Abbé de Thou, seul rejetton d'une famille si précieuse à la France, étoit Abbé Commendataire de l'Abbaye de Samert, & comme tel, Comte de Samert-aux-Bois en Boulenois.

L'Abbaye de Samert-aux-Bois est une des plus anciennes Abbayes de cette Province; elle est de l'Ordre de S. Benoist; elle est plus ancienne que Notre-Dame de Boulogne, & que l'Abbaye de S. Wulmart, de l'Ordre de S. Augustin.

Therouanne étoit le Siége Episcopal du Boulenois. Le Pape Pie V. en 1566, par ses Bulles du 3 Mars, érigea l'Abbaye de Notre-Dame de Boulogne en Evêché.

Samert-aux-Bois est fondé par les anciens Comtes de Boulogne, & en même tems Comtes de Samert. S. Wulmart, frere de Walbert Comte de Boulogne, qui vivoit sous le Grand Clovis, est le Fondateur de l'Abbaye de Samert-aux-Bois. Il la dota de son Comté de Samert, & de ce qui lui appartenoit dans le Boulenois.

Cette Abbaye de Samert-aux-Bois est un Membre appendant du Comté de Boulogne. L'article 1. de la Coutume réformée en 1550, commence ainsi: *En la Comté de Boulogne le Roi a six Abbayes*; celle de Samert y est une des six.

FAIT. Voici le fait qui donna lieu à la contestation.

Le 13 Juin 1708, après la mort du Marquis de Mailly, l'Abbé de Samert obtint commission pour faire saisir la Seigneurie de Manneville; * c'est ainsi que s'appelloit le Fief, *du nom du Village* où il étoit situé: ce Village faisoit partie du Comté de Samert; la Justice de Samert, pour tout le Comté, *se tenoit à Samert.*

* Observez cette dénomination.

La Dame de Sainte-Hermine, veuve du Marquis de Mailly, Tutrice du Comte son fils, écrivit à Samert, pour surseoir aux poursuites; cela les arrêta.

Le 28 Novembre 1715, le Comte de Mailly se fit saisir féodalement par François Magnier, Receveur du Domaine de Boulogne: ce Fief de Manneville fut saisi comme mouvant du Roi à cause de son *Bailliage d'Evrennes.*

20 Juillet 1716, Sentence en la Sénéchaussée de Boulogne, qui condamna le Commissaire établi à la saisie féodale, à rendre compte: le Comte de Mailly fut payer le relief & chambellage au Receveur du Domaine, & la quittance portoit que Manneville étoit tenu du Roi *à cause de son Comté de Boulogne.*

16 Juillet 1718, Sentence du Bureau des Finances d'Amiens, qui dispense le Comte de Mailly de rendre la foi-hommage en personne, *même énonciation de mouvance.* 18 dudit mois & an, acte de foi pour le Comte de Mailly, même énonciation.

Aveu & dénombrement de la Terre & Seigneurie de Manneville, *tenue du Roi à cause de son Comté de Boulogne.* 19 Octobre, Sentence qui reçoit l'aveu.

11 Décembre, dénonciation de tout aux Abbé & Religieux de l'Abbaye de Samert-aux-Bois.

15 dudit mois, l'Abbé de Thou interjetta appel de la saisie féodale, des Ordonnances & Sentences du Bureau des Finances d'Amiens; il fit intimer le Substitut de M. le Procureur General, & Magnier le Receveur du Domaine.

Arrêt qui appointe au Conseil, au Rapport de M. l'Abbé Pucelle, entre l'Abbé de Thou, M. le Procureur General, prenant le fait & cause de son Substitut,

& Magnier. 20 Janvier 1722, Demande de l'Abbé de Thou contre le Comte de Mailly, pour voir déclarer l'Arrêt commun.

Le Comte de Mailly se rendit Partie, & par ses Requêtes des 24 & 27 Novembre 1727, il conclut à ce que les appellations fussent mises au néant. Cette procédure ouvrit le combat de Fief.

Le 11 Juillet 1720, le Procureur Fiscal du Comte de Mailly à Manneville requit la visite des chemins, rues, & flegards (*a*). Ordonnance conforme; transport au Hameau de l'Epinoy, Paroisse de Manneville. Saisie sur le nommé Martel : il s'oppose, porte son opposition à Samert. 17 Août, Sentence qui, attendu que Martel n'étoit point justiciable de Manneville, le décharge des condamnations. Appel à Boulogne par le Procureur Fiscal de Manneville. 23 Decembre, Sentence à Boulogne, qui dit qu'il a été mal & incompétemment jugé.

19 Juin 1721, opposition à cette Sentence par l'Abbé de Thou. 18 Février 1722, Sentence qui ordonne que le Comte de Mailly sera mis en cause; il y est mis. Sentence qui déboute l'Abbé de Thou de son opposition. Appel. Arrêt qui appointe au Conseil & joint.

Cela occasionna une contestation d'étendue de territoire.

Voici les deux chefs qui concernent singulierement cet ouvrage.

Le 9 Août 1730, le Comte de Mailly fit signifier un

(*a*) Places communes, vagues, qui tiennent le plus souvent aux chemins. Lozembrune sur Boulogne, art. 42. *alias*, frocs, flots, ou froux. Ragueau au mot *Frocs.* Quelquefois ils signifient les chemins. Ducange nouveau dit, *fro*, *pro*, *frocus*, *jus viaria.* Ducange ancien, au mot *Fransus*, terre engast, *incultus*, *eremus ager.*

acte au Curé de Manneville ; le somma de déclarer pourquoi il cessoit de le nommer & recommander au Prône. Le Curé répondit que jusqu'en 1704 il avoit, à l'exemple de ses prédécesseurs, recommandé le Comte de Mailly *comme Seigneur de cette Paroisse* ; mais qu'il lui fut fait alors une sommation par les Abbé & Religieux de Samert de les recommander : à quoi il avoit satisfait sans vouloir préjudicier au Comte de Mailly.

8 Juin 1721, Assignation au Curé, à la requête du Comte de Mailly, pour voir dire qu'il seroit tenu de le recommander au Prône. 26 Juin, Sentence qui y condamne le Curé. Appel par l'Abbé de Thou : cet appel fut encore joint.

Les 29 & 30 Janvier 1721, l'Abbé de Thou avoit pris une commission, & avoit fait assigner le Comte de Mailly en la Cour, pour voir dire qu'un Arrêt de 1647 seroit déclaré executoire contre lui ; ce faisant, que la qualité qu'il prenoit *de Seigneur de Manneville indéfiniment*, ne pourroit nuire ni préjudicier à l'Abbé de Samert.

24 & 27 Novembre 1727, Requête du Comte de Mailly : il prend pour trouble l'entreprise du Juge de Samert sur le Juge de Manneville ; demande d'être maintenu dans son Droit *de Haute, Moyenne & Basse-Justice, & dans les Droits Honorifiques de la Paroisse, comme Seigneur de Manneville.*

L'Arrêt du 8 Avril 1647. avoit simplement ordonné, du consentement du Comte de Mailly lors, que la qualité qu'il prenoit de Seigneur de Manneville, ne pourroit nuire ni préjudicier à l'Abbé de Samert.

L'Abbé de Thou donna Requête contraire à celle du Comte de Mailly ; demanda qu'il lui fût fait *défenses de prendre la qualité de Seigneur de Manneville*, & qu'il fût débouté de ses demandes. Toutes ces Requêtes furent appointées en droit & joint.

Pour soutenir la complainte, le Comte de Mailly produisit un Contrat de vente de 1567 de son Fief, où sa Haute-Justice étoit qualifiée Haute, Moyenne & Basse; un Aveu de 1574, porté à Samert; un Decret de 1604, *où ces énonciations y étoient.*

Par rapport aux Droits Honorifiques, il produisoit son Décret de 1604, qui énonçoit *son Manoir tenant au Presbytere*: d'où il concluoit que ses Auteurs avoient donné le fonds de l'Eglise, d'autant plus que les Habitans de Manneville lui payoient des redevances pour la place du Presbytere & Cimetiere. La réponse du Curé montroit qu'avant 1704, il étoit en possession des prieres nominales.

L'Abbé de Thou, sur le Droit de Justice qui pouvoit entraîner *la qualité de Seigneur*, dit, que le Comte de Mailly avoit bien *une Haute-Justice d'exercice*, * mais non pas une Haute-Justice *de droit*; que quand même il auroit la Haute-Justice *de droit*, ce Fief étant mouvant de Samert, *la Haute-Justice ne se seroit formée* (a) que depuis, & ne pourroit effacer le droit *primitif & acquis* à l'Abbé de Samert, *d'être le premier Haut-Justicier à Manneville.*

* *Hic.*

Qu'effectivement, comme suivant les Coutumes de Picardie, la Haute-Justice se rend par les Vassaux, qui sont obligés à envoyer leurs Baillis faire le service de plaids en la Cour de leur Seigneur, on voyoit une

(a) *Nota.* Je ne dis pas que la Haute-Justice auroit été *concédée*; mais *se seroit* formée. On verra la preuve dans un moment, qu'un Seigneur en Boulenois peut se former une Haute-Justice *invito Domino.*

Sentence rendue à Samert, en matiere criminelle, le 22 Octobre 1691, où au nombre *des Féodaux*, *id est* des Vassaux du Seigneur, on voyoit *Nicolas Louchet desservant le Fief du Seigneur de Mailly à Manneville : c'étoit son Juge.*

Pour établir par l'Abbé de Thou la distinction qu'il avoit faite de la Haute-Justice *de droit*, & *de la Haute-Justice d'exercice*, voici les articles de la Coutume dont il se servit.

L'article 14 dit : (*Ont*) *lesdits Barons, Pairs & Châtelains, ez mettes de leursdites Baronnies, Pairies & Châtellenies, toute Justice Haute, Moyenne & Basse.*

Ces termes (*ont*) montrent la Haute-Justice *de droit* ou *par droit*, parce qu'ils ont le nombre de Vassaux suffisant. Effectivement le même article donne également le *droit* de Haute-Justice aux Seigneurs de Fief ; mais voici la condition : ayant lesdits Seigneurs (*cinq hommes de Fief sous eux*) *lesquels*, dit l'article, *Seigneurs de Fief semblablement* (*ont*) *toute Justice Haute, Moyenne & Basse.*

Ainsi en Boulenois, pour avoir *par droit* la Haute-Justice, il faut avoir sous soi *cinq hommes de Fief*, c'est-à-dire *cinq Vassaux.*

L'art. 17 porte : *Et par la même Coutume, un Seigneur* (*ayant trois hommes de Fief*) *a* (*commencement de Cour*) & (*peut exercer* *) *sa Justice ez mettes de son Fief, en empruntant de son Seigneur superieur* (*deux hommes de Fief*) *en demandant lesquels il est tenu lui bailler.*

* Hic.

En Boulenois, un Seigneur qui n'a que trois Vassaux, *n'a que commencement de Cour* : mais *il peut exercer la Haute-Justice*, en empruntant deux Vassaux de son Seigneur superieur qui ne peut les lui refuser. Voilà *la*

Haute-Justice d'exercice, celle *qu'on n'a pas*, & qu'on peut néanmoins *exercer*.

Dans le fait, l'Abbé de Thou justifia par les aveux même du Comte de Mailly, que le Comte de Mailly n'avoit *que trois hommes de Fief sous lui*; que dès-là il n'avoit pas la Haute-Justice *par droit*; qu'il n'en avoit que *l'exercice*, en empruntant de l'Abbé de Samert son dominant, deux hommes de Fief; qu'on ne voyoit point *d'actes de Haute-Justice* par les Officiers du Comte de Mailly : d'où il concluoit que le Comte de Mailly ne pouvoit se qualifier *Seigneur de Manneville indéfiniment*.

Par rapport aux Droits Honorifiques :

L'Abbé de Thou dit, 1°. que quelque Justice qu'eût le Comte de Mailly, la Haute-Justice de Samert étoit la premiere Haute-Justice de Manneville. 2°. Que celle du Comte de Mailly, qui ne seroit née, ou qui n'étoit née qu'après, ou qui naîtroit par droit, en donnant de sa Terre *en Fief* à deux hommes, pour avoir cinq hommes de Fief sous lui, comme il le pouvoit par l'article 18, ne pourroit jamais nuire à la Haute-Justice *primitive* de Samert, ni aux droits en dépendans, *qui étoient acquis à l'Abbé de Samert*. 3°. Que le Comte de Mailly ne justifioit point avoir donné le fonds de l'Eglise; qu'au contraire, en reclamant les redevances sur le Cimetiere & le Presbytere, il prouvoit qu'il n'avoit rien aumôné; que cela pouvoit être bon en Artois, & non ailleurs. 4°. L'Abbé de Samert rapportoit des provisions données au Curé de Manneville, une entr'autres de 1681. Qu'enfin il étoit constant que depuis 1704, le Comte de Mailly n'avoit point été recommandé aux prieres nominales.

Sur

Sur le tout, sur les Conclusions de M. le Procureur Général, est intervenu Arrêt le 26 Janvier 1735.* En voici le dispositif entier.

* Date de l'...

» Notredite Cour faisant droit sur le tout, en tant » que touche l'appel dudit de Thou, de la Sentence » de la Sénéchaussée de Boulogne du 26 Juin 1721, a » mis & met l'appellation & ce dont est appel au néant; » émendant, *sur la demande dudit de Mailly, afin d'être re-* » *commandé aux Prieres nominales des Messes Paroissiales* » *de Manneville, comme Seigneur de ladite Paroisse, met les* » *Parties hors de Cour.* Sur les autres appellations dudit » de Thou, sans avoir égard aux Requêtes dudit de » Mailly, dont il est débouté, a pareillement mis & met » lesdites appellations & ce dont a été appellé au néant; » émendant, décharge ledit de Thou des condamna- » tions contre lui prononcées; déclare nulle la saisie » féodale faite à la requête du Substitut de notre Pro- » cureur Général, poursuite & diligence de François » Magnier, Receveur de notre Domaine, le 28 No- » vembre 1715; en fait pleine & entiere main-levée; » reçoit ledit de Thou opposant aux actes de foi-hom- » mage, aveu & dénombrement rendu par ledit de » Mailly au Bureau des Finances d'Amiens le 18 Juillet » 1718, de la Terre & Seigneurie de Manneville, com- » me mouvante de Nous, à cause de notre Comté de » Boulogne: ordonne que ledit de Mailly sera tenu de » fournir audit de Thou, comme Seigneur dominant, » à cause de son Abbaye & Comté de Samert, l'aveu » & dénombrement qu'il lui doit *du Fief de Manneville,* » sauf à le blâmer s'il y échet: condamne ledit de Mailly » à payer audit de Thou, Abbé de Samert, & aux Re- » ligieux, les droits qui leur sont dûs; *maintient & garde*

» *ledit de Thou, Abbé de Samert, au droit de Justice Haute,*
» *Moyenne & Basse*, sur tous les hommes de Fief dé-
* *Hic.* » pendans de son Abbaye; *fait** *défenses audit de Mailly*
» *de se qualifier Seigneur de Manneville ; a maintenu &*
» *gardé ledit de Mailly dans le droit de Haute, Moyenne*
» *& Basse Justice dans l'étendue de son Fief, (pour l'exer-*
* *Hic.* » *cer** *conformément à la Coutume.*) Ordonne que la Sen-
» tence du Juge de Samert du 17 Août 1720, sera exe-
» cutée : ce faisant, déclare nulle la saisie & execution
» faite sur ledit Martel; le décharge des condamnations
» contre lui prononcées; ordonne que les choses sur lui
» saisies lui seront rendues; à ce faire les Gardiens &
» Dépositaires contraints par corps; quoi faisant, dé-
» chargés : Sur le surplus des autres demandes, fins &
» conclusions des Parties, les a mises hors de Cour,
» sauf audit de Mailly à se pourvoir contre ledit Ma-
» gnier, pour raison des sommes qu'il peut lui avoir
» payées, ainsi qu'il avisera ; défenses au contraire : con-
» damne ledit de Mailly en tous les dépens des causes
» principales, d'appel & demandes envers ledit de Thou,
» tous autres dépens envers les autres Parties compen-
» sés. Donné en notredite Cour de Parlement le 26
» Janvier l'an de grace 1735, & de notre Regne le 20.
» Signé, par la Chambre, Mirey. Scellé le 12 Février
» 1735.

Cet Arrêt est bien clair; il juge la qualité de Seigneur vis-à-vis un Haut-Justicier *dans* la Paroisse, dont le Fief *portoit le nom du Village*. Il se rapporte à l'Arrêt de 1645. *supra*. Il ne donne pas même au Comte de Mailly *la qualité de Seigneur en partie*, quoiqu'il eût une Haute-Justice ; mais elle n'étoit pas la Haute-Justice de l'Eglise.

Ajoutez pour onziéme Arrêt, celui de Coubertin *supra*, chap. 2, qui juge qu'un Seigneur de Fief peut empêcher qu'un autre Seigneur de Fief *son égal*, qui n'a pas acquis *légitimement* la Haute-Justice du lieu, ne prenne la qualité *de Seigneur en partie, & n'ait les grands Honneurs de l'Eglise*; & qui juge *que les Droits Honorifiques n'appartiendront qu'aux Dames de S. Cir, comme Baronnes de S. Remy*.

Un douziéme plus récent, de la Grand'Chambre, du 21 Juin 1743. Je l'ai vû en original : voici le fait. Me Nivelle, ancien Bâtonnier, avoit un Fief à Paisy, qui est un membre de la Baronnie de Villemort, nommé la Mothe-Paisy. Il prétendit être Seigneur de Paisy; troublé par M. le Duc d'Estissac, Baron de Villemort, il avoit obtenu Sentence aux Requêtes du Palais le 21 Juillet 1740, confirmée par Arrêt du 25 Avril 1742. qui le maintenoit.

Messire François-Armand de la Rochefoucault, Duc d'Estissac, Baron de Villemort, se pourvut au petitoire aux Requêtes du Palais, où intervint Sentence le 26 Janvier 1743. en faveur de M. le Duc d'Estissac, pour qui plaidoit Me de Beaubois.

Appel par M^e. Nivelle : Arrêt par défaut obtenu par M. le Duc d'Estissac : opposition par M^e. Nivelle. Le moyen de M. d'Estissac étoit, qu'étant Baron de Villemort, il étoit le *seul Haut-Justicier* de Paisy; que Me Nivelle n'y avoit qu'un Fief appellé la Mothe-Paisy. Voici l'Arrêt, qui en infirmant la Sentence, fait un Jugement nouveau.

» Notredite Cour reçoit Nivelle opposant à l'Arrêt » par défaut; faisant droit au principal, a mis & met » l'appellation & ce dont est appel au néant; émendant,

» maintient la Partie de Beaubois dans le droit qui lui » appartient, à cause de la Baronnie de Villemort, de » se dire & qualifier *Seigneur de Paisy*; fait défenses au- » dit Nivelle de le troubler dans ledit droit, & de pren- » dre à l'avenir la qualité de *Seigneur* de Paisy : ordonne » que cette qualité sera rayée des Actes où ledit Nivelle » l'a prise, sauf audit Nivelle à se dire Seigneur du Fief » de la Mothe-Paisy, circonstances & dépendances, » conformément à son décret du 3 Septembre 1664.

Voilà un douziéme Arrêt qui juge bien nettement que la qualité de Seigneur du Village n'appartient qu'au Haut-Justicier de la Paroisse.

En voici encore un plus récent.

Arrêt du Vendredi 23 Août 1748. en la premiere des Enquêtes, au Rapport de M. le Boindre.

La Terre & Seigneurie de Longvillers, Coutume d'Amiens, est possedée par le sieur Tillette, & par les Dames Abbesse & Religieuses de l'Abbaye de Bertaucourt. Le sieur Tillette a dans sa Mouvance & Justice *l'Eglise*, une petite partie du Village, & la majeure partie du terroir : *on lui abandonne la qualité de Seigneur indéfiniment*, page 6 du Mémoire imprimé des Religieuses, par Me Reymond, Avocat.

Les Religieuses ont la majeure partie du Village, *entr'autres le Presbytere*, les *maisons* vis-à-vis l'Eglise, les trois quarts de la rue où est le sieur de Tillette ; il tient d'elles plusieurs choses, page premiere de leur Mémoire ; elles ont dans l'enceinte du Village un chef-lieu, où les Officiers tiennent leurs Audiences, & font tous les actes appartenans *à Hauts-Justiciers*.

Cette Terre leur fut vendue par Raoul de Cromont en 1303.

Le sieur de Tillette a rendu son aveu. Il y a eu blâme.

Sentence du 15 Juillet 1734, dont l'appel étoit en la Cour, qui le condamnoit à servir nouvel aveu aux Dames de Bertaucourt, *à cause de leur Seigneurie de partie de Longvillers*, & à plusieurs autres chefs qui ne concernent que des droits de Seigneuries.

Appel par le sieur Claude Tillette d'Offinicourt, comme Seigneur *principal de Longvillers.*

En la Cour, demande de Tillette, en émendant que défenses soient faites ausdites Abbesse & Religieuses de se qualifier *Dames en partie de Longvill.rs.*

Les Dames de Bertaucourt prétendoient qu'ayant dans leur Haute-Justice & Mouvance la majeure partie du Village, le Presbytere, les maisons devant l'Eglise, & leur Fief *portant le nom * du Village*, devoient avoir la qualité de Dames *en partie de Longvillers.* * *Hic.*

L'Arrêt met l'appellation & ce au néant, en ce que l'on a donné aux Religieuses la qualité de Dames en partie de Longvillers; émendant quant à ce, ordonne que les Religieuses ne pourront prendre d'autre qualité que celle de Dames d'un Fief & Seigneurie de Longvillers, sis au Village & Territoire de Longvillers: la Sentence au résidu sortissant effet.

Le surplus concerne des Droits de Censives, & autres que les Religieuses prétendoient.

Cet Arrêt juge encore bien nettement, 1°. que pour prendre la qualité de Seigneur, ou Seigneur *en partie* de la Paroisse, il ne suffit pas d'avoir un Fief & Haute-Justice *dans* la Paroisse; qu'il faut avoir ou la Haute-Justice, ou portion *de la* Haute-Justice *de* la Paroisse, parce que c'est la premiere & la véritable Justice de la Paroisse.

2°. Que ce n'est pas assez que le Fief que l'on a dans la Paroisse *porte le nom du Village*. Et cela est conforme aux Arrêts des 21 Juillet 1645, & 26 Janvier 1735, rapportés *supra*.

Voici l'Arrêt que j'ai eu de M. le Rapporteur. *Notredite Cour par son Jugement & Arrêt faisant droit sur l'appel interjetté par Claude de Tillette, de la Sentence du Bailliage d'Amiens du 15 Juillet 1734, confirmative d'une Sentence de la Justice du Temporel de l'Abbaye de Bertaucourt, ledit appel repris en notredite Cour par Nicolas Tillette, par acte du 4 Décembre 1743, a mis & met l'appellation & ladite Sentence dont a été appellé au néant, en ce que par icelle les Dames Abbesse & Religieuses de l'Abbaye de Bertaucourt auroient été autorisées à se dire Dames en partie de Longvillers; émendant quant à ce, ordonne que lesdites Abbesse & Religieuses ne prendront que la qualité de Dames d'un Fief & Seigneurie de Longvillers situé au Village & Territoire de Longvillers: la Sentence au résidu sortissant effet.*

Voilà un vrai Code de Jurisprudence.

Cette Jurisprudence est adoptée par tous les Parlemens, tant de Coutumes que des pays de Droit écrit.

Basset, édit. 1676, tome 2, liv. 3, tit. 5, chap. 1, agite la question de sçavoir si un Haut-Justicier peut empêcher un Seigneur *qui n'a qu'une directe* de prendre la qualité de Seigneur de la Terre.

Il rapporte un Arrêt du Parlement de Dauphiné du 27 Août 1665, sur une affaire évoquée du Parlement de Paris, entre M. Perreault, Président en la Chambre des Comptes de Paris, Seigneur Baron de Milly, (il dit Mailly, c'est Milly,) Messire Henry d'Argouges, Marquis de Rannes, & Frere Pierre Lescot, Religieux de S. Victor, desservant le Prieuré d'Oucy. Le Marquis de Rannes prétendoit se qualifier *Seigneur de la Terre & Seigneurie d'Arbonne*, & ledit Prieur *Seigneur de la Terre & Seigneurie d'Oucy*. M. Perreault prétendoit qu'en qualité de Baron de Milly, où ces Terres étoient enclavées, il en étoit *seul* Seigneur Haut-Justicier, qu'il avoit les Honneurs de l'Eglise, & que le Marquis de Rannes venoit plaider en sa Justice.

Par l'Arrêt, au Rapport de M. Moret, M. Perreault fut maintenu au droit de se dire *Seigneur des Terres d'Arbonne & d'Oucy*, à cause de sa Haute-Justice qu'il avoit dans lesdites Terres, comme Seigneur Baron de Milly : *Fait inhibitions & défenses aux héritiers de Rannes, & Religieux de S. Victor, de prendre à l'avenir ladite qualité ; sauf à eux à se qualifier, lesdits Religieux Seigneurs du Fief & Censives d'Oucy ; & les Héritiers de Rannes, Seigneurs du Fief & Censives d'Arbonne.*

Basset, très-habile Arrêtiste, donne deux motifs de cet Arrêt.

Le premier, que le Baron de Milly étoit Haut-Justicier desdites Terres ; que les Défendeurs n'avoient point de Justice. Le second, qu'à moins de prouver par lesdits de Rannes & Prieur d'Oucy, que ladite Justice leur eût été inféodée par ledit Baron, *les qualifications de Seigneur de Paroisse qui avoient été glissées dans quelques quittances de Droits dûs à cause du Fief, n'avoient pû dépouiller le Baron de Milly de sa Seigneurie.* Cet Arrêt est aussi rapporté exactement par M. Salvaing, chap. 56.

A l'occasion de cet Arrêt donné sur une affaire évoquée du Parlement de Paris, où l'on pourroit dire qu'il a fallu suivre la Jurisprudence de ce Parlement, il rapporte une contestation entre noble Etienne de l'Etang de Moras, Seigneur de Murat, Engagiste de

Moras; & noble Guichard de la Martiniere, qui possedoit *une Maison forte* dans la Paroisse de la Macrerie: le sieur de Moras le lui fit défendre par Arrêt provisionnel du 5 Mars 1652.

Cet Arrêt semble ne pas s'accorder avec l'Arrêt du 12 Juin 1739, que je rapporte *infra* sur la Litre, quest. 1, par rapport à l'Engagiste. Mais on peut en rendre deux raisons: la premiere, c'est que les Parlemens de Droit écrit sont assez dans l'usage d'accorder les Droits Honorifiques & Dominicaux à l'Engagiste; on lui accorde le retrait féodal, *vide* Lapeyrere: la seconde, c'est qu'il ne paroît pas que le sieur de la Martiniere, lors de l'engagement, *fût en possession* de se qualifier Seigneur. Dans celui de 1739. le sieur de la Fontaine étoit en *possession* immémoriale: on jugea que l'engagement, qui dans le principe n'empêche pas que le Roi reste Seigneur, ne pouvoit déranger une possession qui ne nuit jamais aux Droits du Roi.

Basset dit ensuite, que suivant l'usage de Dauphiné, le possesseur d'un Fief sans Justice a droit de s'en qualifier Seigneur, *en désignant le Fief*; mais non celui qui n'a qu'un simple Domaine noble exempt de taille. Il en rapporte Arrêt du 15 Janvier 1657. Cela veut dire qu'un homme qui auroit le Fief de Vaucouleurs, par exemple, doit se qualifier *Seigneur du Fief de Vaucouleurs*, & non Seigneur de Vaucouleurs, surtout s'il y a Paroisse.

Il ajoute, que par le même usage, ceux qui ont Moyenne & Basse-Justice, prennent le titre *de Seigneur du Village*.

Mais il en rend cette raison, qu'en Dauphiné il y a peu de Terres dont la Haute-Justice n'appartienne au Roi

Roi ou à l'Eglise; qu'ainsi le Haut-Justicier n'en porte le nom; que si la Terre est possédée par indivis, ou par égalité de Jurisdiction, chacun est en droit de s'en qualifier Seigneur, & de jouir des Droits Honorifiques; qu'en ce cas d'égalité, les prieres doivent être faites *conjointement* pour les Seigneurs de la Terre.

Ces derniers termes marquent qu'en Dauphiné les Honneurs de l'Eglise ne se multiplient pas en autant de Coseigneurs. Il s'appuye de l'autorité de M. Salvaing, chap. 56, qui atteste le même usage. Il parle le même langage.

Je ne conçois pas bien ce qu'après cela M. Salvaing ajoute tout de suite: *Presque tous les autres Seigneurs ont les trois sortes de Justices.* Comment accorder cela avec ce qu'il dit, & Basset aussi, qu'en Dauphiné il y a peu de Terres dont la *Haute*-Justice n'appartienne au Roi ou à l'Eglise? Si cela est, la Haute-Justice est le premier des trois degrés. Si elle est au Roi ou à l'Eglise, comment presque tous les autres Seigneurs ont-ils les trois sortes de Justices? Il me semble qu'il faudroit plutôt dire: Il y a très-peu de Seigneurs qui ayent les trois sortes de Justices.

M. Salvaing ajoute, que si le droit de Justice ne s'étend pas sur tout le Village, mais seulement sur une partie, & qu'il soit épars sur quelques hommes, c'est ce qu'en Fief Bacquet appelle Fief volant, sans Territoire certain & limité. En ce cas, celui qui a cette Justice, ne prend le titre que de *Seigneur du Fief duquel elle dépend.* Il ajoute encore, que celui qui a le Château & la plus grande partie de la Justice, prend la qualité de *Seigneur de la Terre*, & les autres celle de *Coseigneurs*; qu'il a le droit des prieres nominales, & d'être nommé le premier. Il en rapporte Arrêt de Paris du 27 Février 1625, entre la Dame Comtesse de Laonnois, Dame de Viarmes, & Christophe Ducrocq, qui ordonna qu'elle seroit nommée la premiere *comme Dame de Viarmes ; & pour le sieur Ducrocq*, qui n'avoit que le quint de la Terre, *Seigneur en partie.* On voit qu'en Dauphiné ce point est assez conforme à notre Jurisprudence.

Je trouve encore cette maxime établie par l'Auteur de la Pratique des Terriers, tome 2, sect. unique des Droits des Hauts-Justiciers, quest. 10, p. 24; & il rapporte Arrêt tout au long à la fin de ce tome. Cet Arrêt est de Grenoble, sur une affaire évoquée du Parlement de Dijon : il est du 20 Août 1684 : il donne au principal Seigneur la qualité de *Seigneur* indéfiniment ; & à l'autre la liberté de se dire & qualifier Seigneur en partie de Saint Seigne-l'Eglise, ou de Seigneur de la Seigneurie de Monetoy, ou de la Cour, assise à Saint Seigne du côté de l'Eglise. J'ai remarqué dans le Vû de l'Arrêt une Requête par laquelle le Seigneur de Saint Seigne avoit consenti que l'autre Seigneur prît la qualité de Seigneur en partie de Saint Seigne, à cause de la Seigneurie de la Cour, assise audit Saint Seigne du côté de l'Eglise. Voilà ce qui a occasionné cette qualité de *Seigneur en partie*.

Rouen. VI. Ces maximes, pour les Seigneurs de Fiefs que Basnage dit sur l'article 13 avoir la Haute-Justice, sont assez suivies au Parlement de Normandie.

Basnage, sur l'article 100. dit, que chacun prend le nom de son Fief ; & que s'il y en a deux qui ayent la même dénomination, qui appartiennent à deux Seigneurs differens, *qui n'ont aucune prérogative l'un sur l'autre*, à *cause de leurs Fiefs*, chacun d'eux peut se qualifier *Seigneur en partie.* Il en rapporte Arrêt de 1601. pour le sieur de Surtainville, & depuis pour le sieur de la Rochelle-Jourdain.

Le même sur l'article 13. dit, que les Ducs de Normandie concederent peu de Hautes-Justices; mais que depuis le Roi Philippe Auguste, plusieurs l'ont obtenue.

Sur l'article 69. il remarque une chose importante; c'est que dans une Assemblée qui fut tenue au lieu de Liptines, (*a*) vers l'an 743, les Gentilshommes obtinrent l'investiture des Dixmes, & particulierement le droit d'établir un Pasteur dans la Paroisse. C'est delà qu'en Normandie presque tous les Seigneurs ont le Droit de Patronage.

Cela appuye ma note *supra*, chap. 2, n. 10, à la fin, pour écarter, comme maximes *generales*, les Arrêts que Maréchal rapporte de ce Parlement en faveur des Patrons, contre les Seigneurs Hauts-Justiciers.

VII. Boniface, édit. 1708, tome 1, liv. 3, tit. 2, chap. 8, sur la question de sçavoir si la Maison de celui qui ne possede qu'un arriere-Fief, peut être appellée *Château*, & s'il se peut qualifier *Seigneur*, ou *Sieur* seulement, rapporte un Arrêt de la Grand'Chambre du 27 Janvier 1639, par lequel il fut fait défenses au sieur Tamarlet, qui possedoit Aiguebelle en arriere-Fief dans le Territoire de Lambesc, de M. le Duc de Guise, Provence.

(*a*) Moreri sur ce mot, renvoye à *Lestines*: sur le mot *Lestines*, il dit *Létines*, ou il dit *Létines*, *Lestines*, ou *Liptines*; Palais des Rois, près de Binch en Haynaut. Il parle du Concile de Liptines tenu en 743, où Carloman obtint de disposer d'une partie des Terres de l'Eglise. C'est sans doute cette Assemblée dont parle Basnage; car sur l'article 142 il parle encore de cette Assemblée de Liptines en Cambresis, convoquée par le Prince Carloman, à laquelle assista Boniface Archevêque de Mayence, Légat du Pape Zacharie. Le Dictionnaire universel la nomme *Lestines*.

Seigneur de Lambesc, de se qualifier *Seigneur d'Aiguebelle*, & d'appeller sa Maison *Château*; mais seulement *Sieur d'Aiguebelle*. Il en rapporte un second du 21 Mai 1649, qui défendit au possesseur d'une Bastide (Maison de plaisance) de prendre le nom & le titre de Troüillas.

Toulouse.

VIII. M. Larocheflavin, titre des Droits Seigneuriaux, chap. 21, article 8, dit que par plusieurs Arrêts il a été prohibé *aux Seigneurs directs & fonciers seulement* de se dire ni titrer *Seigneurs absolus des lieux*, si ce n'est en y ajoutant la qualité de *directs & fonciers*, tant ès Terres des Seigneurs Jurisdictionels, * que du Roi. Entr'autres, à la requête de M. le Procureur General, à un nommé de Hautpoul fut prohibé de se dire Seigneur de *Calconnieres*, par Arrêt du 22 Février 1569. Il en rapporte un autre du 27 Février audit an. Il en rapporte encore un, article 7, du 4 Août 1583, par lequel il fut prohibé à de S. Etienne, Cobaron de Lanta pour la vingt-quatriéme partie, de se dire ni intituler Seigneur ni Baron de Lanta, si ce n'est en y ajoutant, pour la vingt-quatriéme partie.

* Hauts-Justiciers.

Graverol sur cet article 7. dit, que l'usage du Parlement de Toulouse est, que s'il y a plusieurs Seigneurs en quelque Justice, on ne leur donne pas la qualité de Seigneurs *en seul*, à moins qu'ils n'ajoutent pour quelle partie; & les Moyens & Bas-Justiciers doivent se dire Seigneurs en Moyenne & Basse-Justice.

M. Cambolas, liv. 3, chap. 33, en rapporte Arrêts des 13 Mars 1623, & 24 Mai 1632, qui jugerent que les Seigneurs *directs* ne pouvoient se qualifier que *Seigneurs directs de telle Terre*.

M. Catelan, liv. 3, ch. 1, rapporte un pareil Arrêt du 6 Septembre 1650.

IX. Suivant Lapeyrere, le Parlement de Bordeaux paroît adopter le sentiment de Loiseau. Cet Auteur, lett. S, n. 13, en fait une décision. Il dit : *Regulierement le titre de Seigneur du Village appartient au Seigneur Haut-Justicier, & non pas au Seigneur feodal ; néanmoins si le Seigneur feodal avoit pris le nom du Village, le Seigneur du Village ne pourroit l'empêcher qu'en trois cas : si c'étoit le principal Village de sa Seigneurie, ou celui dans lequel fût l'Auditoire de la Justice, ou duquel il eût accoutumé de porter le nom.* C'est le pur langage de Loiseau qu'il cite. Bordeaux.

Cependant le même Lapeyrere rapporte tout de suite un Arrêt du 20 Février 1668, entre le Seigneur d'Estissac, Seigneur de Moncla, & le sieur Rochon, par lequel il fut fait défenses au sieur Rochon de prendre la qualité de Sieur (a) de S. Felix, sous prétexte qu'il avoit quelques Fiefs & rentes dans la Paroisse de S. Felix, faisant partie de la Seigneurie de Moncla.

L'Annotateur dit : Il falloit mettre *Sieur de tel Fief de S. Felix* ; car le titre de *Sieur de S. Felix* ne convient qu'au Haut-Justicier. Il parle relativement à l'Arrêt ; encore auroit-on dit, Seigneur de S. Felix. Cette qualité est celle usitée pour les Seigneurs *Jurisdictionels*.

Le même Annotateur, *ibid.* rapporte deux Arrêts. Le premier du 30 Mars 1627, par lequel il fut jugé que le

(a) *Nota.* Dans ce Parlement, le mot *Sieur* équipole à celui de *Seigneur* ; on y use indifféremment des termes de *Sieur* & de *Seigneur* pour les petits Fiefs, autrement Fiefs simples ; à la différence des Seigneurs Jurisdictionels, qu'on nomme toujours *Seigneurs*. Je suis bien instruit de cet usage, que je rapporte pour entendre l'Arrêt : il m'a été attesté par feu M. de la Caze de Castelnau, fils puîné de feu M. le Premier Président du Parlement de Bordeaux : il étoit Conseiller au Parlement de Bordeaux, & depuis avoit acquis une Charge de Maître des Requêtes : il est mort en Mars ou les premiers jours d'Avril 1746, homme d'un grand mérite, & bien disert.

Seigneur *Haut-Justicier* prendroit le nom de *Seigneur de la Paroisse*, à l'exclusion du *Moyen & Bas-Justicier* de la même Paroisse. Le second du 22 Août 1679, qui jugea qu'André Bolat, Sieur de Domet, de Chéraute, prendroit le titre de *Sieur de Domet, de Chéraute*, & non celui de *Chéraute* simplement.

On voit que ce Parlement soutient les vrais principes, & qu'il n'adopte pas le sentiment de Loiseau, comme Lapeyrere veut l'insinuer.

De la Haute-Justice divisée.

X. *Quid*, si la Haute-Justice est divisée ? S'il y a un aîné, cet aîné, ou celui qui le represente par succession ou autrement, prend la qualité de *Seigneur purement & simplement*; les puînés, ou leurs ayans cause, celle de *Seigneurs en partie*. Ce point est décidé par Dumoulin, §. 10, *hodie* 16, n. 20. *Quamvis primogenitus sit principalis Dominus hujus feudi, propter jus præcipui in eo quod solus habet, & propter majorem portionem residui, tamen non est solus Dominus, seu (Dominus in solidum) totius feudi dominantis; sed habet fratres cohæredes socios (Condominos) ejusdem feudi qui possunt dici, & vocari (Domini in parte) quamvis primogenitus propter jus prærogatum & majorem partem, (sit principalis Dominus.)*

Il y a Arrêt de Réglement du 22 Juin 1641, rapporté par Brodeau sur M. Louet, lettre F, somm. 31, n. 2, dern. édit. qui juge ce point. Voilà les seuls qui peuvent se dire Seigneurs en partie : il faut avoir part à la Haute-Justice *de* la Paroisse ; ce n'est pas assez d'avoir Seigneurie & Haute-Justice *dans* le Village; il faut avoir part *à la Haute-Justice de* l'Eglise ; être Cohaut-Justicier *de* l'Eglise; sans cela on ne peut prendre la qualité de Seigneur en partie, comme le jugent les Arrêts de 1665, 1700, 1735 & 1748, *supra.*

Lorsqu'il y a plusieurs Seigneurs *par indivis*, dont personne ne justifie avoir la portion aînée, le Parlement de Paris juge que tous peuvent prendre la qualité *de Seigneurs en partie*. Il y en a Arrêt rapporté sur M. Louet, & par Ferriere, *locis citatis*, pour la Châtellenie de Beaulieu en Poitou, du 7 Août 1632. C'étoit la Haute-Justice *de* la Paroisse.

Cependant si un d'entr'eux avoit la principale portion, il y a Arrêt du 26 Fevrier 1661, tome 2 du Journal des Audiences, dern. édit. qui jugea qu'il pourroit se qualifier *Seigneur d'un tel lieu indéfiniment*, sauf aux autres à se dire *Seigneurs en partie*.

Quoique le fait ne soit pas rapporté, il faut présumer que la Cour vit que c'étoit la portion aînée. Peut-être avoit-il le Château, où, dit Loiseau, la Justice est comme dans son Siége.

Brillon en son Dictionnaire des Arrêts, dern. édit. tome 6, au mot, Seigneur en partie, n. 49, rapporte trois Arrêts qui ont jugé la même chose. Un premier du 10 Juillet 1604, qui juge comme celui de 1661. Un autre du 18 Juin 1712, en la quatriéme des Enquêtes, au Rapport de M. Ferrand, qui décida que l'Abbaye de Sainte Geneviéve, qui avoit des Censives & Justices à Braveil, pouvoit prendre la qualité de *Seigneur en partie*: il dit qu'il n'y avoit point de bornage. Cet Arrêt est contre ce que dit M. Salvaing, *supra*, n. 5, vers la fin, que celui qui n'a qu'un Fief & Justice *épars*, n'a droit de se qualifier que *Seigneur d'un tel Fief*. Ce principe de M. Salvaing me paroît régulier. Le troisiéme Arrêt, rapporté par Brillon, est du 11 Juin 1717, au Rapport de M. Bourgouin, en la premiere des Enquêtes, pour la Terre de Chailly en Bourgogne, qui jugea qu'un Seigneur de la troisiéme partie pouvoit se dire *Seigneur en partie*. Mais nous ne voyons point les espéces de ces Arrêts : il les rapporte sur des notes particulieres qu'on lui donnoit.

Ricard sur Senlis, art. 107, pose pour maxime, qu'entre les droits appartenans à un Haut-Justicier, est celui de se dire *Seigneur d'un tel lieu*. Il rapporte l'Arrêt du 24 Janvier 1611, *supra*.

De S. Leu, sur l'art. 96 de cette Coutume, dit que cela a été jugé par Arrêt contre le sieur Poulot de S. Simphorien.

Cependant, en se renfermant dans les bons principes, il faut suppOser ce que pas un de ces Arrêtistes ne dit, que ces Justices sont la Justice *du lieu de l'Eglise* ; car voilà la vraie Justice ; & quiconque n'a point part à cette Justice, ne peut réguliérement se dire Seigneur du Village, *ni même en partie*, comme le jugent les Arrêts de 1665 & 1700, & autres rapportés *supra*. Mais surtout sur ces droits combien peu ont raisonné par principes ? Combien se sont contentés de rapporter des Arrêts sans en fonder les motifs ? Ce n'est pas là ce que doit faire le Jurisconsulte ; il ne doit raisonner que par principes ; il ne doit décider que par conséquences des vrais principes.

Rapprochons ici ce passage de Roye, rapporté *supra*, n. 2 : c'est au liv. 2, chap. 9, *de Jurib. Honor.*

Il y parle *des préseances* & Honneurs dans l'Eglise. Il dit : *Non omnes ejusdem Paræciæ nobiles eodem jure censentur, quantum ad nostros Honores.*

Sed post Fundatorem, post Seniorem, cujuslibet Justitiæ, & feudi Dominum. Notez qu'il appelle *Senior* le Justicier, & *Dominus* le Seigneur du Fief, *qui omnimodam Jurisdictionem*

dictionem habent in quadam Villa, in quodam Paræciæ Vico, in quadam ejus parte habeant (in qua non sit Ecclesia) statim minores habent Honores: (semper ille quidem dicitur Senior, qui in suo Senioratu constructam habet Paræcialem Ecclesiam, eique præ cæteris debentur Honores.)

Par cette dénomination, *Senior cujuslibet Justitiæ*; par cette opposition de ceux qui dans leur Justice Haute, Moyenne & Basse, n'ont pas l'Eglise; par ces termes, *ille quidem dicitur Senior, &c.* il est clair que de Roye n'a jamais réputé vrai Seigneur de la Paroisse, que celui qui est le Haut-Justicier *de* l'Eglise, *de* la Paroisse.

C'est pour cela que, chap. 5. du même livre 2, il avoit dit: *Hodie tamen conniventibus oculis patitur Ecclesia, post Patronum, (post Seniorem qui altam habeat Justitiam) Senioribus illis, seu Dominis mediæ Justitiæ (quosdam) Honores deferri.* Ce sont les Honneurs moindres, les préséances, (*Senioribus illis, seu Dominis.*)

Après cela, peut-on douter que de Roye en usant du mot de *Senior*, pour les grands Honneurs, pour le titre de *Seigneur*, n'ait entendu que le Haut-Justicier de la Paroisse? *Vide supra* le chap. 2, n. 2, où j'en rapporte un passage plus précis.

XI. Tous ces Arrêts rendus dans les differens Parlemens, montrent la maxime générale du Royaume, un principe qui sort *ex visceribus materiæ*, que la *véritable Seigneurie* est *dans la Haute-Justice*, & Jurisdiction dignitaire au-dessus; parce qu'elle est la puissance, la Seigneurie publique qui s'étend sur les personnes & sur les biens; parce qu'en elle réside le commandement; parce que, comme dit M. Salvaing, *loco citato*, elle est éminemment & par excellence Domination & Seigneurie; c'est à elle proprement qu'appartient le territoire:

Territorium ab eo dictum quod Magistratus ejus loci intra eos fines terrendi, id est summovendi jus habet. L. 237, §. *Territorium, ff. de v. s.* Au contraire, la Seigneurie féodale ou directe n'est qu'une simple proprieté qui n'emporte aucune sujetion proprement dite; elle n'est, suivant tous les bons Auteurs, qu'une Seigneurie privée, dont on se libere en quittant l'héritage; & un homme ne possedant pas un pouce de terre est assujeti à la Justice: d'où cet adage, la Justice n'est point allodiale; c'est-à-dire, rien n'est exempt de la Justice; le franc-aleu même qui ne reconnoît aucun Seigneur, doit reconnoître une Justice, ou en avoir une annexée qui la gouverne.

Chassanée sur Bourgogne, *rubrica* 1. des Justices, *in textu ibi* Justices, nous fait voir son excellence & sa primauté. *Merito præponitur*, dit-il, *titulus de Justitia, cum sit virtus cæteris præponenda pluribus de causis. Ratione originis*, elle est un rayon de la Divinité. *Ratione nobilitatis*, parce que *Justitia nobilior est omnium virtutum moralium. Ratione perfectionis, quoniam perfectæ virtutis est usus. Ratione perpetuationis, cum sit perpetua & immortalis. Ratione utilitatis, quoniam Justitia est utilis sibi ipsi, omnibus & Reipublicæ.* La Jurisdiction, dit-il, *est potestas de publico introducta.*

Quiconque sera penetré de ces grands principes, de ces vérités constantes & immuables, conviendra que le *vrai Seigneur d'un lieu est le Haut-Justicier de la Paroisse*, celui qui a le *merum imperium*, la puissance publique. La Haute-Justice est un rayon de la Majesté Royale, un écoulement de la Puissance Royale, puisqu'elle a le droit de glaive. Toutes les Justices viennent du Roi, & sont réputées concedées ou confirmées par le Roi: *A supremo Principe in quo sunt omnes thesauri dignitatum re-*

conditi, velut à mari, fluunt omnes Jurisdictiones, & ad eum refluunt sicut flumina; Mol. §. 1, gl. 5, n. 49. Et dans sa personne elle est considerée comme la Majesté Royale; elle-même *est ipsa forma & substantialis essentia Majestatis Regiæ.* Mol. §. 2, *hodie* 3, *gl.* 4, *n.* 16 à la fin. Dès-là ceux qui ont le pouvoir de l'exercer, ou de la faire exercer, comme ils ne tiennent ce pouvoir que de la bonté du Roi, doivent être regardés comme les grands, les vrais Seigneurs d'un Territoire. Ces principes sont vrais, ils sont la base de ce Code d'Arrêts que je viens de rapporter.

XII. Cependant on pourroit dire que la doctrine de Loiseau, qui assurément lui est échapée, a néanmoins trouvé grace, & qu'on pourroit la soutenir sur un Arrêt tout récent du 3 Avril 1745, rendu en la Deuxiéme des Enquêtes, au rapport de M. de la Guillaumie; entre M. Thiroux d'Arconville, alors Conseiller, à present Président en la premiere des Enquêtes, Appellant d'une Sentence de MM. des Requêtes du Palais du 29 Janvier 1742; & M. Rolland, aussi Conseiller au Parlement Grand'Chambre, Intimé.

Cet Arrêt a infirmé la Sentence dont l'appel n'étoit que pour les Droits Honorifiques, prétendus par M. d'Arconville, comme Patron & Fondateur d'Arceville, & pour la qualité de Seigneur d'Arceville, que M. Rolland prétendoit avoir *seul*, comme Haut-Justicier d'Arceville. Voici le dispositif.

» Notredite Cour par son Jugement & Arrêt, ayant » aucunement égard à la demande dudit Louis-Lazare » Thiroux d'Arconville, portée par sa Requête du 4 » Mai 1743, a mis & met l'appellation & Sentence » dudit jour 29 Janvier 1742, dont a été appellé, au

» néant; en ce que par icelle ayant aucunement égard » à l'opposition à fin de distraire & de charge, formée » par ledit Pierre-Barthelemy Rolland au Decret volontaire des Terres & Seigneuries d'Arceville, Gervilliers, circonstances & dépendances, saisies réellement » à la requête d'Edme-Germain de la Curne, Conseiller en la Cour des Aydes, sur ledit Thiroux d'Arconville, comme les ayant acquis par Contrat du 3 Octobre 1735 d'Alexandre de Belloy, Marquis de Catellan, & de Marie-Charlotte le Marechal son Epouse, & » à ses demandes portées par ses Requêtes des 23 Octobre 1738, & trois Février 1739, sans s'arrêter à la » demande dudit Thiroux d'Arconville, à fin d'être » maintenu & gardé dans la possession & jouissance des » Droits Honorifiques énoncés dans ladite Saisie réelle, » dont il auroit été débouté, ledit Rolland auroit été » maintenu & gardé, en qualité de Seigneur Haut-Justicier, dans le droit & possession desdits Droits Honorifiques; & ordonné que l'énonciation desdits » Droits Honorifiques, inserés dans ladite Saisie réelle » & audit Decret, sera rayée, en ce que par ladite Sentence il a été ordonné qu'il seroit fait mention de ladite Sentence, par rapport aux Droits Honorifiques, » tant sur la minute de la Sentence de Decret, que sur la » Grosse; à l'effet de quoi ledit Thiroux seroit tenu de » rapporter au Greffe des Requêtes du Palais ladite » Grosse, & que les radiations ordonnées seroient faites » aux frais & dépens dudit Thiroux d'Arconville, & de » ce que ledit d'Arconville a été condamné en la moitié » des dépens, un douziéme de l'autre moitié réservé, & » le surplus compensé; émendant quant à ce, décharge ledit Thiroux des condamnations prononcées par

» lesdits chefs: ce faisant, a maintenu & gardé, maintient & garde ledit Thiroux d'Arconville, en qualité de *Fondateur* de l'Eglise d'Arceville, dans le droit & possession d'y avoir *en chef* tous les Droits Honorifiques *par préference audit Rolland*, & privativement à tous autres: fait défenses audit Rolland & à tous autres de l'y troubler: ordonne que l'opposition dudit Rolland au Decret volontaire de la Terre d'Arceville & dépendances, concernant les Droits Honorifiques, sera rayée des Registres des Decrets des Requêtes du Palais: à ce faire, &c. *Et avant faire droit* sur l'appel dudit Thiroux d'Arconville, du chef de la Sentence du 29 Janvier 1742, concernant *la qualité de Seigneur* de la Terre & Seigneurie d'Arceville, & sur le chef de la demande dudit jour 4 Mai 1743, par lequel il a demandé en ce qu'en infirmant ladite Sentence audit chef, à être maintenu & gardé dans la possession de se dire & qualifier Seigneur d'Arceville, & de qualifier sa Terre de Fief, Terre & Seigneurie d'Arceville, ordonne que dans trois mois, à compter du jour de la signification du present Arrêt à Procureur, ledit Thiroux d'Arconville sera tenu de justifier par titres en notredite Cour, de l'étendue & situation de son Fief d'Arconville, & des maisons qui sont dans la censive dudit Fief; pour ce fait, ou faute de ce faire dans ledit tems, être ordonné ce que de raison: condamne ledit Rolland aux deux tiers de tous les dépens, l'autre tiers réservé.

Il paroîtroit par cet Arrêt, que vis-à-vis le Haut-Justicier qui reclame la qualité de Seigneur indéfiniment, on veut la faire dépendre de la quantité de mouvances & censives, & qu'elle doit être attachée au Fief, c'est-à-dire à la Seigneurie *privée*, & non à la

Seigneurie ou puissance publique; disons mieux, à la vraie Seigneurie, à la Seigneurie proprement dite. Cet Arrêt paroît croiser une Jurisprudence constante & uniforme par tout le Royaume. Il juge Fondateur M. Thiroux, sur le rapport d'aveux qui paroissoient prouver que les anciens Seigneurs avoient donné leur nom à la Paroisse.

Mais la Cour toujours attentive sur le repos des familles, ne veut jamais blesser les grands principes qui en assurent la tranquillité; elle réprime au contraire en toutes occasions les desirs trop ambitieux. On doit fermement penser que des circonstances graves l'ont nécessairement déterminée à ne pas s'arrêter à un droit de Justice *nouvellement acquise* par M. Rolland ou son Auteur en 1712, qui tendoit à effacer une possession immémoriale, & contre laquelle M. l'Evêque d'Orleans, Haut-Justicier, vendeur de M. Rolland, n'avoit jamais reclamé. Nous devons croire que la Cour a eu des motifs bien puissans pour paroître dans cette espece ne pas juger comme nous voyons qu'elle a toujours jugé, suivant les principes qu'elle consacre journellement par ses Arrêts; comme l'Arrêt du 23 Août 1748 *supra* le prouve.

Comme j'ai eu tous les Mémoires, ceux faits par Me Gillet, Avocat de M. Thiroux d'Arconville, ceux de MM. l'Herminier & Gueau de Reverseaux pour M. Rolland, je vais en rapporter le fait & les circonstances résultantes des titres dont je vais donner l'extrait fidéle: on y verra des faits qui feront voir que cet Arrêt a été rendu par les seules circonstances où les deux Parties se trouvoient.

XIII. Le Village d'Arceville en Beauce, se nommoit autrefois *Esserville*, ou *Erceville*: depuis il a été connu

& l'eſt encore ſous le nom d'Arceville.

Deux Fiefs compoſent le Village ; le Fief d'Arceville ſitué au milieu du Village ; preſque toutes les maiſons en relevent ; l'Egliſe y eſt bâtie, *& le Cimetiere pris ſur une partie du Manoir*. La Sentence le juge ainſi.

L'autre Fief eſt celui de Gloriette, dont le principal Manoir joint l'autre côté du Cimetiere ; l'Egliſe & le Cimetiere ſont entre ces deux Manoirs ; l'un & l'autre relevent de Faronville.

A la ſortie du Village du côté du midi, eſt le Fief de la Bourgeoiſie, appartenant pour les trois quarts à M. Rolland ; le Manoir eſt bâti ſur une Terre qui doit cens au Fief de Gloriette.

Il y a quatre Hameaux ou Ecarts. Le premier, le Fief de Gervilliers, appartenant à M. d'Arconville. Le ſecond, le Fief d'Allemont ou Annemont, relevant en partie du Fief d'Arceville. Le troiſiéme, le Fief de Beaudreville, mouvant de différens Seigneurs. Le quatriéme, le Fief de Champbaudouin, appartenant à M. Rolland. Le Château releve de Gloriette.

Les Fiefs d'Arceville, de Gloriette & de la Bourgeoiſie, ſont *dans la Haute-Juſtice de Pethiviers, appartenante à M. l'Evêque d'Orleans*, qui n'y a aucun fonds de terre, mouvances ni cenſives. Le Fief de Gloriette a la Dixme inféodée dans toute ſon étendue : les Fiefs de Gervilliers, de Beaudreville & d'Allemont, ſont dans la Juſtice Royale de Janville : le Fief de Champbaudouin a une Haute-Juſtice particuliere qui releve du Bailliage d'Etampes.

En 1707, le feu ſieur Rolland acquit le Fief de Champbaudouin.

Le 16 Décembre 1712, il acquit de M. Fleuriau

d'Armenonville, Evêque d'Orleans, la Haute-Justice des Paroisses d'Allainville & *d'Arceville*, avec le droit de Notariat, pour le tenir en Fief de l'Evêché, sous une redevance de 100 liv. & 12 liv. pour le droit de Notariat. Il y eut Lettres Patentes sur ce contrat; elles ont été enregistrées sans opposition.

En 1718, M. Rolland fit mettre dans l'Eglise une Litre à la place de celle des Sieurs de Vaucouleurs qui y avoit toujours été. La Demoiselle de Gervilliers & d'Arceville avoit épousé en 1716 le Marquis de Coullon; elle étoit séparée de biens avec lui.

Le 3 Octobre 1735, elle vendit à M. Thiroux d'Arconville, *le Lieu, Fief, Terre & Seigneurie d'Arceville, nommé les Carneaux d'Arceville, anciennement les quatre coins, assis au milieu du Bourg & Paroisse d'Arceville, consistant en Maison, Manoir, Colombier à pied, &c. tout entouré de murs ayant guerite & crenaux, contenant le Lieu seigneurial, trois minots de terre ou environ, y compris le Cimetiere,* * *& l'Eglise de ladite Paroisse qui est bâtie sur le Lieu seigneurial, avec tous les Droits utiles & Honorifiques, Vassaux, cens, rentes seigneuriales, inféodées ou non inféodées, rentes foncieres & de bail d'héritage, & autres appartenances & dépendances dudit Fief, Terre & Seigneurie, tant en Fief que rotures, même les arriere-Vassaux, si aucuns en dépendent; sans en rien excepter ni réserver.*

* *Hic.*

M. Rolland fit un retrait féodal de ce qui relevoit de Champbaudouin.

M. Thiroux d'Arconville fit faire un Decret volontaire. Opposition à fin de distraire & de charge par M. Rolland, qui prétendit qu'il falloit rayer de la saisie réelle, 1°. *la qualité qui avoit été donnée à M. Thiroux*

(*de*

(de Seigneur d'Arceville). 2°. *La qualité de Fief, Terre & Seigneurie d'Arceville, donnée à son Fief, qui ne pouvoit être nommé que le Fief des Carneaux, ou des quatre coins d'Arceville, assis Paroisse d'Arceville.* 3°. *Les termes de creneaux & de guerite.* 4°. *Les termes de lieu & fonds seigneurial qui y avoient été donnés pour exprimer l'emplacement où étoit bâti le Château.* 5°. *L'énonciation que la consistance de ce fonds seigneurial étoit de trois minots ou environ, y compris le Cimetiere & l'Eglise qui étoit bâtie sur ce Fonds seigneurial, ledit Manoir ne devant être que de 43 perches ou environ, & être déclaré tenant du midi à une ruelle & voye commune du Village, séparant l'emplacement dudit Fief d'avec le Cimetiere.* (Je ne rapporte pas d'autres chefs qui ne concernoient que des droits de dixmes & de cens, *nihil ad materiam nostram*). 6°. *Les Droits Honorifiques.*

M. d'Arconville se défendit sur plusieurs de ses titres, & sur sa possession immémoriale. Sur le tout,

Le 29 Janvier 1742, intervint la Sentence dont il y eut appel. Je vais rapporter les chefs qui faisoient le sujet de l'appel, ou qui y avoient quelque trait.

Par le premier chef, on ordonnoit *qu'il seroit fait distraction de la saisie réelle, de la qualification qui avoit été donnée au Fief, de Terre & Seigneurie d'Arceville, & de la qualité qu'il avoit prise de Seigneur de la Terre & Seigneurie d'Arceville; & cependant à lui permis de se qualifier Seigneur du Fief d'Arceville, ou Seigneur du Fief des Carneaux d'Arceville, ou Seigneur du Fief des quatre coins d'Arceville : défenses de donner à son Fief une autre qualification : permis à M. Rolland de se dire & qualifier Seigneur d'Arceville.*

Par le second chef, sur la demande de M. Rolland,

à fin de distraction des termes de creneaux & guerite, & de ceux de fonds & lieu seigneurial, hors de Cour.

Par le troisiéme, *on maintenoit & gardoit M. Rolland, en qualité de Seigneur Haut-Justicier, dans les Droits Honorifiques : on ordonnoit que l'énonciation qui en étoit faite dans la saisie réelle, seroit rayée.*

Par le quatriéme, sur la demande de M. Rolland, à fin de distraction de l'énonciation, que le fonds seigneurial sur lequel l'Eglise est bâtie est de trois minots, hors de Cour ; sans préjudice de la possession & du droit que les Habitans peuvent avoir sur la ruelle, & sur le puits qui s'y trouve.

Le surplus concernoit les dixmes inféodées, cens, rentes, &c.

Appel par M. d'Arconville seul, *au chef des Droits Honorifiques, & de la qualité de Seigneur d'Arceville.* Sur l'appel il produisit beaucoup de titres qu'il avoit recouvrés, qu'il joignit à ceux produits en causes principales : les voici.

1553, le jour de S. Gilles S. Leu, aveu du Fief de Gloriette au Seigneur de Faronville. Il est dit que ce Fief appartient à *Germain d'Esserville*, * qu'il étoit assis à Esserville-lez-le-Moutier, † tenoit à *Guillaume d'Esserville.*

* Anciennement d'Arceville.

† *Il est*, près l'Eglise.

1553, veille de S. André, aveu du même Fief, appartenant à *Guillaume d'Esserville*, sis au milieu de la Ville d'Esserville.

On voit par ces aveux, que *le nom de famille* de ces Seigneurs étoit précisément *le nom de la Paroisse.* Cela pouvoit prouver que c'étoient les Seigneurs qui *avoient donné leur nom à la Paroisse, Eglise, & Fief d'Arceville.*

24 Juillet 1506, acte de foi au Seigneur de Faron-

ville par Jean de Vaucouleurs, *Seigneur d'Arceville* & Gervilliers. 20 Janvier 1530, acte de foi *semblable*.

20 Janvier 1563, aveu au Seigneur de Chambaudouin par Jean de Vaucouleurs, *Seigneur d'Arceville*. 23 Avril 1576, acte de foi au même par René de Vaucouleurs, même qualité de *Seigneur d'Arceville*. 20 Juillet 1591, souffrance donnée par le Seigneur de Chambaudouin à Charles de Vaucouleurs, *Seigneur d'Arceville*. 14 Décembre 1591, aveu au même par le même, comme Seigneur *d'Arceville*. 27 Mai 1598, aveu à Faronville par le même, *ès mêmes qualités*, pour raison *du lieu seigneurial d'Arceville, assis à l'endroit du milieu du Bourg d'Arceville, contenant trois minots de terre ou environ*.

7 Juillet 1607, Sentence du Juge Royal de Janville, *sur les Droits Honorifiques*, entre Leon, Chevalier Sieur d'Annemont, & Charles de Vaucouleurs, Seigneur *d'Arceville* qui soutenoit *qu'il étoit Seigneur d'Arceville, & qu'il y avoit* 105 *ans que les Armoiries de sa famille étoient gravées à la voûte de l'Eglise, accompagnées de ceinture de deuil à leurs Armes*.

Cette Sentence porte, que Charles de Vaucouleurs informera *de sa qualité de Seigneur d'Arceville, & que Procès verbal sera dressé des Armes & marques de Seigneurie en ladite Eglise*.

11 Juillet 1607, transport du Juge de Janville, en présence du Procureur du Roi. Procès verbal qui prouve *qu'on lui a fait vûe & montrée au doigt & à l'œil des Armes de Vaucouleurs, en la clef des arcades des voûtes étant au-dessus du Maître-Autel, & à la cime de ladite voûte*, avec cette inscription: *ceci est pour Jean de Vaucouleurs, Seigneur d'Arceville & de Gervilliers, priez Dieu*

pour lui, ce 8 Mai 1509 ; que les mêmes Armes étoient au pied & base des arcades du côté de l'Epître & du côté de l'Evangile, & au pied & base des arcades répondantes sur le pilier où étoit assise en partie la Tour, à une autre arcade attenante & à la cime d'icelle ; que dans l'Eglise & tout autour il y avoit une Ceinture & Litre, dans laquelle pareilles Armes étoient peintes en plusieurs endroits.

Dit jour, Enquête à la requête du Procureur du Roi, composée de trois témoins, qui déposent *des prééminences des Sieurs de Vaucouleurs dans l'Eglise, de leur banc & sépulture dans le Chœur, de leurs Armes entaillées & gravées en plusieurs endroits de l'Eglise.*

* *Hic.* Je remarque * pour l'exactitude, que quoique par la Sentence il fût dit qu'il informeroit *de sa qualité de Seigneur, aucun des témoins n'en parloit. Le premier seulement disoit qu'il avoit vû Jean de Vaucouleurs, Ecuyer Sieur d'Arceville & de Gervilliers, qu'il pouvoit avoir alors 80 ans.*

5 Décembre 1613, transaction sur les Honneurs & prééminences dans l'Eglise d'Arceville, entre ledit sieur d'Annemont, Charles, Auguste, & Pierre de Vaucouleurs, *Seigneurs d'Arceville*, & Anne de Vaucouleurs, *Dame d'Arceville en partie.* Le sieur d'Annemont *les reconnoît Fondateurs ; & en consequence que les Droits Honorifiques leur appartiendront.*

9 Novembre 1614, aveu au Seigneur de Faronville par Pierre de Vaucouleurs, *Seigneur d'Arceville.* On y exprime *le Lieu seigneurial, contenant trois minots de terre ou environ, sur partie desquels sont situés & assis l'Eglise & Cimetiere d'Arceville.*

20 Août 1621, Lancelot d'Annemont ayant fait mettre un banc dans le Chœur sur la Sépulture des Vaucouleurs, ils donnerent leur Requête au Juge de

Janville pour s'y transporter. Même jour transport du Juge qui constate la position du Banc, & renvoye à l'Audience.

27 Août 1621, Sentence qui ordonne *que par provision le Banc sera ôté.* Autre Sentence.

Appel des deux Sentences par le sieur d'Annemont. 23 Août 1625, Arrêt confirmatif.

18 Octobre 1625, Acte * par lequel M. l'Evêque d'Orleans, comme *Seigneur spirituel & temporel*, & Haut-Justicier d'Arceville, consent que le sieur d'Annemont jouisse des Droits Honorifiques, & fasse mettre un Banc au lieu où *lui Seigneur* auroit pû le faire placer. Cette permission ne valoit rien, elle étoit abusive, *dicemus infra* sur le droit de Banc.

* M. l'Evêque d'Orleans prend la qualité *de Seigneur d'Arceville.*

L'affaire avoit recommencé au fond à Janville. 18 Janvier 1626, Enquête qui prouvoit que les sieurs de Vaucouleurs avoient toujours eu *leur Banc & Sépulture au Chœur*; que les sieurs d'Annemont avoient été enterrés dans la Nef; que de tout tems les sieurs de Vaucouleurs *avoient été recommandés au Prieres nominales; qu'ils l'avoient fait bâtir, & en étoient Fondateurs; que leurs Armes y étoient.*

20 Février 1627, Sentence à Janville, qui *sans s'arrêter aux demandes du sieur d'Annemont, ordonne que ce qui avoit été jugé par provision le 27 Août 1621, demeureroit définitif.* Appel par le sieur d'Annemont.

14 Août 1636, aveu à Chambaudouin par Charles de Vaucouleurs, Sieur de Gervilliers *& d'Arceville en partie, & Anne de Vaucouleurs, Dame de Vaucouleurs en partie.*

21 Septembre 1664, Procès verbal du Juge de Janville, sur la Requête de la veuve Laurent le Maréchal,

Sieur de Gervilliers *&* *Arceville*, *pour les Armes de Vaucouleurs qui y sont reconnues par les Habitans.*

13 Janvier 1670, aveu à Chambaudouin par Cesar-Laurent le Maréchal, Chevalier de Vaucouleurs, fils de Laurent le Maréchal, Ecuyer *Seigneur de Gervilliers*, *Arceville*, *les Carneaux*, tant pour lui que pour Antoine le Maréchal son aîné, Ecuyer Seigneur de Gervilliers *&* *Arceville*. Autre du 14 Février par la veuve Laurent le Maréchal, fondée de procuration d'Antoine le Maréchal son aîné, Seigneur de Gervilliers *&* *Arceville*.

15 Juillet 1679, aveu à Faronville par Cesar-Laurent le Maréchal, Ecuyer *Seigneur de* Gervilliers *&* *Arceville*, pour raison du Lieu *seigneurial des Carneaux* * *d'Arceville*.

* *Nota*. Ce n'est plus le lieu Seigneurial d'Arceville *simpliciter*, mais *des Carneaux d'Arceville*, comme dans l'aveu du 13 Janvier 1670. *supra*.

12 Janvier 1699, aveu par le curateur du fils de Cesar-Laurent le Maréchal au Seigneur de Chambaudouin, ès mêmes qualités de Seigneur de Gervilliers *&* *Arceville*.

3 Octobre 1735, contrat de vente *de la Seigneurie d'Arceville*, rapporté *supra*.

De tous ces Actes M. d'Arconville concluoit *qu'il étoit Fondateur*, *&* *comme tel en possession des Droits Honorifiques*; qu'il étoit pareillement en possession de la qualité *de Seigneur d'Arceville*; que ses Auteurs n'y avoient jamais été troublés par MM. les Evêques d'Orleans; que l'acquisition faite en 1712 de la Haute-Justice de M. l'Evêque d'Orleans, étoit sans aucune formalité pour l'aliénation des biens d'Eglise, *&* *uniquement par émulation* *&* *jalousie*, pour s'arroger les prééminences sur les Seigneurs d'Arceville; qu'elle ne pouvoit être d'aucune considération; que cela avoit été jugé par les Arrêts rapportés par Maréchal, édit. 1740, page 600, tome 1; par l'Arrêt de 1734 de M. de Vaugien; & par un Arrêt du 28 Février 1664, au Journal des Audiences.

Voici les Moyens de M. Rolland.

Moyens de M. Rolland.

1°. Il possede depuis 1705 *la Châtellenie* de Chambaudouin qui est *dans la Paroisse*; il a depuis 1712 *la Justice Haute, Moyenne & Basse sur le terrein de l'Eglise.* En 1713 il a acquis le Fief de la Bourgeoisie, qui s'étend sur une grande partie du territoire de cette Justice. M. Thiroux n'a acquis qu'en 1735 son Fief *des Carneaux* & Gervilliers : ensorte *qu'avant l'acquisition de M. Thiroux, il y avoit plus de 28 ans que M. Rolland avoit son Château dans la Paroisse, & depuis 23 ans la Haute-Justice.*

2°. Par un Procès verbal des inscriptions d'une cloche fondue en 1716, le défunt sieur Rolland est qualifié *Seigneur* de Chambaudouin, Tremeville, *Arceville,* &c. & le sieur de Catillon, *vendeur* de M. Thiroux, *Seigneur* de Gervilliers, Angerville, *des Carneaux d'Arce-ville.*

3°. Par des Extraits mortuaires de 1719, 1729 & 1731, M. Rolland justifie qu'il *a sa Sépulture au Chœur*; il a *fait peindre sa Litre en dehors & en dedans. Par une Sentence à laquelle M. Thiroux a acquiescé, il a été maintenu en possession de son Banc au Chœur.*

4°. Quant à ce que dit M. Thiroux, qu'il a été jugé par les Arrêts rapportés par Maréchal, page 600 de l'édit. de 1740, que des Hautes-Justices acquises par jalousie des autres Seigneurs de Fiefs ne pouvoient leur nuire. Le premier de ces Arrêts, suivant la note sur Maréchal, *est suspect, & l'espece en est fausse*; il a été cassé par Requête civile. *Il ne s'y agissoit que des droits de pré-*

séances, & non pas des grands Droits; la Litre n'étoit que dans une Chapelle particuliere.

. Que dans l'espece du second Arrêt, l'Eglise de Chaudron étoit *située dans la Haute-Justice de M. Thevin*; *la Châtellenie* acquise par le sieur Chenu ne s'étendoit pas *au-delà de la Bassecour & Terres dépendantes de sa Maison du bas Duplessis*. L'Arrêt fait défenses *audit Chenu d'exercer aucuns droits de Justice sur les Vassaux de M. Thevin*: on ordonne que Chenu le laissera jouir des Droits Honorifiques. Sur le surplus des demandes de M. Thevin, hors de Cour. *Ainsi cet Arrêt en conservant à M. Thevin les droits de sa Justice, n'a rien ôté à Chenu des droits de son acquisition.*

L'Arrêt de M. de Vaugien ne peut rien: il ne s'agissoit point d'adjuger rien au sieur de Coubertin. M. Rolland a dès 1712. la Haute-Justice: alors point de motif de jalousie.

Le principe en cette matiere est, que les Droits Honorifiques appartiennent *au Fondateur & au Haut-Justicier seuls* en leurs qualités.

Les marques de Fondateurs rapportées par M. Thiroux, ne sont pas des marques de fondation.

Par rapport aux piéces produites, elles ne prouvent pas la qualité *de Fondateur*. La Sentence du Juge de Janville de 1607, étoit contre un nommé *d'Anemont absent*. Il est dit qu'on devoit leur adjuger les prééminences; ce n'étoit que des droits de *preseances*. Ce qu'on ajoute, que les sieurs de Vaucouleurs étoient *Seigneurs d'Arceville*; que le sieur d'Anemont étoit leur vassal, qu'ils étoient plus anciens que lui dans la Paroisse; qu'il y avoit 105 ans que leurs Armoiries étoient dans la voûte de l'Eglise, avec ceinture funebre; ces

trois

trois premiers Moyens n'avoient aucun rapport aux titres de Fondateurs; ces titres ne montroient tout au plus qu'une qualité *de Seigneur.*

Comment accorder qu'alors il y avoit 105 *ans que les Armes étoient dans l'Eglise? Cela remontoit en* 1509; *& la Dame de Lavau dit dans un Acte suivant que c'est en* 1598 *qu'elle avoit fait peindre les armes de son mari.* Par l'Enquête de 1607, *la sépulture au Chœur n'est que de* 1560... *Il n'y avoit donc pas* 105 *ans lors de cette Sentence. Ce Procès verbal est fait par un Juge incompetent.*

Enfin, il est dit que *cet Acte fut signifié à François Soulas, Procureur du sieur d'Anemont, qui dit qu'il n'acceptoit ladite signification; que néanmoins, en lui donnant copie de cet Acte, il en avertiroit le sieur d'Anemont.*

Les termes écrits autour des Armes sont suspects: cette inscription ne se trouve plus *gravée* en 1664; on y dit, *écrit autour.*

L'Enquête faite par ce Juge prouve qu'il n'étoit question que des droits de *préséance.* Les Sieurs de Vaucouleurs, *suivant la Sentence de Janville, devoient prouver leurs qualités de Seigneurs d'Arceville: l'Enquête n'en dit rien.*

La transaction de 1613 ne peut rien; le sieur d'Anemont n'avoit aucune qualité pour contredire ou accorder. Il en est de même de la Sentence de 1631, & Arrêt faute de comparoir du 23 Août 1625, rendus contre ce *Seigneur d'un simple Fief.*

Sur la qualité de *Seigneur d'Arceville.*

Les noms d'Arceville pris dans des aveux de 1333, *ne justifient pas que ce soit les Proprietaires des Fiefs de Gloriette & des Carneaux d'Arceville qui ayent plutôt donné leurs noms au Village, qu'eux de se l'être approprié, incer-*

tains qu'ils étoient s'ils prendroient celui de Gloriette ou des Carneaux. L'aveu de 1359 prouve qu'on disoit seulement un hebergement sis à Esserville, & non pas le Fief d'Arceville : tous les anciens aveux ne montrent aucune censive à Arceville.

Tous les Arrêts rapportés par les Auteurs, jugent que le Seigneur Haut-Justicier (seul) a droit de se qualifier Seigneur de la Terre ; c'est une Jurisprudence de tous les Parlemens. Il cite Catelan, Cambolas, Larocheflavin, Salvaing & autres, & les Auteurs de Coutumes.

Sur le tout, le 3 Avril 1745, est intervenu l'Arrêt ci-dessus.

Sur l'interlocutoire ordonné par ledit Arrêt par rapport à la qualité de Seigneur d'Arceville, les Parties ont transigé le 31 Mars 1747 devant Guerin, Notaire à Paris, qui en a la Minute, & Judde, dont on m'a communiqué la Grosse. M. Rolland & M. d'Arceville font entr'eux des échanges. M. Rolland cede son Lieu & Manoir seigneurial de la Bourgeoisie, & quelques mouvances directes & plusieurs mines de terre à M. d'Arconville. M. d'Arconville cede à M. Rolland son Manoir seigneurial d'Arceville, Presbytere, & son droit de Fondateur & droits en dépendans, des mouvances & censives, & des mines de terre, estimés de chaque côté 8000 liv. se reservant le surplus des mouvances & censives de chaque côté, suivant une ligne de séparation convenue & décrite entr'eux. Les Parties se désistent de la poursuite du chef interloqué par l'Arrêt, au moyen de quoi la Sentence au chef de la qualité de Seigneur, reste en son entier.

On sent à merveille que la Cour a été déterminée par des circonstances fortes qui se rencontrent dans cette espece.

Par exemple, l'Eglise bâtie *sur partie du Manoir d'Arceville*, qui faisoit présumer la fondation de l'Eglise d'Arceville par les Seigneurs de ce Fief. L'Arrêt du 12 Août 1746, *infra* sur la Litre, paroît le juger de même. Le nom de Seigneur d'Arceville pris dans tous les tems, sans que le Haut-Justicier eût contredit. On voit qu'on ne doit pas argumenter de ce préjugé contre tout autre Haut-Justicier, *même acquereur nouveau de la Haute-Justice.*

Cependant il me paroît que je dois placer ici ce que dit excellemment Loiseau, chap. 11. des Seigneuries, n. 34, en parlant des Seigneurs feodaux & directs. *On ne peut pas dire qu'ils soient présumés Fondateurs* (ex eo;) *que d'ancienneté ils étoient Seigneurs du fonds sur lequel l'Eglise a été bâtie : on présume plutôt qu'ils ont vendu que donné la directe du fonds*; (*quia donatio facile non præsumitur.*) Ce principe est vrai & avoué de tous : il n'y a que l'art. 29 de la Salle de Lille qui y déroge pour la Flandre & l'Artois; & en Normandie, où tous les Patronages sont réels, & où il faut avoir la glebe du lieu où l'Eglise est bâtie pour être Patron, les Seigneurs de Fiefs qui ont l'Eglise dans leur Fief sont Patrons, si comme dit Basnage sur l'art. 142, on ne rapporte, 1°. le titre de fondation qui établiroit un Patronage de Famille; 2°. la preuve que l'on est descendu des premiers Fondateurs : en ce cas ce seroit un Patronage personnel qu'on ne voit plus guéres en Normandie.

XIV. A l'occasion de cette affaire, où l'on voit qu'on a traité la question d'une Justice nouvellement acquise, & où l'on a soutenu d'après Maréchal, que ces Justices étant réputées acquises *par jalousie, par émulation*, ne pouvoient ôter au Seigneur *de Fief* de la Paroisse la possession où il étoit de se qualifier Seigneur du Village.

Je dois, je pense, agiter cette question à fond, & éclairer le Public sur les quatre préjugés que l'on a cités comme formant un principe général sur cette question, & décidant que ces Hautes-Justices *nouvellement* acquises ne pouvoient attribuer la qualité de Seigneur à l'acquereur, au préjudice du Seigneur *du Fief* qui en étoit en possession : ce prétendu principe est de Maréchal, sur l'autorité duquel on s'appuyoit dans cette affaire.

N'allez pas appliquer à cette questiòn l'Arrêt de Briet pour Hallancourt, que je rapporte *infra*. Le sieur Briet n'étoit qu'*Engagiste* de la Haute-Justice, & comme tel, ainsi que je l'y observe, il ne fut regardé que comme un Haut-Justicier *temporaire*, *passager*, *que le rachat du Domaine dépossedoit pleinement*; & comme en ce cas le Roi restoit toujours *le vrai Seigneur*, nonobstant l'engagement, on n'avoit pas voulu ôter au Seigneur féodal *Vicontier*, des qualités dont la possession ne nuit jamais au droit éminent & imprescriptible du Roi, suivant la maxime assez d'usage, que quand les Moyens & Bas Justiciers, Seigneurs de Fiefs, n'ont au-dessus d'eux que le Roi, dont les droits sont inaltérables, on leur passe cette qualité.

XV. Commençons par les principes.

Premierement, les bons Auteurs conviennent, je l'ai prouvé ci-dessus, que *la vraie Seigneurie* est la *puissance publique*; c'est la Haute-Justice, & les Justices dignitaires; elle est la portion la plus noble, la plus éclatante d'une Terre; les Hautes-Justices patrimoniales sont *une émanation de la Justice Royale*. Rappellez ici ce beau passage de Chassanée, *supra* n. 11. Les Juges de Seigneurs ſont autoriſés à rendre la Juſtice dans l'étendue de leur Territoire, comme les Juges Royaux le ſont dans le leur.

Loiſeau, chap. 11 des Seigneuries, dont nous avons montré l'erreur ſur l'Arrêt de Marly, s'explique ainſi n. 3: Le titre des *Juſticiers* eſt, qu'ils ont *droit* de ſe titrer & qualifier *Seigneurs du Village* auquel ils ont la Juſtice, pourvû qu'ils l'ayent en la plus grande partie d'icelui. Comme il a prouvé, dit-il, ci-devant que la Seigneurie *non privatum dominium, ſed poteſtatem publicam ſignificat*, chap. 1. des Seigneuries, n. 25, 26 & ſuivans, il dit que la Seigneurie publique conſiſte en la ſupériorité ſur la perſonne & ſur les choſes; que la Seigneurie privée eſt la vraie proprieté & jouiſſance actuelle de quelque choſe, & eſt appellée *privée*, parce qu'elle concerne le droit que chacun Particulier a en ſa choſe. Ces deux eſpeces de Seigneuries (il dit eſpeces, parce que la Seigneurie eſt le genre qui ſe diviſe en publique & en privée) ſont entierement differentes *quant à l'effet*. La Seigneurie privée n'induit point de puiſſance publique; la Seigneurie publique n'attribue aucune Seigneurie privée. (Il a raiſon, car la Juſtice n'a point de Table; la féodalité en a une: le Haut-Juſticier ne réunit point à ſa Table; le Seigneur féodal y réunit.)

Les ſimples Seigneurs féodaux & cenſiers appellent leur droit *Seigneurie; c'eſt improprement tout-à-fait faute d'autres termes François* qui correſpondent au Latin *Dominium*, & devroit plutôt être appellée *Sieurie* que *Seigneurie, termes bien differens;* l'un venant de *ſien*, ſignifie *proprieté*; l'autre venant de *Senior*, ſignifie qualité d'Honneur. Voilà le vrai ſentiment de Loiſeau ſur ce point.

Chassanée, *loco supra*, prouve que le Haut-Justicier du Village, quand il n'auroit pas un pouce de Domaine, a droit de se qualifier Seigneur du Village. Nous avons rapporté les autres Auteurs.

Secondement, c'est un principe constant, que la Justice & le Fief n'ont rien de commun : tel a la Justice, tel autre a le Fief. La Justice est un Office qui peut être adhérent au Fief, mais qui subsiste par lui-même. La Justice ne peut être attirée par la Directe. Loiseau, ch. 12, n. 48. Je parle de la Haute.

Troisiémement, la Justice n'est jamais inhérente au Fief, (a) mais à la Seigneurie. *Elle est*, dit le même Auteur, chap. 4, n. 31, *au Château comme en son siége; en la Terre comme une annexe, ou piece attachée à icelle; au Fief comme une dépendance (separable); en la Seigneurie comme une partie inseparable; & suit le Territoire comme son correlatif.*

Aussi cette fameuse question, *an Jurisdictio adhæreat castro*, qui a divisé de si bons Auteurs, est, selon moi, une question de pure curiosité, une question levée pour aiguiser les esprits; parce que, dit Loiseau, *ibid.* chap. 4, n. 29, si on sépare la Justice du Château & du Fief, le Château & le Fief subsistent toujours & retiennent leur nom. En effet, si on remonte à l'origine des Justices, ce n'étoit que des Offices distribués sur certaines étendues de territoires, qui subsistoient indépendamment du territoire. Aussi dans les partages combien en voit-on où la Justice est à l'un, le Domaine à l'autre; combien de ventes de Justices sans vendre la Terre; com-

(a) Si ce n'est la Basse, *ut dixi*. En Poitou, art. 17, *idem*, en Anjou, Maine, & Touraine, & en Bretagne, où nul Fief sans Justice. D'Argentré, *ad Rubric.* des Justices.

bien de ventes de Terres avec retention de la Justice; combien ne sont que Hauts-Justiciers, & d'autres Seigneurs féodaux & directs du même territoire. Et cette question, *an vendito castro censeatur Jurisdictio vendita*, que d'Argentré traite très-bien sur l'ancienne Coutume de Bretagne, art. 265, ch. 10, à n°. 15, *usque ad* 31. *exclusivè*, où il démontre, contre le sentiment de plusieurs Docteurs, qu'elle n'y est pas censée comprise, parce qu'elle subsiste par elle-même : cette grande question se résout, selon moi, par une raison bien simple; c'est qu'en vendant *sa Terre, Seigneurie & dépendances, & ne se reservant rien*, le vendeur est présumé n'avoir pas voulu retenir la Justice, & dès-là elle est censée passer *cum castro & universitate Territorii*, surtout quand par la possession du Vendeur & de ses Auteurs on doit présumer qu'elle a été unie au Fief. Si, comme dit Loiseau, elle est une dépendance *separable* du Fief, il faut donc, en vendant le Fief, la réserver, la séparer du Fief. *La retention* d'une Justice depuis long-tems réunie au Fief, *indiget speciali nota*.

Secus, en aliénation des Domaines du Roi, la vente d'une Terre, appartenances & dépendances, n'entraîne point avec elle le droit de Justice, parce que la Justice Royale ne peut être alienée. C'est ce que Chopin, du Domaine, livre 3, tit. 20, n. 1, établit d'abord par un Mandement du Roi Philippe le Bel au Bailly de Caux, [*vide* mon cinquiéme vol.] de la veille de la Madeleine l'an 1311, qui déclare qu'en aliénation générale des Terres domaniales, la *Haute-Justice*, les Fiefs des personnes nobles, le Patronage, ne sont point compris : ensuite par un Arrêt de 1262, qui déclara que dans l'aliénation d'un Château, Forteresse & Territoire, la Haute-Justice n'y étoit point comprise. Cependant *ibid.* le même Chopin, n. 2, dit: Quelquefois l'aliénation d'un Château faite par le Roi, entraîne la Haute-Justice; & de ce, dit-il, il y eut Arrêt, moi plaidant. Cet Arrêt est rapporté par lui sur l'article 42 d'Anjou, n. 2. Il plaidoit contre l'acquereur, qui gagna sa cause; mais en cet endroit il avoue que par le Contrat *la Haute-Justice avoit été vendue.* Il est du 8 Août 1577. *Vide infra* n. 19, sur l'aliénation de ces Hautes-Justices.

His positis, je conclus & je dis que les Justices Seigneuriales sont notre patrimoine, comme les Fiefs; que ces deux patrimoines pouvant subsister l'un sans l'autre, ils peuvent se vendre séparément, sans vendre le chef-lieu où la Justice est *adherente*, *&* *vice versâ* le Fief sans la Justice; parce que, dit Sainson sur Tours, art. 2 du Depié, ancienne Coutume, *hodie castra transferuntur sicut pecus & ovile. Idem, dicit Molin.* §. 1, gl. 5, n. 63 *in fine.* Que les Justices soient notre patrimoine, nos Rois dont la bonté nous conserve ces Jurisdictions, l'ont déclaré en toutes occasions: c'est l'esprit & la lettre de la premiere Déclaration sur l'Ordonnance de Cremieu. L'Ordonnance de 1667, titre des récusations, le prouve bien. C'est l'esprit de toutes les Ordonnances sur la Justice.

Ces Justices ou Offices ausquels, pour l'entretien & subsistance des Officiers, & solde des Gens de Guerre qu'ils devoient lever, comme le remarque Chantereau Lefevre, ch. 8 de l'origine des Fiefs, on avoit joint de grands Territoires, dont le siége étoit en un certain lieu, n'étoient pas cependant tellement unis à ce lieu, qu'on ne pût les en séparer. Ce lieu n'étoit que le lieu principal *de l'exercice*, auquel la Justice étoit comme en son

son Siége, & comme une partie *séparable*. On les nommoit Offices & Bénéfices : aujourd'hui c'est *Terre & Seigneurie*; il n'y a de changement que le nom ; depuis la patrimonialité, leurs droits sont les mêmes, leurs fonctions divisées comme elles l'étoient.

De-là je tiens que quand un quelqu'un ayant la Justice sur plusieurs Villages, vend & aliéne la Justice d'un de ces Bourgs ou Villages à un autre, pour l'exercer sur ce Village seulement; c'est moins une distraction de Justice, un démembrement de Justice, * qu'une restitution de Justice à ce Village sur lequel elle s'exerçoit, & dans lequel comme en son Siége principal, *relativement à ce Village* qui étoit son objet, elle devoit naturellement résider, parce que, quoiqu'en un Siége éloigné, elle étoit réellement & *distributive* la Justice de ce Village. En cela rien qui blesse la Justice : ce Village, qui autrefois répondoit au Juge d'un autre Bourg ou Ville où il avoit été annexé, aura son propre Juge comme il devoit naturellement l'avoir. Rien ne s'oppose à une pareille aliénation de Justice; pourquoi néanmoins je tiens qu'il faut des Lettres Patentes de confirmation, pour que cette Justice annexée, ou plutôt rendue à ce Village, soit regardée comme la même qui y étoit avant, mais qui n'y résidoit pas, pour que le ressort ne change point, & que celui qui l'aliéne ne puisse s'y retenir un degré de superiorité que le Roi seul peut accorder. Le Seigneur particulier peut bien l'aliéner pour la tenir en Fief de lui, mais non pour doubler le degré de Jurisdiction. C'est en ce sens qu'on doit entendre Dumoulin, qui dans les divisions de Justices n'admet pas les multiplications de Tribu-

* Exceptez les Justices des grands Fiefs dignitaires, dont, comme du Fief, on ne peut détacher une portion.

P

naux, c'est-à-dire les degrés de Jurisdictions qui surchargent toujours les Sujets.

Je suppose donc une aliénation de Justice faite *par personne capable d'aliener* ; ou si c'est par une Eglise ou Communauté, une vente faite *avec les formalités necessaires :* je suppose une vente faite & revêtue de Lettres Patentes de confirmation dûement *enregistrées.*

Dans ce cas, je soutiens que l'acquereur de cette Justice, *quoique nouvellement acquise*, peut demander, & doit avoir tous les droits attachés à la Haute-Justice. Il est de principe certain que l'acquisition d'une dignité, ou d'un état distingué des autres, transmet *eo ipso* à l'acquereur tous les droits qui y sont attribués, sans qu'on puisse lui objecter qu'il n'avoit pas cette dignité avant tel ou tel tems ; que c'est par jalousie, par émulation ou autre motif qu'il l'a acquise. La liberté d'acquerir une Justice, ou telle autre dignité, sous l'agrément du Roi, est pleine, & ne peut être contrainte par l'interêt d'un tiers ; *& hæc est veritas.*

Il y en a, selon moi, deux raisons sans replique.

La premiere, nul autre que le Haut-Justicier n'a droit de se qualifier Seigneur d'un tel endroit. Les principes, les Auteurs, les Arrêts ci-dessus le démontrent. Donc la possession de ce titre par les Seigneurs feodaux ou censiers, que les Coutumes caractérisent si bien, en disant le Seigneur *feodal*, le Seigneur *censier*, est une possession abusive qui ne peut se couvrir, parce qu'ils ne sont pas réellement les *Seigneurs* du Village, mais le Haut-Justicier, auquel *leurs Fiefs*, *leurs personnes même* sont soumis. Cette possession ne peut se confirmer ; ce sera la seconde raison.

Je me garderai bien de dire, comme Maréchal, que celui-là est le Seigneur, dont le nom est celui du Village ; qu'il est présumé Fondateur du Village, par ce passage du Pseaume 48 : *Vocaverunt nomina in terris suis.* Les Arrêts rapportés ci-dessus prouvent le contraire. Et qui ne sçait pas que dans ces tems on ne connoissoit point le Fief ni la Justice comme nous les connoissons ; & que celui qui s'emparoit d'une contrée à laquelle il donnoit son nom, y exerçoit toute puissance sur sa Colonie ? D'où il est clair que si on en induit le nom de Seigneur, ce n'est qu'en disant que ceux-là y exerçoient la puissance publique ; ils en étoient les Juges, c'est-à-dire les Législateurs ; eux seuls ont gouverné jusqu'à Saül. Ainsi ce passage ne peut, dans nos mœurs, où nous distinguons la Justice & le Fief, s'adapter aux Seigneurs de Fiefs : *probavi supra.*

La seconde raison, les principes & les Arrêts nous apprennent que *la qualité de Seigneurs, la véritable Seigneurie* est inséparable de la puissance publique. *La Justice*, dit Loiseau, *est en la Seigneurie comme une partie inséparable*, parce que le Haut-Justicier a la puissance publique qui s'étend sur les choses & sur les personnes : c'est ce qu'on doit appeller *Seigneurie. Honores*, dit de Roye, *de Jurib. honor.* liv. 2, ch. 11 *in fine, ratione potestatis publicæ deferuntur, & eum sequuntur qui eam jure habet.* Il suffit de la posséder par les voies permises dans l'Etat, pour jouir de tous les droits qui y sont attachés, de toutes ses prérogatives.

Cette qualité est inhérente à la Haute-Justice, elle y est innée, elle est imprescriptible ; un Seigneur Haut-Justicier peut la prendre ou ne la pas prendre, cela dépend de sa volonté, du plus ou du moins d'amour propre; il ne peut perdre cette qualité *de Seigneur*, *per non usum*, parce qu'elle est un acte de pure faculté libre, dès-là imprescriptible. Il ne peut la perdre, parce que cette *Seigneurie* est la Haute-Justice elle-même dans les bons principes : donc ayant la Haute-Justice, il a la Seigneurie de la Paroisse; s'il a la Seigneurie de la Paroisse, qu'il en prenne ou n'en prenne pas le titre, il ne l'est pas moins: donc un autre ne peut l'avoir à son préjudice.

Il ne peut y avoir deux *Seigneurs propriè dicti* d'un même endroit, si ce n'est le cas où ils possedent la Haute-Justice par indivis: *& in veritate*, ce n'est qu'un même Seigneur multiplié en plusieurs personnes; encore celui qui sera l'ainé, ou qui aura le Manoir, la portion plus grande ou plus noble, s'appellera seul *Seigneur* du Village; l'autre ne sera que Seigneur en partie. Molin. §. 10, *hodie* 16, n. 20. On ne peut ôter ce titre au Haut-Justicier : donc il faut nécessairement effacer la possession du féodal ou direct. Cette consequence me paroît invincible, parce qu'autrement ce seroit admettre *deux Seigneurs d'un même Lieu*; & comme le Haut-Justicier l'est incontestablement, le Féodal, quand le Haut-Justicier reclame ce titre, ne peut le retenir: il n'en jouissoit que par pure tolérance du Haut-Justicier, contre lequel on ne peut se faire un moyen de sa tolérance, pour un droit qui est inséparable de la Haute-Justice.

Je dis plus: le Seigneur féodal ou direct qui conteste cette qualité à l'acquereur *légitime* de la Haute-Justice, conteste sans aucun interêt réel: il lui importe peu qu'un tel ou un tel soit le *Haut-Justicier* de son Fief; il faut toujours qu'il y en ait un, & lui Féodal, ne l'est pas: s'il dit que le vendeur se soucioit peu du titre *de Seigneur*, qu'il l'en laissoit jouir ; ce moyen n'en est pas un, parce que d'un jour à l'autre le vendeur, ou son héritier ou successeur pouvoit le prendre, sans que le Féodal, même Moyen-Justicier, pût l'empêcher. Opposer que c'est par émulation & jalousie que l'acquereur, qui n'étoit que Seigneur de Fief comme lui dans la Paroisse, a acquis cette Haute-Justice, c'est une pure dérision à Justice. La réponse est prompte : s'il vouloit confirmer sa possession de *Seigneur*, il n'avoit qu'à acquerir lui-même cette Haute-Justice : il ne l'a pas fait ; & se faire un Moyen de ce qu'au lieu de l'acquerir lui-même, il l'a laissé acquerir par l'autre Seigneur de Fief, c'est un Moyen absurde, il est non-recevable à le proposer ; l'acquereur de la Haute-Justice doit jouir de toutes les conséquences de son acquisition. Il suffit de prouver qu'on est Patron ou Haut-Justicier, pour jouir de tous les honneurs qui y sont attachés. *Licet enim in ejus territorio in quo iis honores debeantur domicilium non habeant, semper tamen (unde quaque ad [illegible]am accedant) eos in ea petere possunt, quia nunquam alienigena sunt eorum auspicia qui vel dederunt Ecclesiam, vel e[illegible]n in suo Senioratu positam habent, (publica illa potestate [illegible]aditi) quam tantoperè veneratur Ecclesia ; semper Eccles[illegible] suos Fundatores vel Seniores honorat, (unde quaque venia[illegible]* De Roye, *de Jurib. honor. lib. 2, cap. 9.* Ce que cet Au[illegible]ur dit des Honneurs de l'Eglise pour le Haut-Justici[illegible], s'applique parfaitement au titre de Seigneur que [illegible] Haut-Justicier peut reclamer, *unde quaque veniat*, pourvû qu'il soit réellement acquereur, qu'il soit *légiti[illegible]ement* acquereur, parce qu'il le reclame vis-à-vis d'un quelqu'un qui *réellement ne l'a pas*, & qui ne peut de droit le prétendre.

XVI. Venons aux Arrêts opposés : on va voir clairement que la Cour n'a jugé que suivant les circonstances graves de ces acquisitions, & jamais par ce moyen d'acquisition *par émulation*, *par jalousie*, comme Maréchal l'a prétendu : moyen qui est une pure cavillation.

Le premier, du 27 Mars 1596, rapporté par Maréchal, tome 1, édit. 1714, page 529 & page 600 de l'édit. de 1740, est du Grand-Conseil ; il est au tome 2, n. 71. Le fait tel qu'il le rapporte, étoit que par Contrat du 18 Février 1595, le Duc de Guise & de Chevreuse avoit vendu au nommé Habert un vingtiéme des menus cens à prendre sur les maisons, jardins, pourpris, terres labourables, assis Paroisse du Menil-Saint-Denis, plus proches, & commodes au Fief dudit Habert, avec toute Justice Haute, Moyenne & Basse sur les Redevables desdites censives. Il voulut avoir les Droits Honorifiques ; il avoit fait ouvrir une porte dans l'Eglise. Claude Seguier, Sieur de la Verriere, s'y opposa, prétendit qu'il étoit en possession des Droits Honorifiques. L'Arrêt débouta Habert, & ordonna que Seguier jouiroit des droits, prérogatives & préséances dans l'Eglise du Menil-Saint-Denis.

* *Hic.* 1°. Il ne s'agissoit point de la qualité de *Seigneur* * du Menil-Saint-Denis ; ainsi cet Arrêt ne vient pas à notre question. 2°. Maréchal nous dit qu'on jugea que c'étoit une Justice acquise *par émulation*, & qu'on n'y eut point d'égard. Où cela paroît-il ? 3°. Cette Haute-Justice s'étendoit-elle sur le terrein de l'Eglise ? Si elle ne le comprenoit pas, quoique Haut-Justicier *dans* la Paroisse, ne l'étant pas *de* la Paroisse, il n'étoit pas recevable à effacer la possession de Seguier. 4°. Ceci décide ; dans toutes les additions de Maréchal, au moins depuis

1714 jusqu'en 1740, on trouve cette note à côté : *L'espece ci-dessus rapportée est fausse, & l'Arrêt a été cassé par Requête civile.* Il faut donc écarter ce préjugé.

Le second Arrêt rapporté par Maréchal, tome 2, n. 72, & dont il parle aux mêmes pages, tome 1, ne peut encore servir de préjugé sur cette question. En voici l'espece tirée du Vû de la Sentence des Requêtes du Palais, confirmée par l'Arrêt *qui est du 19 Juillet* 1614.

M. Thevin, Conseiller au Parlement, possedoit la Vicomté de Montrouveau & la Baronnie de Boshardi, à cause de laquelle il avoit *la Haute-Justice de la Paroisse, & sur l'Eglise du Village de Chauderon, laquelle Justice étoit enclavée dans la Vicomté de Montrouveau.* Le sieur Chenu possedoit la Terre du bas Duplessis. Il acquit des Seigneurs du petit Montrouveau, dont les titres avoient été perdus dans les guerres, le droit de Châtellenie, dont il décora sa Terre du bas Duplessis, vingt ans avant la demande de M. Thevin.

M. Thevin prétendit que c'étoit *une usurpation* sur sa Baronnie de Boshardi, & que ledit Chenu ne pouvoit exercer sa Justice *sur les Sujets de lui M. Thevin.*

Par la Sentence qui fut confirmée, on fit défenses au sieur Chenu d'exercer sa Haute-Justice *sur les Vassaux & Sujets* de M. Thevin en la Paroisse de Chauderon, en laquelle on le condamne de laisser jouir M. Thevin, *comme Baron de Boshardi*, de tous les Droits Honorifiques ; sur le surplus des demandes de M. Thevin, hors de Cour. L'Arrêt confirma cette Sentence.

Cet Arrêt juge-t-il la question d'acquisition de Justice par émulation *ne verbum quidem?* Il met hors de Cour sur la demande de M. Thevin qui *tendoit à anéan-*

tir cette Châtellenie. Il juge seulement *qu'elle ne doit pas s'étendre sur la Paroisse de Chauderon, dont M. Thevin étoit Haut-Justicier, comme Baron de Boshardi.* On voit que cette affaire étoit *entre deux Hauts-Justiciers.* La Cour jugeant que M. Thevin étoit le Haut-Justicier *de* la Paroisse de Chauderon, il fallut nécessairement débouter Chenu de sa prétention aux Droits Honorifiques *dans une Eglise dont il n'étoit pas le Haut-Justicier.* Maréchal, comme je le prouve dans cet Ouvrage, pour n'avoir pas voulu, quoique très-capable, approfondir les questions jugées, cite des Arrêts, qui bien discutés, bien examinés, ne jugent rien moins que la question qu'il pose, & dont il forme un principe.

Dans l'affaire jugée entre M. Thiroux d'Arconville, & M. Rolland, on citoit un troisiéme Arrêt du 28 Février 1664, second vol. Journal des Audiences, derniere édition. Cet Arrêt juge toute autre chose que notre question. 1°. Il juge qu'un Duc & Pair ne pouvoit détacher de sa Pairie une portion de sa Justice, quoiqu'il y eût Lettres Patentes sur ce; que cela faisoit *un démembrement*, *ut dixi* en mon cinquiéme Volume sur le partage des Fiefs dignitaires : ce qui étoit prohibé. 2°. *Qu'il n'avoit pû se faire un degré de Jurisdiction en retenant le ressort par appel.* Ce fut un des Moyens de M. Talon, Avocat General. Quel rapport cet Arrêt a-t-il à notre question? Et pour qu'on ne doute pas de ce que j'avance, voici le dispositif de l'Arrêt.

» La Cour a reçu le Procureur General du Roi opposant aux Lettres portant érection du droit de Justice dans la Paroisse de Dignac, & appellant des Sentences rendues par les Officiers du Duché de la Valette; reçoit les Parties de Laurent & Caillard Parties intervenantes:

„ intervenantes : faisant droit sur le tout, sans avoir „ égard aux Lettres obtenues par ledit sieur de la Mi- „ rande, a ordonné que la Justice sera exercée dans la „ Paroisse de Dignac par les Officiers du Duché de la „ Valette, comme elle l'étoit avant la concession faite „ par le Duc d'Epernon.

Laurent plaidoit pour les Habitans de Dignac, opposans : leur moyen étoit la multiplication des degrés. Caillard plaidoit pour le sieur de Navailles, acquereur du Duché de la Valette. Il n'y a qu'à ouvrir le Journal.

Enfin dans la même affaire de M. Rolland, on opposoit les Arrêts de Vaugien des 22 Juillet 1729 & 11 Janvier 1734. Ces deux Arrêts ne font qu'un ; le dernier est la conséquence du premier. Ce dernier a été imprimé ; on y voit deux motifs de la décision. J'en ai donné l'espece *supra*.

La Baronnie de S. Remy près Chevreuse, est unie à la Manse de S. Cyr près Versailles.

Le sieur Feydeau possedoit le Fief de Vaugien, sis à S. Remy. En 1654 il avoit rendu un aveu où il avoit pris la qualité *de Seigneur en partie* de S. Remy. Le sieur Bertin pere avoit acquis ce Fief, & dans son aveu de 1701 il avoit pris cette même qualité. On la lisoit sur une tombe mise en 1682.

Le sieur de Fredy avoit dans la même Paroisse le Fief de Coubertin : il souffrit impatiemment cette qualité dans M. de Vaugien, *qui alors n'étoit comme lui que Seigneur d'un simple Fief* : il ne voulut pas souffrir la Litre de M. de Vaugien.

Le 24 Mars 1727 il donna sa Requête à Chevreuse, & en vertu de l'Ordonnance il fit assigner M. de Vaugien, pour voir dire qu'il seroit reçu opposant *à la qualité de Seigneur en partie de S. Remy*, prise par M. de Vaugien, auquel il seroit fait défenses de la prendre ; mais seulement celle *de Seigneur du Fief de Vaugien, sis en la Paroisse de S. Remy* ; que la Litre seroit effacée.

M. de Vaugien fit renvoyer cette demande aux Requêtes de l'Hôtel ; mais pour parer le coup,

Par Contrat du 9 Février 1728, *un an après* * *la demande* de Coubertin, il acquit des Dames de S. Cyr *la Haute-Justice de l'Eglise & le droit de Litre*. Il obtint sur ce Contrat des Lettres Patentes. Le sieur de Fredy y forma opposition : par l'Arrêt du 22 Juillet 1729 il y fut reçu opposant ; le Contrat fut rejetté : on ordonna *que la Haute-Justice seroit exercée par les Officiers de la Justice de Chevreuse, comme avant l'aliénation qu'en avoient faite les Dames de S. Cyr*. On renvoya le surplus aux Requêtes de l'Hôtel. La Cour jugea que c'étoit un démembrement du Duché de Chevreuse uni à S. Cyr ; & sur ce le Contrat fut annullé.

* *Hic.*

Il y intervint Sentence, qui, sans s'arrêter au Contrat, débouta M. de Vaugien de ses prétentions, adjugea au sieur de Fredy toutes ses conclusions. Cette Sentence fut confirmée par l'Arrêt du 11 Janvier 1734, rapporté *supra*.

Si le Moyen de Justice acquise par émulation avoit pû faire fortune, c'étoit dans cette affaire ; les dates rendoient les circonstances aggravantes. La demande du sieur de Fredy étoit des 24 & 27 Mars 1727. L'acquisition de la Haute-Justice de S. Remy par M. de Vaugien n'étoit que du 9 Février 1728, *près d'un an après l'instance commencée*. Ainsi le Moyen d'acquisition par émulation & jalousie pouvoit se proposer.

Mais, selon moi, ce Moyen ne pouvoit être reçu,

l'acquisition pouvoit être valable, & les conséquences pouvoient en suivre. Il est libre à tout le monde *jus juri addere*; on ne peut faire un crime à un quelqu'un de ce qu'il acquiert une qualité qui lui donne de plus grands droits. Par exemple, deux personnes contestent pour un Bénéfice; l'un des deux craint pour son droit: arrive un tems de régale; il l'obtient, & se sert victorieusement de ce dernier titre. Le contendant peut-il écarter les conséquences de ce droit, sous prétexte qu'il n'a été obtenu que *pendente lite*, par émulation, par jalousie? Non certes, il y auroit mille exemples pareils à donner. Venons au fait.

Deux Moyens ont écarté ce Contrat.

Le premier, il étoit fait par une Communauté réguliere: on pouvoit juger que les Dames de S. Cyr, *sans aucune nécessité*, *sans utilité évidente*, n'avoient pû aliéner cette Justice.

Le second, qui trancha; je le sçai, & il m'a encore été attesté par M[e] l'Herminier Avocat, qui plaidoit pour M. de Vaugien. Par ce Contrat *les Dames de S. Cyr ne cedoient que la Justice sur l'Eglise, & les Droits Honorifiques; (elles se reservoient la Haute-Justice du reste de la Paroisse, & les Droits Honorifiques avant M. de Vaugien.)* Cela ne se pouvoit; ces droits sont incommunicables, & ne peuvent se ceder *sans ceder la Seigneurie ou le Patronage où ils sont attachés*, ni se retenir sans l'un ou l'autre. Ce principe est consacré par *l'Edit de Mai* 1715, registré le 15; il est un des motifs de cet Edit; il est incontestable. On pouvoit encore moins la ceder, & cependant en *retenir les consequences avant l'acquereur*: c'étoit multiplier la Justice & les Honneurs. Voilà pourquoi, sans s'arrêter au Contrat, on ordonna que la Haute-Juſtice ſeroit exercée par les Officiers de la Juſtice de Chevreuſe, comme avant l'aliénation qu'en avoient faite les Dames de S. Cyr. C'eſt le même jugé que celui de l'Arrêt de 1664; & c'eſt ce que Loiſeau, chap. 11 des Seigneuries, n. 51, décide bien formellement : *Quoi qu'il en ſoit, ni l'un ni l'autre* (il parle du Patron & du Haut-Juſticier) *ne peut ceder à autrui ces Honneurs, & les retenir encore à ſoi.*

De-là on voit que par rapport à notre queſtion, il faut encore néceſſairement écarter ces deux Arrêts.

Voilà, Lecteur, les réflexions que j'ai cru devoir vous propoſer ſur cette fameuſe queſtion qui peut s'élever chaque jour, que Maréchal agite comme une queſtion ſérieuſe, pour écarter des Honneurs les Hauts-Juſticiers *de* la Paroiſſe.

Je tiens que le Moyen d'acquiſition par émulation ou par jalouſie par un Seigneur féodal ou direct, qui par lui-même n'a ni droit ni qualité pour perpetuer ſon uſurpation, eſt un Moyen inadmiſſible, & une cavillation parfaite; étant licite à un chacun *jura juribus addendo* d'acquerir le patrimoine d'un autre. Les Juſtices ſeigneuriales ſont notre patrimoine. Mol. §. 1, gl. 5, n. 62 & 63. On peut acquerir une Juſtice comme on acquerroit le Fief d'un autre : en quelque tems que cette acquiſition ſoit faite, ſi elle eſt d'une perſonne capable d'aliéner, ou après avoir fait confirmer ſon acquiſition par Lettres Patentes dûement enregiſtrées, elle ne peut être révoquée : l'oppoſition d'un Seigneur féodal ou cenſier ne vaut rien, il n'a ni droit ni qualité, *il pouvoit l'acquerir lui-même.* Encore une fois, les Juſtices ſeigneuriales, comme les Fiefs, ſont notre patrimoine : le Roi leur permet de ſubſiſter, dès qu'à cette acquiſition il y imprime le sceau de son autorité. Un Seigneur féodal ou censier, dont la possession n'est qu'une usurpation d'un droit imprescriptible qu'il ne peut s'arroger contre le Haut-Justicer, ne peut jamais être admis. Jamais ce moyen de Haute-Justice acquise par émulation, par jalousie, ne peut être écouté : il faut ou admettre toutes les conséquences de cette Haute-Justice acquise, ou, comme fit le sieur de Coubertin, faire annuller le Contrat ; & alors plus de question, il n'y aura plus de Haut-Justicier *dans la personne de l'acquereur.* Cela donnera-t-il le titre de Seigneur au Seigneur de Fief qui aura fait annuller ce Contrat ? Non certes. Si l'Acquereur ne l'a plus, *le Vendeur l'est*, & par conséquent exclut de ce titre le Féodal : cela me paroît incontestable. L'Arrêt de Coubertin juge que les Dames de S. Cyr resteront Hautes-Justicieres de l'Eglise. Il y a Arrêt du Grand Conseil du 9 Mars 1743, entre les Recteur, Syndic, & Collége des Jesuites de la Rochelle, Appellans d'une Sentence de la Rochelle du premier Mai 1742, & Messire René-Alexandre Marquis de Culant, Intimé, qui, en infirmant la Sentence, confirme une concession de Haute, Moyenne & Basse-Justice sur deux tiers de Marais au sieur Siette, qui depuis avoit fait le Collége des Jesuites de la Rochelle son légataire universel.

Si ce Moyen étoit écouté, ce seroit interdire la liberté des acquisitions, qui sont le commerce de l'Etat. Par quelle loi est-il prohibé de décorer son Fief, d'agrandir ses possessions malgré un voisin, quand ces acquisitions sont faites publiquement, légitimement, & surtout en matiere de Justice, quand elles sont revêtues du sceau de l'autorité royale ? Quelle loi prohibe cette acquisition même *pendente lite?* Apparemment le tems de l'acquerir n'étoit pas opportun auparavant? Le voisin, le Seigneur égal *n'avoit-il pas la même faculté?* Et parce qu'il ne l'aura pas acquise, il se fera un Moyen de jalousie, d'émulation; & le but est d'ôter à l'Acquereur les conséquences légitimes de son acquisition, & de se conserver dans une possession *abusive*, en vertu de laquelle il ne peut jamais prescrire les Droits de la Haute-Justice? Jamais Moyen n'a plus heurté de front les vrais principes.

Il y a plus; l'Acquereur entre pleinement aux droits du Vendeur, qui, si par modestie ou négligence ne prenoit pas le titre de Seigneur, pouvoit le prendre quand bon lui auroit semblé, sans que le Seigneur de Fief pût lui opposer sa possession, toujours abusive vis-à-vis du Haut-Justicier. Pourquoi interdire à un Acquereur d'exercer les droits légitimes de son Vendeur? C'est toujours le Haut-Justicier qui vient user de son droit.

On s'appuye sur la Consultation 5 de d'Argentré, qui admet tout le monde à s'opposer, même *è plebe.* Mais à cette Consultation, deux réponses. 1°. Il ne parle que de ceux qui par des signes exterieurs, comme Armoiries aux vitres, aux cloches, voudroient s'arroger le *titre de Fondateur*, contre le texte de l'Ordonnance de 1539. Il ne parle point de notre question. 2°. Hevin en ses questions féodales imprimées à Rennes en 1736, page 235, nous observe que dans l'édition de 1608 des Oeuvres de d'Argentré, l'Imprimeur avertit *qu'il l'a recouvré en François, & qu'il l'a fait traduire en Latin. Cui bono* cette traduction? La sixiéme & la septiéme sont en François: ensorte qu'on n'est pas sûr qu'elle soit de d'Argentré : au reste elle est belle ; mais elle n'est relative qu'à la qualité *de Patron*, pour laquelle l'Ordonnance de 1539 veut titres en bonne forme : Ordonnance qui ne s'observe qu'en Bretagne & en Normandie.

XVII. De tout ce que dessus, je tiens *fixo pede* que l'on peut tirer plusieurs maximes certaines.

La premiere, que le Haut-Justicier *de* la Paroisse, *du sol* de l'Eglise, *seul*, a le *droit* de se qualifier *Seigneur de tel Village* indefiniment, à l'exclusion des Moyens & Bas-Justiciers, & des simples Seigneurs de Fief de la même Paroisse, qui ne peuvent se qualifier que *Seigneurs Moyens ou Bas-Justiciers*, *Seigneurs de tel Fief sis à . . . . Seigneurs directs* ; parce que la qualité indéfinie *de Seigneur* est, dit Loiseau, la marque de la *vraie Seigneurie* qu'ils n'ont pas.

La seconde, que quand la Haute-Justice *de* la Paroisse est divisée, l'aîné ou celui qui le represente par succession ou autrement, ou celui qui a la plus grande part à la Justice, peut se dire *Seigneur de la Paroisse*, & les autres *Seigneurs en partie* : ce que les Seigneurs de Fief ne peuvent même pas.

La troisiéme, que lorsqu'il y a plusieurs Hauts-Justiciers dans une Paroisse, celui-là *seul* qui a la Justice *de* l'Eglise peut se qualifier Seigneur de la Paroisse ; les autres non, pas même Seigneurs en partie, comme le jugent les Arrêts du 5 Avril 1667, du 10 Février 1700, & du 26 Janvier 1735 & 1748, rapportés *supra*.

La quatriéme, que lorsqu'il n'y a que le Roi qui soit Haut-Justicier du Village, c'est-à-dire (car je m'explique) lorsqu'il n'y a dans le Village d'autre Justice superieure que celle du Roi, les *Moyens & Bas-Justi-*

ciers par possession peuvent se qualifier Seigneurs de la Paroisse, avoir même les Honneurs de l'Eglise : c'est l'avis de Maréchal, chap. premier; excepté s'il y avoit d'autres Seigneurs *égaux* qui s'y opposassent; auquel cas ils ne pourroient pas même prendre la qualité *de Seigneur en partie*, ni avoir les Droits Honorifiques, comme l'a jugé l'Arrêt de Coubertin : c'est en ce cas *seul* qu'on peut écouter l'autre Seigneur *égal*; par cette raison, *par in parem non habet imperium*, c'est-à-dire, ne peut s'élever plus que l'autre, lorsqu'il n'a qu'un titre *égal*; *secùs*, s'il acqueroit légitimement & sans réserve la Haute-Justice, *ut diximus modo* : je dis *sans réserve*. M. Bertin avoit acquis des Dames de S. Cyr la Haute-Justice sur l'Eglise, & le droit de Litre; elles se l'étoient *réservée* sur le reste de la Paroisse, *& encore les Droits Honorifiques* avant M. Bertin : ce qui ne se pouvoit, *ut dixi supra*.

La raison de ce que je dis qu'un Moyen & Bas-Justicier pourroit en ce cas se qualifier *Seigneur*, est que telle longue que soit sa possession, elle ne préjudicie jamais aux droits du Roi; elle ne les entame point : c'est ce que juge l'Arrêt de Briet, *infra*. Ainsi en use-t-on pour les Droits Honorifiques.

Je sçai même que dans le Comté de Chaumont en Vexin tous les Seigneurs qui n'ont que la Moyenne & Basse-Justice des Paroisses, comme il n'y a que le Roi, Comte de Vexin, au-dessus d'eux, sont dans une possession plus qu'immémoriale de se qualifier Seigneurs de leurs Paroisses; au moins en 1740 j'ai vû cette possession immémoriale articulée & bien justifiée.

XVIII. Je dis *quand il n'y a que le Roi qui ait sur les Moyens & Bas-Justiciers le dégré superieur de la Justice, qui est le Bailliage Royal.* Car

Car je ne connois pas dans le Roi ce que Chopin paroît écrire, livre 3, titre 20 du Domaine, la qualité de Haut-Justicier *in sensu communi*; je ne lui connois point une Haute-Justice *in sensu communi*, telle que nous la connoissons dans les Seigneuries privées : elle est au-dessous de la Majesté Royale, toujours justement impatiente de tout ce qui ressent l'inferiorité & la parité avec ses Sujets. La Justice est la Majesté Royale elle-même, *est ipsa forma substantialis, & essentia Majestatis Regiæ*. Molin. §. 2, *hodie* 3, *glos.* 4, *num.* 16. *formalis & essentialis virtus Regis est Jurisdictio. num.* 18.

La Haute-Justice que nous connoissons par les Coutumes, & que nos Rois ont bien voulu conserver à leurs Sujets, est une Justice de grace, toujours dépendante, & dès-là inalliable, incompatible avec la suprême Majesté du Roi.

Cela se vérifie dans les Justices de *pariage*; ce qui arrive quand le Seigneur Haut-Justicier cede une portion de sa Haute-Justice au Roi, qui veut bien s'associer ce Seigneur : la Haute-Justice *in sensu communi*, s'efface; elle est absorbée dans les rayons de la Justice Royale; la Haute-Justice de ce Seigneur devient Justice Royale : il lui reste, outre l'utile pour sa portion, le droit de nommer & de donner ses provisions au Prevôt de cette Justice, lesquelles s'attachent sous le contre-scel de celles données par le Roi, *qui les donne en plein*; ensorte que ce Juge est nommé par le Roi & par ce Seigneur, suivant l'art. 25 de l'Ordonnance de Roussillon de 1563. Anciennement on jugeoit que le Roi auroit son Juge & le Seigneur le sien, qui exerceroient

R

tour à tour. Chopin sur Anjou, art. 42, n. 14, en rapporte Arrêt de 1554.

Je l'ai vû *de facto* pour l'Abbaye de Molesme, Ordre de S. Benoist, Congrégation de S. Maur : c'étoit pour le Bourg d'Essoïe (a), Coutume de Chaumont en Bassigny. Le pariage avoit été fait avec le Comte de Champagne, au lieu duquel est le Roi, par la réunion de la Champagne à la Couronne ; & il a son cours encore actuellement. Le Prevôt y est Prevôt Royal. Les provisions des Religieux sont sous le contre-scel de celles du Roi.

Le titre est de 1233. Je l'ai vû dans un Procès où j'écrivois pour les Religieux en 1733, contre le Marquis de Vauchelles, Seigneur direct & Haut-Justicier d'une portion du Bourg d'Essoïe & Verpilliers ; les Religieux y étoient Hauts-Justiciers. Ce Procès étoit alors pendant aux Enquêtes, au rapport de M. de la Guillaumie, & depuis il a été évoqué au Grand Conseil par Lettres d'attribution de la Congrégation de S. Maur. Il étoit question de la Justice sur une des ruës, sçavoir si elle étoit dans la Justice du Roi & des Religieux, ou dans celle du sieur de Vauchelles. Les Religieux ont gagné leur procès en plein, par Arrêt du 14 May 1740.

Depuis la réunion de la Champagne à la Couronne (b), la Prevôté d'Essoïes fut mise au nombre des Pre-

(a) Bourg de France en Champagne, sur les Frontieres du Duché de Bourgogne, sur le Ruisseau de Legue.

(b) Par le Traité de Mariage de Jeanne Reine de Navarre, Comtesse Palatine de Champagne, avec le Roi Philippe le Bel, alors second fils du Roi Philippe le Hardi, au mois de Mai 1274. Ce mariage se fit en 1284. Edit du Roi Jean, de Novembre 1361, rapporté par Brussel, tome 2, dans les Chartes & Traités.

vôtés Royales, & il en fut compté au Roi Philippe le Bel en 1284. Bruſſelles, tome 4, page 416.

J'ai eu en main l'imprimé des Lettres de confirmation de ce pariage, données par le Roi Philippe de Valois l'an 1329. où le titre de pariage eſt tranſcrit.

On ne ſera pas fâché que je le donne ici tout entier: ce ſont de ces titres anciens ſur des faits rares, & qui ne ſont plus d'uſage, que l'on eſt toujours curieux d'avoir.

» Philippus, Dei gratiâ, Francorum Rex, notum » facio univerſis tam præſentibus quam futuris, nos » infra ſcriptas vidiſſe Litteras, formam quæ ſequitur » continentes.

» Ego Theobaldus, Campaniæ & Briæ Comes Pa- » latinus, notum facio univerſis tam præſentibus quam » futuris, quod viri Religioſi, I. Abbas Moliſmenſis » Eccleſiæ, & ejuſdem loci Conventûs in tota Juſtitia » ſua quam habent in hominibus & fœminis, in boſco » & plano, * paſcuis & aquis apud Eſſoïam apud Ver- » pillerias, & apud Polignæum, & in remanantiam » quam habent in dictis Villis me & hæredes meos » Campaniæ Comites in perpetuum aſſociant, & ite- » rum medietatem emendarum, & echectarum † tan- » tummodo mobilium hominum & fœminarum, quæ » habent ad præfatas Villas & apud Servigneium, mihi » & hæredibus meis concedunt jure perpetuo poſſiden- » dum; ſimiliter medietatem abbonamentorum * & tal- » liarum, quæ talliæ fient & recipientur in domibus ip- » ſorum apud Eſſoïam, & apud Polignæum tam de » mandato ipſorum, quam de mandato meo, & hære- » dum meorum; ſimiliter & abbonamenta recipientur » & omnia alia ad dictas Villas pertinentia, quæ habent

* Terre plane, terre de labour, plaine.

† Amende, confiſcation.

* Abonnement.

» fieri, vel dividi inter ipsos & me & hæredes meos; » tam de mandato ipsorum quam de mandato meo » vel hæredum meorum, æqualiter dividentur, tali » conditione quod in dictis locis, hominibus & fœ-» minis, medietas justitiæ, & abbonamentorum, tal-» liatum, mea, vel hæredum meorum, erit; & altera » medietas erit in perpetuum Abbatis & Conventûs » prædictorum. Si verò aliquis hominum, sive fœmina-» rum dictorum locorum ad dictos Monachos perti-» nentium, sine corporis sui hærede decesserit, tota » hæreditas ipsorum erit tali modo, quod hæreditas » quæ de ipsorum Ecclesia movebit, erit in ipsorum » libera voluntate, & etiam, si voluerint, retinebunt, » vel vendent, in qua hæreditate, sive in venditione » ipsius hæreditatis ego nihil potero capere, nec habere: » illa vero hæreditas quæ de ipsis non movebit, infra » annum & diem opportebit quod de manu eorum ex-» trahatur, & extra manum ipsorum ponatur, & tra-» datur hominibus qui sunt, vel erunt de associatione » prædicta. Et si in ponendo extra manum eorum hæ-» reditatem illam, quæ de ipsis non movebit aliquid » habuerint, ego similiter inde nihil percipiam, nec » habebo: mobilia verò si qua fuerint, legatis & debi-» tis primo persolutis, inter ipsos & me vel hæredes » meos per medium dividentur. In reditibus, sive pro-» ventibus, feodis & rebus aliis quæ psi in dictis Villis » & Foagiis earumdem habent, & in Gageriis * quas » tenent apud Verpillerias à Joberto, Guidone, & Je-» remia militibus, ego aut hæredes mei nihil capere » poterimus vel vindicare, sed ipsi omnia supra dicta » sine me & hæredibus meis integraliter capient, & ha-» bebunt: omnia verò bona ipsorum ad dicta loca per-

* *Pignoribus*, gages, engagemens.

» tinentia, ego & hæredes mei tanquam nostra pro-
» pria tenemur garantire bonâ fide, ita quod omnia
» ipsis commodè salva erunt similiter bonâ fide. Si au-
» tem contigerit quod homines ipsorum, sive fœminæ
» eorum, de Molismo sive de alia terra ipsorum ad
» dictas Villas per maritagium, sive alio modo venerint
» moraturi, de societate supra dicta erunt. Similiter si
» homines, sive fœminæ de Villis supra dictis apud Mo-
» lismum, sive ad aliam dictorum Monachorum, per
» maritagium, sive alio modo venerint moraturi sine
» reclamatione meâ, vel hæredum meorum, liberè, &
» integrè erunt Ecclesiæ memoratæ : quod si homines
» mei, aut fœminæ meæ vel hæredum meorum ad dic-
» tas Villas venerint moraturi inter me vel hæredes
» meos & dictos Monachos communes erunt. Ego verò
» vel hæredes mei nullum hominem sive fœminam dic-
» torum Monachorum de Villis prædictis in terra nostra
» poterimus retinere, nec deffendere contra Ecclesiam
» Molismensem ; & sciendum est quod quoties apud
» Molismum Abbas constituetur novus, homines &
» fœminæ prædictorum locorum fidelitatem facient
» novo Abbati constituto, similiter facient Comiti
» Campaniæ qui novus veniet ad regimen Comitatus
» Trecensis : Præpositus * verò de communi assensu
» tam dictorum Monachorum quam meo vel hæredum
» meorum, pro dictâ societate servanda, in dictis Villis
» statutus, faciet juramentum fidelitatis dictis Mona-
» chis, & mihi vel hæredibus meis antequam de Præ-
» positura se intromittat ; & ubi intromitteret 60 soli-
» dos emendaret, quæ emenda per medium dividetur.
» Si Præpositura venditur, de communi assensu ven-
» ditur, & prætium venditionis inter me, vel hæredes

* Prevôt ; il faisoit en ce tems la recette des droits.

» meos, & dictos Monachos æqualiter dividetur, Præ» positus verò de medietate dictæ venditionis ante» quam de Præpositura se aliquoties intromittat, » bonos plegios dabit * Monachis memoratis; si au» tem Præpositura non vendatur, Præpositus omnium » acquisitorum donorum, extorsionum † sive exac» tionum de quocumque loco veniant vel quocumque » modo fiant per juramentum suum reddet dictis Mo» nachis medietatem : evoluto autem anno, dictarum » Villarum Præpositus vel ex toto mutabitur, vel de » novo restituetur; quod si restituatur, juramentum » suum Monachis faciet, tanquam novus; si verò Ab» bas & Monachi rogatam * fecerint in dictis homi» nibus, sicut solet fieri, inter ipsos & me vel hære» des meos erit commune quidquid acceperint ab » eisdem. Similiter in omnibus modis, & commodis » quæ ego aut hæredes mei à præfatis hominibus prece, » minis, vel gratiâ, sive alio quolibet modo extorce» rimus, vel habuerimus dicti Monachi capient simili» ter medietatem. Præterea sciendum est quod homi» nes dictarum Villarum, ego aut hæredes mei nun» quam pro aliqua necessitate, vel pro exercitu aliquo » ultra unam dietam † ducere poterimus, ita quod die » sequenti ad hospitia sua redire valeant competenter. » Qui autem ad submonitionem meam aut hæredum » meorum Comitum Campaniæ ire contempserit quin» que solidos provinienses reddet pro emenda, quo» rum medietas erit Monachorum. Quæ verò submo» nitio quotiescumque facta fuerit, per priorem * » Grancei super Ursam fiet. Præterea sciendum est » quod si ego vel hæredes mei, in supra dictis Villis, » & in Justitia dictarum Villarum aliquid acquisierimus,

* Cautions.

† Maltote.

* *Precatio*, un espece d'impôts ou de taxe.

† Journée.

* *Item*, qu'un Prevôt.

» bonâ fide medietatem acquisitorum habebunt Mo-
» nachi memorati, prius ab ipsis medietate probatarum
» sumptuum per soluta. Ego etiam aut hæredes mei in
» jam dictis Villis, & in earum Justitia nihil novum fa-
» cere poterimus, neque statuere sine consensu & vo-
» luntate Abbatis & Conventûs prædictorum, neque
» destituere Constitutum. Gistum * etiam capere non
» poterimus in memoratis Villis; & insuper in prædic-
» tis nemoribus Monachorum, planis, pascuis, pratis
» quæ ipsorum sunt propria, Custodes sive Forestarii
» de communi assensu eorum vel meo & hæredum
» meorum statuentur; & quam cito statuentur facient
» juramentum fidelitatis ipsis Monachis, & mihi. Fore
» facta quæ inde invenerint prius ipsis facta fidelitate,
» inter nos per medium dividentur. In nemoribus verò
» de Osilimonte in quibus Monachi habent duas partes
» & ego duodecimam concesserunt mihi, & ego eis,
» quod totum, scilicet pars ipsorum, & pars mea, eat
» per medium. Et de communi assensu ipsorum, &
» meo ibidem Forestarii ponentur, per juramentum
» suum unicuique partem suam fideliter & integrè re-
» dituri; ita tamen quod de iisdem nemoribus capient
» Monachi quidquid ipsis necesse fuerit ad usum Mo-
» lismi, Polignæi, Grancei, Essoïæ, & Verpilleriarum,
» tam in grosso, quam in gracili, jacente, & stante,
» sicco & viridi à pede, usque ad Cimam. Si verò ne-
» mora de Essoïa posita fuerint in foresta cum vendita
» fuerint medietas prætii portionis nemorum ad Mo-
» nachos pertinentium mea erit, & alia medietas Ec-
» clesiæ Molismensis; hoc excepto quod Monachi om-
» ni modum usuarium † sibi retinent ad loca præfata,
» scilicet Granceium, Polignæum, Essoïum, Verpille-

* Droit de gîte.

† Droit d'usage.

» rias, & Molismum, & prædicto modo in eisdem ne» moribus Forestarii ponerentur. De dictis verò ne» moribus ego neque hæredes mei alicui conferre po» terimus sine consensu Abbatis & Conventûs prædic» torum, & ipsi similiter de eisdem nemoribus alieni » conferre non poterunt sine assensu meo. Hanc autem » societátem fecerunt Abbas & Conventus prædictis » salvis sibi usuariis suis, & salvis corveis suis quæ ha» bent tam in dictis Villis, quam in Foagiis earumdem. » Sciendum est ergo, quod neque pro pace aliqua, » neque pro casu aliquo ego vel hæredes mei societa» tem istam in alia manu ponere, neque dare aut com» mendare poterimus quam in manu nostra, sed qui» cumque Comes erit civitatis Trecensis dictam socie» tatem in manu sua propria retinebit. Qui etiam Co» mes & ejus successores Militem * unum in animas » suas jurare facient quod hæc omnia bonâ fide tene» bunt, & firmiter observabunt requisiti ab Abbate » Molismensi, nec in aliquibus reditibus, & proventi» bus dictarum Villarum aliquid percipient donec dic» tum juramentum præstiterent. Ut autem hæc omnia » rata & inconcussa permaneant, & in perpetuum in» violabiliter observentur, Litteris annotata sigilli mei » feci munimine roborari. Actum anno gratiæ millesi» mo duo centesimo trigesimo tertio, mense Martio.

* Chevalier.

» Nos autem prædicta omnia, & singula in super » scriptis contenta Litteris rata habentes, & grata ea » volumus, laudamus, approbamus, & nostra autoritate » regia tenorem præsentium confirmamus, salvo in aliis » jure nostro, & in omnibus quolibet alieno; quod ut » firmum & stabile permaneat in futurum, nostrum » præsentibus Litteris fecimus apponi sigillum anno Do» mini millesimo trecentesimo vicesimo nono. En

En Août 1748, consulté par M. l'Evêque de Mende, sur une question de mouvance sur le Duché de Mercœur.

J'ai vû la copie imprimée de l'Acte de pariage fait entre le Roi Philippe le Bel, & Guillaume Durand Evêque de Mende, dont plusieurs Auteurs font mention, comme le nouveau Ducange au mot *Extorrentia*, qui veut dire *Exilium*, sur le mot *Commissio*, & autres endroits, ainsi que Ragueau en son Indice, au mot *Pariage*.

Il est daté *Actum Parisiis mense Februarii, anno Domini* 1306.

Le Roi parle ainsi : *Nos associamus dictum Episcopum, & Successores suos Episcopos, & Ecclesiam Mimatensem* *, *pro Nobis & Successoribus nostris, in omni Jurisdictione alta & bassa, merò & mixto Imperio, & in omni Dominatione, & Potestate temporali, & Ressorto, & in Juribus Regalium, in omnibus aliis Juribus, Dominationibus, & Jurisdictionibus ad nos pertinentibus, vel pertinere valentibus quoquomodo in tota Terra, Comitatu & Episcopatu Gaballitano* †, *& tota Diœcesi Mimatensi, in quibuscumque locis & supra quascumque Personas nobiles, ignobiles, ecclesiasticas, vel seculares & ex quibuscumque causis vel occasionibus . . . . . .*

* Mende.

† Le Gévaudan.

Il l'associe pour toutes les commises qui pourroient survenir : *Ita ut sive causa & occasione cujuslibet feloniæ commisæ vel committendæ, vel recognitionis non factæ, vel homagii non præstiti, vel alia quacumque causa, jure vel consuetudine, dicta feuda committi contingat ad dictum Episcopum & Successores suos, & Ecclesiam Mimatensem, dimidia pars pertinat, & ad Nos & Successores nostros alia dimidia pars indivisa.*

S

L'Evêque associe ensuite le Roi : *Et vice versâ dictus Episcopus pro se, & suis Successoribus, ex causâ hujus compositionis, conventionis & transactionis generalis associat Nos & Successores nostros in omni Jurisdictione altâ & bassa, mero & mixto Imperio, & in omni Dominatione, & Potestate temporali, & in Juribus Regalium, & in omnibus Dominationibus, & Jurisdictionibus temporalibus ad eum pertinentibus, vel pertinere valentibus quoquomodo in tota Terra, Episcopatu, & Comitatu Gaballitano, & tota Diœcesi Mimatensi supra quascumque Personas, & ex quibuscumque locis, & ex quibuscumque causis vel occasionibus.*

On réserve de part & d'autre les Fiefs & Domaines dont on jouissoit par soi-même.

Il l'associe aussi dans toutes les commises & confiscations, en mêmes termes que ci-dessus.

Enfin, après bien des explications de plusieurs Droits, ils excluent toute prescription de l'un contre l'autre.

Nec unquam Nobis contra dictum Episcopum, vel Ecclesiam suam, aut Successores suos, vel sibi, aut suæ Ecclesiæ contra Nos, aut Successores nostros, per quemcumque usum etiam longum, vel longissimum, vel consuetudinem, aut præscriptionem jus aliquod acquiratur contra, vel præter superius prædicta.

Par ce même Acte, il y a érection de Cour commune. *In Terra & locis dictæ communionis erit unus Ballivius & unus Judex ordinarius qui communi nomine nostro & dicti Episcopi exercebunt Jurisdictionem communem; qui Ballivius & Judex ordinarius per Nos seu Senescallum nostrum Bellicadri* (on dit depuis *Belloquadri*, Beaucaire, dans le bas Languedoc, sur le Rhône) *& per Episco-*

pum; seu per alios deputandos à Nobis vel à dicto Senescallo, & à dicto Episcopo instituentur communi nomine, & consensu; qui si concordare non possent, uno anno instituentur per Nos, vel per Senescallum Bellicadri nostro, & Episcopi nomine, & alio anno per Episcopum, nostro nomine & suo. Illi vero Ballivius & Judex eligent Subvicarios, Geolarios, Servientes, & alios Officiarios, seu Ministros ad exercitium communis Jurisdictionis quos noverint opportunos.

Et nos, seu Senescallus pro Nobis, ponemus ibi quolibet anno unum Notarium, & Episcopus alium, qui erunt Notarii Curiæ communis....

Ce pariage a été confirmé par les Rois Philippe de Valois en 1334; Jean en 1350; Charles V. en 1367, 1369 & 1372; Charles VII. en 1437; Louis XI. en 1464; Charles VIII. en 1484; Charles IX. en 1574; Henri IV. en 1595, qui entr'autres releve l'Evêque de Mende de la prescription qui auroit pû courir pendant les troubles des régnes de ses prédécesseurs & le sien; par Louis XIV. en 1643; par le Roi Louis XV. regnant en 1720.

Arrêt de Toulouse de 1601, sur la Requête de M. le Procureur Général, qui en ordonnant l'execution d'Arrêts précédens de 1495, 1596, ordonne l'execution du pariage.

Nota. Il y a Arrêt du Conseil de 1641, rendu sur la Requête des Agens Généraux du Clergé de France, qui ordonne que tous les Contrats de paréage, ou pariage, passés entre les Rois & les Ecclesiastiques, seront executés & fidelement entretenus; ce faisant, le Roi releve lesdits Ecclesiastiques de la prescription de 150 ans.

XIX. *Redeundo ad rem.* On ne connoît point au Roi de Hautes-Justices *in sensu communi.* Dès qu'elles lui retournent *quoquomodo*, elles deviennent Justices Royales, Justices de premier degré, comme les Prevôtés & Châtellenies Royales, si l'on veut, mais toujours Justices Royales, impatientes de tout ce qui peut ressentir le vasselage.

Aussi Chopin qui intitule ce Chapitre 20 de la Haute-Justice Royale & Domaniale, ne la définit point; il traite seulement la question de sçavoir si un grand Domaine étant aliéné, la Haute-Justice est censée passer à l'Acquereur, *cum castro & universitate territorii.* Il rapporte des Arrêts qui ont jugé que l'Acquereur ne pouvoit ôter pendant leur vie les Officiers Royaux qui y étoient avant l'aliénation; mais la Justice s'y exerce toujours au nom du Roi, comme il l'établit lui-même, *ibid.* n. 14: l'Engagiste ne la fait point exercer en son nom. C'étoit l'ancienne loi.

Depuis 1695, on voit des aliénations de Justice pour la tenir *en foi du Roi*, avec pouvoir *d'y instituer des Officiers*, (chap. 5 *infra*, sect. 3, n. 7. J'y rapporte un Arrêt pour l'Artois, dans l'espece duquel étoit un engagement de la Terre & Seigneurie de Blandecque par le Roi Philippe IV. Roi d'Espagne, Comte d'Artois, lequel engagement portoit pouvoir à l'Engagiste de nommer *& instituer* des Officiers). Ce n'est pas à dire pour cela que le Roi ait aliéné ou engagé la Haute-Justice qu'il avoit dans ce Domaine; car quand ce Domaine étoit dans sa main, c'étoit une Justice Royale, non une Haute-Justice *in sensu communi.*

Dans ces aliénations, le Roi de son autorité & pleine puissance, en aliénant ces Domaines avec la Justice, *pour la tenir de lui en foi*, y attache une Justice en faveur de l'Acquereur : cette aliénation de la Justice est réellement, virtuellement une création de Haute-Justice en faveur de l'Engagiste. Il n'y a qu'à lire l'Edit de 1695, & la Déclaration de 1703 : le pouvoir *d'y instituer Officiers*, *les distractions de Justice qui y sont ordonnées*, *le ressort par appel au Juge Royal dont le chef-lieu étoit tenu*, tout cela indique une érection de Justice sur ce Domaine engagé. Cette Justice nouvelle reste Haute-Justice *in sensu communi*, tant que dure l'engagement, lequel finissant, cette Justice s'efface, la Justice Royale reprend sur ce Domaine l'empire immédiat qu'elle y exerçoit avant l'engagement, & dont les effets étoient *in suspenso* pendant l'engagement. *Vide* mon Traité des Engagemens du Domaine du Roi, où je parle de cette question.

Dans les cas d'engagement de ces Domaines à titre d'inféodation, avec Justice, & *pouvoir d'y instituer Officiers*, ce n'est jamais la Justice Royale qui passe à l'Engagiste, puisque les Officiers tiennent leurs provisions de l'Engagiste : c'est une nouvelle Justice concedée à l'Engagiste, pour être Seigneuriale tant que l'engagement durera. Cependant le ministere public souffre impatiemment ces engagemens, avec pouvoir de nommer & *instituer* les Officiers de Justice.

J'ai vû dans une Instance pendante en la Grand'-Chambre au Rapport de M. Severt, entre les Habitans de Coulemiers-le-sec en Duesmois en Bourgogne, Appellans, & Jean-Baptiste de Baudry, Grand Maître des Eaux & Forêts de Flandres, Artois & Picardie, Seigneur de Vilaisnes & dudit Coulemiers, Intimé, pour qui j'écrivois. Me Boudet pour les Habitans. Le sieur de Baudry avoit obtenu Sentence aux Requêtes de l'Hôtel le 29 Août 1741, qui faisoit défenses aux Habitans de troubler les Officiers de la Haute-Justice de Vilaisnes & de Coulemiers dans l'exercice de la Justice, & notamment dans la tenue des Assises ou grands Jours. Appel qui faisoit le principal de l'Instance. Les Habitans avoient obtenu Arrêts de défenses. Opposition par le sieur de Baudry, sur laquelle étoit intervênu Arrêt sur appointé à mettre au Rapport de M. Hevin le 4 Septembre 1742. M. le Procureur Général par ses conclusions faisoit des protestations de se pourvoir pour faire nommer des Officiers Royaux. Voici le dispositif de l'Arrêt que j'ai eu en main: Notredite Cour reçoit ledit de Baudry opposant à l'exécution de l'Arrêt du 29 Novembre dernier; faisant droit sur l'opposition, a levé les défenses y portées, icelles néanmoins tenantes, quant à la condamnation de dommages & interêts.

[Le tout sans approbation de la qualité de Juge ordinaire, & de Procureur d'Office dudit de Baudry, prise par Gelot & Hugot, & sans préjudice à notre Procureur Général à se pourvoir pour la nomination & réception d'Officiers Royaux pour l'administration de la Justice de Vilaisnes & Coulemiers-le-sec & dépendances, dépens réservés.]

Cet Arrêt a donné lieu aux Habitans de demander par Requête précise du 25 Juin 1746, la nullité des actes faits par les Juges nommés & institués par le sieur de Baudty, & qu'il fût tenu de présenter au Roi des Officiers capables, & d'obtenir provisions. Le sieur de Baudry les soutient non-recevables, étant fondé dans les Edits de 1695 & de 1702 bien enregistrés, & dans son adjudication ; qu'au surplus le ministere public seul pouvoit obtenir du Roi, que les Officiers seroient Royaux comme avant l'engagement ; que ce n'étoit pas l'affaire du sieur de Baudry seul, mais de tous les Engagistes de Justice depuis 1695, qui tous avoient le même pouvoir, & jouissoient sur la foi des Edits enregistrés ; que tant que son adjudication en vertu d'Edits subsistoit, il étoit en droit de nommer & instituer des Officiers.

Secùs, dans les engagemens des grands Domaines de la Couronne, par exemple, le Comté de Chaumont en Vexin, dans ces grands Domaines le chef-lieu y est engagé. Ces engagemens sont avant l'Edit de 1695 qui les réserve ; le Seigneur Engagiste n'y a que *la nomination* des Officiers, non *l'institution* qui demeure au Roi, la Justice Royale reste en plein, *ut vidi*.

Monsieur le Duc d'Anjou, qu'avant l'avénement du Roi Henri III. son frere à la Couronne on nommoit le Duc d'Alençon, avoit dans son apanage le Comté de Chaumont en Vexin, & les accroissemens de Magny. En 1577, il obtint la permission de vendre *à rachat perpétuel* jusqu'à concurrence de 300000 l. Il en donna pouvoir à M. l'Evêque de Mende son Chancelier, qui le cinq Avril 1578 vendit à Madame la Duchesse de Longueville le Comté de Chaumont, avec l'accroissement de Magny. La clause portoit : *Pour en jouir par Madame de Longueville, ainsi que M. le Duc d'Anjou en a joui, & jouit encore à present aux Droits du Roi, à cause de son apanage*, (avec le droit de nomination aux Bénéfices & Offices ordinaires concernant la Justice dudit Comté & accroissement de Magny, à la charge que ladite Dame *nommera* aux

Offices à mondit Seigneur, ou à Monsieur le Chancelier, qui sera tenu de pourvoir ceux qui lui seront nommés par ladite Dame ou ses ayans cause).

Le 26 Février 1580, le Roi donna des Lettres Patentes portant approbation dudit Contrat.

M. le Duc d'Anjou étant décedé sans enfans le 10 Juin 1584, son apanage retourna à la Couronne. Le Roi Henri III. donna ses Lettres Patentes pour se mettre en possession de tous les Domaines aliénés par M. le Duc d'Anjou son frere; mais le 12 Juin 1585 il accorda à Madame de Longueville d'autres Lettres Patentes, par lesquelles il permet que Madame de Longueville, & le sieur de Villeroy, son Cessionnaire de l'accroissement de Magny, jouissent de l'effet de leur Contrat. Et il est dit: *Et qu'ils puissent pourvoir (&, Nous nommer) aux Benefices & Offices, ainsi qu'ils ont cidevant fait ou pû faire suivant ledit Contrat, jusqu'au parfait & entier remboursement.*

Ces termes *pourvoir, & nous nommer*, étoient relatifs au Contrat, & ne donnoient pas à Madame de Longueville *la nomination (& institution) des Officiers*. Ils n'emportoient que la simple *nomination* aux Offices, pour *prendre les provisions* du Roi, auquel *l'institution* reste en ce cas. Aussi le Roi a toujours pourvû aux Offices Royaux dudit Comté, sur la nomination des Princes Engagistes.

Ce Domaine est, si ce n'est Magny & ses accroissemens, resté dans la Maison de Longueville jusqu'à la mort de Madame la Duchesse de Nemours, arrivée le 16 Juin 1707. Après sa mort, en consequence d'une donation entre-vifs par elle faite au Prince de Neufchatel, ce Comté a passé à M. le Duc de Luynes, qui en 1737 l'a vendu à M. le Prince de Conty, qui tout de suite en a vendu l'usufruit à M. le Comte de Charolois qui en jouit à présent. J'ai vû ces Actes.

Depuis, M. le Prince de Conty l'a acquis du Roi par échange en 1747.

Pardon, mes chers Confreres, si quelquefois je m'écarte de l'objet principal; mon cœur veut que je vous transmette tout ce que je sçai dans ces matieres, & il me répond que vous ne serez pas fâchés de ces petites digressions. Qu'il me soit permis de dire avec Seneque, Epist. 6 : *In hoc gaudeo aliquid discere ut doceam* (a), *nec me ulla res delectabit licet eximia sit, & salutaris, quàm mihi uni sciturus sim; si, cum hac exceptione, detur sapientia, ut illam inclusam teneam, nec enunciem, rejiciam; nullius boni sine socio jucunda possessio est.*

XX. Retournons à l'objet de ce Chapitre.

Les simples Seigneurs de Fief ne peuvent s'arroger le titre *de Seigneur de Paroisse*; & telle longue, quant à ce titre, qu'ait été leur possession, le Haut-Justicier de la Paroisse la leur fera rayer. La raison en est simple; le Haut-Justicier a ce titre *par droit*, il l'a *seul* par *droit*; c'est en lui que réside la vraie Seigneurie *non privatum dominium, sed potestatem publicam significat*; Loiseau, chap. 11 des Seign. n. 3 & 4; & il est incontestable que les Seigneurs de Fief n'ont pas la puissance publique: or il est en la faculté du Haut-Justicier d'user de ce titre quand bon lui semblera, & dès-là de le reprendre *toties quoties*. Cette qualification, dans le Haut-

(a) Ce terme ne veut pas dire grammaticalement, *pour enseigner*; mais dans le sens élégant il signifie, *pour en faire part*: le reste [illegible] dique assez.

Justicier de la Paroisse, *est actus meræ facultatis*, dès-là imprescriptible. Et comme il ne peut y avoir deux Seigneurs indéfiniment d'une même Paroisse, il faut nécessairement que celui qui l'a *par droit* l'emporte, quand il la reclame sur celui qui par lui-même n'a ni droit ni titre pour la prendre, parce qu'il ne la reclame que pour être distingué des autres Seigneurs dans la Paroisse : il est conséquent qu'en même tems qu'il reclame ce titre, on ne peut le lui refuser, la possession des autres s'efface : c'est ce qu'ont jugé les Arrêts *supra*.

Tenez donc pour principes immuables, je le repete, 1°. *Que le droit de se dire Seigneur indéfiniment d'une telle Paroisse, est un droit de Haute-Justice exclusif, impatient d'égal*, & que dès-là le Haut-Justicier *de* la Paroisse peut l'interdire à tous autres. 2°. Qu'un Seigneur de Fief, quand il auroit Basse-Justice contentieuse pour les droits de son Fief, comme Poitou, art. 17, de même Anjou, Maine & Touraine, n'a & ne peut avoir ce titre. 3°. Que quand dans une Paroisse il se trouve plusieurs Seigneurs de Fief ayant chacun Moyenne & Basse-Justice, un d'entr'eux qui a des égaux, mais non de Seigneur *Haut-Justicier* au-dessus de lui, peut empêcher qu'un autre *son égal* ne s'attribue ce titre, ni même le titre *de Seigneur en partie*. 4°. Qu'entre plusieurs *co-Haut-Justiciers du sol de l'Eglise*, l'aîné, ou celui qui a ses droits, ou qui par sa plus grande portion est présumé avoir la portion aînée, peut se dire *Seigneur indéfiniment*, & les autres, *Seigneurs en partie*. D'où vous conclurez sûrement qu'entre deux Seigneurs Hauts-Justiciers *dans* une Paroisse, celui-là est le *Seigneur de la*

Paroisse, & a tous les Droits Honorifiques, qui a la Justice *du sol* de l'Eglise : les autres pourroient peut-être tout au plus se dire *Seigneurs en partie*; mais les Arrêts de 1667, 1700 & 1735 *supra* leur ôtent ce droit, & jugent qu'on ne peut se dire Seigneur en partie, si on n'a point part à la Justice *du sol* de l'Eglise. Enfin, que quand entre deux Hauts-Justiciers *dans* une Paroisse, aucun ne peut prouver qu'il est Seigneur *du sol* de l'Eglise, aucun d'eux ne peut prendre la qualité de *Seigneur du Village, & sic de facto judicatum* par l'Arrêt de 1679 *infra*, chap. 5, sect. 4; il n'y a qu'à voir le fait tel que je l'ai rapporté, il est exact, & d'après le procès que j'ai eu en entier; aucun d'eux même ne peut se dire Seigneur en partie, *argumento Arrestorum* 1667, 1700. La qualité de Seigneur en partie n'appartient qu'à ceux qui sont *portionnaires* de la Haute-Justice *de* la Paroisse, *ut diximus supra*, parce que celle-là seule est la vraie Haute-Justice du lieu : les autres Justiciers *dans* la Paroisse ne sont réellement ni Seigneurs indéfiniment, ni en partie *de* la Paroisse; mais Seigneurs Hauts-Justiciers *dans* la Paroisse. Ceci est abstrait, mais vrai : je le rebattrai souvent en discutant chaque Droit Honorifique singulierement.

CHAPITRE IV.

Combien de sortes d'Honneurs ou de Droits Honorifiques dans l'Eglise.

I. *Que l'on confond dans les termes de Droits Honorifiques, toutes les déférences personnelles ou réelles.*

Explication importante de deux passages de Loiseau.

II. *Qu'il y a deux classes des Honneurs dans l'Eglise, les grands Honneurs, les Honneurs moindres.*

I. ON confond sous le nom de Droits Honorifiques toutes les déferences personnelles ou réelles, c'est-à-dire attachées, ou au Patronage, ou à la Seigneurie, ou à la Dignité.

Cependant tout ce qui n'est que *préséance n'est pas* proprement Droit Honorifique. *Les Honneurs de l'Eglise consistent en autres choses qu'en la préseance*, dit Loiseau, chap. 11. des Seign. n. 31.

* *Nota specialiter.* Prenez bien garde * à ce que dit Loiseau en ce nombre 31, que *les Honneurs de l'Eglise consistent en autres choses qu'en préseances.*

Ne confondez pas ce nombre 31 avec le 48 du même Chapitre, dont je me suis servi chap. 1, n. 6, & dont je me servirai encore *infra* sur le droit de Banc. Au nombre 48 il dit : *Les Honneurs de l'Eglise consistent en préseances, non en puissance.* Ne croyez pas que ce docte Auteur se soit contredit, sur tout à 17 nombres l'un de l'autre : il faut entendre ces deux nombres *pro subjecta materia.*

Au nombre 31, il parle des Honneurs *relativement à ceux & entre ceux qui peuvent les prétendre*; & il résout avec raison qu'entre ces prétendans, la préséance n'est pas proprement un Honneur de l'Eglise; que *par rapport à eux, les Honneurs de l'Eglise consistent en autres choses qu'en préséances.* Il y a bien un droit de primauté du Patron au Haut-Justicier ; mais par rapport *à chacun* d'eux, les Honneurs de l'Eglise sont autres que de simples préséances : ils ne précedent personne, parce que personne, excepté eux, ne peut les prétendre : ils sont comme isolés dans ces Droits, parce qu'on ne peut préceder, ou prétendre préceder que ceux qui pourroient être concurrens, & dans le vrai ils n'en ont point : entr'eux il y a préséance de droit, primauté : le Patron a la préséance, la primauté sur le Haut-Justicier ; mais ils ne précedent aucuns autres, parce que nul ne peut concourir avec eux dans les grands Honneurs, dans les Honneurs *proprie sumpti*; la préséance *proprie dicta* ne regardant souvent que la seule qualité personnelle, ou la dignité, ou l'âge de ceux qui prétendent le pas sur d'autres, ou la dignité du Fief.

Au nombre 48, il parle des Honneurs de l'Eglise *in se, vis-à-vis des Ministres de l'Eglise*, vis-à-vis de l'Eglise même qui les a décernés. Il résout la question de sçavoir si ce sont véritablement des Droits que l'Eglise ait été forcée de déferer ; si dans leur principe ce sont des Droits : & il décide en ce nombre 48, que *ce sont simples Honneurs, non par commandement ; qu'ils consistent en préseances, non en puissance.*

Préséance, en ce nombre, signifie *déférence*; c'est-à-dire, ce sont simplement des Honneurs que l'Eglise a déferés aux Patrons & aux Seigneurs du Lieu, en reconnoissance de leur grand bienfait & de leur protection. C'est ainsi que de Roye, *loco supra*, les définit, & c'est le vrai. Ainsi gardez-vous bien de confondre le terme de *préséance* que Loiseau a employé dans ces deux nombres 31 & 48 : entendez-le comme Loiseau l'a entendu, *pro subjectâ materiâ*, relativement à l'Eglise qui les a décernés. Les Honneurs sont des préséances que l'usage a consacrées ; ce sont des Droits relativement à ceux qui peuvent y prétendre. J'ai entendu dans des Plaidoyés confondre ces deux nombres, je l'ai lû dans quelques Auteurs, & poser avec sécurité pour principe, que, suivant Loiseau, les Droits Honorifiques n'étoient que de simples préséances. Si on avoit voulu approfondir, on n'auroit pas hazardé une pareille erreur.

II. On distingue deux classes dans ce qu'on dit généralement *Droits Honorifiques*. De Roye, *de Jurib. Honor.* lib. 1, cap. 1, appelle les uns *majores Honores*, les autres *minores Honores*.

Majores sunt, dit-il, *præsentatio idonei Clerici*, *alimenta ex bonis Ecclesiæ*, *Listræ*, *Processionalis Receptio*, *Thus*, *Preces*, *Sepultura*, *&* *sedes in Choro*.

Minores sunt, *Panis benedictus*, *osculum Pacis*, *Aqua benedicta*, *sedes in honoratiore loco navis* * *Ecclesiæ*.

* La Nef.

Danty, en ses Observations sur Maréchal, chap. 1, admet la distinction de Roye: il dit qu'il faut y ajouter la Litre. Cet Auteur n'a pas pris garde que de Roye la comprend aussi au nombre des grands Honneurs.

Cette distinction est fondée dans un principe naturel,

Tout le monde sent que le pas à l'Offrande, le baiser de la Paix, l'Eau benite, le Pain benit, le pas à la Procession, le Banc & la Sépulture dans la Nef, sont communs à tous les Fidéles; que tout cela ne consiste qu'en simple préséance; que la qualité ou dignité du Fief, ou de la personne, souvent l'âge de la personne, donne plutôt à l'un qu'à l'autre, & que ces Honneurs ne peuvent se déferer qu'à ceux qui sont présens *.

* *Quod nota*, par rapport à la plupart des honneurs; *dicemus infra.*

Au lieu que le Droit de Litre ou de Ceinture funebre, les Prieres nominales, l'Encens, le Droit de Banc & de Sépulture *dans le Chœur*, sont des Droits qui ont leur origine dans la reconnoissance du bienfait du Patron, & de la puissance publique du Haut-Justicier. Ces Droits ne requierent point la présence du Patron ni du Haut-Justicier : absens comme présens, ils ont leur Litre, leur Banc, leur Sépulture marqués, ils doivent être recommandés aux Prieres du Prône, cela est incontestable. L'honneur de l'Encens exige seul entre les grands Droits la présence de celui auquel il est dû.

Toutes les fois qu'on s'attachera à distinguer les Honneurs de l'Eglise, leur cause native & productive, on décidera sûrement.

Disons donc qu'il y a des Honneurs de deux sortes; les grands, & les *moindres:* je ne dis pas les *petits*; il n'y a point de petits Honneurs dans l'Eglise.

Entrons dans la discussion de ces differens Honneurs. A l'égard des Droits de présentation à la Cure, de se faire recevoir processionellement, d'être nourri, dans le besoin, des Biens de l'Eglise; outre que ces deux derniers sont rares, & sont peu en usage, le premier dépend du Droit de Patronage. Ceux qui ont travaillé cette matiere, ont écrit si parfaitement, & sont en si grand nombre, que je ne ferois que copier ou compiler; cela n'est pas de mon goût. Je supposerai, *ut jam dixi*, le Patronage bien établi : je passe tout d'un coup aux Honneurs que le Patron & le Haut-Justicier *de* la Paroisse ont droit de prétendre, qu'ils ont *seuls par droit*, relativement à ceux qui par possession voudroient y aspirer. Remarquez que je distingue, comme je le dirai sur le Droit de Banc, le Haut-Justicier *de*, & le Haut-Justicier *dans* la Paroisse : cela est bien different; les consequences de ces deux Hautes-Justices sont diametralement opposées. Celui qui est le Haut-Justicier *de* la Paroisse, c'est-à-dire *du sol de l'Eglise*, comme c'est la premiere & la plus noble, elle donne la qualité de Seigneur indéfiniment, celui-là est le vrai Seigneur de la Paroisse; nous l'avons démontré. Celui qui n'est Haut-Justicier que *dans* la Paroisse, *qui in suo Senioratu non habet positam Ecclesiam*, n'a point la qualité de Seigneur même en partie de la Paroisse : pour en être Seigneur en partie, il faut avoir part à la Haute-Justice *de* la Paroisse, nous l'avons encore démontré *supra*. Ayez toujours cette distinction présente, vous ne vous égarerez point.

CHAPITRE

CHAPITRE V.

Des grands Droits Honorifiques, appellés Majores Honores.

SECTION PREMIERE.

De la Litre ou Ceinture funebre.

I. *Définition de la Litre.*

Réfutation de la quatorzième Observation de Danty sur Maréchal.

Qu'il peut y avoir plusieurs Litres.

Sentiment de Roye sur le Haut-Justicier, non adopté par les Arrêts.

II. *Opinion de Maréchal réfutée.*

Sentimens des autres Auteurs.

Que ce droit va être discuté par questions.

I. LA Litre ou Ceinture funebre est une bande peinte en noir sur la muraille de l'Eglise, sur laquelle sont aussi peintes les Armes du Patron ou du Haut-Justicier. Quand je dis *ou*, ce n'est pas pour exclure le Haut-Justicier quand il y a un Patron ; je prouverai le contraire : c'est pour marquer qu'une Litre, quand elle se trouve *seule* dans l'Eglise, est la bande noire où sont les Armes, soit du Patron, soit du Haut-Justicier. Je n'en suppose ici qu'une ; je montrerai qu'il peut y en avoir deux ; je parle en général, je la définis.

Listra est vitta lugubris, zona, ligatura funebris in qua per totam Ecclesiam circumacta hinc inde pinguntur insignia. De Roye, de Jurib. Honorif. lib. 1, cap. 8.

Danty, à la fin de la quatorziéme Observation sur Maréchal, dit que cette définition n'est pas bonne ; qu'il peut y avoir Litre sans être Ceinture funebre, comme dans le cas du Patron Ecclésiastique qui fait mettre ses Armes (ou plutôt celles de son Eglise) au-dessus de celles du Haut-Justicier. Cette réflexion n'est pas bonne. De Roye définit la Litre en général ; & il a raison : un Patron meurt comme le Haut-Justicier. Si le Patron Ecclésiastique ne meurt pas, parce que, comme dit Dumoulin, ce n'est pas le Titulaire, c'est l'Eglise qui est Patrone. Si conséquemment le Patron Ecclesiastique ne met pas la Litre en bande noire, les Armes de son Eglise qu'il fait peindre sur une même ligne sans bande autour de l'Eglise, font la même chose : c'est une exception occasionnelle qui ne dérange point la définition générale, *exceptio firmat regulam.* Il est toujours vrai de dire que la Litre *in se* est une Ceinture funebre armoriée.

Je ne parle point de ces Ceintures funebres qui se mettent en bandes de velours noir, sur lesquelles les Armes du défunt peintes sur carton sont attachées : tout le monde sçait que cette décoration funebre ne dure qu'un an. Ce n'est pas-là la Litre qui fait partie des Honneurs de l'Eglise.

Au même endroit de Roye nous donne l'origine de

ces Litres, qui en effet sont une imitation de l'ambition des Payens, qui faisoient mettre leurs effigies dans les Temples. *Ab ethenicis appendebantur in ipsis etiam Templis, ita apud nos Listræ in Ecclesiis successisse videntur in locum Inscriptionum, Imaginum, & Titulorum.*

Il dit que l'on ne tolere ordinairement que deux Litres, *ne difformetur Ecclesia, alia Patronalis, alia Senioralis*, quelquefois trois.

Au livre 2, chapitre 4, il prévoit le cas où il y auroit plusieurs Seigneurs, & où l'on pourroit multiplier les Litres. Voici sa décision.

Si plures sint (ejusdem (a) Senioratus) Domini, absurdum videtur quemlibet ex iis seorsim & separatim suam habere Listram. 1°. Enim sic deformaretur aspectus Ecclesiæ. 2°. Cum plures fundum communem habent eique aliquam acquisiere servitutem, per unum eumdemque locum fundi servientis ea servitute uti debent. Leg. itinere 28, ff. de serv. rust. præd. Ita & plures illi Senioratus Domini unam duntaxat Senioralem Listram habere possunt, in qua quilibet Arma aut insignia sua depingat: si quidem dissentiant, in eorum ordine, vel sponte consentire debent, vel imminente judice; & ita forte illud conficiendum est ut ordo insignium servetur pro portionibus Dominicis, etiam si plures illi Seniores sint disparis conditionis; puta qui ex majori parte Dominus erit, Senioratus ejus Arma in nobiliori loco Listræ apponan-

(a) *Quod nota*, ce ne sont pas plusieurs Hauts-Justiciers *dans* une Paroisse, mais plusieurs *Cohauts-Justiciers de* la Paroisse.

J'avertis encore que plusieurs ont prétendu que le mot *Senior* employé par de Roye, & dire que cela ne signifioit que le Seigneur de Fief, suivant ces paroles ci-dessus rapportées, *dederunt nomina sua terris;* mais de Roye marque bien qu'il parloit de la Justice, & notamment en cet endroit de la Litre, *alia Patronalis, alia Senioralis*. On ne dira pas qu'il parle du Seigneur de Fief, qui assurément n'a pas Droit de Litre dans l'Eglise. Il n'y a qu'à lire son Chapitre 9, cité *supra*, chap. 3, n. 2.

tur, quia honor ille pendet ex ipso Senioratu eumque afficit, non etiam dignitatem aut personam. Sed si Domini sint ex æquis partibus, videndum est an sint disparis, an vero paris conditionis. Primo casu, ex eorum persona & dignitate definiendus est ille ordo insignium, ita ut ratio habeatur etiam primogeniti, cum ille sit subsidium generis, & memoria nominis. Secundo casu, Honor antiquiori, seu magis ætate provecto.

C'est dans ce même chapitre 4 qu'il dit que le Haut-Justicier n'a droit de Litre *qu'en dehors. Existimaverim Seniores illos jure sibi non vindicare jus Listræ intra Ecclesiam, sed tantum extra Ecclesiam.*

Ce sentiment n'a pas été suivi; tous les Arrêts, même les Auteurs, sont contraires: on voit toujours de ce que dessus, que de Roye n'admettoit pas une troisiéme Litre.

II. Par rapport aux Patrons, le même Auteur rapporte les dispositions des Coutumes de Tours & de Lodunois, qui leur donnent la Litre en dehors & en dedans: & il ajoute, *quippe ei soli, competat intra & extra Ecclesiam.* Ce sentiment n'est pas plus suivi.

Maréchal, chap. 5, dit que les Honneurs de l'Eglise appartiennent au Patron, *privativement* à tout autre; qu'il a droit de Litre tant en dedans qu'en dehors, *à l'exclusion* du Baron, Châtelain, & autres Seigneurs: il en rapporte trois Arrêts; nous les examinerons.

Ensuite il dit, après le Patron, le droit d'apposer & faire peindre Litre, *est prétendu* par le Haut-Justicier; & en plusieurs endroits, ajoute-t-il, les Moyens & Bas-Justiciers, & les simples Seigneurs de Fief, en usent. On voit que Maréchal affoiblissoit tant qu'il pouvoit le droit du Haut-Justicier, en le faisant marcher de pair avec les Moyens & Bas, & les Seigneurs de Fief.

Il dit que si plusieurs sont Patrons, l'aîné aura sa Litre à droite, le puîné à gauche, ou bien l'aîné l'aura plus haute que les autres. Il cite un Arrêt de Toulouse. De même pour la Justice, quand elle est divisée. En concurrence de Seigneurs, dont l'un a les préséances du pain benit sur l'autre, il ne peut empêcher que l'autre ne fasse mettre sa Litre. Arrêt de Dijon. Que si le Moyen & Bas-Justicier sont en possession de Litres, le Patron ou Haut-Justicier mettra la sienne au-dessus. Arrêt de Toulouse. Il ajoute que l'Usufruitier ni l'Engagiste n'ont pas ce droit.

Il remarque qu'on ne voit guéres plus de deux Litres dans une Eglise; que néanmoins par l'Arrêt de Hauches, on a prescrit l'ordre de trois Litres : enfin il remarque que le Patron Ecclésiastique n'a pas droit de Litres à ses Armes.

Ferriere n'a fait que copier Maréchal.

Simon, chapitre 25, dit qu'il faut faire difference du Patron Ecclésiastique, & du Patron laïc; que le premier n'a droit de Litre qu'en dedans; le second l'a en dedans & en dehors. Il décide pour les Coseigneurs à peu près comme Maréchal; mais il dit que si l'un d'eux fait hommage à l'autre, il n'aura sa Litre qu'au dessous de celui à qui il fait hommage. Arrêt de Toulouse du 10 Mars 1634, d'après M. Dolive, liv. 2, ch. 11 de ses Questions.

Ce même Auteur, chapitre 16, a voulu imputer à Loiseau d'avoir dit que le Haut-Justicier n'avoit droit ni de Litre, ni d'Encens, ni de Prieres nominales; & pour réfuter ce sentiment, qu'il dit être de Loiseau, chap. 11 des Seigneuries, n. 17 & 18, il dit que les Coutumes de Tours l'accordent au Châtelain en dehors & en dedans, & que notre usage est de donner la Litre au Haut-Justicier, au-dessous de celle du Patron, en dedans.

Mais Loiseau ne parle pas ainsi : c'est au nombre 46. où il dit *que la Litre appartient en dedans au simple Haut-Justicier, & en dedans & en dehors aux Châtelains, afin d'accorder les Coutumes qui ne les accordent qu'aux Châtelains.*

On voit que Loiseau n'a point parlé comme Simon le lui fait dire, & qu'il ne refuse pas la Litre au simple Haut-Justicier ; mais qu'il veut seulement accorder les Coutumes. Les Arrêts l'accordent au Haut-Justicier en dehors & en dedans.

Danty dans ses Observations sur Maréchal, Observation 14, est entierement pour Maréchal au sujet du Patron, contre l'avis de Simon.

Bacquet, des Droits de Justice, ch. 20, n. 19, & 21, tient que les Patrons & les Hauts-Justiciers ont droit de Litres en dedans & en dehors ; ce que, dit-il, les Moyens & Bas-Justiciers ne peuvent faire, ni pareillement les héritiers du Seigneur féodal ou censier.

Ce qui est de certain, c'est que les Hauts-Justiciers du lieu où l'Eglise est bâtie, c'est-à-dire *du sol* de l'Eglise, ont le *droit* de Litre. Maréchal nous en fournit lui-même les preuves, entr'autres l'Arrêt de 1630, que je rapporte d'après lui, ci-après section du Banc, qui jugea que celui qui n'étoit pas Haut-Justicier du sol de l'Eglise, ne pouvoit en faire mettre une. Ce fut ce moyen qui, *teste* Maréchal, ôta la Litre à ce Haut-Justicier : d'où il faut conclure que s'il eût été Haut-Justicier *du sol* de l'Eglise, les Sentences qui lui donnoient ce droit n'auroient pas été infirmées.

Tels sont les sentimens des Auteurs sur cet Honneur de l'Eglise. Discutons-les ; & afin que le Lecteur trouve une plus grande facilité, je vais agiter cette matiere par questions.

PREMIERE QUESTION.

Le Patron a-t-il Droit de Litre en dedans & en dehors de l'Eglise? L'a-t-il privativement *au Haut-Justicier?*

I. *Que la Litre peut être conduite au dehors de l'Eglise tout autour ; que les Bâtimens adossés ne peuvent en interrompre la ligne.*

Arrêt sur cette Question.

II. *Coutumes & Auteurs.*

III. *Principes de la matiere.*

IV. V. *Explication de l'Arrêt d'Athis, rapporté par Maréchal.*

Arrêt qui paroît juger le contraire.

Explication de cet Arrêt.

VII. *Dissertation sur les engagemens des Justices.*

Distinction des engagemens.

Arrêts sur cette matiere.

Preuves qu'ils ne vont point contre les principes de la matiere.

VIII. *Discussion du Droit des Engagistes à titre d'inféodation.*

Arrêt récent sur cette Question.

Observations à l'occasion de l'Edit de Mai 1715.

I. Tenez d'abord pour principe que la Litre ou Ceinture funebre peut être conduite en dedans & en dehors, *au pourtour de l'Eglise*, *per totam Ecclesiam circumacta*, dit de Roye *supra*; & ce, quand même au dehors il se trouveroit des bâtimens adossés qui interromproient le cours du mur de l'Eglise, ou que ces murs serviroient à quelqu'autre usage; cela n'empêche pas d'y continuer la Litre pour la conduire *tout autour de l'Eglise*.

Ce point vient d'être jugé par Arrêt de la Grand'-Chambre du 13 Mars 1743, sur les conclusions de M. Joly de Fleury, Avocat Général, en faveur de la Dame de Miremont, Dame de Montaigu, Appellante d'une Sentence de Reims du 8 Août 1741; & les Religieux de S. Remy de Reims, Intimés.

Voici le fait tiré du Mémoire de M. Aubry, Avocat de la Dame de Miremont.

Le Sieur de Miremont, Seigneur de Montaigu, étoit *Haut-Justicier* de Saint-Erme, Autré & Ramicourt: il mourut en 1740. La Dame sa veuve voulut rendre à sa mémoire les Honneurs qui lui étoient dûs. Elle fit dire aux Sonneurs de l'Eglise de Saint-Erme qu'elle vouloit qu'ils sonnassent pendant quarante jours, suivant l'usage. Les Habitans s'y opposerent. 9 Juin 1740, elle les fit assigner à Laon, pour voir dire qu'ils seroient tenus

tenus de sonner pendant quarante jours (*a*), & qu'il lui seroit permis de faire peindre, *tant en dedans qu'au dehors de l'Eglise*, une Litre aux Armes du défunt sieur de Montaigu.

Les Habitans répondirent qu'ils ne connoissoient pour Seigneurs Fonciers *&* *Justiciers* que les Religieux de Saint-Remy de Reims.

Le 25, elle donna sa Requête pour assigner lesdits Religieux, & prit contr'eux les mêmes conclusions: les Religieux firent évoquer la contestation à Reims, & demanderent communication des Titres.

La Dame de Miremont communiqua une Sentence de 1553, qui omologuoit deux transactions: la premiere, du 30 Octobre 1530, entre le Maréchal de la Mothe, comme Seigneur de Montaigu, & les Habitans de Saint-Erme, pour la Haute-Justice de Saint-Erme: la seconde, du 20 Octobre 1533, entre le même, & les Religieux de Saint Pierre de Lobe, Ordre de Citeaux, alors Titulaires du Prieuré de Saint-Erme, par laquelle les Religieux convenoient que la Haute-Justice de Saint-Erme demeurât pour toujours aux Seigneurs de Montaigu, & aux Religieux, chacun pour moitié.

Depuis ce tems, la jouissance de la Haute-Justice de Saint-Erme, par ses Auteurs, étoit prouvée entr'autres par des actes de 1688 & 1692.

Les Religieux ne dirent plus autre chose, *sinon qu'une partie du mur de l'Eglise servoit en dehors de mur de clôture*

(*a*) Ce Droit appartient à plusieurs Seigneurs: je l'ai vû dans quelques Arrêts. Dans les pays de Droit écrit, il y a des Seigneurs qui ont le Droit Honorifique; lorsqu'ils traversent les Paroisses dont ils sont Seigneurs, on doit sonner les cloches. J'ai été consulté sur ce point en Juin 1743, pour des Paroisses du Parlement de Toulouse.

du jardin & cour du Prieuré ; que la Litre ne pouvoit y être peinte.

8 Août 1741, Sentence à Reims. On donne acte aux Habitans de leur déclaration que sur le son des cloches ils s'en rapportent à Justice, à condition que s'ils sont condamnés, ils seront payés ; en conséquence on les condamne à souffrir qu'il soit sonné pendant quarante jours au soir, en payant, & aux dépens à leur égard. Sur la demande afin de faire peindre la Litre en dedans & en dehors, il est dit, *qu'il est permis à la Dame de Miremont de faire peindre la Litre en dedans suivant l'usage, (& en dehors jusqu'aux clôtures des maison & jardin du Prieuré seulement ;*) on condamne les Religieux en la moitié des dépens, l'autre moitié compensée.

Appel par la Dame de Miremont au chef de la Litre au dehors, celle en dedans n'étoit pas contestée, & de la moitié des dépens.

Sur le tout, conformément aux conclusions de M. l'Avocat Général, Arrêt qui infirme la Sentence ; ordonne que la Litre sera peinte *tout autour* de l'Eglise en dehors ; condamne les Religieux en tous les dépens.

II. Venons à la question principale.

Si nous consultons les textes des Coutumes, celles de Tours & de Lodunois seulement donnent au Patron la Litre dedans *& dehors.*

Par rapport aux Auteurs, Lapeirere, lettre L, n. 94, Basnage art. 142 de Normandie, de Roye, Bacquet, Maréchal & Danty, la donnent au Patron *en dedans & en dehors.*

Simon, titre 25, ne la donne *en dehors*, qu'au Patron *Laïc.*

L'article 18 des Arrêtés chez M. le Premier Président de Lamoignon, titre des Droits Honorifiques, dit: *Le Seigneur Haut-Justicier peut avoir* Litre & Ceinture funebre *au dehors*, (*& non le Patron, nonobstant toute possession contraire*).

L'article 15 avoit reglé qu'*au dedans* de l'Eglise la Litre du Patron *seroit au-dessus* de celle du Haut-Justicier.

Despeisses, des Droits Seigneuriaux, art. 2, sect. 7, dit que le Patron n'a droit *de Litre qu'au dedans.*

La note sur Lapeirere *loco supra*, suit le sentiment de Despeisses.

Le sentiment pour la Litre du Patron au dehors qui paroît avoir plus de partisans est celui de Maréchal, qui va jusqu'à dire que le Patron l'a *privativement* à tout autre, même au Haut-Justicier; & pour soutenir cet avis, il rapporte trois Arrêts; le premier du 28 Février 1550; le second du 27 Mars 1533; le troisiéme du 27 Mars 1601, qu'il donne tome 2, n. 42.

Pour faire voir que l'avis de Maréchal n'est pas bon pour maxime, quant au droit *privatif* qu'il attribue toujours au Patron, observez:

1°. Qu'on ne voit point les especes des deux premiers Arrêts. 2°. Que *tous trois* sont Arrêts *du Parlement de Rouen*, qui n'accorde les Droits Honorifiques qu'aux Seigneurs *Patrons*, & jamais aux *Hauts-Justiciers*, qui n'ont pour titre que leur Haute-Justice: je l'ai observé *supra*; ainsi *nil mirum* si ces Arrêts étendent la Litre Patronale *au dehors*, dès que le Patron *seul* y a tous les Droits, on juge qu'il doit l'avoir *au dedans & au dehors*. Cela peut-il faire une maxime générale?

Et dans le principe, qu'est-ce qu'un *Patron au dehors*, s'il n'est en même tems Haut-Justicier ? C'est un simple Habitant.

Le troisiéme Arrêt est encore de Rouen, *ut dixi*; mais ce qu'il y a de plus, c'est que le sieur *Darcas*, representant les anciens Patrons, n'avoit pour contradicteur que le sieur de la Pipardiere, que l'Arrêt juge n'avoir droit de banc que *hors le Chœur*. Etoit-il Haut-Justicier, ou simple Seigneur de Fief? On n'en voit rien. Il est vrai qu'en ce Parlement sa qualité de Haut-Justicier sans le Patronage lui auroit été infructueuse; mais au moins en donnant cet Arrêt pour fonder une maxime, il falloit donner à connoître la qualité du Contendant.

Cette observation doit suffire pour écarter l'avis de Maréchal & de ceux qui l'ont suivi, en tant qu'on le regardera comme principe, & encore mieux sur ce qu'il avance que le Patron a *seul* le droit de Litre au dedans & au dehors.

Maréchal s'est trouvé embarrassé par l'Arrêt d'Athis. Il a prétendu que M. Viole, Conseiller au Parlement, quoique *Haut-Justicier*, n'a obtenu le droit de Litre, *que parce qu'il étoit constaté par titres que ses Auteurs avoient une portion du Patronage de l'Eglise d'Athis*. Il a eu ces titres, dont il donne copie tome 2. ensuite de l'Arrêt, du Chartrier de S. Victor, comme il l'avoue dans l'intitulé tome 2. Simon, Danty & Ferriere ont donné en plein dans cet avis: nous allons le réfuter pleinement.

III. Commençons par le principe.

Les Honneurs de l'Eglise sont fondés sur deux causes, le bienfait du Patron, la puissance publique; nous l'avons ci-dessus démontré chap. 1.

Le Patron *hors* l'Eglise n'est qu'*Habitant*, il n'a aucun droit sur les dehors. Le Haut-Justicier au contraire est le Seigneur du terrein où est l'Eglise, du *sol* de l'Eglise & du dehors. Sa puissance publique est pour maintenir le bon ordre, & pour proteger l'Eglise dans ses possessions.

Or y a-t-il à balancer entre celui qui *n'est rien*, & qui n'a rien à prétendre *au dehors*, tel que le Patron d'une Eglise; & celui qui est tout, & le *seul* Seigneur du terrein *au dehors*, & qui en dedans est toujours le *Seigneur du sol* de l'Eglise? La Litre Patronale *au dedans*, par sa prééminence au dessus de celle du Haut-Justicier, montre assez qu'il est le bienfaiteur, & qu'il est *le premier* auquel *dans l'Eglise* on doive déferer les Honneurs. La Litre Seigneuriale *au dehors* doit montrer celui qui *seul* est Seigneur *de* l'Eglise, & du fonds où l'Eglise est bâtie.

Les Coutumes de Tours & de Lodunois qui accordent Litre au Vassal Patron, *au dedans & au dehors*, outre qu'elles sont *locales*, seules de cette espece, ne les lui accordent *qu'au dedans*, lorsque le Châtel ou Manoir du Châtelain est dans la Paroisse. Et Pallu sur l'article 60 de Tours, est d'avis, *quand le Patron n'est pas vassal du Châtelain, qu'il faut suivre l'Arrêt d'Athis, qui juge que le Patron ne doit avoir sa Litre qu'au pourtour de l'Eglise (au dedans seulement, & non au dehors)*. C'est aussi l'avis de Tronçon sur Paris, art. 69.

Simon, chap. 25, ne donne la Litre *au dehors* qu'au Patron *Laïc*. Où est le fondement de cette distinction? L'Arrêt d'Athis n'en dit pas un mot. Le Patron Ecclésiastique est autant Patron que le Patron Laïc; la seule différence est, que comme le Titulaire n'est pas le Patron, mais son Eglise ou Communauté, il ne peut faire peindre que les Armes *de son Eglise*, non les siennes. Il les peut mettre en Ceinture, non funebre, *id est* noire, mais sur une même ligne comme le Laïc. De Roye, *de Jur. hon. lib.* 2, *cap.* 3. Mais ils ont les mêmes Honneurs que les Patrons Laïcs. *Omnes autem*, (dit cet Auteur *ibid.* en parlant de la Litre & autres Honneurs) *illi Honores debentur & Laicis & Ecclesiasticis, quia omnes eodem fere jure censentur quantum ad ipsum jus Patronatus, quod unum est fundamentum, una ratio eorum Honorum.* Voilà le vrai principe pour les Patrons.

Danty en son Observation 14, (en réfutant Simon sur ce qu'il avoit dit que le Patron Ecclesiastique ne pouvoit prescrire la Litre au dehors, parce qu'il n'a pas les Honneurs exterieurs) dit, *que si l'Arrêt d'Athis juge que le Patron Ecclesiastique n'a droit de Litre* (*qu'au dedans*) *ce n'est pas une consequence qu'il ne puisse les avoir* (*au dehors*) *nonobstant toute possession contraire.* (*M. Maréchal*, s'écrie-t-il, *se seroit-il trompé si grossierement dans une chose si certaine dans l'usage, en affirmant le contraire?*) On voit que Danty *jurabat in verba Magistri.*

IV. Je ne puis trop m'étonner comment des Auteurs tels que Maréchal, Danty, & autres d'après lui, ayent pû se méprendre sur le jugé de l'Arrêt d'Athis. Maréchal le rapporte tout au long, tome 2, n. 58.

On va voir trois choses: la premiere, que le motif de l'Arrêt qui adjugea à M. Viole la Litre *au dedans & au dehors*, ne fut pas *la portion du Patronage prétendu aumôné par ses Auteurs*, comme Maréchal l'assure, & les autres sur la foi de Maréchal : la seconde, qui est une consequence de la premiere, que la Cour n'a point voulu en cela distinguer le Patron Ecclesiastique, du Laïc : enfin, que *la seule qualité de Haut-Justicier* fit adjuger la Litre *au dedans & au dehors* à M. Viole.

Voici le dispositif de l'Arrêt. Je ne rapporte que les points qui touchent notre question : le surplus regle des contestations entre le Fondeur d'une cloche, les Marguilliers pour les bancs de la Nef, les Religieux de S. Victor, & M. Viole.

» Notredite Cour par son Jugement & Arrêt a mis » & met les appellations respectivement interjettées, » & Sentence de laquelle a été appellé au néant ; émen- » dant..... a maintenu & gardé lesdits Religieux, » Prieur & Couvent (de S. Victor) au Droit des *pre-* » *miers* (*a*) *Honneurs* & prééminences dans l'Eglise Pa- » roissiale d'Athis (*comme Fondateurs & Patrons d'icelle* ;) » & ledit Viole (*comme Seigneur & Haut-Justicier d'A-* » *this, Eglise & Presbytere dudit Lieu*) ès Droits Ho- » norifiques & prééminences de ladite Eglise ; d'aller » le premier, après lesdits Religieux & Prieur, à la Pro- » cession & Offrande ; de recevoir le premier, après eux, » l'Eau benite, la Paix, le Pain benit ; d'avoir *Litre &* » *Ceinture funebre de deuil* armoyées de ses armes autour » de ladite Eglise (*tant dedans que dehors*) au dessous » néanmoins (*pour le regard du dedans*) de ladite Eglise, » de celles que lesdits Religieux, Prieur & Couvent (*ont* » *droit de mettre au dedans seulement* * *de ladite Eglise,* » *comme Patrons & Fondateurs d'icelle* ;) d'être recom- » mandé, lui, sa femme & ses enfans, aux Prieres publi- » ques qui se feront au Prône par le Prieur-Curé, ses

* *Hic.*

(*a*) *Nota specialiter.* La Cour dit, au Droit des *premiers* Honneurs. Cela juge nettement que le Patron a le droit *primitif*, mais non *privatif*, comme l'a voulu Maréchal.

» Vicaires, ou celui qui fera le Prône; (*& en tous au-*
» *tres Droits d'honneur appartenans* (a) *à Seigneur Châ-*
» *telain, & Haut-Justicier*) . . . . . *Prononcé le 23 Août*
» 1615.

V. Ce prononcé laisse-t-il aucune équivoque? Sur le Droit de Litre Patronale ou Seigneuriale, Danty devoit-il si fort se rapporter à Maréchal, qui sur cet Arrêt dit que le Patron a droit de Litre *au dehors?*

Cet Arrêt distingue-t-il le Patron Ecclésiastique, & le Patron Laïc? Il dit, *au dessous de celles que lesdits Religieux ont droit d'avoir* (*au dedans seulement, comme Patrons & Fondateurs,*) A-t-il ajouté comme Patrons *Ecclésiastiques?* Si la Cour eût admis cette distinction chimérique, elle auroit marqué qu'elle ne donnoit la Litre *en dedans*, qu'à cause que le Patronage étoit Ecclésiastique, pour ne pas préjudicier aux Patrons Laïcs, par ces termes généraux, *qu'ils ont droit de mettre au-dedans seulement* (*comme Patrons & Fondateurs*). L'Arrêt juge la question de droit; ces termes sont clairs.

Le même Arrêt fonde-t-il le Droit de Litre accordé à M. Viole, *en dedans & en dehors*, sur le motif que ses Auteurs avoient aumôné à S. Victor portion du Patronage, *comme M. Viole y avoit conclu lui-même?* Car je ne cele rien. Non certes. Il dit, & ledit Viole *comme Seigneur Haut-Justicier d'Athis, Eglise & Presbytere dudit Lieu.* Y a-t-il en cela quelque motif du Patronage prétendu aumôné? En effet, si le Patronage aumôné y avoit entré pour quelque chose, il n'auroit pas été *reputé aumôné à son préjudice.* L'aumône du Patronage à l'Eglise n'efface pas le droit du Patron. Basnage, *loco*

(a) Preuve que les Honneurs de l'Eglise *appartiennent* au Haut-Justicier, qu'il les a *par droit*, & non par simple usage, comme le veut Maréchal.

citato,

citato, le démontre, & Maréchal le dit précisément ch. 1. L'Arrêt le maintient en tous autres Droits d'honneur (*appartenans au Châtelain & Haut-Justicier*). Si l'aumône prétendue du Patronage eût pû y entrer pour quelque chose, comme cela ne pouvoit tourner contre lui, pourquoi ne lui permettre la Litre *en dedans qu'au dessous* de celle des Religieux? Au moins il devoit avoir *son côté* comme Patron. Allons plus loin, je veux porter la conviction de ce que je dis au dernier période.

Voici le titre du prétendu Patronage aumôné, tel que Maréchal le rapporte à la suite de l'Arrêt. *In nomine sanctæ & individuæ Trinitatis. Stephanus, Dei gratiâ, Parisiorum vocatus Episcopus, universis Fidelibus, tàm posteris quàm præsentibus, in perpetuum. Notum facimus quod Ecclesiam de Atiis Ecclesiæ B. Victoris in perpetuum habendam donavimus, & Canonicis Sancti Victoris commisimus. Volumus si quidem, & in hac intentione hoc fecimus, ut prædicti Canonici per semetipsos curam illius Parochiæ habeant, & aliquos de Fratribus suis providentiâ Abbatis sui ad hoc ipsum Electos ibidem constituent. Statuimus etiam ut* Canonici *S. Victoris in prædicta Ecclesia parochialem curam habentes, excepta synodo, & circata, nullas omnino exactiones sive demandationes nobis aut nostris posteris tribuant. Hoc autem fecimus laude, consilio & assensu Magistri Bernardi Archidiaconi, in cujus Archidiaconatu, prædicta consistebat Ecclesia.*

Voilà la donation *de l'Eglise* & de la Cure par l'Evêque de Paris. Voyons ce qu'a donné le Laïc.

Illud etiam noverint universi, quòd Miles quidem Albertus nomine Deber, & uxor ejus ausuis (quidquid in Ecclesia de Atiis), & in majori, & in minori decima ejusdem Villæ habebant, in manu nostra reddiderunt, & per ma-

Y

num nostram Ecclesiæ S. Victoris totam ex integro in Eleemosinam contulerunt. Hoc autem factam est assensu, &c.

La confirmation du Roi Louis le Jeune s'explique de même.

On ne voit pas là une aumône *du Patronage* de l'Eglise: ces termes, *Quidquid habebant in Ecclesia de Atiis, & in majori & in minori decima Villæ*, n'annoncent pas clairement l'aumône de tout, ni de portion du Patronage; ce ne pouvoit être que *quelques Droits* qu'ils avoient sur l'Eglise, avec les Dixmes, qui formoient un Fief: car il est dit que cela s'est fait du consentement *Radulphi Belli, & filii ejus Mathæi (de cujus feodo prædictus Albertus omnia supra dicta tenebat)*. Et par le même titre, c'est l'Evêque de Paris qui donne *l'Eglise* & la Cure, *Ecclesiam de Atiis*: de-là on voit que l'Evêque de Paris en étoit *seul* Fondateur. Aussi l'Arrêt ne s'est pas arrêté *à cette prétendue qualité d'anciens Fondateurs*, que M. Viole reclamoit, & qui, *ut diximus supra modo*, la lui auroit donnée, sinon au-dessus de celle des Religieux, au moins de l'autre côté *seul*. Il n'a adjugé la Litre à M. Viole, que *comme Haut-Justicier de ladite Eglise & Presbytere d'Athis*.

Pouvons-nous un meilleur garant du jugé de cet Arrêt, que le dispositif de ce même Arrêt?

Cependant je vais encore en donner un plus sûr; c'est M. le Prestre, Rapporteur de cette affaire. Il est dans les Arrêtés de la cinquiéme Chambre des Enquêtes, sous la date du 23 Août 1714.

Du 23 Août 1714.

» Jugé *au Rapport de M. le Prestre*, entre les Reli-
» gieux, Prieur & Couvent de S. Victor, & M. Viole

» Sieur d'Athis, *que le Haut-Justicier* a droit d'avoir » Litre & Ceinture de deuil autour de l'Eglise Paro- » chiale *sise dans l'étendue de sa Haute-Justice, tant en* » *dehors qu'en dedans:* & *le Patron Fondateur* d'avoir les » Litres & Ceintures de deuil autour de l'Eglise, *en de-* » *dans d'icelle seulement.* Et en concurrence *du Patron &* » *du Haut-Justicier*, que celles du *Haut-Justicier* seront » mises *dans* ladite Eglise, au dessous de celles *du Pa-* » *tron.*

Cet Arrêté est bien clair & général; il ne distingue point le Patron *Ecclesiastique ou Laïc:* il a été fait pour marquer ce qu'on jugeoit *entre un Patron & un Haut-Justicier concurrents:* il ne donne à M. Viole le droit de Litre, *que comme Haut-Justicier d'Athis.*

Après cela, que devient cette distinction du Patron Ecclesiastique ou Laïc? Que devient l'avis de Maréchal, que le Patron a *seul* le droit de Litres, & autres Honneurs? qu'il les a *privativement* au Haut-Justicier, & que le Haut-Justicier ne les a *que par usage & tolérance?* L'Arrêt dit, *& autres Honneurs (appartenans) au Châtelain & Haut-Justicier.*

Aussi Boucheul, sur Poitou, article 1, n. 15, après avoir rapporté cet Arrêt qu'il date de 1615, & le sentiment de Maréchal, dit: *Mais on suit ordinairement cet ordre, que le Patron ne peut avoir Ceinture (qu'au dedans de l'Eglise) & le Haut-Justicier (au dehors & au dedans).* Lelet, sur l'article 14, est de même avis.

Voici cependant un Arrêt récent de la Troisiéme des Enquêtes, au Rapport de M. de Gars, du 12 Août 1746, dont les dispositions sont singulieres sur la Litre, & qui juge en même temps plusieurs points de

Droit sur les Honneurs de l'Eglise, sur les Droits de Patronage & de Haute-Justice.

Entre Dame Geneviéve-Charlote d'Argouges, veuve de M. Pierre Eon de la Baronnie, Président en la Chambre des Comptes, Appellante d'une Sentence des Requêtes du Palais du 7 Septembre 1701; & André-Gabriel le Subtil de Boisemont, Ecuyer, Seigneur de Réau & de Soisy-sur-Ecole en partie, ayant repris par acte du 19, signifié le 29 Septembre 1741, en qualité de Seigneur de Réau, héritier principal & aîné de Gabriel le Subtil, Ecuyer, Sieur de Boisemont, son pere, Conseiller-Secretaire du Roi, Maison, Couronne de France, Audiencier en la Chancellerie du Palais à Paris; Dame Marie Beau, veuve & commune en biens dudit Gabriel le Subtil; & Jean-Baptiste-Frederic Leonard, Ecuyer, Conseiller-Secretaire du Roi, Audiencier en la Chancellerie du Palais à Paris, & Dame Marie-Geneviéve le Subtil de Boisemont, son épouse, héritiere pour moitié dudit défunt de Boisemont son pere, ayant aussi repris par acte du 18, signifié le 24 Janvier 1742, au lieu dudit de Boisemont leur pere & beau-pere, Intimés.

Voici le Fait tiré des Ecritures que me confia Me Buirette, Avocat desdits Sieur & Dame de Boisemont.

La Paroisse de Soisy-sur-Ecole est composée de plusieurs Fiefs, dont les principaux sont ceux de Réau, de Soisy, (c'est le nom du Village; mais on prétend que ce Fief s'appelloit autrefois de S. Spire de Corbeil, parce qu'il appartenoit au Chapitre de S. Spire de Corbeil; que c'est depuis qu'il est sorti des mains du

Chapitre qu'il a été nommé Soisy) de Montaquoy, de Framigny & des Bordes.

Les Fiefs de Réaü & des Bordes paroissent partager entr'eux * la Haute-Justice de ce Village. * *Nota.*

Par une Enquête faite en vertu de Sentence des Requêtes du Palais du 12 Mai 1646, par M. Lallemant, nommé Commissaire, entre les Seigneurs lors de Réau & des Bordes, on voyoit que le quatriéme témoin déposoit que l'Eglise, Cimetiere & Presbytere de Soisy étoient sur le Fief & Justice de Réau; que le bout du grand Cimetiere où il y avoit trois ormes, étoit du Fief des Bordes; que les Officiers de la Justice des Bordes la tenoient audit Lieu; qu'auparavant qu'il y eût des plaids bâtis entre les deux portes de la Maison de Réau, les Officiers de Réau exerçoient la Justice à l'endroit de la grille qui entre au grand Cimetiere du côté de la grande rue de Soisy allant à l'Eglise; que la Justice se tenoit à differens jours, le Lundi par les Officiers de Réau, le Mardi par ceux des Bordes; qu'il avoit toujours oui dire que les Seigneurs de Réau avoient un Banc dans le Chœur près le grand Autel. Les autres témoins parloient de ces deux Justices de la même maniere.

Il paroît certain que cela ne faisoit autrefois *qu'une seule & même Justice*: l'Arrêt l'a jugé ainsi; nous l'observerons.

Le sieur de Boisemont, comme Seigneur de Réau, s'est prétendu *Patron*, *Fondateur & Haut-Justicier de l'Eglise de Soisy*. Ses Prédecesseurs Seigneurs de Réau avoient été long-tems de la Religion Protestante: pendant ces tems les Seigneurs des Fiefs de Montaquoy, de Soisy & des Bordes, avoient fait plusieurs tentatives pour s'attribuer les droits de Patronage & de Haute-Justice, dont les Seigneurs de Réau ne pouvoient jouir pendant ce tems; mais les Seigneurs de Réau, pour d'autant plus conserver leurs droits, avoient de tems à autres fait faire des Protestations, des Procès verbaux par des Notaires.

Il y eut en 1705 une contestation sur ces droits, entre M. de la Baronnie, Seigneur du Fief de Soisy, & M. de Brecourt, Conseiller en la Cour, alors Seigneur de Réau; elles furent terminées par l'avis de M. de Gaumont, Conseiller d'Etat, & de M. Levesque de Gravelle, Maître des Comptes, en présence de M. d'Argouges, Conseiller d'Etat, pere de M. de la Baronnie, par transaction faite double le 11 Mai 1705, dont j'ai vû l'Imprimé.

Par cette transaction M. de la Baronnie s'expliquoit ainsi: *Comme aussi moi de la Baronnie reconnoît que le Droit de Patronage en l'Eglise de Soisy-sur-Ecole appartient à M. de Brecourt; consent qu'il jouisse en ladite Eglise des Honneurs qui lui appartiennent comme Seigneur Patron: consent pareillement qu'il soit maintenu dans la possession dans laquelle ses auteurs ont toujours été de se dire, & prendre la qualité de Seigneur de Soisy en partie.*

Nota. Pour entendre la question jugée par l'Arrêt, afin qu'on ne prenne pas cette transaction comme une fin de non-recevoir contre la Dame de la Baronnie qui ait fait confirmer la Sentence dont elle étoit Appellante, j'avertis que M. de la Baronnie n'étoit pas alors Seigneur *du Fief des Bordes*, dont les Droits de Haute-Justice s'étendent *concurremment* sur l'Eglise de Soisy: il n'étoit alors Seigneur que du Fief de Soisy, *aliàs* de S. Spire de Corbeil, sis dans le Village dont il a pris le nom, & encore Seigneur du Fief de Montaquoy : aussi le sieur de Boisemont tiroit-il des inductions de cette transaction, mais n'en tiroit point de fin de non-recevoir, point de conclusions à cette fin, rien dans les Ecritures qui en fît résulter une fin de non-recevoir.

En 1694, M. de Brecourt s'étoit rendu adjudicataire du Fief de Réau aux Requêtes du Palais; le Droit de Patronage y étoit compris.

Le sieur de Catillon, Seigneur du Fief des Bordes, étoit opposant à la saisie réelle de ce Fief de Réau, *pour faire rayer le Droit de Patronage*; il contestoit aux Parties saisies les Droits Honorifiques : *l'adjudication n'en fut faite à M. de Brecourt, qu'à la charge de l'évenement de cette opposition.*

M. de Brecourt reprit l'instance sur l'opposition du sieur de Catillon, Seigneur du Fief des Bordes & de Framigny. Après une instruction de sept années, elle fut terminée par une Sentence rendue aux Requêtes du Palais sur productions respectives du 7 Septembre 1701, par laquelle

M. de Brecourt, Seigneur de Réau, est maintenu & gardé dans la possession de se dire & qualifier *seul Fondateur* de la Paroisse de Soisy-sur-Ecole; *maintenu pareillement dans la Haute-Justice de l'Eglise & Cimetiere* de ladite Paroisse, *concurremment * avec le sieur de Catillon, pour y exercer la Justice par leurs Officiers, alternativement d'année en année, à commencer par M. de Brecourt.*

* *Nota*, pour ce que je dis *infra.*

M. de Brecourt est maintenu *seul* dans le droit de sépulture dans le Chœur, *& en la possession du Banc de bois & du Banc de plâtre qui y sont actuellement* (lors) *construits*; fait défenses audit Catillon & ses enfans de l'y troubler : *pourra néanmoins ledit de Catillon faire construire un Banc dans le Chœur * au dessous toutefois de celui de bois de M. de Brecourt : à l'effet de quoi, s'il n'y a pas de place suffisante depuis le Banc de M. de Brecourt, jusqu'à la Nef, pour placer celui du sieur de Catillon, M. de Brecourt tenu de faire remonter son Banc de bois plus haut, ensorte que celui du sieur de Catillon puisse être posé commodément dans le Chœur de ladite Eglise.*

* Nota.

*Ordonne que M. de Brecourt sera recommandé au Prône par le Curé de la Paroisse en qualité de Fondateur & Haut-Justicier seulement ; qu'il aura, & sa famille, le premier le pain beni, l'encens & l'eau benite, & ensuite le sieur de Catillon * ; que M. de Brecourt & sa femme pourront aller à l'offrande avant le sieur de Catillon.*

* Nota.

*Ordonne que M. de Brecourt pourra faire mettre (seul) * sa Litre en dedans de l'Eglise : lui permet de faire effacer celle du Sieur de Catillon.*

* Nota.

*Et à l'égard du dehors * de l'Eglise, M. de Brecourt & le Sieur de Catillon pourront, si bon leur semble, mettre chacun une Litre ; sçavoir M. de Brecourt à commencer du point milieu du Maître-Autel, & en continuant du côté de l'Evangile, jusqu'au point milieu de la porte principale de l'Eglise ; & le Sieur de Catillon depuis le point milieu du Maître-Autel du côté de l'Epître, jusqu'au point milieu de ladite porte.*

* Hic.

La Sentence a plusieurs autres dispositions, mais qui ne concernent nullement la matiere que nous traitons. On ne voit point d'appel de cette Sentence par le Sieur de Catillon.

Le 18 Août 1706, (un an après la transaction ci-dessus) le Sieur de Catillon, en qualité de tuteur de ses enfans, héritiers de Catherine-Marguerite de la Riviere son épouse, vendit à M. de la Baronnie le Fief

Fief du grand & petit Framigny, *celui des Bordes sis à Soisy.*

Par une clause du contrat, on comprit dans la vente tous les Droits Honorifiques de toutes les Terres & Fiefs vendus, *consistant en tous les Droits Honorifiques dans l'Eglise de Soisy, bâtie*, est-il dit, *dans l'ancien Manoir du Fief des Bordes, & le grand & le petit Cimetiere, Droit de poteau dans le grand carrefour de la Paroisse, Droit de donner par le Seigneur du Fief des Bordes la permission de faire la Fête du Village.*

M. de la Baronnie fit faire un Decret volontaire, & dans la saisie réelle, & dans l'affiche, on y comprit *le Droit de Patronage de l'Eglise de Soisy.*

M. de Brecourt y forma opposition à fin de distraire & de charge, le 31 Janvier 1707.

Le Decret volontaire ne fut fait qu'à la charge de l'opposition. Cela en est demeuré là.

En 1734, le Sieur le Subtil de Boisemont, pere, acquit le Fief de Réau. Il fit signifier aux Curé & Marguilliers la transaction de 1705. On lui défera les honneurs. M. de la Baronnie déceda.

Les 9 & 10 Juin 1740, Madame de la Baronnie fit signifier deux actes aux Curé & Marguilliers, à fin de défenses de rendre les honneurs à aucun Seigneur de la Paroisse jusqu'à Jugement définitif.

Au mois de Septembre suivant elle interjetta appel de la Sentence du 7 Septembre 1701, obtint Arrêt qui fit défenses de l'exécuter. En vertu de cet Arrêt, elle fit assigner les Curé & Marguilliers. Le Sieur de Boisemont prit leur fait & cause, par Requête du 10 Décembre 1740.

Ce procès a été conclu par Arrêt du 6 Juillet 1741,

& distribué en la Troisiéme au rapport de Monsieur de Gars.

Le Sieur de Boisemont soutenoit son Patronage par un contrat de vente de la Terre de Réau de 1542, où il est dit : » Et s'étend ledit Fief de Réau sur la plus » grande partie du Village de Soisy-sur-Ecole, & » *a été l'Eglise anciennement fondée par le Seigneur de* » *Réau* ; par trente comptes de Fabrique aux Seigneurs de Réau, ou à leurs Prevôts, à commencer en 1567, sur la vente faite à Monsieur de Brecourt en 1694, où le droit de Patronage étoit exprimé sur d'anciens aveux de cette Terre, de 1507, 1551 & 1599, où la qualité de Patron-Fondateur y étoit exprimée.

Pour la qualité de Seigneur Haut-Justicier, il la fondoit, 1°. Sur le Contrat & adjudication ci-dessus à M. de Brecourt. 2°. Sur des Procédures faites par les Marguilliers devant le Juge de Réau, pour être payés de Rentes dûes à l'Eglise. 3°. Sur les déclarations censuelles des Curés de Soisy de 1531, 1544, 1567 & 1617, de la Maison Presbyterale & jardin qui se trouve fermé d'un côté par l'Eglise. 4°. Sur l'Inventaire fait après le décès d'un Curé par le Juge de Réau. 5°. Sur une Enquête de 1626. 6°. Sur un cahier de procédures faites à la requête du Procureur Fiscal de Réau contre des Prêtres qui s'étoient battus dans l'Eglise. 7°. Sur l'Enquête faite par M. l'Allemant. 8°. Sur le Plan qu'il fit dresser, où le Presbytere & maisons qui entourent l'Eglise sont assis dans la Censive de Réau. 9°. Sur la Tombe des Seigneurs de Réau, leurs Litres, leur Banc ; sur les Armoiries ; sur les Tombes ; sur une Sentence du Châtelet de Paris de 1547, entre le Seigneur de Réau & le Seigneur de Montaquoy, qui adjugeoit la Litre au Seigneur de Réau; enfin la transaction de 1705 entre M. de la Baronnie, *Seigneur de Soisy*, & M. de Brecourt.

Cet Arrêt a ses particularités; il mérite toute l'attention du Lecteur.

1°. Il adjuge le Patronage, non sur des nominations à la Cure, que Loiseau & les Auteurs disent être la marque univoque du droit de Patronage, *intellige*, à l'égard des Laïcs, comme nous le prouvons dans ce Traité, l'adjuge sur l'énonciation d'anciens aveux de contrats, sur la possession fondée sur des inscriptions de tombes, sur des bancs au Chœur, sur l'énonciation d'un Decret. L'Arrêt du 3 Avril 1745 *supra*, ch. 3, n. 12, le juge aussi.

On le dira contraire à l'Arrêt de Beaurains *supra*, qui rejetta les présomptions des Armoiries aux cloches & aux vitres; cependant ce dernier Arrêt ne croise point celui de Beaurains, qui n'est fondé que sur l'article 29. de la Salle de Lille, qui s'observe en Artois, qui *répute* Fondateur celui dont les Censives abordent le Cimetiere & l'Eglise, s'il n'y a un titre au contraire: aussi l'Arrêt de Beaurains ne le dit pas Fondateur; il dit, & *comme tel réputé* Fondateur; ce dernier juge sur des aveux & autres titres; & si la transaction de 1705 n'a pas fait une fin de non-recevoir contre Madame de la Baronnie, parce qu'alors son mari n'étoit pas Seigneur des Bordes, je crois qu'elle a été d'un grand poids pour en induire que les Seigneurs des autres Fiefs de Soisy, notamment M. de la Baronnie, avoient reconnu Patron le Seigneur de Réau.

2°. Incontestablement l'Arrêt juge que la Haute-

Justice de Réau & la Haute-Justice des Bordes n'étoient pas deux Justices dans la Paroisse, mais n'étoient qu'une *seule & même* Haute-Justice *de* la Paroisse, divisée entre le Fief de Réau & celui des Bordes, & que le Fief de Réau paroissoit la portion aînée, puisque la Sentence confirmée par Arrêt maintient M. de Brecourt, Seigneur de Réau, dans le droit de *Haute-Justice pour l'exercer concurremment avec le sieur de Catillon, Seigneur des Bordes, alternativement d'année en année, à commencer par M. de Brecourt.* L'Arrêt les juge donc *Cohauts-Justiciers du sol de l'Eglise.*

Cependant le même Arrêt, en confirmant la Sentence, refuse au sieur de Catillon la Sépulture au Chœur, & l'usage à M. de Brecourt *seul.* Le Patron n'a point de droit exclusif, nous le prouvons dans tout ce Traité.

3°. On permet au sieur de Catillon d'avoir un Banc au Chœur; & que s'il n'y avoit pas une place commode, M. de Brecourt seroit tenu de faire remonter son Banc de bois.

Cela ne croise point ce que nous disons *infra* sur le droit de Banc. Pour ne les point multiplier dans le Chœur, M. de Brecourt en avoit deux, un de plâtre, un de bois; le Patron n'en doit avoir qu'un : on confirme sa possession d'en avoir deux. Sa qualité de Patron & de Haut-Justicier en même tems, ne lui donnoient pas ce droit de deux Bancs, parce qu'il y avoit un Cohaut-Justicier; apparemment que le Chœur pouvoit contenir trois Bancs, en remontant celui de M. de Brecourt : en tout cas, cet Arrêt confirme le droit du Haut-Justicier *d'avoir Banc au Chœur après le Patron.*

4°. Cet Arrêt n'adjuge les Prieres nominales qu'à M. de Brecourt, & ne paroît accorder au sieur de Catillon que les Honneurs moindres après M. de Brecourt. J'ai lû les Ecritures du sieur le Subtil de Boisemont, qui rapportoit tous les moyens dont M. de Brecourt s'étoit servi pour obtenir la Sentence : je n'y ai rien vû qui tendît à exclure le Sieur de Catillon, Cohaut-Justicier de l'Eglise, des grands Honneurs, les Prieres nominales s'accordant à tous les Copatrons & Cohauts-Justiciers : cela ne forme point de confusion.

La même Sentence confirmée par l'Arrêt, en n'adjugeant les Prieres nominales qu'à M. de Brecourt, donne cependant l'Encens au sieur de Catillon ; c'est un des grands Droits. La Sentence dit qu'il aura, & sa famille, *le premier* le Pain benit, *l'Encens*, l'Eau benite, *& ensuite le sieur de Catillon.*

5°. Enfin la disposition de la Sentence confirmée par Arrêt, *sur la Litre*, mérite encore plus d'attention.

On ne la donne *dans* l'Eglise qu'à M. de Brecourt *seul* ; cependant le sieur de Catillon est jugé *Cohaut-Justicier de l'Eglise, ayant droit de Banc au Chœur, & l'Encens.*

M. de Brecourt étoit Patron, cela ne lui donnoit pas le droit de l'avoir *seul* dans l'Eglise ; il étoit en même tems Haut-Justicier ; le Patronage & la Haute-Justice étant attachés au Fief, cela ne lui donnoit qu'une Litre, y ayant un *Cohaut-Justicier.*

En dehors, on la partage entre M. de Brecourt & le sieur de Catillon ; & M. de Brecourt, comme ayant la portion aînée de la Haute-Justice jointe au Patronage, a le côté le plus honorable.

Cette façon de couper la ligne de la Litre entre des Cohauts-Justiciers, est celle que nous adoptons, sect. 2, quest. 2, du Droit de Litre *infra*. La qualité de Patron ne fit rien pour la Litre au dehors : la façon dont prononce la Sentence pour le dedans & pour le dehors, fait bien connoître qu'on ne l'adjugeoit à M. de Brecourt *en dehors*, que comme *Haut-Justicier* : cela ne croise point l'Arrêt d'Athis.

Mais le sieur de Catillon étant jugé *Cohaut-Justicier* de l'Eglise, paroissoit pouvoir en espérer en dedans, *au-dessous* de celle de M. de Brecourt, auquel, comme Patron & Haut-Justicier, on n'en adjugeoit qu'une, parce que ces deux qualités étoient unies à son Fief : on fait effacer *en dedans* celle du sieur de Catillon, jugé *Cohaut-Justicier de l'Eglise, ayant droit de Banc au Chœur, & l'Encens.*

Je respecte infiniment les Arrêts, je me contente de les rapporter tels qu'ils sont : j'y ai joint les réflexions que j'ai cru devoir faire sur ce préjugé ; mes Lecteurs plus éclairés que moi, pourront y en faire d'autres meilleures, & tirer de cet Arrêt les inductions que leur bon esprit leur suggerera ; c'est assez pour moi de les avoir mis à portée d'y reflechir sérieusement : j'ai rapporté exactement toutes les circonstances de cette affaire.

VI. Faisons une observation d'après Lapeyrere, lettre P, n. 11 : Que si le Patron de l'Eglise, *die idem* du Haut-Justicier, se trouvoit être de la Religion Protestante, tous les Droits Honorifiques sont en suspens, & conséquemment ses héritiers ne pourroient faire peindre sa Litre.

Brillon, en son Dictionnaire des Arrêts, derniere

édit. tom. 2, p. 901, au mot *Droits Honorifiques*, n. 51, rapporte deux Arrêts qu'il a tirés des Mémoires du Clergé, édit. 1716, tome 3, p. 1304, des 3 Juin 1609 & 26 Août 1617, qui ont jugé que les Patrons & Hauts-Justiciers faisant profession de la Religion Protestante, ne pouvoient jouir des Droits Honorifiques, mais seulement lorsqu'ils seroient Catholiques : cela confirme ce que dit Lapeyrere, que dans ce cas les Droits Honorifiques sont suspendus. Cela est jugé par l'Arrêt de 1746 *supra*. Les Auteurs du sieur de Boisemont avoient été long-tems dans la Religion Protestante ; l'Arrêt décide que cela n'avoit fait qu'en suspendre l'exercice, puisqu'il les adjuge au sieur de Boisemont, qui les représentoit comme Seigneur de Réau.

Au premier tome du Journal des Audiences, derniere édit. liv. 5, chap. 29, nous avons un Arrêt du 6 Février 1648, qui, sur les conclusions de M. Talon, rejetta la nomination d'une Chapelle faite par le sieur de Bazoches Patron, & la donna au Pourvu par l'Ordinaire ; sans, dit l'Arrêt, que cela pût préjudicier au Patron, quand il se trouveroit de condition requise pour présenter.

Au surplus, l'Usufruitier ni la Douairiere ne peuvent faire peindre leur Litre ; cela n'appartient qu'au Propriétaire. Par rapport aux autres Droits Honorifiques, *vide supra* ce que j'ai dit de l'Usufruitier donateur.

VII. Disons un mot des Engagistes du Roi. Quand ils ont la Haute-Justice dans leur engagement, ils prétendent ordinairement le titre *de Seigneur*, & les Droits Honorifiques, & par ce moyen veulent en évincer les

Moyens & Bas-Justiciers, même les Féodaux, qui avant que ce Domaine fût engagé, *comme ils n'avoient au-dessus d'eux que le Roi*, étoient en possession d'être nommés *Seigneurs*, & de jouir des Honneurs de l'Eglise.

Ces contestations ont souvent paru dans les Tribunaux. Il y a des Arrêts qui semblent avoir jugé pour & contre les Engagistes.

Mais dans le vrai, ces Arrêts ne sont point contraires; il faut les prendre *pro subjecta materia*, en distinguant les engagemens simples, & ceux faits à titre d'inféodation, suivant les Edits & Déclarations de 1591, 1695, 1702 & 1703. Vous trouverez dans Henris, édit. 1706, tom. 1, liv. 2, chap. 4, quest. 15, ceux depuis 1574, & les autres dans Guesnois, tom. 2, liv. 10, tit. 1. Il y a l'Edit d'Avril 1574, qui ne portoit pas pouvoir d'aliéner à titre de Fief; cependant j'en rapporte un *infra*.

Au moyen de cette distinction, que je ne vois point dans les Auteurs, & qui cependant est nécessaire, on comprend facilement la décision de ces Arrêts, & on les concilie entr'eux, & avec les principes.

Le principe général en matiere d'engagement du Domaine du Roi, *est que nonobstant l'engagement, le Roi demeure toujours Seigneur*, soit que l'engagement soit à titre de Fief, soit qu'il soit engagement ordinaire; *vide* mon cinquiéme vol. tous les Droits Dominicaux & *Honorifiques*, comme les receptions de foi-hommage, d'aveux, & des conséquences de la Seigneurie lui restent, *l'utilité seulement* passe à l'Engagiste. Cela est nettement décidé par l'article 15 de l'Ordonnance du Domaine de 1566.

» Les receptions de foi-hommage des Fiefs dépendans

» dans de Terres domaniales, en cas d'aliénation d'i- » celles, Nous demeureront & appartiendront, & à » nos successeurs, (& les profits desdits Fiefs, foi & » hommage, (*a*) & ce qui en dépend, à ceux à qui les » Terres seront dûement & licitement transferées & » concedées.)

Cela démontre notre principe général, que l'Honorifique vrai & éminent, qui est la conséquence de la Seigneurie qui reste au Roi, nonobstant l'engagement, demeure aussi au Roi, & que *l'utile seul* passe à l'Engagiste.

Le principe particulier, *ou plutôt l'exception à ce principe général*, est dans les Edits & Déclarations de 1591, 1665, 1696, 1697, 1702 & 1703, qui ont fait les engagemens à titre d'inféodation, & par là paroissent avoir fait passer à l'Engagiste l'Honorifique de la Justice, surtout les Déclarations des 13 Mars 1695 & 16 Décembre 1703, qui en ordonnent l'aliénation. Ces Edits, par la revente des anciens Domaines engagés, ou supplément de finance par l'ancien Engagiste du Domaine engagé, comme on le voit par la Déclaration du 4 Septembre 1696, qui en dispensant les anciens Engagistes du rapport de leurs titres, ordonne qu'ils payeront une somme pour supplément de finance, & que sur la quittance il leur sera expédié des contrats de revente, pour jouir conformément à l'Edit de 1695, ont mis de niveau les anciens & nouveaux engagemens; *presque tous* sont aujourd'hui tenus à titre d'in-

(*a*) Les profits de foi & hommage sont de deux sortes; la perte de fruits par une saisie faute d'homme; les profits des mutations, en conséquence des foi-hommage.

féodation. Plusieurs néanmoins sont restés tels qu'ils étoient, *ut dixi supra*.

Par ces Edits la Haute-Justice, & tous ses Droits Honorifiques & utiles, sont aliénés *à titre de Fief* (a).

Ces Edits portent, pour en jouir par les Acquéreurs *à perpétuité*. Ne croyez pas cependant que cela forme un Fief permanent & irrévocable : les besoins pressans de l'Etat ont occasionné ces clauses; mais celle de rachat perpétuel par le Roi *toties quoties*, y est toujours sous-entendue. Le Domaine de la Couronne est inaliénable; cela est si vrai, que dans l'Edit de 1695 qui porte *à perpétuité*, le Roi s'explique ainsi.

» Et afin de donner moyen à ceux qui se rendent » Adjudicataires de nos Domaines, d'y faire des éta- » blissemens, Nous avons dès à présent renoncé au » pouvoir que Nous avons d'y rentrer, (& ce pour le » nombre de trente années, pendant lequel tems Nous » ne pourrons les déposseder, sous quelque prétexte & » en quelque maniere que ce soit.

Quoique cette clause de pouvoir racheter ne se trouve pas répétée par les Edits subséquens, qui portent aussi *à perpétuité*, tenez pour principe immuable que le Roi, *par ces infeodations à perpétuité*, ne perd jamais le droit d'y rentrer *toties quoties*, à cause de l'inaliénabilité du Domaine de sa Couronne.

Ces aliénations, qui sont faites comme toutes concessions de Fief ordinaire, à la charge de la foi-homma-

(a) Quand je dis que la Justice est aliénée, prenez cela selon que je l'ai dit *supra*, chap. 3, la Justice Royale étant inaliénable, & ne pouvant être séparée de la Majesté Royale. *Nec est separabilis à Regiâ dignitate.* Mol. §. 1, *hodie* 7, gl. 4, n. 18.

ge, aveux & dénombremens, droits de lods & ventes, rachats, suivant les Coutumes, dit l'Edit de 1702, forment en la personne de l'Engagiste un Fief, & lui donnent tous les Droits attachés à ce qui lui est engagé, soit honorifiques, soit utiles, d'autant plus que les Déclarations des 13 Mars 1696 & 1705 ont ordonné la vente des Droits Honorifiques.

Mais * cela ne forme qu'un Fief *temporaire*, tant qu'il plaira au Roi de le laisser subsister, c'est-à-dire jusqu'au rachat que le Roi en fera. Tels sont par exemple les Fiefs de rentes créées sur des Fiefs dont le Créancier se fait recevoir en foi. *Vide* mon second vol. chap. 9 du relief. Ce sont Fiefs créés conditionnellement *tant que la rente subsistera*, tant que le Vassal ne remboursera pas, & qui s'éteignent totalement par le remboursement. *Mol.* §. 13, *hodie* 20, gl. 5, n. 58, & §. 28, n. 13. Ces Fiefs temporaires ne sont pas même *de vrais Fiefs*; le vrai Fief, la vraie Seigneurie demeure toujours au Roi, nonobstant l'engagement, à tel titre qu'il soit fait; *& proprie, & feudaliter loquendo*, l'Engagiste n'a pas le Fief. Voyez mon cinquiéme volume sur les engagemens du Domaine, où je traite ces questions.

* *Adverte specialiter, & hæc vera sunt.*

Quand le Roi exerce le rachat, ces Fiefs s'évanouissent, tous les Droits de l'Engagiste sont effacés, ses héritiers ne peuvent retenir ni conserver aucune des prérogatives de leur Auteur, quelque longue qu'ait été sa possession, parce que c'étoit un Fief *conditionnel*, créé tant que le Roi ne rembourseroit pas; moindre en cela que les *vrais Fiefs* temporaires qui avoient un tems limité, mais pendant lequel on ne pouvoit évincer: tels sont les Fiefs concedés à vie, ou à certaines générations. L'engagement à titre d'inféodation est un Fief qui peut s'évanouir *de momento ad momentum*, surtout à présent, que les trente ans accordés par l'Edit de 1695 sont écoulés.

Après cette distinction nécessaire & vraie des engagemens ordinaires, ou à titre d'inféodation, soit en disant à titre d'inféodation, ou à la charge de foi-hommage envers Nous, ou à charge de Fief, suivant les Coutumes, j'ai vû toutes ces clauses, venons aux principes des uns & des autres sur les Honneurs de l'Eglise, & on verra comment on concilie les Arrêts qui paroissent se croiser.

Cette distinction accorde les Arrêts rendus avant 1591. Tel est celui de 1554 contre l'Engagiste de Louvre en Parisis, rapporté *infra*, & ceux rendus depuis, même pour d'anciens engagemens. Ayez attention que la Déclaration du 3 Avril 1696 différencie encore ceux qui acquerront *à titre d'infeodation, de ceux qui prendront à titre d'engagement simple*; car j'en ai vû de 1720, & depuis, à titre d'engagement simple, & non à titre d'inféodation. Je croirois même, suivant la Déclaration du 13 Mars 1696, qu'il faut que le contrat porte aliénation des Droits Honorifiques dans les Paroisses engagées; autrement, il faudroit dire que l'aliénation de la Haute-Justice à leur profit ne leur donneroit pas les Droits Honorifiques, à moins qu'ils ne les ayent acquis en conséquence de cette Déclaration. C'est ce qu'il faudroit examiner avec soin dans les affaires que les Engagistes font naître pour les Honneurs de l'Eglise; sçavoir s'ils ont acquis à titre d'inféodation, s'ils ont acquis les Droits Honorifiques, ou s'ils sont encore à titre de simple engagement. Il faut même dire que la Déclaration du 13 Mars *1696*, montre que les Engagistes de la Haute-Justice n'ont pas les Droits Honorifiques en conséquence de leur Haute-Justice, puisqu'elle ordonne qu'ils seront vendus aux Engagistes.

Par rapport aux anciens engagemens, je comprens sous ce terme *anciens*, tous les engagemens faits depuis & en vertu de l'Edit d'Avril 1574, & ne sont pas dits nommément à titre d'inféodation, même ceux qui depuis seroient faits sous l'ancienne forme, c'est-à-dire qui ne seroient pas *à titre d'inféodation, vel expressè, vel tacitè*; c'est-à-dire, qui ne sont pas à la charge de tenir en foi-hommage, ou dont la substance n'indiqueroit pas une inféodation, comme l'indiquoit celui du Comté de Blandeque en Artois, dont je parlerai dans la suite de ce Traité.

Il faut dire que les Engagistes de cette premiere espéce ne sont que des Créanciers *antichresistes* du Domaine, qui jouissent *de l'utilité* du Domaine engagé pour l'interêt de leur argent jusqu'au rachat; qu'ils n'ont rien, & ne doivent rien avoir à l'honorifique, quoiqu'en quelques Parlemens de Droit écrit on leur adjuge le Retrait féodal, & d'autres Droits, ce qui est contre les vrais principes. Ce n'est qu'en vertu de la Déclaration du 13 Mars *1696*, qu'ils ont acquis les Droits Honorifiques.

Non pas que les Engagistes de la seconde espéce, c'est-à-dire depuis 1561, ne soient pas également des Créanciers antichresistes; ils le sont aussi, parce que le Roi peut y rentrer quand il lui plaît : mais les Engagistes de cette derniere sorte jouissent *interim quasi Domini*, *à l'instar* de Seigneurs de Fiefs créés en leur faveur, Fiefs temporaires, *ut dicam infra*, mais *interim*,

Fiefs; & parce que l'Usufruitier, en tout ce qui concerne son usufruit, *venit appellatione Domini.* Mol. §. 1, gl. 1, n. 8, *quia verè & propriè est Dominus sui usufructûs.*

Je dis donc que les Engagistes de la premiere espéce ne sont que des Créanciers antichresistes, qui ne jouissent que *de l'utilité* pour l'interêt de leur argent, sans aucune jouissance du vrai Honorifique.

C'est ce qu'établit parfaitement Chopin, *de Domanio*, lib. 3, cap. 19, n. 3. Il s'éleve contre ceux qui prétendoient que l'Engagiste étoit Seigneur, & pouvoit recevoir les foi-hommages des Vassaux. *Enim verò contrariæ subscribo sententiæ adversùs Regii Patrimonii emptores qui Patronale in clientes imperium sibi arrogant, non solum adductus Molinensis Edicti autoritate, sed hac ratione optima; quod impropriè alienatus dicitur in illos regius canon, qui verè creditorum loco sunt, quibus solummodo pro tempore facta est rei Dominicæ antichresis, quoad debiti sorte soluta Fiscus liberetur... Rex enim permanet Dominus hujusce Territorii Juridicus, nec quidquam perdit pugnante temporariâ illâ oppigneratione.* Il rapporte l'Arrêt de 1554 contre la Dame Engagiste de la Justice de Louvre en Parisis. Le même Chopin, sur Paris, liv. 1, tit. 1, n. 37, dit que le Domaine du Roi est plutôt engagé que vendu, & que l'hypotéque ne change la cause de la proprieté & Seigneurie.

C'est aussi ce que nous enseigne le docte Loiseau, liv. 4 des Offices, chap. 9, *à n°. 25 usque ad 38 exclusivè*, où en rapportant l'Arrêt de 1544, il dit: *La Cour trouva mauvais que l'Acquéreur par engagement d'une Haute-Justice eût fait mettre ses Litre & Ceinture funébre en la Paroisse d'icelle.*

Cet Arrêt est rapporté par Bacquet, chap. 20 des Droits de Justice, n. 10, 11, 12 & 13. *La Cour ordonna que les Litres seroient effacées; &*, ajoute l'Arrêt, *pourra mettre poteau sur son territoire, & à icelui ses Armoiries, mettant toutefois celles du Roi au-dessus, pour montrer de l'achat de ladite Haute-Justice du Roi, afin de la racheter par le Roi à ses bons points & aisemens.*

Cet Arrêt juge nettement que les Engagistes de la premiere classe, *id est*, qui ne tiennent point à titre d'infeodation, n'ont point l'Honorifique de la Haute-Justice.

Cependant le même Chopin, sur Paris, liv. 3, tit. 4, n. 17, dit que puisque la vente du Domaine du Roi est à rachat perpétuel, le Particulier qui l'a acheté pour un tems, en *est réputé Propriétaire* en quelque maniere.

Loiseau, des Offices, liv. 2, chap. 3, n. 45, dit que dans les aliénations du Roi, il y en a qui sont de vraies ventes à faculté de rachat; telles sont celles qui sont faites sous les conditions de l'Ordonnance du Domaine: qu'il y en a d'autres qui ne sont que *simples engagemens*, comme celles qui sont faites par contrat particulier, pour le payement des dettes du Roi précédentes ce contrat. Mais il faut se tenir aux vrais principes donnés par cet Auteur *locis supra*. La proprieté dont parle Chopin n'est, comme il l'explique au même lieu, que pour l'hypotéque qu'ils peuvent donner sur leur engagement, qui tient tant que dure l'engagement, comme on peut hypotéquer son usufruit tant qu'il durera. La vente dont parle Loiseau n'est pas une vraie vente, puisque, comme il en convient *ibid.* n. 43, on ne peut transferer la proprieté; c'est toujours un engagement qui porte vente des fruits seulement ; & conséquemment, quant à la Seigneurie, c'est toujours un engagement simple, le Roi reste toujours Seigneur.

Maréchal, chap. 5, adopte cette doctrine : il en rapporte un Arrêt qu'il donne entier, tome 2, n. 63. Comme cet Arrêt paroît singulier, nous le rapportons tel que Maréchal le donne. Il a rapport à celui que nous rapportons *infra modo*.

Le sieur Antoine Desduc, Ecuyer, Sieur de Crespieres, *Moyen & Bas-Justicier*, prenoit la qualité *de Seigneur indéfiniment* : il avoit sa Litre, *& les autres Droits Honorifiques*.

Claude Piquet, Sieur de Sautour, acquit par engagement la Haute-Justice de Crespieres : il prétendit avoir le titre *de Seigneur*, la Litre, & les autres Honneurs dûs au Haut-Justicier.

20 Janvier 1614, Sentence aux Requêtes du Palais, *par laquelle auroit été maintenu & gardé, en qualité de Seigneur par engagement de la Terre & Seigneurie de Crespieres, tant & si longuement que ledit engagement dureroit, en possession des Droits Honorifiques de l'Eglise, par préférence audit Desduc ; sçavoir,* * *en la distribution du Pain benit, Eau benite, rang d'Offrande & Procession, (sans qu'aucune desdites Parties pût s'attribuer le Droit de Litres ;) maintient pareillement lesdites Parties, chacun à leur égard, (en la possession de pouvoir se dire Seigneur de Crespieres en partie.) Pourroit néanmoins ledit Piquet, pendant le tems de son engagement, (prendre qualité de Seigneur Haut-Justicier dudit Crespieres par engagement, sans qu'il pût prendre ladite qualité purement & simplement.)*

* Hic, *Moindres Droits seulement.*

Cette

Cette Sentence n'adjuge *aucuns des grands Droits*; elle refuse même les Litres *au Moyen-Justicier* qui en étoit en possession avant l'engagement : elle n'adjuge que *des Droits de préséance*; elle ne donne à ce Moyen-Justicier que la qualité de *Seigneur en partie*, quoiqu'avant il eût celle de Seigneur *indéfiniment* : observez encore que l'Arrêt le dit, qu'à cause de son Fief de Sautour le sieur Piquet étoit Vassal du sieur Desduc.

20 Août 1620, Arrêt par lequel la Cour met l'appellation & ce dont est appel au néant, *en ce que par icelle Sentence auroit été ordonné que ledit Desduc se diroit seulement Seigneur de Crespieres* (*en partie*); *émandant quant à ce, ordonne qu'il pourra se qualifier Seigneur dudit Crespieres* (*indéfiniment*) : *la Sentence au résidu sortissant effet, on condamne Piquet à faire la foi-hommage audit Desduc.*

Cet Arrêt juge 1°. comme nous l'avons dit *supra* chap. 3, qu'avant l'engagement le Moyen-Justicier avoit pû se dire Seigneur de Crespieres *indéfiniment*, parce qu'il n'avoit au-dessus de lui que le Roi, auquel cette qualité ne pouvoit jamais nuire. 2°. Que l'Engagiste de la Haute-Justice ne pouvoit effacer cette possession, par le principe ci-dessus, que nonobstant l'engagement *le Roi reste toujours Seigneur.* 3°. Que néanmoins ce Moyen-Justicier n'avoit pas droit de Litre, ni aux grands Honneurs. 4°. Que l'Engagiste de la Haute-Justice ne les avoit pas non plus, suivant l'Arrêt de 1554.

Ce qu'il y a de singulier, c'est qu'en même tems que l'Arrêt confirme au sieur Desduc sa qualité *de Seigneur*, il donne néanmoins la préférence à l'Engagiste pour les Honneurs *de préséances.*

Mais ayez attention que cet Arrêt n'adjuge que *des préséances*, & que ce qu'on appelle *les grands Droits Honorifiques, il ne les donne ni à l'un ni à l'autre*. Quelle en est la raison? Elle est dans les grands principes que nous avons posés *supra*, que le Patron & le Haut-Justicier *du sol* de l'Eglise *seuls* ont ces Droits; que la possession ne peut les donner aux Moyens & Bas-Justiciers, ni même à un Haut-Justicier *dans* la Paroisse, suivant les Arrêts du 28 Juin 1691, rapporté par Maréchal, tom. 2, n. 63, du 5 Avril 1667 *supra*, du 10 Février 1700 *infra*. Dans cette espéce, si le sieur Desduc a été maintenu dans la possession de se dire *Seigneur de Crespieres sine addito*, c'est, *ut diximus*, qu'il n'avoit que le Roi au-dessus de lui, que l'Engagiste *n'étoit pas devenu Seigneur*; mais que cette qualification n'étant *que de tolérance*, n'attribuoit point au sieur Desduc les grands Honneurs de l'Eglise. Que d'un autre côté Claude Piquet, Engagiste, tenant son utile du Roi, devoit avoir les *préséances* comme Haut-Justicier par préférence au Moyen & Bas-Justicier, & se dire Seigneur *par engagement*.

Quand on veut faire usage de son raisonnement, voilà comme on apprend les maximes que la Cour nous donne dans ses Arrêts.

Danty, en sa troisiéme Observation sur Maréchal, tient le même avis; il veut l'étendre aux Princes apanagers, parce que leur droit est reversible à défaut d'hoirs mâles.

Il est vrai que le Domaine donné en apanage, comme celui donné en engagement, est toujours Domaine de la Couronne, qu'il n'en est séparé que par forme de provision pour alimens; ce qui faisoit penser à Dumoulin, §. 30, *hodie* 43, n. 185, que la confiscation n'avoit pas lieu en apanage : *In hujusmodi obventionibus non comprehenduntur terræ appanagii, (quoniam illæ sunt de Domanio Regis concessi per modum provisionis filiis masculinis Regum, & masculis descendentibus ex eis); unde nunquam propriè confiscantur, nec confiscari possunt, sed finitâ lineâ masculinâ ipso jure finitur & resolvitur appanagium, & dictæ terræ ipso facto consolidantur & reuniuntur Domanio, absque aliâ incorporatione, (quia verè nunquam exierunt nec separatæ sunt à Domanio); unde finitâ concessione, seu provisione temporali non potest Princeps alii concedere nisi in similem causam masculis liberis Regum.* Ce principe vrai semble assimiler l'apanage à l'engagement; cependant tenez contre Danty que l'Apanager jouit *à l'instar* du Proprietaire, il jouit *animo Domini* tant que dure l'apanage qui lui tient lieu de partage réel : l'Engagiste au contraire ne jouit que par antichrèse pour l'intérêt de son argent; c'est un titre toujours défavorable produit par les besoins pressans de l'Etat, & toujours au-dessous de sa valeur, qui peut être évincé *toties quoties* : ce que le Prince apanager ne craint pas; il reçoit les foi-hommage, les aveux, ce que l'Engagiste ne peut faire.

Voilà les principes vrais qui concernent les Engagistes de la premiere classe, c'est-à-dire ceux dont les engagemens seroient encore dans les termes de ceux qui se faisoient avant 1591 & 1695.

Venons à ceux de la seconde espéce, c'est-à-dire, ceux qui jouissent *à titre d'infeodation*, ou qui par l'aliénation de la Justice, avec pouvoir de nommer *& instituer* des Officiers, doivent être réputés jouir par inféodation, comme l'engagement de Blandecque ci-après; car il y a eu avant 1695 des engagemens à titre de Fief.

Par exemple, j'ai vû le premier contrat d'engagement, car il a été revendu plusieurs fois à même titre, de la Seigneurie de Wissant, qui est un des 4 Bailliages du Comté de Boulenois; il est du 28 Décembre 1595, en vertu des Edits & Déclarations de 1591 & 1592 : il est dit, pour tenir par led. S^r. Acquereur lad. Terre & Seigneurie de Wissant (en Fief de Sa Majesté, aux droits, charges & servitudes féodales portées par la Coutume). J'en ai vû un autre du 17 Novembre 1575, en vertu de l'Edit de 1574, de la Terre de Saint-Laurent des Mortiers en Anjou, fait pour être tenu *à foi-hommage*, & 5 sols parisis de rente directe. Cette Terre appartient aujourd'hui à Messire Henri-Michel-Augustin de Racapé, Marquis de Magnagac, à cause de Dame Charlotte Laroue de la Salle son épouse; je l'ai vû. La Vicomté de Forges en Anjou fut aliénée le 26 Novembre 1575 à François le Gay, Seigneur de Fautroy, & revendue par le Roi le 31 Mai 1655 au sieur du Halot. Ces deux contrats sont pour la tenir *en plein Fief* du Roi à cause de son Duché d'Anjou. Les Lettres d'engagement sont visées dans l'Arrêt de la Chambre des Comptes du 21 Décembre 1688, que je rapporte en mon cinquiéme volume du Traité des Fiefs, ch. 1. des Engagemens du Domaine.

VIII. Par les Edits de 1591, 1695, & Déclaration du 13 Mars 1696, & autres subsequens, on a attribué à presque *tous* les Engagistes tous les Droits Honorifiques de la Justice; cela fait partie de leur engagement *à titre de Fief.*

Aussi Bretonnier sur Henrys, & Danty, *locis supra*, conviennent que ces Edits dérogent aux principes de l'engagement. Ce ne sont pas moins des Créanciers antichresistes, des espéces d'Usufruitiers, dit Loiseau, liv. 4 des Offices, chap. 9; mais le Roi *a voulu* que cette espéce d'usufruit fût tenu de lui en foi.

Cela a occasionné une grande contestation en la Troisiéme des Enquêtes, au Rapport de M. de la Michodiere, jugée le 12 *Juin* 1739 : c'étoit en Ponthieu. Voici le fait & les circonstances, que j'ai tirés des Mémoires des Parties.

La Paroisse d'Hallencourt est composée de plusieurs Fiefs. Le sieur Charles-Hubert-Gaspard de la Fontaine y en a plusieurs, un entr'autres qui porte le nom de la Paroisse : il est Seigneur Vicomtier & foncier, & prétend être Patron & Fondateur de l'Eglise.

En 1702 le sieur Briet, pere de celui avec qui l'Arrêt a été rendu, se présenta pour acquerir la Haute-Justice d'Hallencourt. Le pere du sieur de la Fontaine y forma opposition. 1°. *Pour le nom & qualité de Seigneur d'Hallencourt.* 2°. Pour la police, & fruits des rues, voyes & chemins. 3°. Pour la connoissance des affaires civiles, criminelles & de police, telle qu'elle appartient au Vicomtier. 4°. *Pour les Droits Honorifiques dans l'Eglise*, qui apparemment étoient compris dans l'affiche. 5°. Pour le droit de Chasse.

L'adjudication fut faite au sieur Briet pere en 1703, conformément à l'Edit de 1702. Il y étoit dit : *Ayant aucunement égard à l'opposition formée par le Comte de Verton*, (c'étoit le sieur de la Fontaine) *ordonne que l'adjudication sera faite sans préjudice de la Justice Vicomtiere, telle qu'elle pouvoit appartenir au Comte de Verton, & des autres Droits qu'il pourroit avoir dans la Justice d'Hallencourt en qualité de Seigneur.*

Aussi-tôt l'adjudication, le sieur Briet pere fit sommer le Curé d'Hallencourt de lui déferer les Honneurs de l'Eglise par préference au Comte de Verton.

Opposition & prise de fait & cause du Curé d'Hallencourt par le Comte de Verton; cela fut porté aux Requêtes du Palais, où s'éleverent six chefs de contestation.

Le premier, sur la qualité *de Seigneur d'Hallencourt*: le second, sur la Police, les Droits de fruits & profits des rues, voyes, chemins, frocs, & flegards de la Paroisse: le troisiéme, sur la connoissance des affaires civiles, criminelles, & de police: le quatriéme, *pour les Droits Honorifiques*: le cinquiéme, pour le droit de Chasse: le sixiéme, sur la question de sçavoir si l'assistance aux comptes de la Fabrique appartenoit aux Officiers de la Justice Vicomtiere, ou à ceux de la Haute-Justice.

Sur le tout, Sentence le 17 Juillet 1710, qui juge tous les chefs au profit du Comte de Verton, entr'autres les Honneurs de l'Eglise *avant* le sieur Briet Engagiste.

Appel par le sieur Briet pere: cela a dormi; il est décedé. Le sieur Briet fils a repris l'instance par acte du 16 Février 1733. Pendant ce tems, il arriva un incident qui occasionna la reprise de l'appel. Les Paroissiens demanderent au Comte de Verton la permission d'agrandir l'Eglise sur la place publique; le sieur de Verton y consentit. Le sieur Briet s'y opposa; le 2 Juillet 1732 il obtint Sentence par défaut à Abbeville, qui fit défenses de travailler à l'Eglise. Appel par le Comte de Verton. Cela a fait la matiere d'un appel verbal qui fut appointé au Conseil, & joint au Procès par écrit sur l'appel du sieur Briet de la Sentence du 17 Juillet 1710.

Je ne rapporterai que ce qui a trait à la qualité de Seigneur, & aux Droits Honorifiques qui sont l'objet de cet Ouvrage.

Moyens du sieur de la Fontaine, Comte de Verton, tirés du Mémoire de Me. Merlet son Avocat.

Sur la qualité de Seigneur.

Le Comte de Verton a l'universalité de la Seigneurie d'Hallencourt, ou en Domaines, ou en Directes; il a la Justice Vicomtiere, dont les Droits sont plus étendus que ceux de la Haute-Justice; dès-là il a le droit de se qualifier *Seigneur d'Hallencourt*. Le sieur Briet n'a que des arrieres-Fiefs tenus & mouvans du Comte de Verton; il n'a la Haute-Justice *que par engagement*. Si le College des Chollets à Paris y a un Fief, suivant les principes, n'ayant que la plus petite portion, il ne peut prétendre à cette qualité; aussi n'a-t'il pas voulu être en Cause.

Par un Arrêt de 1375, on voit que Firmin de Crosmont a reporté au Roi *sa Cour d'Hallencourt*. Tous les actes de foi & aveux prouvent que la Seigneurie du sieur de la Fontaine s'est toujours appellée *la Terre d'Hallencourt*.

Sur les Droits Honorifiques, trois moyens. 1°. La qualité de Fondateur. 2°. La situation de l'Eglise. 3°. La possession.

Les titres de la Fabrique prouvent que l'Eglise est bâtie sur le Fief du sieur de la Fontaine; que le Cimetiere y est; qu'on ne lui doit qu'un cens de 8 deniers, qui est un cens modique, & qui marque seulement le Fief.

L'Eglise n'est point voûtée, les Armes du sieur de la Fontaine sont sur la sabliere qui porte le comble de l'Eglise, & l'Inscription prouve que ces Armes sont du tems qu'elle a été bâtie. Ses Armes sont au grand & au petit Portail, & aux vîtres.

La Coutume de la Salle-de-Lille, art. 29, chap. 1, donne au Seigneur Vicomtier les Droits Honorifiques, quand ses héritages, ou la plupart de ceux qui abordent le Cimetiere de l'Eglise Paroissiale, sont de son Fief, ou tenans de lui; & il n'est pas douteux que les Domaines du Comte de Verton abordent le Cimetiere de l'Eglise. Enfin, & le fait n'est pas contesté, les Ancêtres du sieur de la Fontaine ont toujours joui des Droits Honorifiques dans l'Eglise Paroissiale d'Hallencourt.

Moyens du sieur Briet, tirés du Mémoire de M. de Saint Aubin son Avocat.

Par rapport à la qualité de Seigneur.

L'Arrêt de 1375 ne reporte pas au Roi la Seigneurie universelle; Firmin de Crosmont ne reporte au Roi que deux Fiefs, qui à la vérité paroissent s'étendre sur les rues du Village, mais dont l'un pas plutôt que l'autre ne porte le nom d'Hallencourt.

Les Sentences des Trésoriers de France d'Amiens, des 12 Juillet 1671, 7 Août 1684, & 7 Juillet 1691, ne lui donnent pas l'universalité d'Hallencourt. Le Fief du College des Chollets, suivant le titre du 27 Août 1417, est de la plus grande étendue; il se nomme le Fief & Bois d'Hallencourt.

Or, suivant les principes, la qualité de Seigneur n'appartient qu'à celui qui a la principale portion.

Tout cela prouve en même tems que le sieur Briet de Rainvilliers est en droit de se qualifier Seigneur Haut-

Haut-Justicier *de* ce Lieu, & non pas seulement Seigneur Haut-Justicier *dans* la Paroisse, comme le veut la Sentence dont est appel.

Entre deux Seigneurs, l'un Haut-Justicier, l'autre féodal avec une Justice inférieure, la préference appartient au Haut-Justicier; autrement ce seroit dénaturer son titre: le Roi lui a vendu la Haute-Justice d'Hallencourt. Enfin, le sieur de la Fontaine ne prouvera pas qu'aucun de ses Auteurs se soit qualifié *seul* Seigneur d'Hallencourt.

Sur les Droits Honorifiques.

Inutile de disputer si les Honneurs de l'Eglise appartiennent au Haut-Justicier même *par engagement*, la Sentence les adjuge au sieur Briet; il ne s'agit que de la préference que l'on donne au sieur de la Fontaine, comme Patron & Fondateur (*a*).

1°. Dans tous leurs aveux, les Auteurs du sieur de la Fontaine n'ont fait aucune mention de la qualité de Fondateur. 2°. Le sieur de la Fontaine pere sçavoit si bien que cette qualité lui manquoit, qu'en 1696 il acquit les Droits d'échange pour avoir les Honneurs; il les a cedés au sieur de Crequi, à condition qu'il le laisseroit jouir des Honneurs. 3°. Les Auteurs du sieur de la Fontaine n'ont point donné le fonds pour bâtir l'Eglise & faire le Cimetiere, puisqu'ils s'y sont retenus 8 deniers de cens; & rien n'est plus opposé à la fondation gratuite d'une Eglise que la retention d'un cens, qui, modique aujourd'hui, eu égard à la réduction des monnoies, égaloit autrefois les revenus de la Terre,

(*a*) C'est ainsi que le sieur Briet s'est expliqué dans son Mémoire; cela justifie ce que je dis *infra* au sujet de la Litre. Le sieur Briet étoit Engagiste de 1703: les avoit dans son engagement, suivant les meilleurs Auteurs qui en ont traité. 4°. Les Armes d'Eaucourt sont empreintes, dit-on, sur une sabliere. Ce fait n'est pas juste : suivant le Procès-verbal dressé en 1707 à la requête du sieur de la Fontaine pere, ils représentent deux sautoirs d'or à fond d'azur ; les Armes des Eaucourt, Auteurs du sieur de la Fontaine, sont de gueules à fond d'argent. Quand on lui passeroit cela, il s'ensuivroit que ses Auteurs ont pû donner la sabliere : voilà tout. Il n'en est pas de même d'une sabliere, comme de la clef d'une voûte ; celle-ci ne peut s'ôter sans faire tomber la voûte ; au contraire une sabliere peut s'ôter & se remettre sans défaire le comble ; & on sçait qu'un pied de sabliere, sur lequel les Armes sont gravées, ne soutient qu'un pied de charpente, & qu'une clef de voûte de pierre de taille d'un pied en quarré soutient toute la voûte. 5°. Lors du Procès-verbal de 1707, on fit voir que les deux écussons qui étoient aux portes de l'Eglise y étoient nouvellement. 6°. A l'égard des Armoiries sur les cloches & vitres, l'Arrêt de Beaurains du 14 Juillet 1714 fait voir que cela ne suffit pas. 7°. Quant à la possession, tant que la Justice est demeurée en la main du Roi, cette possession n'a pû lui nuire ; il a pû ceder la Haute-Justice & tous ses Droits que cette possession n'a pû altérer.

Sur le tout est intervenu l'Arrêt du 12 Juin 1739, qui a fait un Jugement nouveau, inutile de le rapporter tout au long : voici comme il prononce sur les deux chefs qui font l'objet de notre Traité.

» Notredite Cour... faisant droit sur le tout, en » tant que touche l'appel de la Sentence du procès par » écrit du 17 Juillet 1710, a mis & met l'appellation » & Sentence dont est appel au néant ; émendant, main-

» tient & garde *seul* ledit Jacques-Hubert de la Fontaine » audit nom *(a)* au droit & possession de se dire & qualifier Seigneur d'Hallencourt; fait défenses audit Briet » de l'y troubler, & de prendre ladite qualité; ordonne qu'elle sera rayée des actes où lui & son pere peuvent l'avoir prise; permet audit Briet, en conséquence de l'adjudication faite à son pere le 5 Juillet 1703, » à titre d'inféodation & de proprieté incommutable, » suivant notre Edit du mois d'Avril 1702, *de prendre* » *la qualité de* (*Seigneur Haut* (*b*) *Justicier*) *d'Hallencourt*... maintient & garde ledit de la Fontaine, en » qualité *de Fondateur* de l'Eglise d'Hallencourt, au droit » & possession de Prieres nominales, Eau benite, Pain » benit, Procession & Offrande, & autres Droits Honorifiques, par préference audit Briet, dans l'Eglise » d'Hallencourt; ordonne que ledit de la Fontaine aura *dans* l'Eglise sa Litre & Ceinture funebre au-dessus » dudit Briet; lequel Briet, *comme Seigneur Haut-Justicier hors* ladite Eglise préferablement audit de la Fontaine, aura sa Litre & Ceinture funebre, *en dehors*, » au-dessus de celle dudit de la Fontaine; & que les » Officiers de la Haute-Justice, tant dedans que dehors » l'Eglise, auront la préséance sur ceux de la Justice » Vicomtiere.

Cet Arrêt juge, 1°. La qualité *de Seigneur indéfiniment* appartenir au sieur de la Fontaine, qui n'étoit que

(*a*) Il étoit tuteur de Charles-Hubert-Gaspard de la Fontaine, Comte de Verton, son neveu.

(*b*) La Cour differencie la qualité de Seigneur d'Hallencourt, *sine additis*, & celle de *Seigneur Haut-Justicier* du même Lieu, quoique suivant les principes ci-dessus ce ne doive être qu'une seule & même chose; néanmoins dans ce cas, d'un Acquereur de la Justice par engagement, cela montre que ce n'est pas la même chose.

Seigneur féodal & Vicomtier, au préjudice du ſieur Briet jugé Haut-Juſticier d'Hallencourt. 2°. La qualité de Patron appartenir audit de la Fontaine. 3°. Que comme Patron, il pourra avoir Litre *dedans & dehors* l'Egliſe, en dehors au-deſſous de celle du Haut-Juſticier.

De-là on pourroit croire que cet Arrêt juge contre les grands principes ci-deſſus établis, par rapport à la qualité *de Seigneur indéfiniment*, que nous avons dit n'appartenir qu'au Haut-Juſticier; qu'il juge contre l'Arrêt d'Athis *ſupra*, & contre ce que nous avons dit que le Patron n'a droit de Litres que dans l'Egliſe; qu'enfin il juge que des Armoiries à une ſabliere, aux vitres, peuvent établir un Patronage : ce que l'Arrêt de Beaurains *ſupra* a rejetté.

Mais en réfléchiſſant, comme le doit le Juriſconſulte, on va voir que cet Arrêt ne bleſſe en rien nos principes.

1°. Il eſt vrai que le ſieur Briet étoit, & eſt jugé Haut-Juſticier de la Paroiſſe à titre d'inféodation; mais ſon titre n'étoit qu'un *engagement* qui a empêché qu'on ne le regardât comme vrai *Haut-Juſticier* : ce titre d'engagement fait toujours réſider en la perſonne du Roi, par le rachat qu'il peut faire *toties quoties*, *la véritable & réelle Seigneurie d'Hallencourt*. Dans ces circonſtances, comme il eſt aſſez de maxime que la poſſeſſion du Moyen-Juſticier de ſe qualifier Seigneur *indéfiniment*, ne nuit point au Roi, le ſieur de la Fontaine étant *en poſſeſſion immémoriale*, le ſieur Briet n'étant devenu Haut-Juſticier *qu'en* 1703, ne l'étant qu'avec le riſque certain d'être évincé, par conſéquent la Juſtice devant revenir dans la main du Roi, la Cour a regardé le ſieur

Briet comme un Haut-Justicier *temporaire & passager*, & n'a pas voulu ôter au sieur de la Fontaine une possession immémoriale qui ne nuisoit point au Roi, qui nonobstant l'engagement étoit resté le vrai Haut-Justicier d'Hallencourt : cela étoit jugé par l'Arrêt de 1620 pour le sieur Desduc *supra*. L'Engagiste n'étant au vrai qu'un Usufruitier à titre de Fief, c'est un Fief anomal, irrégulier, mais cependant Fief, parce qu'il a plû au Roi, en qui réside par excellence le droit de créer des Fiefs, d'ériger ces usufruits en Fief, mais Fief qui n'a pas les prérogatives des autres Fiefs. *Dixi* en mon cinquiéme volume du Traité des Fiefs.

2°. Suivant l'art. 29, chap. 1 de la Coutume de la Salle de Lille, qui fait le Droit commun de l'Artois & du Pays de Ponthieu, la qualité de Patron s'attribue plutôt à la qualité qu'à la simple personne. Je m'explique : cet article, si on ne prouve le contraire par titres, répute *Fondateur* celui dont le Domaine utile ou direct aborde l'Eglise & le Cimetiere, soit Haut-Justicier, soit Vicomtier. Voici l'article.

» Un Seigneur Haut-Justicier ou (a) Vicomtier ayant » tous les héritages, ou la plupart d'iceux abordant le » Cimetiere de l'Eglise Paroissiale, étant du gros du » Fief ou tenus d'icelui, est réputé Seigneur temporel » & Fondateur de l'Eglise, s'il n'appert du contraire.

Or il étoit bien constant au Procès, que le Fief du Comte de Verton *abordoit* le Cimetiere de l'Eglise

(a) Cette particule *ou* fait voir que la Coutume ne répute Fondateur que le Seigneur dont les Domaines ou Directes abordent le Cimetiere de l'Eglise, soit Haut-Justicier, soit Vicomtier, & que contre l'un de ces Seigneurs, dont le Fief & Justice, qu'en Artois on nomme *Seigneurie*, abordent le Cimetiere de l'Eglise, pour se dire Patron il faut des titres positifs.

d'Hallencourt, puisque pour ce on lui devoit 8 deniers de cens, ce qui en une autre Coutume rejetteroit la présomption de Fondateur.

Dans la contestation jugée en 1714, entre le sieur de Beaurains & le sieur Bon l'Allard, il étoit évident que le sieur de Beaurains étoit Seigneur de Savie, où étoit l'Eglise, qui n'étoit pas sur Berlette ; le sieur l'Allard étoit Seigneur, le sieur l'Allard opposoit des inscriptions aux cloches & des armes aux vitres; cela ne suffisoit pas en ce Pays contre un Seigneur du Territoire, qui avoit pour lui cet article de la Coutume qui fait le Droit regnant en Artois.

Par rapport à la Litre donnée au sieur de la Fontaine *Patron*, en dedans & en dehors, je puis attester un fait vrai, que tout le monde peut vérifier sur les Mémoires des Parties qui ont été répandus dans le Public; la question ne fut pas agitée, on n'y traita les Droits Honorifiques *qu'en général* : * la Cour s'est encore déterminée par l'usage regnant dans le Pays d'Artois, de Flandres, de Ponthieu, ce qui m'a été attesté par des Avocats du Pays, que le Patron a ses Litres en dedans & au dehors; c'est un usage local qui ne dérange point le principe que j'ai posé: ce qui est jugé si solemnellement & si disertement par l'Arrêt d'Athis.

* *Vide supra* les moyens du Sr. Briet, *in principio*.

Mais retenez bien ce que j'ai dit *supra*, que l'acquisition de la Justice avec pouvoir d'instituer des Officiers, ne donnoit pas les Honneurs de l'Eglise, si on ne les a acquis nommément : c'est ce qu'on doit induire de la Déclaration du 13 Mars 1696.

Appliquez les principes ci-dessus aux Arrêts, & vous verrez qu'ils se concilient. Il me reste, pour l'exactitude, une seule chose à observer par rapport à ces enga.

gemens à titre d'inféodation ; c'est la disposition de l'Edit de Mai 1715, registré le 15 audit an.

Le Roi déclare par cet Edit, que dans la plupart des aliénations des Domaines, quoique le Chef-lieu ne fût pas abandonné, *& que le Patronage ne puisse être transmis* (a) *sans l'universalité de la Terre à laquelle il est attaché* ; principe jugé par Arrêt de la veille de Saint Jean de 1529 ; Chopin du Domaine, liv. 3, chap. 19, n. 4 ; Maréchal, ch. 1, en rapporte trois qui l'ont ainsi jugé : néanmoins on y avoit aliéné ce Droit éminent, que les Engagistes prétendoient les Droits de mouvances, lorsque ces Droits, qui sont les profits aux mutations des Vassaux, ne se payoient qu'à raison du Chef-lieu qu'il n'avoit point entendu aliéner ; que cependant les adjudications portoient ces aliénations de mouvances, Droits de quint, requint, rachat ; que même les Engagistes qui n'avoient pas expressément ces Droits de mouvances dans leur contrat d'engagement, s'immisçoient à les percevoir comme des conséquences de la Seigneurie qu'ils prétendoient leur être engagée, ce qui occasionnoit des troubles.

Cette prétention des Engagistes provenoit de l'Edit de Septembre 1591. Par cet Edit ils étoient à titre d'inféodation, ainsi que par une Déclaration du 4 Septembre audit an ; car par l'Arrêt de la Chambre des Comptes, séant à Tours, il étoit dit que les foi-hommages des Domaines aliénés seroient faites *aux Fiefs dominans desdits Domaines.*

La nécessité de la guerre engagea Henri IV. à donner une seconde Déclaration le 4 Septembre 1592,

(a) Notez ce grand principe ; j'en ferai usage ci-après dans la Section du droit de Banc.

où il vouloit que les Baronnies & Marquisats fussent aliénés ; que les Engagistes fussent appellés Seigneurs, ainsi que par une troisiéme du 23 Novembre audit an. Par l'Arrêt d'enregistrement de la Chambre, il fut dit qu'en cas d'aliénation des Baronnies, la qualité en seroit jugée par la Chambre, sans que les bénéfices ni les foi-hommages dûes ausdites Baronnies pussent être aliénées. Le 30 Mai 1593, Lettres de jussion pour ôter lesdites restrictions. Par l'Arrêt d'enregistrement, la Chambre dit que les Acquereurs des Baronnies jouiroient du Patronage, fors des Bénéfices Collegiaux, & que la qualité dûe ausdites Baronnies seroit toujours jugée par la Chambre. 12 Septembre 1593, autres Lettres de jussion : le Roi ordonna que les foi-hommages seroient comprises ès aliénations. L'Arrêt de la Chambre du 5 Octobre 1593, persista pour les foi-hommages & profits d'icelles. 7 Mars 1594, autres Lettres de jussion. L'Arrêt du 26 dudit mois laisse cela aux Commissaires. En Mars 1619, Edit portant revente de tout ; & comme les adjudications portoient, pour en jouir par les nouveaux Adjudicataires comme les précedens, ainsi que dans les adjudications faites en vertu des Edits de 1695, 1702, 1708, voilà ce qui a donné lieu à l'Edit de 1715. *Vide* mon cinquiéme volume du Traité des Fiefs.

Par ce dernier Edit de 1715, le Roi révoque toutes ces aliénations de mouvances & du Patronage, les déclare nulles ; ordonne que les Engagistes rapporteront leurs titres dans trois mois, pour être remboursés de la finance qu'ils avoient payée pour le Patronage.

Il est clair, aux termes de cet Edit, que par rapport aux

aux engagemens antérieurs, le Patronage ni les mouvances ne passoient point à l'Engagiste ; & qu'en vertu de cet Edit, les aliénations qui contenoient engagement des mouvances, & profits de mouvances sur les Fiefs & le Patronage, étoient nulles, & que l'Engagiste n'avoit les Droits que *sur les rotures* dépendantes du Domaine engagé : l'Edit le porte précisément.

» Ordonnons que nonobstant les aliénations qui peuvent avoir été faites à perpétuité, & à titre de propriété incommutable, en exécution de nos Edits de » Mars 1695, Avril 1702, & Août 1708, & de nos » Déclarations rendues en conséquence, de nos Justices » & Seigneuries par démembrement du Chef-lieu (que » Nous nous sommes expressément réservé) tous les » Droits de quint & relief, rachat, & autres Droits à » Nous dûs aux mutations des Fiefs mouvans de Nous » directement à cause de notre Couronne, Tour du » Louvre, ou de nos autres Domaines, échus & à échoir, » soient perçus à notre profit ainsi qu'il étoit accoutumé avant lesdites aliénations ; (faisant défenses aux » Acquereurs desdites Justices & Seigneuries de s'immiscer en la jouissance & perception desdits Droits » dûs pour raison desdits Fiefs, quoique situés dans l'étendue des Paroisses dont ils ont acquis la Seigneurie, nonobstant les clauses portées en leurs adjudications faites à leur profit, contrats passés en conséquence, & Arrêts intervenus depuis, que Nous déclarons de nul effet, comme contraires à nosdits Edits » & Déclarations). Voulons & ordonnons que conformément à nosdits Edits (les Acquereurs desdites Seigneuries jouissent seulement des fruits des fonds du » Domaine aliéné, & des cens & rentes dont les héri-

» tages situés dans les Paroisses & Lieux dont ils ont » acquis de Nous la Seigneurie, sont chargés envers » Nous & notre Domaine, ensemble des lods & ventes » des héritages censuels & roturiers qui sont de notre » Directe dans l'étendue desdites Paroisses); le tout sui- » vant qu'il est porté dans les contrats d'aliénations » faites au profit desdits Acquereurs.

» Et de la même autorité, Nous avons par ces Pré- » sentes révoqué & révoquons toutes les aliénations qui » peuvent avoir été faites en exécution de notre Edit » du mois d'Avril 1702, ou autres, & Déclarations in- » tervenues en conséquence, des Droits de Patronage » & de présentation aux Bénéfices, Cures, ou autres, » de quelque nature qu'ils soient; déclarons nulles les » clauses qui ont été inserées dans les aliénations au su- » jet desdits Droits de Patronage, faisant défenses aux » Acquereurs de nosdits Domaines d'entreprendre de » nommer & présenter ausdits Bénéfices, de quelque » nature qu'ils soient, à peine de nullité desdites nomi- » nations & présentations; ordonnons que dans trois » mois du jour de l'enregistrement des Présentes en » nos Cours de Parlement, les Acquereurs de nosdites » Justices & Seigneuries qui ont payé une finance dis- » tincte & séparée pour raison desdits Droits de Patro- » nage, seront tenus de rapporter leurs contrats d'alié- » nation, & les remettre au Controlleur Général de » nos Finances, pour être par Nous pourvu au rem- » boursement de la finance par eux payée pour raison » desdits Droits de Patronage & de présentation aux » Bénéfices; sinon & à faute de ce faire après l'expira- » tion des trois mois, ils seront déchus de pouvoir pré- » tendre aucun remboursement de finance.

De cet Edit qui déclare que les Engagistes des Justices & Seigneuries n'ont *les Droits de Patronage ni de mouvances*, que leur droit n'est que la perception des fruits des fonds du Domaine engagé, & des Droits de Directe sur les rotures seulement, ne pourroit-on pas en induire que, quoiqu'ils ayent la Haute-Justice avec le pouvoir d'y instituer Officiers, néanmoins ils n'en doivent pas avoir toutes les conséquences honorifiques, surtout celles qui tendent aux grands Droits Honorifiques?

Mais cet Edit a-t-il eu sa pleine exécution? *Vide* mon cinquiéme volume des Fiefs, où vous verrez qu'il n'a pas lieu par rapport aux Engagistes qui *ont le Chef-lieu dans leur adjudication.* Independamment de cela, distinguez en bon Jurisconsulte les Droits Honorifiques qui sont produits par le Patronage, & les Droits Honorifiques qui sont la suite de la Haute-Justice. L'Edit ne les ôte qu'à ceux qui les prétendroient comme Patrons, mais non à ceux qui ayant acquis la Haute-Justice, en ont aussi acquis les Droits Honorifiques, en conséquence de la Déclaration du 13 Mars 1696. Cela ne nuit point aux Seigneurs qui en étoient en possession.

Je tiens de plus que les Engagistes, même de la seconde classe, ne doivent pas jouir des grands Honneurs qui tendent à perpétuer leur Seigneurie, comme *la Sépulture au Chœur*, *avec tombe* à leurs Armes & Inscriptions; parcequ'il est toujours certain que le Roi est le seul & vrai Seigneur de ce Domaine; qu'ils ne peuvent prendre la qualité de Seigneur de la Paroisse *indéfiniment*, mais seulement celle de Haut-Justicier de la Paroisse *par engagement.* Je tiens aussi que pendant l'engagement ils doivent avoir les Honneurs *de la préséance* avant tout Moyen, Bas-Justicier & Féodal de la Paroisse; même les Prieres nominales, en les nommant Seigneurs Hauts-Justiciers de la Paroisse *par engagement*. Cet Honneur ne se défere qu'autant que l'engagement subsiste, & ne laisse après lui aucune trace de perpétuité d'une Seigneurie effacée par le rachat.

Je ne parlerai point des Acquereurs des Droits d'échange, ausquels les Edits, & notamment la Déclaration du 20 Mars 1748, ont attribué les Droits des Seigneurs.

Ces Droits que les nécessités de la guerre ont fait annexer aux Droits d'échange, ne sont dans les Seigneuries particulieres que des Droits de bursalité, c'est-à-dire régis par les Fermiers du Domaine pour le Roi, tant qu'il ne les a point aliénés au profit des Seigneurs particuliers.

Et comme ces Droits, tels qu'ils soient, ne sont jamais que Droits seigneuriaux, & à cause du Fief, comme un contrat que le Roi déclare devoir être assujetti aux Droits seigneuriaux, cela ne descendant nullement de la Justice, qui seule après le Patronage est le germe des Honneurs dans l'Eglise, cela ne peut nuire aux Patrons & Hauts-Justiciers; & cette espéce de concurrence qu'on leur donne est une concurrence passagere, qui n'étant point fondée dans le Droit productif des Honneurs dans l'Eglise, ne peut faire aucune impression.

A l'égard des Acquereurs de ces Droits dans les Terres du Domaine, leur droit ne nuira pas aux Engagistes qui les ont acquis avant eux; ils ne sont eux-mêmes qu'Engagistes, la proprieté du Droit reste au

Roi inconteſtablement. Il y a plus, les Seigneurs même qui les acquierent en vertu de cette Déclaration, pour les réunir à leur Seigneurie à titre de proprieté incommutable, dit l'art. 2, ne doivent pas ſe flater de cette proprieté incommutable ; puiſque le Roi ne leur aliéne ces Droits dans leurs Seigneuries que *ſous la mouvance du Domaine le plus prochain ;* cela formera un Fief diſtinct de leur Seigneurie, qui étant créé par le Roi pour lui, lorſqu'il les aliéne, ne fait que les engager ; & il y a lieu de croire que ce ne ſeront que des engagemens à tous égards.

L'art. 3 dit, *que les Acquereurs ſeront réputés Seigneurs en partie des Fiefs, Terres & Seigneuries dans l'étendue deſquelles ils auront acquis ces Droits, en prendre le titre ; veut le Roi qu'ils jouiſſent de tous les Droits attachés à la qualité de Seigneurs des Fiefs après les Seigneurs, qui ſeront tenus de leur communiquer leur Terrier, pour connoître l'étendue de la Seigneurie.*

Voici l'Arrêt d'enregiſtrement du 23 Mars audit an 1748.

Regiſtré, oüi, & ce requerant le Procureur Général du Roi, pour être exécuté ſuivant ſa forme & teneur ; & copies collationnées envoyées aux Bailliages & Sénéchauſſées, &c. pour avoir lieu dans les Coutumes qui ne donnent pas les Droits d'échange aux Seigneurs, ou qui les donnent moindres que ceux dûs pour vente, conformément à la Déclaration du premier Mai 1696, enregiſtrée en la Cour le 5 dudit mois.

Ne pourra néanmoins l'art. 3 être entendu que des Droits Honorifiques dans l'Egliſe ſeulement, tels qu'ils appartiennent aux Seigneurs de Fiefs.

Ne pourront auſſi les Acquereurs deſdits Droits exiger

des Seigneurs aucune communication que celle des titres relatifs aux Droits d'échange qui leur seroient contestés, en le faisant dire & ordonner avec lesdits Seigneurs, & sans déplacer, & sans approbation des Edits & Déclarations non registrés en la Cour, & Arrêts énoncés en la présente Déclaration, suivant l'Arrêt de ce jour.

De-là, par rapport aux Droits Honorifiques, les maximes que nous avons données restent en leur entier.

DEUXIE'ME QUESTION.

Lorsque le Patronage ou la Haute-Justice sont à plusieurs pro indiviso, vel pro diviso, *c'est-à-dire avec assignat de portions, y aura-t-il autant de Litres que de Copatrons & de Coseigneurs?* Quid *des Moyens & Bas-Justiciers?*

I. *Qu'il faut distinguer si les ayans part sont freres ou leurs héritiers; ou s'ils sont Acquereurs étrangers, si les parts sont égales, ou inégales.*

Preuves que les Arrêts cités par Maréchal ne jugent pas la Question.

II. Quid *par rapport aux Moyens & Bas-Justiciers, & Seigneurs de Fiefs?*

Réfutation de la Note de Graverol sur la Rocheflavin.

III. *Solution de la Question.*

Observation sur des Arrêts rapportés dans la Section suivante.

Qu'il ne doit y avoir qu'une Litre pour tous les Copatrons, & une pour tous les Cohauts-Justiciers.

IV. *Contradiction de la question principale dans les Coutumes de parages.*

I. Il faut d'abord distinguer, ou l'indivis est entre freres ou leurs représentans, ou il est entre Particuliers Coacqueteurs, ou il est entre le Dominant & le Vassal, comme cela est pour Palis en Champagne, entre M. le Duc d'Estissac, Seigneur de Villemont, Seigneurie dominante de Palis, & le sieur Desmarets; la Seigneurie & la Justice de Palis leur appartiennent chacun pour moitié, ou il y a partage égal, ou en portions inégales.

Nous avons plusieurs Arrêts sur cette Question.

Brodeau sur M. Louet, lettre F, somm. 31, rapporte l'Arrêt qu'il dit de Réglement, du 22 Juin 1641, entre les sieurs Antoine & André Bernardin, aîné & puîné, Seigneurs de Brie-sur-Marne, qui jugea que leurs Litres devoient être placées de telle sorte que celle de l'aîné soit au-dessus; & que le puîné faisant mettre la sienne le premier, doit laisser au-dessus une place convenable pour celle de l'aîné quand il voudra l'y faire mettre. Cet Arrêt est entre deux freres qui avoient partagé une Terre. Brodeau ne remarque point s'il y avoit un Patron, ou s'il n'y en avoit pas.

M. la Rocheflavin, titre des Droits Seigneuriaux, chap. 23, article 1, dit que s'il y a deux Coseigneurs égaux en Jurisdiction, chacun peut avoir sa Litre, sans effacer la premiere qui se trouvera faite, ains sous icelle; Arrêt du 17 Août 1571; que si l'un a plus grande part, il doit avoir la sienne au-dessus, s'il n'y a possession contraire.

Art. 3. S'il y a plusieurs Seigneurs Justiciers n'ayant qu'une même Eglise Paroissiale, il dit que le sieur de Vareilles ayant justifié que les deux Seigneuries ne faisoient qu'une Paroisse & un Consulat, on lui permit par provision, par Arrêt du 20 Mars 1587, de mettre sa Litre de telle sorte qu'elle ne pût empêcher de mettre celle du Baron d'Aspur.

Cet Arrêt doit être entendu de deux *Coseigneurs* de la *même* Justice de l'Eglise; autrement ce seroit contre tout principe.

Art. 4. Il rapporte un Arrêt qu'il ne date pas, qui permit au sieur de Recordere, Seigneur Haut-Justicier de la plus grande partie des Lieux de Saint Leon & Caussidiers, de mettre sa Litre en dedans & en dehors des Eglises Paroissiales desdits Lieux.

M. Dolive en ses Questions, liv. 2, chap. 11 à la fin, dit que si dans un même Lieu il y a divers Seigneurs Hauts-Justiciers, ce concours, non plus que celui du Patronage & de la Justice, n'empêche pas que chacun d'eux ne puisse jouir de la faculté de mettre Litre le cas échéant; mais que si l'un d'eux fait hommage à l'autre, en ce cas l'Hommager ne laisse pas d'avoir des Litres & Ceintures funebres, vû qu'il est Justicier: mais pour marque de sa dépendance, il est obligé de les mettre au-dessous de celles du Seigneur dominant; comme il fut jugé en la Chambre de l'Edit de Castres, en la Cause du sieur de Clermont, Baron de Vertillac, & le sieur de Verrieres, le 10 Mars 1634.

Despeisses, des Droits Seigneuriaux, tit. 5, art. 2, sect. 7, tient, comme M. Dolive, que tous les héritiers desdits Seigneurs pourront faire mettre des Litres le cas y échéant.

Cette

Cette maxime de M. Dolive ne doit être entendue que de plusieurs *Coseigneurs* Hauts-Justiciers, & ainsi l'entend Despeisses ; car ce Parlement, comme je l'ai montré *supra*, & le montrerai en parlant du Banc, n'adjuge les Honneurs par droit qu'au Haut-Justicier *du sol* de l'Eglise.

Maréchal, chap. 5, dit que si le Patronage est divisé entre freres, entre plusieurs, *idem* de la Justice, l'aîné, ou qui le représente, aura ses Armes à droite, le puîné à gauche, ou l'aîné au-dessus ; jugé par Arrêt de Toulouse du 13 Septembre 1552, qu'il rapporte tome 2, n. 18 : *ou bien*, dit-il, * *si l'aîné veut, leurs Armoiries seront peintes en hauteur & distance égale, & parité de nombre, tant dedans que dehors l'Eglise, sur une même Ceinture ou Litre ; de maniere que les Armes de l'aîné étant peintes les premieres, celles du puîné suivent en distance convenable, en cedant douze pieds de long, & tout de suite alternativement.*

* Notez ceci pour la décision *infra.*

Il cite encore cet Arrêt, pour dire qu'il a jugé que si le Moyen ou Bas-Justicier, ou simple Seigneur de Fief est en possession de faire peindre Litre au dedans ou au dehors, le Patron ou Haut-Justicier peut toujours faire mettre sa Litre au-dessus.

Outre que cet Arrêt, pour la derniere question, seroit contraire à celui de 1631 qu'il rapporte, & par lequel un Haut-Justicier fut autorisé à faire ôter la Litre du Moyen-Justicier, & Seigneur de Fief, Arrêt que nous rapportons *infra.*

C'est que cet Arrêt de 1552 ne juge rien de ces deux questions : * il est rendu entre le sieur Molinier, Seigneur pour deux parties de la Jurisdiction Moyenne & Basse du Lieu & Seigneurie de Vieux, les neuf fai-

* *Hic.*

sant le tout, & le sieur de Carriac, Seigneur pour les sept autres parties de la Jurisdiction Moyenne & Basse, *& pour la Jurisdiction Haute entierement.* Après avoir réglé les differens Droits de ces deux degrés de Jurisdiction, voici comme il prononce sur les Honneurs.

» Au surplus, a ordonné & ordonne que ledit Molinier, en tous actes qu'il conviendra faire pour le » devoir & état de la Jurisdiction Moyenne & Basse, » aura lieu & préférence avant tous autres après ledit » de Carriac, ou ses successeurs en ladite Jurisdiction, » audit Lieu & détroit d'icelui; & aussi en tous autres » actes & assemblées générales, *comme les Procession,* » *Offrande, reception de Pain, aura préférence apr's ledit* » *de Carriac & sa femme:* aussi sera permis audit Molinier, Coseigneur pour lesdites deux parties de la » Jurisdiction Moyenne & Basse, *afficher* ses Armoiries » *ès lieux publics* * de ladite Seigneurie, & aussi au Scel » de la Cour ordinaire dudit Lieu, à la part senestre, » & un peu plus bas que celles dudit de Carriac, avec » lequel Scel seront scellées les Lettres qui seront expédiées au nom dudit Juge pour lesdits Coseigneurs, » au nom desquels seront aussi faits les cris & proclamations concernant ladite Jurisdiction Moyenne & » Basse. Et outre déclare la Cour ledit Carriac n'avoir droit, & lui être loisible de prohiber audit » Molinier d'avoir sa sépulture dans l'Eglise dudit Lieu » de Vieux, au lieu où ses prédécesseurs Seigneurs d'icelle ont accoutumé d'être ensevelis.

* Est-ce là la Litre dans l'Eglise?

Y a-t-il rien de la Litre dans l'Eglise dans cet Arrêt? Il ne parle de l'Eglise que pour la Sépulture, dont la possession est conservée au Moyen-Justicier, comme par l'Arrêt que j'ai ci-dessus rapporté pour le Marquis de Saint Georges, chap. 2.

Le même Maréchal rapporte tome 2, nomb. 5, un Arrêt de Dijon du 2 Avril 1612, qui jugea qu'un Coseigneur n'avoit pas droit d'empêcher l'autre de mettre sa Litre.

Il dit qu'ordinairement on ne voit que deux Litres dans une Eglise, l'une patronale, l'autre seigneuriale; que cependant par l'Arrêt de Hauches du 9 Août 1613, on en permit trois : il le rapporte tom. 2, nomb. 55. Par cet Arrêt il est dit, *que M. de Champront pourra se qualifier Seigneur de Hauches (sans restriction * ni modification)*; les Sieur & Dame de la Guelle, Seigneur & Dame dudit Hauches *en partie* : & il ajoute, jouiront icelles veuves, de la Guelle, comme *Dame Châtelaine*, & icelle Dame de Rouville, *Dame suzeraine*, à cause de sa Terre & Seigneurie du Bois de Fourches, *de tous Droits Honorifiques, prééminences & prérogatives en l'Eglise Paroissiale dudit Hauches, soit pour la Procession, Offrandes, Pain benit, Eau benite, Prieres publiques, droit de Litre & Ceinture de deuil, tant au dehors que dedans ladite Eglise, tout autour d'icelle; & après ladite Dame de la Guelle, ledit de Champront jouira desdits Droits Honorifiques & prééminences ci-dessus déclarés, (fors qu'il ne pourra renouveller ou mettre sa Litre ou Ceinture que du côté de son Banc à main droite, & tout le long d'icelui côté, & en la Chapelle dite à présent de Saint Vincent.)*

* *Hic.*

Lesdits de Nancelles & de la Valade jouiront desdits Droits Honorifiques, (& pourront renouveller, mettre leurs Litre & Ceinture du côté de leur Banc à main gauche, tout le long d'icelui côté, fors en ladite Chapelle); icelles Litres & Ceintures desdits de Champront, Nancelles & la

Valade au-dessous de celles desdites Dames de la Guelle.

Voilà *trois, même quatre Litres* dans la même Eglise. M. de Champront, qualifié *Seigneur de Hauches sans restriction ni dénomination* : on ordonne même que *les titres de fondation de ladite Eglise lui demeureront*, dont il donnera des copies ausdites Dames de la Guelle, Nancelles & la Valade ; cependant la Dame veuve de la Guelle, comme Dame Châtelaine, a la premiere Litre. Il est assez difficile de comprendre le motif de cet Arrêt, dont Maréchal n'a pas voulu nous donner l'espéce, & que je n'ai pû reconnoître exactement dans le vû, ni dans le dispositif.

Il dit que le Prieur d'Epernon étoit Patron ; que les anciens Seigneurs l'avoient aumôné à ce Prieuré ; ensorte que s'il y eût eu autre Patron qui eût prétendu Litre, il y auroit eu *cinq* Litres dans l'Eglise de Hauches.

Basnage, sur l'art. 142 de Normandie, rapporte un Arrêt du mois de Février 1639 pour les Patrons, qui confirma une Sentence rendue entre deux Patrons alternatifs, & jugea que l'on devoit mettre sa Litre au plus haut lieu, l'autre au-dessous. Le motif est, que l'un étoit Seigneur dominant de l'autre. Il rapporte un pareil Arrêt du 24 Mars 1665.

Quoiqu'en ce Parlement la qualité de Haut-Justicier ou féodal n'y fasse rien, néanmoins comme la plupart des Patronages appartiennent aux Seigneurs *de Fief*, on jugea avec raison qu'étant tous deux Patrons, & par conséquent ayant droit d'avoir leur Litre, comme il falloit nécessairement que l'une fût au-dessus de l'autre, ou qu'elle fût au côté le plus honorable, leur qualité de Patrons alternatifs ne pouvant décider de cette préference pour la place de la Litre, on décida par la qualité de Dominant & de Vassal : celui qui dominoit l'autre, devoit placer sa Litre au-dessus.

II. Par rapport aux Moyens & Bas-Justiciers, & Seigneurs de Fiefs, s'ils ne sont Patrons, en Normandie ils ne peuvent prétendre ces Droits, non plus que le Haut-Justicier ; *idem* en Bretagne, s'ils ne prouvent possession antérieure à l'Ordonnance de 1539, *ut diximus supra.*

Graverol sur M. de la Rocheflavin, *loco supra*, art. 1, convient d'abord qu'entre les Seigneurs il n'y a que les Hauts-Justiciers qui ayent ce Droit, & les Patrons ; & il ajoute, que les Moyens & Bas-Justiciers peuvent prescrire ce Droit sur les Hauts-Justiciers par une possession immémoriale ; & il dit tout de suite, *les Moyens & Bas-Justiciers ne l'ont que par tolérance, & non de droit, hors le cas de prescription.*

Cette note n'est pas bonne, en ce qu'elle dit que les Moyens & Bas-Justiciers peuvent prescrire ce Droit *sur les Hauts-Justiciers, & qu'ils ne l'ont que par tolérance, & non par droit, hors le cas de prescription.*

Cette observation est contre les principes. 1°. Si l'Auteur a entendu dire *que par prescription ils excluoient le Haut-Justicier* du Droit d'apposer Litre, qui réside par droit *ex concessis* en sa qualité de Haut-Justicier, cela est insoutenable ; ce Droit est de pure faculté libre ; le Haut-Justicier & le Patron peuvent en user ou n'en pas user, cela est incontestable ; & il est de maxime certaine, que *ea quæ sunt meræ facultatis sunt imprescriptibilia.* Et je ne crois pas même que par possession immémoriale ils puissent s'y maintenir malgré le Patron & le Haut-Justicier : outre que ce seroit multiplier ce

Droit, c'est que cette possession péche dans le principe, elle est abusive; & quand celui qui a le Droit le reclame, il doit lui être adjugé sans partage. C'est aussi le pur sentiment de Loiseau, chap. 11 des Seigneuries, n. 39. Après avoir aux nombres 30 & suivans dit que les Moyens & Bas-Justiciers, & Seigneurs directs ne peuvent prétendre aux Honneurs de l'Eglise, il dit au nomb. 39 : *Donc pour ce qui concerne particulierement les Honneurs de l'Eglise, ils n'appartiennent par droit qu'aux Patron & Haut-Justicier, & eux seuls s'en peuvent pourvoir, soit par complainte, ou par action; (& qui plus est, les retiennent, encore qu'ils ne résident point dans la Paroisse*). Qu'on ne dise pas que Loiseau ne parle que du droit, & non de la possession; mais dès qu'ils les retiennent sans être dans la Paroisse, ils ne peuvent avoir de concurrens, & leur possession tacite résultante de leur droit indélebile, est un titre *qui perpetuò clamat* contre la possession du Moyen ou Bas-Justicier; c'est une possession toujours contredite, & dès-là impuissante.

2°. La note péche encore, en ce qu'elle paroît admettre la Litre *par droit* dans le cas de la prescription. Je sçai que *possessio centum annorum habet vim constituti*; mais ce n'est toujours *qu'une possession*, & non pas *un droit*. On dira qu'en ce cas il a la possession, mais on ne peut dire qu'il *ait le droit*.

M. Dolive, *loco citato*, rapporte un Arrêt de 1592, qui ordonna que le Bas-Justicier seroit tenu d'effacer sa Litre, quoiqu'au-dessous du Haut-Justicier, *faute d'avoir pû justifier sa possession immémoriale*. On voit que ce Parlement donne cet Honneur aux Moyens & Bas-Justiciers par possession immémoriale. Je ne crois pas cette Jurisprudence exactement conforme aux saines maximes. Nous avons montré ci-dessus deux choses : la premiere, que les Honneurs de l'Eglise n'avoient que deux causes ; le bienfait, c'est le Patronage ; *la Puissance publique*, c'est la Haute-Justice : la deuxiéme, que les Moyens & Bas-Justiciers n'ont pas *la puissance publique.* Or il est sans difficulté que la vraie puissance publique ne réside pas dans le Moyen-Justicier, mais dans le Haut-Justicier qui a le *jus gladii : hæc est constantissima veritas*, & par conséquent ils ne peuvent ni prétendre, ni acquerir ces Droits, leur possession est toujours vicieuse dans le principe ; *& quod ab initio vitiosum est, tractu temporis convalescere non potest*, surtout pour les grands Honneurs de l'Eglise, leur possession est toujours vicieuse vis-à-vis du Patron & du Haut-Justicier.

Maréchal, tom. 2, n. 65, rapporte un Arrêt du 28 Juin 1631, qui jugea deux choses : la premiere, que les Seigneurs n'avoient pû ceder ni accorder le droit de Litre & de Banc, sans ceder la Seigneurie ou le Patronage ; c'est ce qu'a jugé l'Arrêt de Coubertin de 1734 *supra* ; c'est ce que décide Loiseau, chap. 11 des Seigneuries, & l'Edit de 1715 *supra* : la seconde, que ceux qui n'ont point droit de Banc au Chœur, ni de Litre dans l'Eglise, *ne peuvent les prescrire*, non-seulement contre le Patron, mais aussi contre le Haut-Justicier, c'est-à-dire vis-à-vis de l'un ou de l'autre. Ajoutez l'Arrêt d'Herbelay de 1646 *supra*, chap. 3. Cet Arrêt juge précisément le contraire des Arrêts cités par M. Dolive.

III. Venons à la décision.

Pour dire mon sentiment sur cette importante ques- Solution.

tion, je crois que, soit pour le Patronage, soit pour la Justice, possedés *pro indiviso, vel pro diviso*, je dois moins m'arrêter aux préjugés qu'aux principes : ce que j'ai observé sur les Arrêts conduit à cela.

Un premier principe tiré de la décence qui doit s'observer dans les Temples consacrés à Dieu, est qu'autant qu'il est possible, la vanité doit ceder au devoir & à la piété, & que ce que l'Eglise a accordé en reconnoissance des bienfaits, & de la protection qu'Elle reçoit de la Puissance publique, ne doit pas tourner à sa difformité.

Un second principe tiré de Roye, *loco citato in principio* de ce Chapitre, est, *sicut cum plures fundum communem habent eique aliquam acquisiere servitutem, per unum eundemque locum fundi servientis ea servitute uti debent. Ita & plures Senioratus Domini unam duntaxat Senioralem Listram habere possunt in qua quælibet arma aut insignia sua depingat, pro portionibus Dominicis.* ppliquez cela aux Patrons.

Maréchal suit assez ce principe *loco supra modo*, n. 1. *Vide.*

Je pense qu'on peut appuyer ce que dit Roye sur ce grand & magnifique principe que Dumoulin nous donne §. 13, *hodie* 20, gl. 1, n. 51, que quand un Fief mouvant de différens Seigneurs *par indivis* est vendu, il faut ou investir pour le tout, ou retirer pour le tout. Voici sa raison, elle est lumineuse & digne de lui ; c'est toujours dans la raison de décider que le principe se trouve. *Ex quo enim est unicum Feudum & unicus titulus Feudi, sequitur quod ejusdem Feudi,* (*non est nisi unicum jus Patronatus, & sic plures Patroni non habentur nisi pro uno. . . alioquin ex persona hæredum nova servitus, novum unus adderetur.*)

Dargentré

Dargentré sur l'article 329 de Bretagne, n. 2 à la fin, parlant de la division du Fief dominant entre héritiers, nous donne le même principe. *Quin ipsum corpus Feudi dominantis dividi possit, & in partes scindi & pluribus assignari, & hæreditates capi dividue, non est dubium (sed jus ipsum in subjectum, (sur le Fief vassal) immutabile manebit) prout uni subjecto unico applicabile est. (Nec per hoc Vassallus habebit plures Dominos, sed in Dominio unius manebit).*

Ces deux lumieres des Fiefs nous donnent souvent de ces grands principes, qui, quoiqu'appliqués à un point féodal, vont néanmoins à tout. *Quia ubi eadem ratio, ibi eadem norma sequenda est.* Le principe est toujours principe, à quoi qu'on puisse l'appliquer : on ne peut nier que ce principe soit un principe général pour tout ce qui concerne la superiorité.

Dans la matiere que nous traitons il faut toujours, autant qu'on peut, raisonner par principes; tous ceux qui écrivent simplement d'après les Arrêts, sont sujets à s'égarer.

Ces principes de Dumoulin & Dargentré, sont principes *dans tout* où il est question de quelque droit de superiorité, ou approchant de la superiorité : ces principes donnés pour un même Fief divisé ou indivis entre plusieurs, s'appliquent identifiquement au Patronage & à la Haute-Justice tenus *pro diviso, aut pro indiviso.* Ce n'est pas à la question qui a occasionné une décision qu'il faut s'arrêter pour en tirer des principes, c'est à la raison de décider, parce que c'est là, *ut diximus modo,* où est le principe; & je crois que la raison de décider de ces deux illustres Emules, peut parfaitement s'appliquer à la question que je traite.

En effet, que le Patronage ou la Haute-Justice soient tenus par indivis, ou assignés par portions égales ou inégales, ce n'est toujours dans son origine *que le même droit de Patronage*, ce n'est *que la même Haute-Justice*. L'Ordonnance de Roussillon de 1563, art. 25 & 26, nous le montre bien : elle veut que la Justice commune à plusieurs s'exerce *ou par un Bailli commun, ou par un Bailli nommé tour à tour, suivant les parts & portions, (lequel exercera au nom de tous)* : il n'y aura toujours *qu'un seul Bailli*, parce qu'il n'y a en effet *qu'une seule Justice* appartenante à plusieurs. Voilà le principe entre plusieurs héritiers d'un Patron ; il n'y a toujours qu'un seul droit de Patronage.

Raisonnons d'après ces principes. Le Patronage & la Haute-Justice, quelque division qu'il y ait, sont toujours *le même Patronage*, *la même Haute-Justice* à qui dans le principe l'Eglise a décerné ces Honneurs : tous les héritiers ou ayant cause du Patron, ou Haut-Justicier, ne représentent *tous* que le *Patron*, que le *Haut-Justicier de* l'Eglise ; *verè & realiter* ce ne sont pas *plusieurs Patrons, plusieurs Hauts-Justiciers*, ce sont des *Copatrons*, des *Cohauts-Justiciers* : disons mieux, ce sont *tous des ayant part* au Patronage, à la Haute-Justice, *& sic plures Patroni non habentur nisi pro uno.* La division du droit de Patronage, ou de la Haute-Justice, peut se faire, *in partes scindi possunt*, (*a*) *dividue capi possunt* ; mais concluons dans le sens de Dargentré : *Nec per hoc Ecclesia habebit plures Patronos, plures Dominos, sed in unius Patronatu in unius Senioratu manebit.* Elle n'a toujours qu'un même Patron *multiplié en plusieurs héritiers*, un même Haut-Justicier *multiplié* en plusieurs

(*a*) *Id est*, par assignat de portions, cela ne multiplie pas la Justice.

ayant part à la Haute-Justice ; cela ne peut augmenter ni multiplier le Droit résultant du Patronage, ou de la Haute-Justice, *alioquin ex personâ hæredum nova servitus, novum onus adderetur*, dit Dumoulin.

S'il y a des Arrêts, que nous rapporterons Sect. suivante, qui disent que tous ces ayant part jouiront des Droits Honorifiques tour à tour suivant leurs portions, distinguez * en bon Jurisconsulte les Droits qui peuvent souffrir un tour, comme les Prieres nominales ; encore nous dirons sur cela ce que nous pensons, & les Droits qu'il n'est pas possible d'admettre tour à tour, & par portion de tems, tel est le Droit de Litres, & de Banc au Chœur ; on ne substituera pas une Litre à une autre suivant le tour ; on ne substituera pas un Banc à una utre suivant sa portion ; on ne fera pas sortir du Chœur un Copatron, ou un Cohaut-Justicier pour être confondu pendant le tour de l'autre.

* Distinction notable.

Dans ces circonstances, comme d'un côté la multiplicité des Litres dans une Eglise feroit une décoration indécente, que d'autre côté on ne peut avoir une Litre alternative, & qu'enfin la Litre de l'aîné, ou de qui le représente, ou qui a la plus grosse portion, conserve le Droit de tous, & le maintient dans la famille du Patron, ou du Haut-Justicier tant que la Haute-Justice du Lieu est dans la famille de ce dernier.

Je tiens qu'il ne doit y avoir qu'une seule Litre pour tous les *Copatrons*, & une pour tous les *Cohauts-Justiciers*, même dans le cas où il n'y auroit point de Patron, parce que tous les ayant part à la Justice sont tous égaux, ils ne *sont inégaux que dans les profits*, mais la Justice s'exerce au nom de tous ; & quand ils auroient un Bailli par tour, celui de la plus petite portion, pendant son tems d'exercice, est Bailli aussi grand que celui de l'aîné, il exerce les mêmes Droits, sauf le partage des obventions & émolumens, & la durée de son exercice, *quia sunt Domini ejusdem (justitiæ) in honore & titulo tanquam consortes sive concurrentes cum primo genito, non tanquam subditi vel dependentes ab illo.* Mol. §. *hodie* 16, *olim* 10, n. 21. De-là on pourroit même dire, & cela est vrai, qu'ils jouissent tous du Droit de Litre, par la Litre de l'aîné, ou de celui qui le représente. *Vide* l'Arrêt de 1648, rapporté sur le Droit de Banc *infra*, n. 2 à la fin, qui jugea ainsi que nous le disons.

Que si tous veulent avoir leurs Armes, je crois en ce cas qu'on doit suivre le sentiment de Roye & de Maréchal, chap. 5; c'est-à-dire que sur la Ceinture de deuil tirée tout autour de l'Eglise, soit dedans, soit dehors, l'aîné, ou qui le représente, ou qui a la plus grosse part à la Justice, aura ses Armes, à commencer du côté le plus honorable, dans une certaine longueur & étendue proportionnée à sa part, & chaque puîné ou ayant part tout de suite, suivant sa portion, en laissant entre chacun un pied ou deux de distance : par exemple, l'aîné aura les deux tiers de la Justice, les autres auront l'autre tiers à eux tous, l'un un tiers, l'autre un quart dans ce tiers, l'aîné occupera les deux tiers de la Ceinture, & un pied ou deux après, l'autre aura le tiers du tiers restant, l'autre le quart, en laissant toujours une distance. *Idem* du Patronage suivant les portions de tems assignées à chacun, *quia eadem ratio.*

Ainsi jugé au Parlement de Bordeaux par Arrêt du 27 Juillet 1645, rapporté par l'Annotateur de Lapeyrere, lettre L, n. 94, qui s'explique ainsi.

» Jugé entre les enfans du sieur Baron de Jayac qu'ils

» ne devoient avoir que la même Litre, & qu'en cas » de concours les Armes de l'aîné seroient les premieres.

Au nombre 2 sur le Droit de Banc, je rapporte d'après Brillon un Arrêt du 7 Mars 1648, qui jugea que celui qui avoit la plus grande portion auroit le Banc au Chœur. Cet Arrêt peut s'appliquer, comme nous le disons *infra*, à ce que nous venons de dire sur la Litre: on ne doit multiplier ces deux Droits, à cause de la difformité & incommodité que cela causeroit dans le Chœur. L'Arrêt du 12 Août 1746 *supra*, ne donna qu'une seule Ceinture à deux Cohauts-Justiciers, ausquels il les permettoit *en dehors* : il en donna moitié à l'un, moitié à l'autre, & ce, quoiqu'un des deux fût jugé Patron.

De cette façon il n'y aura jamais que deux Litres ou Ceintures de deuil dans une Eglise, *alia Patronalis*, *alia Senioralis*, comme le décide l'article 19, titre des *Droits Honorifiques*, des Arrêtés de M. le Premier Président de Lamoignon, qui dit, *ne pourra y avoir dans l'Eglise, ou au dehors, plus de deux Litres en même tems.*

IV. *Quid* dans les Coutumes de parage, où *pendant le parage* les Parageurs sont égaux à l'aîné, où, disent les Coutumes, ils ont dans leurs portions telle & semblable Justice que l'aîné, mais qui, *parage fini*, deviennent Vassaux de l'aîné, & leur Justice baisse d'un degré, *ut probavi* 3e. vol. dans ma Dissertation sur les Parages.

Le Parlement de Rouen, dont la Coutume admet le parage jusqu'au sixiéme degré *inclusivement*, après lequel les puînés ou représentans font la foi à l'aîné ou son représentant, art. 129, ce Parlement accorde tous les Honneurs à tous les Copatrons *pendant le parage seulement*. Basnage sur l'art. 142. Boucheul sur l'art. 140 de Poitou, qui est Coutume de parage, n. 26, adopte ce sentiment.

Quoique cette Jurisprudence paroisse fondée sur ce que pendant le parage le Patronage ne paroît pas divisé, (appliquez tout ceci à la Haute-Justice pour les autres Coutumes de parage où les Hauts-Justiciers jouissent des Honneurs comme en Poitou & autres); cependant il n'est pas moins vrai que cela multiplie les Droits Honorifiques; surtout il faut y distinguer ceux dont la multiplication ne cause aucun trouble, aucune indécence, tels sont les Prieres nominales, les préséances chacun en son rang, de ceux dont la pluralité cause une difformité, comme la Litre & le Banc multipliés.

Mais j'ajoute une chose plus frappante selon moi. Suivant cette Jurisprudence, il faut donc effacer les Litres, ôter les Bancs, supprimer les noms aux Prieres, & autres Droits, *après le parage fini*. N'est-ce pas là deshonorer un descendant du Patron, tige commune de tous? Ne vaut-il pas mieux que *comme puînés* ils en soient exclus d'abord, que d'en être privés après en avoir joui à ce titre? Car enfin, *in veritate*, même au-delà du sixiéme degré, ils sont toujours descendans du Patron. Si on laisse ces Litres, ces Bancs, parage fini, alors la Jurisprudence qui fixe ces Honneurs à tous les Copatrons, *à la durée du parage*, devient inutile; mais je sçai qu'en Normandie, dans ces cas on s'arrange par le partage, on donne la Glebe & le Droit de Patronage à un seul, au moyen de quoi il jouit de tous les Honneurs.

Je croirois dans ces Coutumes, en supposant qu'on ne s'arrangeât pas par les partages, que l'aîné *seul* devroit avoir les Honneurs de l'Eglise, je parle des grands Honneurs; car pour *les préseances* après l'aîné, ou qui le représente, je tiens que, parage fini ou non, ils doivent les avoir avant tous autres. Ce n'est pas le cas dont je parle *infra*, sect. du Pain benit. Je dis ici que ces descendans du Patron, anciens Parageurs, quoique tenans en Fief de l'aîné, sont toujours *ab origine* (vis-à-vis de ceux qui pourroient prétendre la préséance) des Copatrons; car si la ligne aînée manquoit tout à fait, le Patronage iroit à l'aîné de ces descendans qui auroit la Glebe; mais il faut l'avoir : or comme *Copatrons* ils doivent préceder *tous* autres; il ne faut pas les regarder comme simples Seigneurs de Fief; *secùs*, si ces portions parageres avoient passé à des Etrangers, quoique ce Patronage fût attaché au Fief, tant que le Patronage sera à l'aîné, ou qui le représente, ces Etrangers ne doivent être regardés que *comme simples Seigneurs de Fief.* Je dis donc que l'aîné *seul* les devroit avoir. Le parage, s'il ne divise pas réellement *actu* les portions, il les divise substantiellement, virtuellement, parce qu'il tend *à une sous-infeodation*, à une sujétion & dépendance certaine, *parage fini.* Or il vaut mieux que des puînés ne jouissent pas des grands Droits Honorifiques jusqu'à la sixiéme génération, ou jusqu'à la fin du parage ès autres Coutumes, que de les ôter après une si longue possession à leurs descendans, ou de rendre la Jurisprudence inutile. L'aîné représente essentiellement, réellement & éminemment tous les Copatrons, tous les ayant part à la Justice, & dès-là leur conserve à tous les conséquences du Patronage, ou de la Haute-Justice, pour en conclure toujours qu'ils sont Copatrons, Cohauts-Justiciers de l'Eglise.

Il y a dans Corbin, suite du Droit de Patronage, pag. 490, chap. 183, un Arrêt du 19 Août 1606 qui fait pour notre décision.

S'il y a concurrence de deux Copatrons & de deux Cohauts-Justiciers *de* l'Eglise égaux, je tiens que si l'un est dominant de l'autre, s'il a une qualité plus éminente, ou l'âge, il aura la moitié de la Litre du côté le plus honorable, suivant Roye, *loco citato*, sans que cela puisse varier dans la suite; mais il n'y aura toujours que deux Litres ou Ceintures funebres, l'une pour les deux Copatrons, l'autre pour les deux Cohauts-Justiciers; & que pour les autres Droits il aura la prééminence sur l'autre, suivant l'Arrêt de 1634 *supra*.

TROISIE'ME QUESTION.

L'Acquereur du Droit de Patronage ou de la Haute-Justice peut-il faire effacer les Litres de l'ancien Patron ou du Haut-Justicier?

I. *Qu'il faut distinguer le Patronage & la Haute-Justice.*

Que l'Acquereur de la Haute-Justice peut effacer les anciennes, s'il n'y a convention contraire; que l'Acquereur du Patronage ne le peut.

II. *Arrêts sur cette Question.*

I. Nos Auteurs se sont assez expliqués sur cette question. Il faut distinguer le Patronage & la Haute-Justice.

A l'égard de l'Acquereur de la Seigneurie, les Auteurs

teurs ne font aucun doute qu'il puisse faire ôter les Armes de l'ancien Seigneur, & y faire peindre les siennes; c'est ce que Simon, chap. 15, établit. Cet Honneur de la Litre au Haut-Justicier, comme il lui est dû à cause de sa Haute-Justice, est plus réel que personnel, il est attaché à la Haute-Justice; & par conséquent celui qui a cette Haute-Justice, s'il n'y a stipulation au contraire dans le contrat de vente, *ut vidi*, stipulation licite, parce qu'elle ne tend qu'à conserver un Droit légitimement acquis, doit jouir pleinement de tous les Droits, & dès-là peut substituer sa Litre à celle de son vendeur.

Mais à l'égard du Patron, quoique le Patronage puisse être attaché à la Glebe, & passe à l'Acquereur de la Glebe, il a été jugé que l'Acquereur ne pouvoit effacer la Litre de l'ancien Patron, pour y placer la sienne : la raison de ce, selon moi, est que ce Droit est déferé personnellement à celui dont l'Eglise a reçu le bienfait; & ce seroit une ingratitude d'effacer les Armes du Bienfacteur. L'Acquereur de la Glebe ne jouira pas moins des autres Droits Honorifiques du Patronage, & cette Litre montrera qu'il représente les anciens Patrons; aussi cet Acquereur de la Glebe patronale n'est pas réellement le Patron, il est aux Droits du Patron; mais pour avoir les Droits du Patron, il ne peut, en effaçant la Litre du vrai Patron, le faire oublier entierement. Il n'y a *propriè loquendo* de vrai & réel Patron que celui qui a fondé l'Eglise, ou ses héritiers qui le représentent identifiquement; les Acquereurs à titre singulier ne le représentent pas, ils jouissent seulement des Droits attachés au Patronage qu'ils ont acquis; au contraire le Haut-Justicier n'a rien que de relatif à sa Justice, & dès qu'elle n'est plus à lui, ni dans sa famille, il n'a plus aucun trait du germe qui lui procuroit ces Droits.

II. Nous en avons deux Arrêts rapportés par Basnage sur l'art. 142 de Normandie; l'un est aussi rapporté par Simon, chap. 15, tous deux du Parlement de Paris, l'un qui juge notre question, l'autre qu'en général les Armes des anciens Patrons ne peuvent être ôtées.

Le premier, qui juge notre question, est du 22 Mai 1658, tom. 1, Journal des Audiences, derniere édition, liv. 9, chap. 44. En l'année 1633 M. le Duc de Rohan avoit vendu trois Fiefs dépendans de sa Principauté de Léon en Bretagne; la clause du contrat portoit que le Duc de Rohan vendoit à la Dame de Keveroades, mere de l'Appellant, les trois Fiefs, avec les Droits de Haute-Justice, les Droits Honorifiques, tels que M. de Rohan en jouissoit.

La Dame de Neusbourg retira ces trois Fiefs par Retrait lignager, & en 1639 elle revendit à Madame de Keveroades un de ces trois Fiefs & tous les Droits, nommément *ceux de fondation*, qui n'avoient point été exprimés dans le contrat de vente fait par le Duc de Rohan.

En 1636 le sieur de Keveroades fils, après la mort de la Dame sa mere, donna sa Requête aux Juges des Lieux, où il exposa que dans l'étendue de sa Terre il y avoit un Couvent de Cordeliers, dont par la vente il se trouvoit Fondateur : il demanda permission d'y mettre ses Armes; il fit ôter celles de la Maison de Rohan pour y mettre les siennes qui y furent apposées. Les Religieux s'y opposérent, & soutinrent qu'on ne pouvoit ôter les Armes des anciens Fondateurs. Madame de Rohan, fille de M. de Rohan vendeur, prit cette action comme une entreprise sur les Droits de sa famille ; elle fit assigner le sieur de Keveroades aux Requêtes du Palais à Paris, y obtint Sentence par défaut, par laquelle il fut ordonné que le sieur de Keveroades seroit tenu de faire rétablir les Armes de Rohan, sinon permis à Madame de Rohan de les faire rétablir aux frais dudit sieur de Keveroades.

Sur l'appel, par l'Arrêt, conformément aux conclusions de M. Bignon, les Parties furent mises hors de Cour & de Procès. Par là on jugea que l'Acquereur du Patronage, ou du Fief où il étoit attaché, n'avoit pas pû faire ôter les Armes de l'ancien & vrai Patron.

Le second Arrêt, rapporté par Basnage sur l'art. 142, est du 5 Juin 1644, entre Messire Louis de Mornay, Chevalier, Seigneur de Villarceaux, & les Religieuses dudit Couvent.

L'Arrêt condamna les Religieuses à rétablir à leurs frais & dépens les Armes des Seigneurs de Villarceaux qui étoient au-dessus de la porte & principale entrée de leur Eglise, & plusieurs Inscriptions & Titres qui justifioient que les Seigneurs de Villarceaux avoient réédifié cette Eglise ; ordonna aussi qu'elles rétabliroient une Ceinture funebre tant dehors que dedans ladite Eglise, sur laquelle seroient peintes les Armes dudit de Mornay.

Observez que c'est ici une Eglise Conventuelle, où le Patron conserve ces Honneurs, comme nous allons le prouver Question suivante ; le Haut-Justicier n'y a rien, ainsi *nil mirum* que le Patron y ait sa Litre en dedans & au dehors.

QUATRIÉME QUESTION.

Quelles Personnes ont droit de Litre, & autres Honneurs dans les Eglises non Paroissiales, comme Collegiales, Conventuelles?

I. *Qu'il y a difference du Patron & du Haut-Justicier, & la qualité des Eglises.*

II. *Que le Haut-Justicier ne peut prétendre les Honneurs que dans les Eglises Paroissiales.*

Arrêts sur cette Question.

I. Ce que nous avons dit en la précedente Question annonce celle-ci, & ce qu'on doit y décider.

On distingue le Patron d'avec le Haut-Justicier; le bienfait du Patron est toujours bienfait, dans quelques Eglises que ce soit: la Haute-Justice ne s'étend pas sur toutes les Eglises, ou du moins elle ne s'étend pas avec tant d'avantage sur les Eglises Collegiales, ou Canoniales, ou Conventuelles. On sçait que la plupart des Chanoines étoient anciennement réguliers; c'étoient des Ecclésiastiques qui vivoient en commun, résidoient auprès de l'Eglise Cathédrale pour aider à l'Evêque; ils étoient à sa volonté, & nourris des revenus de l'Evêché; ils avoient leurs Régles & leurs Institutions Canoniques: dans la suite on leur assigna des Pensions & Canons, mais ils étoient toujours soumis aux Régles. Combien d'Eglises Cathédrales en France, dont les Chapitres ont été sécularisés? Dans ces Eglises le Haut-

Justicier n'y a point de Jurisdiction, au moins ordinaire.

Aussi les Auteurs s'accordent assez sur ce point, que les Patrons, à l'exception de la nomination & présentation, qu'ils sont censés avoir remis, ont tous les autres Droits, comme de Banc, de Sépulture, de Litre & Ceinture funebre. L'Arrêt de Rohan & celui de Villarceaux *supra* le jugent nettement.

II. Simon, chap. 16, dit : Les Hauts-Justiciers ne peuvent prétendre les Droits Honorifiques sinon dans les Eglises *Paroissiales* ; au lieu que les Patrons en jouissent même dans les autres Eglises. C'est aussi le sentiment de Roye, *de Jurib. Honor. lib.* 1, *cap.* 2. *Hinc*, dit cet Auteur, *in ipsis etiam Conventualibus Ecclesiis plures occurrunt Listræ patronales, aut benefactorum, sed vix unquam in iis Seniorales vidi* ; & il en dit les raisons plus haut au même chapitre.

Basnage, sur l'art. 142 de Normandie, par rapport aux Patrons, qui seuls ont les Droits Honorifiques en cette Province, rapporte un Arrêt du 28 Juin 1675, qui y maintint le sieur Desbordes.

Pesnelle, sur le même article, dit que les Arrêts ont jugé qu'il ne falloit point faire de difference entre les Eglises Paroissiales, & les Conventuelles & Collegiales.

Mais observez que cet Auteur parle de la Jurisprudence du Parlement de Rouen, qui n'attribue les Honneurs de l'Eglise qu'aux Patrons *seuls* ; c'est ce qu'il dit lui-même un peu plus haut. Ainsi ne faites pas avec Brillon, Diction. des Arrêts, derniere édition, tom. 2, au mot Droits Honor. n. 51, p. 901 *in principio*, ne faites pas de cela une décision générale, *si ce n'est pour les Patrons*.

L'art. 20 du titre des Droits Honor. des Arrêtés de M. de Lamoignon porte : *Les Droits Honorifiques n'appartiennent aux Seigneurs Hauts-Justiciers que dans les Eglises Paroissiales, mais ils sont dûs au Patron dans toutes les Eglises où il est Fondateur.*

Je tiens ce parti, le Patron est toujours Patron dans toutes les Eglises.

Au tome 5 des Mémoires du Clergé, édition 1716, pag. 1477, il y a un Arrêt contradictoire du Conseil privé du 11 Mars 1646, qui fait défenses à la Dame Marquise de Mirepoix de prendre la qualité de Fondatrice de l'Eglise Cathedrale de Mirepoix, d'y troubler le Service Divin, d'y occuper les chaises du Chœur, & de se faire donner l'Encens, & l'Eau benite *à la main.* (a) Apparemment la Marquise de Mirepoix ne put justifier son Droit de Patronage.

Cependant par Arrêt du Grand Conseil du 27 Août 1749, entre Messire Jean-Baptiste-Louis Aubery de Vastan, Tuteur honoraire de ses neveux, le Marquis de Janson, & la Dame de Vastan son épouse, contre le Chapitre de Saint Laurian de Vastan, on vient de juger que comme Haut-Justicier le sieur de Vastan y avoit droit de Litres, & autres Droits Honorifiques. Le Chapitre demandoit que les Litres peintes sur les murs de l'Eglise fussent effacées : l'Arrêt le déboute de sa Requête, Me. Tauxier Avocat des sieurs de Vastan & de Janson, M. de Bonnaire Rapporteur. Le sieur de Vastan avoit fait renouveller les anciennes ; c'étoit le sujet de la contestation.

(a) C'est la présentation du goupillon. L'Arrêt lui laissa-t-il l'Honneur de l'Aspersion avec distinction ? C'est ce qu'on ne voit pas ; il semble qu'on peut le présumer par ces termes restrictifs, *à la main.*

Il y avoit déja eu un Arrêt le 27 Septembre 1668, qui permettoit au Chapitre de se dire de fondation Royale; défendoit à M. le Président Aubery de s'en dire Fondateur; le maintenoit en la possession & jouissance des Droits Honorifiques dans cette Eglise, comme Haut-Justicier & Marquis de Vastan. En conséquence lui assignoit sa place au Chœur; ordonnoit qu'il y auroit la Paix, l'Encens & l'Eau benite après les Chanoines. Cet Arrêt ne parloit point des Litres, & c'étoit sur cela que le Chapitre se fondoit pour empêcher le renouvellement des anciennes. Il y avoit eu Requête civile contre cet Arrêt par le Seigneur, qui par une transaction du 26 Juin 1670 consentit l'exécution de l'Arrêt.

Ce fut en 1743 que, M. de Vastan étant mort, on voulut renouveller les Litres. Le Chapitre protesta que les Litres en dehors & en dedans ne pourroient nuire aux Droits du Roi, ni à ceux du Chapitre; & le 20 Juillet 1744 il assigna au Grand Conseil les enfans de M. de Vastan, pour faire effacer les Litres: c'est de cette demande qu'il est débouté.

Cet Arrêt paroît juger, comme celui de 1668, qu'un Haut-Justicier a les Honneurs de l'Eglise, même dans les Eglises Collegiales réputées de fondation Royale.

Mais il y a une circonstance; c'est que cette Eglise est la seule dans la Ville de Laurian où il y ait des Fonts Baptismaux, c'est là où on vient baptiser: on soupçonne de-là que cette Eglise étoit anciennement la Paroisse, où le Haut-Justicier a les Droits. On disoit que la Paroisse avoit été transferée, d'où venoit que le Seigneur n'avoit plus les Prieres nominales, ni le Pain benit, comme n'y ayant plus de Prône, ni Messe Paroissiale. C'est peut-être cette circonstance qui a amené l'Arrêt.

SECTION SECONDE.

Des Prieres nominales.

I. *Ce qu'on entend par les Prieres nominales ; à qui elles sont dûes de droit.*

Que sous le nom de Patron on doit y comprendre l'Ecclésiastique & le Laïc.

Observation sur un passage de Loiseau, sur le Patronage.

II. *Que ce que dit Loiseau peut s'appliquer aux Patronages personnels, non aux réels.*

Qu'il faut dans les Ecclésiastiques distinguer le Droit de présentation à la Cure, & le vrai Patronage.

III. *Que vis-à-vis des Vicaires perpétuels, les Honneurs sont dûs aux Présentateurs Ecclésiastiques, mais non les Honneurs dont nous traitons.*

IV. *Arrêts qui l'ont jugé.*

V. *Comment les Patrons & les Hauts-Justiciers doivent être nommés ; si on doit dire leurs qualités.*

VI. *Quand le Patronage ou la Haute-Justice sont divisés, comment on doit nommer.*

Que si les Copartageans ont les Honneurs par tour, cela ne doit pas s'appliquer à la Litre, ni au Banc dans le Chœur.

VII. Quid *des Moyens & Bas-Justiciers ?*

Que

Que les Bienfacteurs peuvent faire mettre leurs Armes aux présens qu'ils font.

Explication des Arrêts cités par Maréchal à ce sujet.

I. L'Honneur des Prieres nominales est une distinction accordée aux Patron & Haut-Justicier *seuls*, pour être désignés *nommément* dans le nombre de ceux que dans les Prieres du Prône on recommande aux Prieres des Fidéles.

Sous le nom de Patron, je comprends l'Ecclésiastique Titulaire, Chapitres ou Communautés, comme le Laïc.

Quoique Loiseau, des Seigneuries, ch. 11, n. 29, ait dit que la marque la plus univoque du Patronage étoit quand on étoit en bonne possession de présenter à la Cure, ce que les Auteurs ont aussi écrit depuis lui, excepté Danty, n'allez pas cependant faire de cela une maxime générale qui désigne le Patron.

II. 1°. Cela est bon pour les Patronages personnels; car dans le Patronage réel, comme en Normandie, il faut avoir la Glebe: l'art. 521 le déclare imprescriptible; & Godefroy, sur cet article, tient que sans prescrire la Glebe, on ne peut jamais l'avoir par prescription.

2°. Il faut dans les Communautés Ecclésiastiques, même les Bénéficiers Titulaires, distinguer le Droit de présenter à la Cure, auquel ordinairement est unie la perception des grosses Dixmes, & le vrai Patronage qui vient de la fondation & dotation de l'Eglise. * Exception notable.

Mᵉ. d'Hericourt en ses Loix Ecclésiastiques, parlant des Arrêts de Beaurains, cités *supra* & *infra*, pose cette maxime. *Les Communautés Religieuses, ou les Cha-*

pitres ſéculiers qui ont la préſentation de la Cure, dont les revenus ont été réunis à leur Menſe, ne ſont pas pour cela Patrons; & cela eſt vrai.

On ſçait qu'autrefois les Cures étoient deſſervies par des Moines, ou par des Chanoines, à la Menſe deſquels la Cure étoit unie. Les Commendes, qui n'étoient autrefois qu'une adminiſtration des fruits du Bénéfice, commencerent à devenir en titres vers la fin du treiziéme ſiécle, & reçurent beaucoup de variations juſqu'au Pape Paul III. dans le ſeiziéme ſiécle.

Les Evêques commettoient un Deſſervant ſéculier, qui fut nommé Vicaire perpétuel; & les Communautés, Chapitres & Abbés furent nommés Curés primitifs, avec la réſerve des gros fruits de la Cure ſous une penſion, depuis connue ſous le nom de Portion congrue, qu'ils font au Deſſervant. On en voit l'origine premiere dans le Concile de Latran, tenu ſous Alexandre III. en l'an 1168.

Dans la ſuite on permit à ces Communautés & Chapitres de nommer des Vicaires perpétuels; enſorte qu'à la perception des groſſes Dixmes ils joignirent la nomination des Cures qu'ils deſſervoient autrefois eux-mêmes.

III. Or il n'eſt pas douteux que *vis-à-vis des Vicaires perpétuels*, les Honneurs de l'Egliſe, comme de faire les fonctions curiales le jour du Patron & Fêtes ſolemnelles, il n'eſt pas douteux que ces Honneurs leur ſont dûs; il y en a pluſieurs Arrêts dans nos Livres. Brillon les rapporte exactement dans ſon Dictionnaire, derniere édition, tome 1, ſous le titre 103, *Bénéfice*, au mot *Curés primitifs*, n. 30, p. 641. Baſſet, tome 2, titre 2, liv. 1, chap. 7, en rapporte trois du Parlement

& du Grand Conseil, le premier sans date, le second du 20 Mai 1651, le troisiéme du 30 Septembre 1660.

Mais autre chose est *vis-à-vis des Hauts-Justiciers de* la Paroisse. Ce n'est pas assez, pour se dire & être réputés Patrons, que les Chapitres, Communautés ou Abbés *présentent à la Cure*; ce n'est pas assez qu'ils soient en bonne possession d'y présenter, ni qu'ils ayent les Dixmes, ce n'est pas là en eux la marque *univoque* du Patronage; ils doivent prouver autrement que par la nomination à la Cure, *qu'ils sont Fondateurs;* sans cela on les répute *eux-mêmes Curés*, ayant pouvoir de commettre pour la desserte. Alors cette présentation à la Cure est *une délégation* de leur part; & lorsqu'ils viennent à officier, il n'est pas douteux qu'ils sont obligés, comme leurs Vicaires perpétuels, de déferer les Honneurs au Haut-Justicier de la Paroisse, parce qu'ils font alors fonction de Curés, & qu'en qualités de Curés ils doivent déferer les Honneurs que leurs Vicaires perpétuels déferent aux Seigneurs. L'Arrêt de Beaurains que je rapporte *infra*, chap. 6, sect. 1, y est formel. *Vide.*

De-là concluez que s'ils ne prouvent pas qu'ils sont *Fondateurs*, les Hauts-Justiciers vis-à-vis d'eux doivent être maintenus *seuls* dans le droit & possession des Honneurs de l'Eglise à l'exclusion *de ces Présentateurs à la Cure*, qui ne sont pas *propriè* Présentateurs comme le vrai Patron qui présente, quoique l'usage abusif soit de leur donner le titre *de Collateur*, faute d'autres termes dans notre Langue; ils ne sont que *déléguans* aux fonctions qu'originairement ils faisoient. C'est ce que remarque Simon, titre 15; & c'est ainsi qu'en appliquant la maxime de Loiseau *au Patron Laïc*, on doit dire que la marque la plus univoque du Patronage est la présentation à la Cure.

IV. Nous avons plusieurs Arrêts précis qui décident la question entre ces Curés primitifs simples Présentateurs, & les Hauts-Justiciers.

Un premier, que je sçai du 20 Février 1655, confirmatif d'une Sentence de Boulogne du 22 Septembre 1653, qui débouta les Religieux de Liques, Abbaye du Boulenois, qui se prétendoient Seigneurs Patrons de Lubringhen. Il est vrai que le Seigneur de Fiennes prétend que cet Arrêt, où il n'étoit point Partie, ne peut lui préjudicier, & qu'il est le vrai Seigneur; mais toujours jugé que les Religieux ne pourroient se dire Patrons, quoique nommant à la Cure, n'étant pas *Fondateurs*.

Le second, que Simon *ibid.* rapporte, ainsi que le troisiéme, & qui se trouvent tous deux Journal des Audiences, derniere édition, tome 3, liv. 11, chap. 20; le premier du Grand Conseil, il est du 30 Mars 1685, & dans le Journal il est à la suite du second.

Par ce premier Arrêt on maintient le sieur de Boulainvilliers, *Haut-Justicier*, dans la possession de jouir *seul* des Droits Honorifiques, & les Religieux de Beaubec-la-Ville conservés dans leur Droit *de présenter à la Cure*.

Le troisiéme, du 25 Mai audit an 1685, entre René de Velard, Chevalier Seigneur d'Aujouin & de Châteauvieux, Appellant d'une Sentence rendue au Bailliage d'Orléans le 17 Mars 1683; & les Doyen, Chanoines & Chapitre de Sainte Croix d'Orléans, prenant le fait & cause de Michel Cochin, Prêtre-Curé de la Paroisse de Meung.

La Sentence déboutoit le sieur Velard, Châtelain de Châteauvieux, de sa demande à ce que le Curé fût tenu de le recommander le premier avec la Dame son Epouse aux Prieres publiques & nominales, leur donner l'aspersion de l'Eau benite, & l'Encens, & généralement leur rendre tous les Honneurs dûs aux Châtelains & Hauts-Justiciers.

L'Appellant soutenoit que les Intimés ne pouvoient prétendre ces mêmes Honneurs en qualité *de Présentateurs à la Cure, & Collateurs d'icelle, comme étant la simple possession de présenter & conferer fort differente du titre exprès de fondation, dotation & construction.*

Les Intimés soutenoient *qu'ils étoient en possession paisible de présenter à la Cure; qu'on ne justifioit point que cette présentation leur eût été aumônée, ou qu'elle eût été usurpée:* ils citoient pour eux Loiseau *dicto loco*, pour soutenir que par là ils étoient Patrons de Meung; ils soutenoient encore qu'ils étoient Hauts-Justiciers de Meung.

On répliquoit que la présentation à la Cure faisoit partie du Patronage, mais n'en étoit pas la marque certaine; ce qu'on doit entendre, *ut diximus*, des Ecclésiastiques.

Par l'Arrêt en la Cinquiéme des Enquêtes, au Rapport de M. le Rebours, la Cour *mit l'appellation & ce dont étoit appel au néant; maintint & garda le sieur d'Aujouin & sa femme (au droit) d'être recommandés aux Prieres nominales de ladite Paroisse, & autres Droits Honorifiques; fit défenses ausdits du Chapitre de les y troubler, & de prendre la qualité de Hauts-Justiciers de Meung, mais seulement la qualité de Seigneurs Hauts-Justiciers en partie de Meung; les condamna pour tous dommages-intérêts aux dépens: (pourront néanmoins lesdits du Chapitre) prendre* *qualité de Patrons présentateurs* * *de la Cure de Meung*).

* Et non Patrons fondateurs.

Dans le Recueil d'Arrêts sur les préséances, insérés dans les Œuvres de Maréchal, on trouve un quatriéme Arrêt.

Il est de la Cour des Aydes du 18 Mars 1704, qui jugea la même chose contre les Religieux de S. Victor, *sans préjudice de leur Droit de présenter à la Cure*. Ajoutez l'Arrêt de Beaurains *infra*, ch. 6, sect. 1, qui juge précisément que les *Curés primitifs* & leurs Vicaires perpétuels *donneront* l'Eau benite & l'Encens au Seigneur; d'où il est concluant que leur qualité de Curés primitifs qui leur donne la collation de la Cure, ne les fait pas réputer *Patrons Fondateurs*, qui est la qualité requise pour avoir les Honneurs dont nous traitons.

Autre Arrêt récent du Grand Conseil du 9 Décembre 1744, entre le sieur Jean Baudry, Chevalier, Seigneur de Vilaines en Duesmois & Coulemiers-le-Sec, (c'est en Bourgogne) Grand-Maître des Eaux & Forêts de Flandres, Artois & Picardie, *Engagiste desdits Lieux* & Paroisses de Vilaines & Coulemiers, Demandeur, M^e. Charrier Avocat, & les Abbé & Chanoines Réguliers de Châtillon-sur-Seine, Ordre de Saint Augustin, Congrégation de France, Défendeurs, M^e. Boudet Avocat. Le sieur Baudry demandoit qu'en sa qualité d'Engagiste, ayant les *Droits Honorifiques* suivant la Déclaration de 1696, & son contrat d'engagement du 28 Mai 1697, que j'ai vû, il fût maintenu & gardé, à l'exclusion de tous autres, & notamment desdits Abbé & Religieux, dans le Droit de Prieres nominales, Pain benit, Encens, le pas à la Procession, & l'Offrande, *après ceux employés au Service Divin*.

Les Abbé & Religieux prétendoient être Patrons de

l'Eglise de Coulemiers, attendu qu'ils *présentoient à la Cure*; & par une Requête précise du 27 Novembre 1744, ils articuloient possession immémoriale d'être recommandés aux *Prieres comme Patrons* de l'Eglise de Coulemiers-le-Sec, & acte de ce qu'ils mettoient en fait que les anciens Curés de Coulemiers-le-Sec avoient écrit sur leurs Registres les mentions de ces Droits; ils demanderent que vérification desdits Registres fût faite en cas de déni de ces faits par le sieur Baudry.

Sur le tout, & sur les conclusions de M. Joly de Fleury, lors encore Avocat Général du Grand Conseil, est intervenu l'Arrêt par lequel le Grand Conseil, *sans s'arrêter à la demande des Parties de Boudet, a maintenu & gardé la Partie de Charrier dans le Droit de Prieres nominales, & tous autres Droits Honorifiques dans l'Eglise & Paroisse de Coulemiers-le-Sec, conformément & aux termes de ses titres d'engagement, à l'exclusion des Parties de Boudet, & condamne lesdites Parties de Boudet aux dépens.*

La grosse de cet Arrêt m'a été remise par mondit sieur de Baudry même: il juge que ce n'est pas assez pour être & se dire *Patron*, par des Communautés Ecclésiastiques, de prouver *la présentation* à la Cure, qui ne prouve que le titre de Curé primitif; qu'il faut qu'ils se prouvent *Patrons Fondateurs*.

Cet Arrêt adjuge les Droits à l'Engagiste qui dans son contrat *a nommément les Droits Honorifiques*, suivant la Déclaration du 13 Mars 1696 sur l'Edit de 1695.

Il est néanmoins des cas où une Abbaye se trouvant avoir la Jurisdiction *spirituelle* & la Paroisse, est desservie ou par les Religieux comme Curés, ou par des Vicaires perpétuels, & où l'Abbé est recommandé nominalement avant le Seigneur de la Paroisse.

Mais cela n'entame nullement les Droits des Seigneurs & des Patrons.

On sçait que dans les Prieres nominales du Prône on distingue *les deux Ordres de l'Etat*, l'Ecclésiastique & le Laïc. On nomme d'abord le Pape, l'Archevêque ou l'Evêque, les Prélats & Pasteurs; ensuite on prie pour le Roi, la Famille Royale; après quoi viennent le Patron, s'il y en a, & le Haut-Justicier.

En distinguant ainsi les deux Ordres, cela ne confond ni les Honneurs de l'Eglise, ni les Personnes qui y ont droit.

Ainsi, dans la thèse particuliere que je pose, l'Abbé, comme Seigneur *spirituel* de l'Eglise, & comme *Abbé*, peut être recommandé nommément aux Prieres *pour l'Ordre Ecclésiastique*; ce ne sera toujours que comme *Ecclésiastique dignitaire*; cela ne touche point aux *Laïcs*, à cause de leurs Dignités temporelles, comme Patrons, ou comme Hauts-Justiciers de la Paroisse, ni aux Honneurs dûs aux Ecclésiastiques *qui ont réellement le Patronage*. Cet Honneur ne donnera point à l'Abbé qualité, ou présomption de qualité de Fondateur.

C'est à quoi on doit faire attention, pour ne pas en induire que des Abbés & Religieux qui ont la Cure & la nomination, peuvent prétendre aux Honneurs du Patronage avant le Haut-Justicier du Lieu.

Ce que je dis va être prouvé.

Les Evêques Comtes & Pairs de Beauvais étoient Seigneurs *Châtelains* de Saint Just, Châtellenie aujourd'hui dépendante du Comté de Beauvais. C'est ce qu'on peut voir dans l'Histoire des Antiquités du Diocèse de Beauvais par Louvet. Saint Just est un Bourg dans le

Beauvoisis sur la Riviere d'Aire, autrefois nommé Louvre, & qui prit son nom du Martir Saint Just.

Guy, vingt-deuxiéme Evêque de Beauvais, & cinquiéme *Châtelain* de S. Just, fonda l'Abbaye de Saint Just dans ce Bourg; il y mit des Chanoines séculiers.

Gaudefroy, vingt-septiéme Evêque de Beauvais, dixiéme *Châtelain* de Saint Just, donna à cette Abbaye, dans la Paroisse de Saint Just, *toute la Jurisdiction que pouvoit avoir son Archidiacre & Chapelain, ou Pénitencier.*

Notum facio tam præsentibus, quam futuris, quia concedo, & sigilli mei corroboratione confirmo quod Canonici de Sancto Justo vices Archidiaconi, in mea Villa apud Sanctum Justum, in perpetuo obtineant, & in loco Capellani mei supra his qui apud Sanctum Justum pertinent inviolabiliter existant. Datum Bellovaci 15 Kalend. Septemb. anno ab Incarnatione Domini 1107, *indict.* 15. Louvet, tome 1.

Pierre, vingt-huitiéme Evêque de Beauvais, onziéme *Châtelain*, ôta les Chanoines séculiers, & en 1119 y mit des Chanoines Réguliers qu'il tira de l'Abbaye de Saint Quentin de Beauvais, leur confirma ladite Justice Ecclésiastique & Archidiaconale, & d'autres biens qu'il amortit.

Confirmantes eidem Ecclesiæ Justitiam Ecclesiasticam post Episcopum, Jus Archidiaconale & Capellaniam, la Pénitencerie.

Eudes III. trentiéme Evêque, treiziéme *Châtelain*, ôta ces Chanoines, & y mit en 1144 ou 45 des Chanoines de l'Ordre de Prémontré qui y sont à présent. Il confirma les donations. *Avons donné & confirmé ce que nos prédécesseurs ont donné, sçavoir la Justice après l'Evêque, l'Eglise, & le Droit de l'Archidiacre, & du Chapelain ou Pénitencier en toute la Paroisse.* L'an de grace 1147.

Le 29 Octobre 1628, Augustin Potier, soixante-troisiéme Evêque de Beauvais, aliéna *la Châtellenie* de Saint Just, circonstances & dépendances, pour être mouvante de l'Evêché au profit de la famille de Bussy-Lameth.

Cette Terre a resté dans cette famille jusqu'à Louis-Charles-Roger, Prince de Courtenay, fils de Louis-Charles & de Marie de Bussy, & qui est mort sans enfans en 1730.

Antoine-Hiacinte Comte de Mainville, Maréchal des Camps & Armées du Roi, lui a succedé par représentation de Dame Jeanne-Françoise de Lameth, Marquise de Mainville sa mere, sœur de la Princesse de Courtenay : il en jouit à présent.

Comme Conseil du Comte de Mainville, j'ai eu occasion de voir les piéces qui établissent ce que j'ai avancé ci-dessus.

Antoine-Jean-François-Paul, fils d'Antoine-François de Lameth, Comte de Bussy, mourut en 1666: la Dame sa veuve voulut faire mettre sa Litre funébre dans l'Eglise Paroissiale de Saint Just, à *l'instar* de ses prédécesseurs. Les Religieux troublerent les Ouvriers; il y eut des informations.

L'Abbé, Prieur & Religieux prétendirent être Seigneurs Hauts, Moyens & Bas-Justiciers de Saint Just, & que le sieur de Lameth n'avoit qu'un Fief dans la Paroisse. Non-seulement ils empêcherent la Litre, mais ils cesserent de recommander les sieurs de Lameth aux Prieres nominales.

Procès en maintenue provisoire au Bailliage de Mondidier : on fit voir que l'Abbé n'avoit *que la Jurisdiction Ecclésiastique & Archidiaconale*; que le *Châtelain* de Saint Just avoit les Droits des Evêques de Beauvais *Fondateurs* de l'Abbaye, pour la Châtellenie.

30 Septembre 1667, Sentence qui maintient & garde la famille de Bussy dans la possession de faire apposer Litres & Ceintures funébres au dedans & au dehors de l'Eglise, & d'avoir en icelle tous les Droits Honorifiques dont leurs prédécesseurs avoient joui : on condamne l'Abbé & les Religieux aux dépens, sauf à eux à se pourvoir au pétitoire.

Appel. Désistement des Abbé & Religieux. Nouveau Procès au pétitoire.

21 Janvier 1670, Sentence à Mondidier qui maintient & garde la famille de Bussy *au Droit* de faire apposer Litres & Ceintures funébres en l'Eglise Paroissiale de Saint Just en dedans & en dehors, & de jouir de tous les autres Droits Honorifiques; les Abbé & Religieux condamnés aux dépens.

Pourra néanmoins ledit sieur Abbé & ses successeurs étant *in sacris*, & non autrement, se faire recommander au Prône, *dans l'Etat Ecclésiastique*, après l'Evêque, *eu égard à sa Dignité, & au droit spirituel qu'il a dans l'Eglise.*

Appel par les Abbé & Religieux.

21 Mars 1672, Arrêt qui confirme la Sentence en plein.

Cet Arrêt juge bien nettement que la qualité de Seigneur spirituel, ou de Curé primitif, ne donne point aux Ecclésiastiques les Honneurs déferés *aux Patrons* & Hauts-Justiciers.

Il accorde à l'Abbé les Prieres nominales, mais *dans le rang Ecclésiastique*; il juge que les Abbés Commendataires & Communautés, n'ayant que la nomination à la Cure, n'ont pas droit de prétendre aux Honneurs de l'Eglise que nous agitons dans ce petit Traité, & conséquemment que la nomination à la Cure, qui, suivant Loiseau & les autres Auteurs, est la marque univoque du Patronage, ne l'est pas toujours dans les Ecclésiastiques Titulaires ou Communautés, qui ne prouveront pas qu'ils sont vraiment Fondateurs.

Cet Arrêt juge que Eudes III. Evêque de Beauvais, Seigneur *Châtelain* de Saint Just, dont les prédécesseurs avoient fait bâtir l'Eglise, par ses Lettres de confirmation de 1147, quoiqu'il eût dit qu'il donnoit l'Eglise, ne faisant que confirmer les anciennes concessions, n'avoit pas donné le Patronage, mais seulement la Cure, comme cela fut expliqué dans le Procès. 1°. Parce qu'il n'auroit pas donné à son préjudice, puisqu'il restoit Seigneur *Châtelain*, ainsi que ses successeurs l'ont été jusqu'en 1628. 2°. Parce qu'il disoit, avons *donné & confirmé*, *qui confirmat nihil dat*. Voilà pourquoi la Sentence confirmée par l'Arrêt adjuge *tous* les Honneurs au *Châtelain*, & ne donne les Prieres nominales à l'Abbé que *dans le rang Ecclésiastique*, comme Abbé Seigneur *spirituel*.

Comme j'ai eu en main les grosses en parchemin des Sentences & Arrêt confirmatif, voici le dispositif de ces Sentences.

Sentence provisoire du 30 Septembre 1667.

» Nous, les Demoiselles de Bussy, avons maintenu & » gardé définitivement * *dans la possession* d'apposer Li» tre & Ceinture funébre dedans & dehors l'Eglise Pa» roissiale dudit Bourg de S. Just, & des autres Droits » Honorifiques, ainsi que leurs Auteurs ont accoutumé » d'en jouir; défenses ausdits Abbé & Religieux de les » y troubler, eux condamnés aux dépens concernant

* Terme impropre, puisqu'on reserve le petitoire.

» le possessoire, les autres qui ont été faits par lesdits
» Religieux réservés au pétitoire, sur lequel les Par-
» ties produiront & procederont ainsi que de raison.

Sentence au pétitoire, confirmée par l'Arrêt du 21 Mars 1672.

» Nous disons que les Dames & Demoiselles de Bussy-
» Lameth, Défenderesses, sont maintenues & gardées
» *au Droit* de faire apposer Litres & Ceintures funébres
» en l'Eglise Paroissiale dudit Saint Just en dedans & en
» dehors, & de jouir de *tous* les autres Droits Honori-
» fiques d'icelle, nonobstant & sans avoir égard aux de-
» mandes & prétentions desdits Abbé, Prieur & Reli-
» gieux, desquelles ils sont déboutés, & condamnés aux
» dépens du Procès.

» Pourra néanmoins ledit sieur Abbé & ses succes-
» seurs *étant in Sacris*, *& non autrement*, se faire recom-
» mander au Prône de ladite Eglise, *dans l'Etat Eccle-*
» *siastique, immédiatement après M. l'Evêque de Beauvais*,
» & ce ayant égard à la dignité d'Abbé de Saint Just,
» & aux Droits *spirituels* qu'il a dans ladite Eglise.

Nota. J'ai lû exactement les qualités & le vû de ladite Sentence & de l'Arrêt. M. de Neuville, Archevêque de Lyon, étoit lors de l'Arrêt Abbé de Saint Just, & comme tel Appellant, ainsi que les Prieur & Religieux. Les titres de fondation de l'Abbaye, l'Histoire des Antiquités du Diocèse de Beauvais par Louvet, les titres particuliers des Religieux, pour prouver leur prétendu droit aux Honneurs de l'Eglise, sont visés dans cette Sentence.

Ainsi cette Sentence & l'Arrêt ont été rendus en parfaite connoissance de cause.

Voilà la question nettement décidée : ainsi dans les Ecclésiastiques, distinguez toujours le Patron *Présenta-*

teur à la Cure, & le Patron *Fondateur;* leurs Droits quant aux Honneurs que nous traitons, *distant toto cælo;* & répétons-le, ce n'est pas à eux que l'on doit appliquer cette maxime vraie de Loiseau, que la marque univoque du Patronage est la présentation à la Cure.

Quand les Corps Ecclésiastiques sont vrais Patrons, *id est, Fondateurs*, ils ont les Prieres nominales, & autres Honneurs avant les Hauts-Justiciers. Arrêt du 2 Août 1614, rapporté par Maréchal, tome 2, n. 70. Comme il n'en rapporte pas le fait, il faut nécessairement présumer que le Chapitre du Mans avoit prouvé qu'il étoit Patron *Fondateur*. Les Arrêts ci-dessus nous découvrent cette vérité.

V. Venons aux vrais Patrons & Hauts-Justiciers.

Les uns & les autres doivent être nommés singuliérement par leur nom : nous en avons un Canon du Concile de Merida pour les Patrons; c'est le dix-neuviéme. *Pro singulis diebus Dominicis sacrificium Deo procurant offerre* (c'est le Curé) *& eorum nomina à quibus Ecclesias constat esse constructas, recitantur.*

Comme les Hauts-Justiciers ont les mêmes Honneurs, cela a été étendu à eux, cela est incontestable. Aussi dans les Rituels des Diocèses où l'on ordonne les Prieres pour les Patrons & les Seigneurs, il y a une N majuscule, pour dire *nommer*.

Simon, ch. 22, dit que les Patrons & les Seigneurs doivent être nommés par leurs nom & qualités, si bon leur semble.

Je crois cette décision trop vague, & que le Curé ne doit nommer qu'aux qualités relatives aux Honneurs, comme Patron, Châtelain ou Haut-Justicier de cette Paroisse, & non pas aux qualités qu'un homme aura à cause de plusieurs Terres differentes. Je crois encore que quand ce sont des titres dignitaires, des qualités provenans des Offices qui ayent relation intime à la personne, on peut les nommer : Par exemple, on dira, *nous prierons pour M. le Prince, M. le Duc, M. le Comte, M. le Président tel, Patron ou Haut-Justicier de cette Paroisse* : on ne doit pas exiger de dire, *nous prierons pour Haut & Puissant Seigneur, &c.* Le Roi qui est toujours nommé le premier, est nommé simplement en ces termes, *nous prierons pour le Roi.* Après cela il y auroit de l'indécence à dire, *nous prierons pour Haut & Puissant Seigneur* .... cela ne se doit pas. *Ne gloriosius appareat coram Rege.* Proverb. cap. 25.

VI. Si le Patronage ou la Haute-Justice appartiennent à plusieurs, je tiendrois volontiers avec Simon, *ibid.* que s'ils jouissent par indivis, on les nommera tous; mais que s'ils jouissent divisément, on ne nommera que l'aîné, ou celui qui le représente, ou qui a la plus grande portion.

Il est vrai qu'il y a des Arrêts qui ont ordonné que l'aîné seroit nommé le premier, & les autres ensuite; tel est l'Arrêt du premier Avril 1631, rapporté par Bardet, tome 1, liv. 4, chap. 19; celui du 2 Mars 1667, rapporté par Danty en sa vingtiéme Observation sur Maréchal; & l'Arrêt du 12 Juin 1641, rapporté *ibid.* Observation vingt-uniéme.

J'estime l'avis de Simon le meilleur, par les principes certains que je viens de rapporter dans la Section précedente, Quest. 2, n. 2. *Plures Patroni non habentur nisi pro uno. Alioquin ex persona hæredum nova servitus, novum onus adderetur.*

Tout au moins si vous adoptez ces préjugés, distinguez dans les Droits Honorifiques, ceux dont la multiplication ne cause ni confusion, ni indécence, & dont la plupart ne sont que des préséances, d'avec ceux qui causeroient ou difformité, ou incommodité notoire, comme la Litre, le Banc.

Aussi lisez bien ces Arrêts; à l'exception des Prieres nominales, ils n'adjugent les autres Droits que par tour, suivant la portion de chacun, ce qui ne doit s'entendre que de l'Encens, l'Eau benite, l'Offrande, la Procession; ils ne peuvent s'appliquer à la Litre, ni au Banc, qu'il n'est pas possible d'accorder par tour: on ne mettra pas une Litre ni un Banc tour à tour. L'Arrêt de 1631 parle nommément du Pain benit, & qu'on lui rendroit les autres Honneurs accoutumés.

Pour moi, en raisonnant toujours par principe, je dis, d'après Dumoulin & Dargentré, cités *supra*, que les grands Honneurs ne doivent se déferer qu'à l'aîné, ou qui le représente; il réunit en lui seul tous les Droits de la famille, & lorsqu'il en jouit il les conserve à tous, sauf les Honneurs de préséances, que je ne défererois pas par tour, mais à tous, en commençant par l'aîné. Il n'y a pas grand mal, quant à ces Honneurs moindres, de les déferer à tous Copatrons ou Coseigneurs suivant leur rang: on les défere bien aux autres personnes qualifiées. Ne décidez pas historiquement ni cruement d'après les Arrêts, que les circonstances ou la façon dont une affaire est défendue amenent ordinairement; ouvrez toujours par le principe, & les conséquences seront sûres.

Je sçai, car je ne céle rien, je ne cherche pas à faire passer mon avis aux dépens de celui des autres qui sans doute peuvent avoir mieux pensé que moi; je sçai que Dumoulin, sur l'art. 37, *hodie* 55, gl. 10, n. 34, par rapport

rapport au Patronage, tient que ce Droit appartient à tous *in solidum*; qu'ils peuvent tous présenter; que si un seul présente, & que les autres négligent de le faire, la présentation d'un seul est valable : *Quia*, dit-il, *Jus Patronatûs de se est individuum, unde si sint plures Patroni, vel hæredes Patroni, competit cuilibet in solidum, etiam aliàs inæqualiter sint hæredes.*

Ce sentiment de Dumoulin est assez suivi par les Canonistes; mais cette décision ne nuit point à ce que nous avons dit ci-dessus. Dumoulin n'agite dans ce nombre que le Droit de *présenter* à la Cure : il dit que la présentation d'un seul des héritiers du Patron est valide, *non jure accrescendi, sed jure non decrescendi*; ce Droit n'interesse que les Copatrons seuls. Il s'agit ici de Droits *qui redondent sur un tiers*, c'est-à-dire qui imposent *à un tiers* l'obligation de les déferer; ils doivent être déferés par le Curé pour son Eglise, & dans ces Droits la multiplication est toujours rejettée avec raison par les suites qu'elle peut avoir, comme nous l'avons observé.

Il y a même de bons Auteurs qui sont d'avis que le Patronage est un Droit Honorifique qui appartient à l'aîné; Chopin sur Paris, liv. 1, titre 2, n. 14; Carondas sur l'article 15 & 16; Lemaître sur Paris, derniere édit. p. 463; & je le crois aussi. Ajoutez ce que j'ai dit *supra* sur la Litre, Quest. 2.

VII. A l'égard des Moyens & Bas-Justiciers, & Seigneurs de Fief, ils n'ont pas cet Honneur, ni les autres grands Droits; c'est l'avis de Loiseau, qui ne leur accorde que les préséances, chap. 11 des Seigneuries, n. 30 & 31. S'ils en sont en possession, je crois que leur possession est abusive, surtout *vis-à-vis du Patron & du Haut-Justicier*; exceptez le cas que nous avons observé *supra*, ou lorsqu'ils n'ont au-dessus d'eux que le Roi, auquel leur possession ne peut jamais nuire.

C'est aussi ce que dit Maréchal, chap. 1 des Droits Honorifiques. *Tels Droits*, il parle des grands Droits, *n'appartiennent qu'au Patron ou Seigneur Justicier*; ce qu'on doit entendre du Haut-Justicier, comme nous le prouvons dans ce Traité. *Après eux on les souffre prendre quelquefois au Seigneur de Fief où l'Eglise est située; mais c'est pure souffrance & grace, qui ne peut point fonder prescription.*

L'Arrêt du 18 Janvier 1603, que Maréchal rapporte tome 2, n. 69, n'est pas contraire à notre décision, quoique tome 1, chap. 7, il le rapporte comme jugeant que tout Bienfacteur peut mettre ses Armes, sans que cela attribue Droit de Patronage, ni Droits Honorifiques.

La maxime est vraie; l'Arrêt de Beaurains *supra*, chap. 2, le juge aussi: mais nous ne voyons point quel étoit le sieur de Fontaine-Martel, s'il étoit Haut-Justicier; on le dit Seigneur de Bretigny: l'Arrêt lui adjuge *les premiers rangs*, & particulierement les Prieres; défenses au sieur de Montbron de l'y troubler. Quel étoit ce sieur de Montbron? On voit bien qu'il *se prétendoit* Fondateur, qu'il montroit des Armoiries aux cloches & aux vitres: on jugea que cela ne suffisoit pas pour se dire Patron.

Maréchal, chap. 7, dit qu'on peut apposer ses Armes à un Autel, aux Images, aux Tableaux, vitres, Ornemens & Habits d'Eglise, sans que cela attribue Droit de Patronage: il en rapporte Arrêt du 30 Mars 1624.

Tout cela est vrai; celui qui donne quelque chose,

peut y faire peindre, ou graver, ou broder ses Armes : ce sont là bienfaits particuliers, qui n'ont aucun trait aux Honneurs de l'Eglise.

Mais Maréchal nous donne l'Arrêt de 1603 pour avoir jugé cela. J'ai lû le vû tel qu'il le rapporte tome 2, n. 69 : il y a bien des Procès-verbaux des Armoiries aux cloches, aux vitres, & autres lieux de l'Eglise ; mais on ne voit rien des tableaux, habits & ornemens de l'Eglise.

Au reste, observez que ce sieur de Montbron n'est pas exclus des Honneurs. Le sieur de Fontaine-Martel concluoit à être maintenu en ces Honneurs comme *Seigneur* (*a*) de Bretigny, défenses au sieur Montbron de le troubler ; par là il les prétendoit *seul*. L'Arrêt adjuge au sieur Martel (*les premiers*) *rangs & Honneurs*, & particulierement aux Prieres ; fait défenses audit Montbron de le troubler en la jouissance *desdits rangs*.

Maréchal auroit dû nous instruire de l'espéce de cet Arrêt au juste, & des vraies qualités des Parties.

Boniface, tome 4, liv. 1, tit. 4, chap. 1, rapporte un Arrêt d'Aix du 21 Juin 1669, qui adjugea ce Droit au Seigneur de Puilobier : il étoit ce que nous nommons ici le vrai Seigneur *de* la Paroisse. Cela confirme ce que nous venons de dire.

(*a*) Cela pourroit bien faire croire qu'il étoit Haut-Justicier ; nous l'avons prouvé *supra*, le Haut-Justicier *de* la Paroisse a *seul* le droit de se dire *Seigneur* indéfiniment.

SECTION TROISIE'ME.

Du Banc dans le Chœur.

I. *Sentiment des Auteurs sur le Droit de Banc au Chœur, & sur sa forme.*

A qui il appartient de droit.

Arrêts sur cette matiere.

Sentiment de Maréchal réfuté.

II. *Discussion des Arrêts cités par Maréchal. Que ces Arrêts n'adjugent point au Patron le Droit exclusif.*

Autres Arrêts à ce sujet.

III. *Solution de la question.*

IV. *Ce qu'il faut faire au cas que le Chœur ne puisse contenir deux Bancs.*

V. *Que les places des Bancs du Patron & du Haut-Justicier doivent operer le même effet que s'ils y étoient posés, à l'égard ou des Hauts-Justiciers* dans *la Paroisse, ou des Moyens & Bas-Justiciers.*

Arrêts sur cette question.

VI. *Deux consequences de ce qui a été établi.*

VII. *Du cas où il y a plusieurs Hauts-Justiciers dans la Paroisse.*

Qu'il faut distinguer le Haut-Justicier de *la Paroisse, & le Haut-Justicier* dans *la Paroisse.*

I. Le Droit de Banc dans le Chœur est un des grands Droits Honorifiques. Les Auteurs semblent se partager sur le Droit de Banc à queue, *id est* fermé & permanent, qui proprement est celui dont il s'agit, comme marquant mieux le Droit de celui qui l'y a fait placer. Mais en général, Banc fermé, ou autres en forme d'accoudoir, comme quelques Arrêts le disent, tout cela est toujours le Droit de Banc au Chœur, comme le décide précisément l'Ordonnance de 1539; & il faut avoir droit aux Honneurs de l'Eglise pour le prétendre.

Loiseau, des Seigneuries, chap. 11, n. 62, dit que *nul dans l'Eglise* n'a droit d'avoir Banc *propre*, *id est* à soi appartenant, *hors le Patron & le Haut-Justicier.* Tous Siéges, dit-il, devroient être publics : il ne dit pas *dans le Chœur*; mais comme il parle du Droit des Patrons & des Hauts-Justiciers, il est sensible qu'il a entendu parler du Chœur. Les Bancs dans la Nef qui s'achetent ne sont qu'à l'Acquereur, & ses héritiers en payant une reconnoissance, ils ne sont pas des Bancs *de droit* comme ceux dans le Chœur, si ce n'est pour les Patrons & Hauts-Justiciers, *dicemus infra.*

Roye, après avoir établi que le Patron a Droit de Banc dans le Chœur, dit, liv. 2, ch. 4, que le Haut-Justicier, qu'il appelle *Senior, habet sedem & sepulturam in Choro.*

Lapeyrere parle du Banc en deux endroits. Lett. B, n. 1, il dit que trois sortes de personnes peuvent avoir Banc dans les Eglises, les Patrons, les Hauts-Justiciers, les Bienfacteurs; mais que les Bienfacteurs ne le peuvent sans le consentement du Curé & des Fabriciens, (Marguilliers).

Cette décision est obscure, en ce que Lapeyrere y met aussi les simples Bienfacteurs, & que cependant ils doivent avoir la concession du Curé & des Fabriciens; & ce terme *d'Eglise* qu'il met, fait voir qu'il ne distinguoit pas assez les Droits du Patron & du Haut-Justicier, qui *par droit* peuvent faire placer leur Banc dans le Chœur, s'il n'y a incommodité notoire pour le Service Divin; & les Bienfacteurs simples ausquels il faut non-seulement la concession des Curé & Marguilliers, mais ausquels on ne peut le conceder dans le Chœur : mais *adverte* que *dans ces Pays le Chœur n'est pas toujours séparé de la Nef*, ce qui est important.

Le même, lett. E, n. 2, dit : Nul autre que le Patron & le Haut-Justicier ne peut avoir Banc dans l'Eglise, sans concession expresse du Curé & des Fabriciens : il cite Loiseau *loco supra*.

Cette décision est bonne en général, mais elle est louche. S'il parle du Chœur, c'est-à-dire du lieu le plus honorable de l'Eglise, nul, même avec la permission des Curé & Marguilliers, ne peut y avoir Banc, les Curé & Marguilliers n'ayant pas le droit de conceder le Banc dans le Chœur ; *id est*, pour nous accommoder à tous les Pays, près du Sanctuaire, dans le lieu destiné au Clergé. S'il parle de la Nef, les Patron & Haut-Justicier n'y ont qu'un Droit *personnel*, & n'y peuvent empêcher la concession de tous autres Bancs par les Curé & Fabriciens, (Marguilliers).

Sur la décision de Lapeyrere, lett. B, n. 1, la note dit que par Arrêt du 6 Juillet 1693, il fut jugé que le *Haut-Justicier* avoit Droit de Banc dans le Chœur de l'Eglise, au côté gauche de celui du Patron : (*a*) c'étoit pour la Dame d'Aubetere, Dame de Genonsac. Le Curé qui avoit fait ôter le Banc fut condamné à le faire rétablir, *sans préjudice à lui de se pourvoir ainsi qu'il aviseroit pour la commodité ou incommodité du Banc.*

L'Annotateur ajoute que dans cette Cause on avoit cité les Arrêts rendus dans la Cause du sieur Faure, Conseiller au Présidial de Guyenne, contre le sieur

(*a*) *Nota.* Cet Arrêt juge le Droit *du* Haut-Justicier dans le cas où il y a Patron : il juge comme celui du Grand Conseil du 13 Juillet 1743, qui ordonne que le Banc sera rétabli aux frais du Curé. Je le rappellerai *infra*.

Chaumel, & des sieurs du Han & de Palangues, par lesquels *la Cour avoit député des Commissaires pour se transporter sur les lieux, à l'effet de dresser leur Procès-verbal de l'incommodité qu'apportoient les Bancs au Service Divin.*

On rapporte *ibidem*, lett. B, un Arrêt du premier Juillet 1681, au Rapport de M. d'Alchmes, qui jugea *que le Seigneur de Fief ne pouvoit avoir de Banc (dans le Chœur de l'Eglise, quoiqu'au dessous de celui du Haut-Justicier).*

Despeisses, tome 3 des Droits Seigneuriaux, art. 2, sect. 8, dit que le Haut-Justicier a Droit de Banc au lieu le plus éminent de l'Eglise; il en rapporte Arrêt de Toulouse du 29 Août 1614: Que s'il y a plusieurs Coseigneurs Hauts-Justiciers, chacun d'eux peut avoir Banc égal à l'autre. Arrêt de la Chambre de l'Edit à Castres du 17 Juin 1633: ce que l'on doit entendre des Cohauts-Justiciers du *sol* de l'Eglise: il dit aussi que le Patron a le Banc au lieu le plus honorable.

Je ne crois pas que cet Arrêt de Castres fut suivi. Quelle multiplicité de Bancs dans le Chœur! Tous ces Cohauts-Justiciers auront chacun des héritiers qui subdiviseront les parts de chacun dans la même Haute-Justice: si on leur donne autant de Bancs, le Chœur ne sera rempli que de ces Bancs: c'est à cette difformité, à cette incommodité réelle qu'il faut s'arrêter.

M. de Cambolas, liv. 1, chap. 50, rapporte un Arrêt remarquable du 27 Octobre 1593: voici le fait qui y donna lieu.

Pierre Lallelle, se disant Gentilhomme, avoit fait dresser un Banc pour lui & les siens dans l'Eglise de Sauveterre, auquel son pere & lui s'étoient assis depuis un tems immémorial, jusqu'à ce que Duston, aussi Gentilhomme,

Gentilhomme, & de plus ancienne Maison que Lallelle, s'étant changé avec sa famille (ayant pris leur demeure) au Lieu de Sauveterre, voulut être assis le premier au Banc, & avoir le premier le Pain benit. Sur quoi Procès, tant devant l'Official que devant le Sénéchal; & par la diversité des Jugemens, qui maintenoient tantôt l'un, tantôt l'autre en cette possession & prééminence, l'affaire ayant enfin été portée au Parlement, après partage, fut rendu l'Arrêt *qui les mit hors de Cour & de procès.*

M. de Cambolas ajoute : *N'ayant pas été trouvé raisonnable de bailler séance dans l'Eglise* (a) (*à ceux qui n'étoient pas Seigneurs, mais seulement Habitans du Lieu*); *& fut ordonné par le même Arrêt* (*que le Banc que Lallelle avoit fait mettre seroit ôté de l'Eglise*) *ce Droit* (*n'appartenant qu'aux Hauts-Justiciers ou Fondateurs de l'Eglise, qui peuvent former complainte pour la Préséance, Banc & Place qui leur appartiennent en cette qualité*)*; mais hors cela, nul ne peut avoir Banc dans l'Eglise sans permission.*

Bacquet, des Droits de Justice, chap. 20, n. 16, rapporte un pareil Arrêt de Paris du 23 Septembre 1556.

M. de Catelan, tome 1, liv. 3, chap. 1, rapporte un Arrêt de Toulouse du 11 Février 1655, qui jugea le Droit de Banc en faveur du Haut-Justicier *du sol de l'Eglise*, à l'exclusion des autres Hauts-Justiciers de la Paroisse; *intellige* à l'exclusion des Hauts-Justiciers *dans* la Paroisse, & non *de* la Paroisse, *ut dixi supra.*

Observez cet Arrêt; il juge que le Haut-Justicier du Lieu où l'Eglise est bâtie, le Haut-Justicier *du sol* de l'Eglise a Droit de Banc au Chœur à l'exclusion des

(a) *Intellige* nécessairement le Chœur, l'endroit où sont les Prêtres.

autres Hauts-Justiciers *dans* la Paroisse, qui en ce cas ne sont qu'Habitans; parce que n'étant pas Hauts-Justiciers *du terrein de l'Eglise*, ils n'ont pas en eux le germe productif des Droits Honorifiques, cette protection que le Haut-Justicier du Lieu doit à l'Eglise, & en reconnoissance de laquelle elle lui a déferé les Honneurs: dès-là ces Hauts-Justiciers *dans* la Paroisse n'ont pas relativement à l'Eglise plus de pouvoir que tout autre Habitant, & conséquemment n'y ont pas plus de droit que tout autre Habitant. C'est ce que nous explique Roye, *de Jurib. Honor. lib.* 2, *cap.* 1. *Undè qui ex fidelibus publicâ potestate suâ Ecclesiasticæ paci consulunt, qui pro imperio suo Ecclesiæ laboranti, & oppressis miserabilibus personis opem ferre possunt, plus etiam conferre videntur ad Ecclesiæ finem, ac proinde par est iisquoque Honorem deferri.* C'est donc à ceux dont la Jurisdiction peut spécialement protéger l'Eglise, & lui procurer la paix & la tranquillité, que les Honneurs sont dûs après le Patron, & non à d'autres. C'est donc des Hauts-Justiciers que Roye parle, quand il dit *Seniores locorum, & in eorum Senioratu habent positam Ecclesiam*: d'où il est clair qu'on abuse du terme *Seniores* employé par ce docte Auteur, quand on l'applique aux Seigneurs de Fief, qui n'ont & ne peuvent avoir cette puissance publique qui est le second germe productif des Droits Honorifiques. *Vide* ci-après l'Arrêt du 10 Février 1700, qui juge la même chose.

Maréchal, chapitre 2, soutient que le Patron a *seul* Droit de Banc dans le Chœur: il rapporte plusieurs Arrêts.

Mais souvenez-vous de ce que je vous ai observé *supra*, que le Parlement de Normandie n'adjuge les

Honneurs qu'aux Patrons *seuls*, & presque tous les Seigneurs de Fief y ont le Patronage ; que quand la Justice se trouve divisée du Fief, c'est-à-dire quand celui qui a la Justice n'a pas le Fief auquel le Patronage est attaché, on ne les adjuge *qu'au Patron*. Or les Arrêts qu'il rapporte *sont de ce Parlement* : sont-ce là des maximes qui aillent dans tous les autres Parlemens ?

Quoiqu'en Normandie les Patronages y soient tous réputés réels, c'est-à-dire attachés au Fief ou Glebe seigneuriale ; néanmoins ce n'est pas assez d'avoir Fief dans la Paroisse pour participer aux Honneurs de l'Eglise, il faut avoir la Glebe où le Patronage, qui seul y donne les Droits Honorifiques, est attaché. Berault, Basnage, art. 142.

Maréchal soutenoit les intérêts du Patron ; il ne vouloit pas qu'un autre que le Patron eût les Honneurs de l'Eglise ; aussi ne les accorde-t-il au Haut-Justicier *que par tolérance* : cet Auteur se croyoit engagé à soutenir *totis viribus* le Droit *prétendu exclusif* des Patrons ; il étoit lui-même Patron d'une Chapelle de l'Eglise de Lyon : c'est lui qui nous l'apprend chap. 1. Entraîné par la *primauté* incontestable du Patron, il sentoit une satisfaction à en conclure que son Droit étoit *exclusif* : il y a cependant une différence notable entre un Droit *de primauté* & un Droit *exclusif*.

En remontant à la cause des Droits Honorifiques, on y trouve *le Droit* des Patrons & des Hauts-Justiciers, *beneficentia*, *potestas publica* ; & de-là concluez avec sécurité, qu'*après* le Patron le Haut-Justicier a les Honneurs de l'Eglise *par droit*. Si pendant long-tems les Hauts-Justiciers n'ont pas joui de ces Droits, ce n'est pas qu'ils n'eussent dans leur qualité le germe productif de ces Droits ; mais dès qu'ils les ont réclamés, les Arrêts les leur ont adjugés comme des conséquences de la Puissance publique, & ont jugé que ces termes *Seniores*, à qui les Canons des Conciles rapportés par Roye, *de Jurib. Honorif. lib.* 2, *cap.* 4, déferoient les Prieres nominales, *pro Senioribus orare*, devoient être entendus des Hauts-Justiciers, qui à cause de la Puissance publique sont les vrais, les seuls Seigneurs de la Paroisse, *ut probavimus supra*, ch. 3 : c'est ce que Roye, *ibid.* explique parfaitement par ce passage de Saint Augustin, *ad Psal.* 124 : *Ordinavit enim Deus sic Ecclesiam suam, ut (omnis potestas ordinata in sæculo habeat Honorem)*.

Or le Fief ne donne aucune Puissance, il n'a aucune prétention à accorder ; au contraire, combien de Seigneurs de Fiefs se sont réservés des cens sur les Cimetieres, Presbyteres ? Ils les auroient réservés sur le terrein de l'Eglise, si cela avoit pû compatir avec la conservation du terrein.

Simon, chap. 20, embrasse l'avis de Maréchal ; il dit que le Patron a Droit de Banc au Chœur, *& que ce n'est qu'à défaut de Patron* que les Hauts-Justiciers l'ont d'abord prétendu ; qu'ils l'ont acquis depuis par un usage universel, pourvû qu'il n'incommode pas le Service Divin ; auquel cas, dit-il, les Arrêts l'ont fait ôter au Haut-Justicier. Il ajoute que le Haut-Justicier a droit d'exclure les autres, à moins qu'ils n'ayent une possession contraire.

Ce sentiment de Simon, on le verra, est en son entier directement contraire au sentiment des bons Auteurs, & aux Arrêts rendus sur cette matiere.

II. Discutons les Arrêts, & surtout ceux rapportés par Maréchal.

Il cite d'abord deux Arrêts du Parlement de Rouen des 22 Mars 1575 & 29 Mars 1596 : il en cite un autre du 10 Juillet 1606.

Les Arrêts de ce Parlement, comme je vous l'ai observé, ne peuvent établir pour maxime générale que le Patron a *seul* le Droit de Banc dans le Chœur : les usages de ce Parlement, ainsi que ceux de Bretagne, depuis l'Ordonnance de 1539, doivent être renfermés dans leurs territoires : les usages locaux ne peuvent jamais fonder une maxime générale.

J'ajoute que l'Arrêt de 1606 ne peut faire aucune impression ; il le rapporte tome 2, n. 44 : il est conforme à celui de 1593, rapporté par M. de Cambolas *loco supra.* Ni l'un ni l'autre des Contendans n'étoit *Patron*, ce qu'il faut être dans ce Parlement : cet Arrêt *les renvoye tous les deux devant les Curé & Trésoriers* (Marguilliers) *de la Paroisse, pour leur être pourvû de place convenable en la Nef de l'Eglise, selon leurs qualités & conditions.*

Cet Arrêt juge-t-il le Droit *exclusif* en faveur du Patron ? Il juge *qu'en ce Pays*, si on n'est pas Patron, telle qualité de Haut-Justicier que l'on ait, on ne peut avoir Banc dans le Chœur ; & en le joignant à celui de 1593, on peut, & on doit même dire qu'il juge que nuls *autres que le Patron* (*& le Haut-Justicier*, par tout ailleurs qu'en Normandie & en Bretagne), n'ont Droit de Banc au Chœur.

Il rapporte encore l'Arrêt du 27 Mars 1601, tome 2, n. 41 : outre qu'il est du Parlement de Rouen, le sieur de la Haye n'étoit point Patron, & le Banc ne fut adjugé au sieur Darcis de Livarot que *comme représentant les anciens Patrons de l'Eglise.*

Il en est de même de l'Arrêt de Blanvilain du 13 Février 1603, qu'il cite & qu'il rapporte tome 2, n. 17, & de l'Arrêt de la Gaudille du 2 Novembre 1599, tome 2, n. 39, tous deux de Rouen.

Ces deux Arrêts jugent uniquement la même chose que celui du 10 Juillet 1606 & celui de 1593 *supra modo*, & serviront à la décision que nous donnerons dans la suite.

Il cite encore des Arrêts de 1584 & de 1596, & convient n'en sçavoir pas les espéces. Un troisiéme de Paris du 3 Février 1620 : cet Arrêt ne juge autre chose qu'une procedure criminelle. *Vide*, il est tome 2, n. 43.

Enfin il rapporte l'Arrêt de Boubiez de Paris du 19 Mai 1607 : on le trouvera tome 2, n. 19. Or la Sentence dont étoit appel, confirmée en ce point,* jugeoit qu'aucun des Contendans *n'étoit Patron ni Haut-Justicier* : il y est dit que l'un se nommera *Seigneur du Fief de Monchevrel, sis à Boubiez ; l'autre Seigneur du Fief de la Muette, sis à Boubiez.* L'Arrêt infirme la Sentence, en ce qu'elle n'avoit pas ordonné que le sieur de la Fontaine *précederoit* le sieur de Valence ; au résidu ladite Sentence *sortira effet.* Cet Arrêt ne juge que *des préséances* ; il ne juge que la qualité : ils prétendoient se dire *Seigneurs de Boubiez, ne verbum quidem* du Droit *de Banc*, ni des autres grands Droits Honorifiques. La grande question étoit la qualité de seul Seigneur de Boubiez : la Sentence la refuse à tous les deux, & est confirmée en ce point ; & quand l'Arrêt dit que le sieur de la Fontaine *précedera ledit de Valence aux Honneurs*

* *Nota specialiter.*

de l'Eglise, cela ne s'entend que des *Honneurs de préséance.* 1°. Parce que dans les conclusions du sieur de la Fontaine, aucunes conclusions sur les grands Droits. 2°. Parce qu'étant jugés n'être point Seigneurs de Boubiez, & n'étant point Patrons, ils ne pouvoient prétendre qu'aux préséances. 3°. C'est que l'Arrêt dit, a mis & met l'appellation & Sentence au néant, *en ce qu'on n'auroit adjugé au sieur de la Fontaine* (*la préséance en l'Eglise de Boubiez*) : d'où il est clair que, lorsqu'en émandant l'Arrêt dit que le sieur de la Fontaine *précedera* ledit de Valence aux Honneurs de l'Eglise de Boubiez, le sieur de la Fontaine n'étant ni Patron, ni Haut-Justicier de Boubiez, cet Arrêt ne juge que des *préséances simples.*

Aucun de ces Arrêts juge-t-il que le Patron a Droit *exclusif* de Banc ; que le Haut-Justicier ne l'a *qu'à défaut de Patron* ? C'est une compilation d'Arrêts qui ne jugent rien moins que la maxime qu'il donne, comme maxime *générale*, comme principe : il dit lui-même que cet Arrêt jugea que celui qui n'étoit pas *vrai Patron*, ne pouvoit troubler la possession de l'autre. Quand cet Arrêt jugeroit ce point, cela n'a aucun trait au Droit *prétendu exclusif*, que Maréchal attribue au Patron ; mais on vient de le voir, cet Arrêt ne juge encore rien de cela ; il ne juge *que la qualité & les préséances.*

Au même chapitre 2, il cite encore un Arrêt du 20 Février 1616 de Paris, pour prouver qu'en concurrence de deux Hauts-Justiciers, l'un aura son Banc à droite, l'autre à gauche : il est au tome 2, n. 9.

De la façon qu'il cite cet Arrêt, chap. 2, tome 1, on croiroit qu'il auroit jugé qu'entre deux *Hauts-Justiciers en général*, l'un auroit le Banc à droite, l'autre à gauche.

Ce n'est pas là ce que juge l'Arrêt ; il est rendu entre deux *Coseigneurs* de la Haute-Justice *de* la Paroisse, *du sol* de l'Eglise. Cela est bien different : dans cette espéce ce n'est que la *même Justice de* l'Eglise, & non pas *deux Hauts-Justiciers*, dont l'un le seroit *de* la Paroisse, l'autre *dans* la Paroisse.

Cet Arrêt ordonne le partage de la Terre & Seigneurie de Pouy ; que les Copartageans auront les Honneurs de l'Eglise par mois, à commencer par celui auquel il aviendra par sort, qui en sera jetté devant le Conseiller Rapporteur ; leur accorde à chacun un Banc, (il n'y avoit point de Patron) & adjuge la place honorable à la Demoiselle de Pouy, quoique puînée ; mais elle étoit vis-à-vis d'un Acquereur de la portion aînée, on préfera le sang : il n'y a qu'à le lire.

Soefve, tome 2, cent. 3, chap. 100, en rapporte un semblable du 21 Juillet 1667 ; c'étoit pour la Paroisse de Seves : on donna la préference au sang. Cet Arrêt donne les Honneurs d'année en année.

Ces Arrêts jugent-ils un mot de la question de concurrence entre *deux* Hauts-Justiciers ? Non : on ne sçauroit trop le répeter, c'étoient *deux Coseigneurs* de *la même* Justice, deux Portionnaires de la *même* Justice ; cela *distat toto cœlo* de la question posée par Maréchal entre deux Hauts-Justiciers *distincts*. Il ne paroît pas qu'il y eût un Patron.

Voici d'autres Arrêts.

Brillon, dans son Dictionnaire, derniere édition, tome 1, au mot *Banc*, *Seigneur*, en rapporte plusieurs.

Un premier du 7 Juillet 1622, qui jugea que le Haut-Justicier même Baron, quoique l'Eglise fût située sur son Fief & Justice, ne pouvoit avoir de Banc

&

& séance dans le Chœur, (*à moins que la séance du Curé, son Vicaire, Prêtres officians, & le Service Divin ne fussent libres ; permet audit Baron, suivant ses offres, d'agrandir le Chœur sur la Nef autant qu'il sera nécessaire*). Cet Arrêt est aussi dans Maréchal, tome 2, n. 49.

Un second du 7 Mars 1648, qui jugea que le Seigneur de la plus grande part auroit son Banc dans le Chœur au lieu le plus honorable, & que les autres jouiroient des Droits & prééminences en icelle ; sçavoir, le Seigneur de la plus grande part neuf mois, les autres les trois autres mois.

Cet Arrêt juge les Droits & les préséances ; mais il ne donne point par portions d'année le Droit *de Litre & de Banc*, comme je l'ai observé sur la Litre, quest. 2 : il n'adjuge le Banc au Chœur qu'à celui qui avoit la plus grande portion. Cet Arrêt peut servir à appuyer ce que j'ai dit *supra* par rapport à la Litre, entre plusieurs *Copatrons* ou *Cohauts-Justiciers*.

Un troisiéme du premier Avril 1683, qui jugea que le Seigneur pouvoit avoir un Banc dans le Chœur, & *un dans la Nef* : il est au troisiéme tome du Journal des Audiences, derniere édition ; je le rapporte *infra* : ce qui marque que le Haut-Justicier, *à fortiori* le Patron, ont un Droit personnel dans la Nef.

Un quatriéme du 16 Août 1712, en la Premiere des Enquêtes, au Rapport de M. l'Emery, qui décida que le Proprietaire d'un quinziéme, à titre de partage, pouvoit se dire Seigneur en partie, & avoir Droit de Banc au Chœur après le Proprietaire des autres portions. *Vide infra* ma réfléxion sur cet Arrêt. Au reste cet Arrêt canonise le principe que j'ai posé *supra*, ch. 5, à l'occasion de l'Arrêt du 23 Août 1748, qu'on ne pouvoit se dire Seigneur en partie, qu'autant qu'on avoit part à la Haute-Justice *de* l'Eglise : cet Arrêt est rendu en faveur d'un homme qui avoit la quinziéme partie de la Seigneurie *à titre de partage.*

Un cinquiéme du Grand Conseil du 19 Février 1705, qui est dans les Mémoires du Clergé, tome 3, qui jugea que le Patron Ecclésiastique auroit son Banc dans la premiere place du Chœur, & le Seigneur Haut-Justicier de la Paroisse d'Esterville à la seconde place.

C'est le troisiéme Arrêt, en le joignant à celui de 1693 *supra*, sur la Note de la lettre B de Lapeyrere; (celui de 1746 *supra*, sur la Litre, le juge aussi : le Seigneur de Réau étoit *Patron*, & Cohaut-Justicier avec le Seigneur des Bordes) qui ait jugé la question entre le Patron & le Haut-Justicier vis-à-vis l'un de l'autre. J'en rapporte encore un *infra*, n. 7 à la fin.

Ces Arrêts, loin de juger que le Droit du Patron soit *privatif*, *exclusif* du Haut-Justicier, comme Maréchal le veut, jugent le Droit du Patron *primitif seulement* : *& hæc est veritas.*

Solution. III. Au milieu de tant d'opinions & de préjugés, rapportés la plûpart pour soutenir une proposition singuliere, je vais raisonner par principes d'après ces mêmes Arrêts.

Premierement, je dis que le Haut-Justicier *a Droit* de Banc au Chœur, ainsi qu'à tous les Honneurs de l'Eglise, comme le Patron, mais *après* le Patron. Je tiens qu'il a cet Honneur, ainsi que tous les autres Honneurs, *par Droit*; j'entends le Haut-Justicier *de* la Paroisse, le Haut-Justicier *du sol* de l'Eglise, non pas un Haut-Justicier *dans* la Paroisse.

Ce que je dis est tiré du principe *supra*, chap. 1,

qu'il y a deux causes productives des vrais Honneurs de l'Eglise, dont le Droit de Banc au Chœur est un ; *beneficentia, potestas publica.*

Aussi le docte Loiseau pensoit que, *par Droit*, le Haut-Justicier du Lieu avoit les Droits Honorifiques ; c'est ce qu'il dit bien nettement chap. 11 des Seigneuries, n. 30, que nous avons rapporté *supra*, chap. 2. Ce même Auteur, *ibid.* n. 17, 18, 19 & 20, le prouve encore : voici comme il s'en explique. *Je dis donc que le Haut-Justicier a la préséance, & les autres* * *Honneurs de l'Eglise de son Village, (posé qu'elle soit située au détroit de sa Justice) : il est vrai qu'en tant que l'Eglise est exempte de la Seigneurie temporelle, elle est aussi exempte de la Seigneurie publique des Seigneurs subalternes ; mais cette exemption n'a lieu qu'à l'égard des personnes & choses sacrées, & n'ôte pas tout à fait l'Eglise du territoire où elle est enclavée ; & de fait, les délits qui s'y commettent par les Laïcs ne laissent pas d'être de la Justice temporelle.* * Nota.

D'où il suit que le Haut-Justicier, qui est le Seigneur (a) *du territoire, n'a pas préséance dans l'Eglise devant les Gens d'Eglise ; mais hors eux, & ses Superieurs, & ceux de la haute Noblesse, il devance en tous lieux d'icelui toutes autres personnes qui s'y trouvent, comme (d'un Droit) & dépendance de sa Seigneurie.* Au nombre 39 il dit : *Donc pour ce qui concerne particulierement les Honneurs de l'Eglise, ils n'appartiennent (par Droit) qu'aux Patron & Haut-Justicier, & eux seuls s'en peuvent pourvoir, soit par complainte ou par action, & qui plus est les retiennent, encore qu'ils ne résident dans la Paroisse.*

Et afin qu'on ne dise pas que Loiseau ne parle que

(a) Notez ceci pour ce que j'ai dit *supra*, chap. 3, de la qualité de Seigneur.

des simples préséances, par rapport au Droit de Banc, n. 65, il ajoute : *Je dis donc que (hors le Patron & le Haut-Justicier, qui seuls sont fondés en Droit commun) nul ne peut avoir Banc en l'Eglise sans la permission des Marguilliers.* N. 78 : *Hors le Patron & le Haut-Justicier, la premiere place de l'Eglise n'appartient à aucun.*

Chopin sur Anjou, art. 42, n. 19, à la marge, dit: *Quarum moribus regionum* (il parle des Coutumes muettes sur ce Droit) *nil cavetur de Jure gentilitio insignium, Templo affigendorum seu insculpendorum, tunc enim (id Juris competit Domino altæ Jurisdictionis, non mediæ,* (a) *vel infimæ, nec Dominis Feudi), antiqua enim juridica potestas remanet etiamdum in solo & fundo Ecclesiæ, unum excipio Patronum qui supra dictis orbus antefertur.* Ce que Chopin dit de la Litre, qui est un *grand* Droit Honorifique, appliquez-le sans crainte au Droit de Banc au Chœur, qui est aussi un des grands Droits, *quia eadem ratio decidendi.* Cet Auteur *préfere* le Patron, mais il ne lui donne pas le Droit *exclusif;* au contraire il dit, *id Juris competit Domino altæ Justitiæ; id Juris, ce Droit appartient* au Haut-Justicier.

Me. Charles Dumoulin parle aussi du Droit du Haut-Justicier dans l'Eglise de sa Haute-Justice, §. 41, *hodie* 51, gl. 2 : il dit n. 64, que celui qui n'est que Haut-Justicier du Lieu, ne peut empêcher qu'on ne donne à l'Eglise un fond sujet à sa Justice ; & il ajoute: *Quia Domino simpliciter Justitiario nullum fit præjudicium, ex eo quod in Ecclesiam res in perpetuum transfertur, (quoniam æquè sub ejus Jurisdictione remanet ut priùs)* ; le sol de l'Eglise reste toujours de sa Jurisdiction.

(a) *Hic.* Le Droit de Litre appartient au Haut-Justicier de l'Eglise, non au Moyen ou Bas-Justicier.

C'est encore ce qu'établissent parfaitement Henrys, édition 1708, Plaidoyé 16; Tronçon sur Paris, art. 69; Hevin en ses Questions Féodales, p. 188, n. 12.

De-là il est facile de conclure que le Haut-Justicier *du sol de l'Eglise*, après le Patron, de droit a les Honneurs de l'Eglise, & par conséquent le Banc au Chœur *par droit* comme le Patron.

IV. Secondement, je commence par supposer que, sans incommodité pour le Service Divin, pour le Curé, son Vicaire, Prêtres & Officians, le Chœur peut contenir deux Bancs fermés, à queue, ou autre, l'un à droite, l'autre à gauche, ou à côté l'un de l'autre : alors le Patron & le Haut-Justicier sont en droit d'en avoir chacun un; le Patron à la place la plus honorable. Loiseau & Roye, *locis supra*, l'établissent bien. L'Arrêt de 1705 du Grand Conseil le décide nettement; celui du 6 Juillet 1693, rapporté sur Lapeyrere *supra*, l'avoit aussi jugé; celui du 12 Août 1746 *supra*, quest. 1 de la Litre, le juge bien nettement, puisque le Patron & même *Cohaut-Justicier* de l'Eglise, ayant la part de l'aîné, y en avoit deux, un de plâtre, un de bois: on ordonne qu'il fera remonter son Banc de bois, pour y placer commodément celui du Seigneur des Bordes son Cohaut-Justicier. Le Seigneur de Réau avoit la qualité de Patron.

Si le Chœur ne peut en contenir qu'un, je conviens en ce cas que le Patron, qui a le Droit *primitif*, peut y avoir son Banc; que le Haut-Justicier ne pourroit prétendre que la place la plus honorable dans la Nef, si mieux il n'aime, à ses frais, suivant l'Arrêt de 1622, faire agrandir le Chœur, pourvû que le Patron y consente. En ce cas le Droit du Patron n'est pas *exclusif* du Haut-

Justicier; c'est la situation du Chœur qui ne permet pas que le Haut-Justicier y ait le sien. De-là on voit l'erreur de Simon *loco supra citato*, où, d'après Maréchal, il dit que les Hauts-Justiciers ne l'ont que par usage, pourvû que leur Banc n'incommode pas le Service Divin; auquel cas, ajoute-t-il, les Arrêts l'ont fait ôter au Haut-Justicier. Induire de-là que le Haut-Justicier n'a pas *Droit* de Banc dans le Chœur, c'est errer volontairement; car dès que l'*incommodité* du Service Divin ôte le Banc du Haut-Justicier, ce n'est qu'une cause seconde, qui ne touche en rien au fond du droit; car le Patron même, comme nous allons le dire, ne pourroit y prétendre de Banc, si cela apportoit une incommodité notable au Service Divin. Le principe vrai est, que le Droit de Banc, tant du Patron que du Haut-Justicier, n'est que *posito quod*, le Service Divin n'en sera pas incommodé notablement, comme le jugent les Arrêts rapportés sur Lapeyrere, lettre B, cités *supra*.

Ainsi si le Chœur étoit si petit que, sans incommodité notable pour le Service Divin, il ne pût contenir *aucun* Banc autre que celui du Curé, son Vicaire, & Officians, je tiens que le Patron même ne pourroit exiger d'y faire placer le sien.

Ma raison est, 1°. Que le Service Divin doit être toujours libre. 2°. Je la tire du même Arrêt de 1622: s'il n'est rendu que contre un Haut-Justicier, *il n'y avoit point de Patron, il n'y avoit qu'un Banc à placer*; dès-là il peut s'appliquer au cas que je pose: l'Arrêt ne le permit qu'en tant que le Seigneur, suivant ses offres, feroit agrandir le Chœur sur la Nef. Le Patron, s'il a le Droit *prémier*, il ne l'a que *sur les Séculiers, & non sur les Ecclésiastiques*.

De cet Arrêt deux conséquences : la premiere, quand il est constaté que le Service Divin ne pourroit se faire librement y ayant deux Bancs, on ne doit en souffrir qu'un, & celui-là doit être adjugé au Patron qui a le droit *premier* : la seconde, quand le Chœur ne peut même en contenir un, il n'y a ni Patronage ni Haute-Justice qui prévalent à l'incommodité évidente qui en résulteroit pour le Service Divin. En ce cas, les ayant droit au Chœur peuvent demander, ou l'agrandissement du Chœur à leurs frais, ou la place la plus honorable dans la Nef : ils ne peuvent prétendre que cela.

Mais les Curés ne peuvent, sous prétexte d'incommodité, faire ôter de leur chef le Banc ou Prie-Dieu du Seigneur : c'est ce qu'a jugé l'Arrêt du 13 Juillet 1743, rapporté en entier *infra*, chap. 6, sect. 2 du Pain benit, n. 7, & que j'ai eu en parchemin, entre les Dames de Saint Cyr près Versailles, Dames de Chevreuse, & le Curé de Chevreuse. Le Curé avoit fait enlever du Chœur leur Prie-Dieu : elles demanderent le rétablissement : le Curé dit pour défenses qu'il avoit le Droit de Police dans le Chœur de son Eglise ; que ce Prie-Dieu gênoit le Clergé. M. le Bret Avocat Général, qui l'étoit lors du Grand Conseil, dit que cela étoit contre l'Edit de 1695, qui ôtoit ce Droit & cette prétendue Police aux Curés : cet Edit leur ordonne de s'adresser à l'Evêque. L'Arrêt le condamna à rétablir le Prie-Dieu en la forme qu'il étoit ; & faute par lui de le faire, permet aux Parties de Lamonnoye (les Dames de Saint Cyr) de le faire à ses frais, même d'avoir Banc fermé & permanent. *Vide* l'Arrêt du 6 Juillet 1693 *supra*, n. 1.

V. Troisiémement, il est de principe avoué que *ea quæ sunt meræ facultatis sunt imprescriptibilia* : or il est incontestable que la position d'un Banc dans le Chœur, en conséquence *du droit* que l'on a de l'y faire placer, est un Droit dont on peut user ou ne pas user *ad libitum*, sans qu'il se perde *per non usum* ; parce que ce Droit est *inherent* à la qualité de Patron, & à celle de Haut-Justicier ; que tout Droit qui dépend *de la seule qualité* est autant imprescriptible, que la qualité de Patron & de Haut-Justicier est indelebile dans celui qui a le Patronage ou la Haute-Justice, parce que la qualité de Patron & de Haut-Justicier est un titre toujours vivant, toujours subsistant, *qui perpetuo clamat*, & par conséquent les Droits qui en dépendent sont imprescriptibles, vivent toujours, & ne s'effacent point : d'où Loiseau, *loco citato supra*, n. 3, dit *qu'ils retiennent les Honneurs de l'Eglise, encore qu'ils ne résident pas dans la Paroisse.*

De-là je tiens, 1°. S'il y a un Patron, & que le Chœur ne puisse contenir qu'un seul Banc, que le Haut-Justicier ne peut, sous prétexte que le Patron n'y a pas fait encore poser le sien, forcer le Curé à en laisser construire un pour lui Haut-Justicier ; la place du Banc du Patron quoique vacante, jointe au Droit incontestable qu'il a de l'y faire placer quand il voudra, est un titre *qui perpetuo clamat* : cette place du Patron doit être considerée comme s'il y étoit actuellement ; tous les jours le Patron peut réduire en acte le Droit qu'il a de l'y faire placer, sans que le Haut-Justicier, quelque possession qu'il ait, puisse en empêcher, parce que ce Droit est né dans le Patron avec le Temple auquel il a donné l'être : ce Droit est un acte de pure faculté libre,

libre; le Haut-Justicier ne peut exclure le Patron qui l'excluroit lui-même *en ce cas*; de même que le Haut-Justicier, dont le droit est né avec sa Haute-Justice, ne peut être exclus par un Moyen ou Bas-Justicier, ou par un Seigneur de Fief, comme je vais le prouver. Et je tiens en ce cas que le Patron doit être mis en Cause par le Curé; & que s'il ne l'y met pas, qu'il se contente d'exciper du droit du Patron, le Juge, avant faire droit, doit ordonner qu'il sera mis en Cause.

2°. Quand il y a un Patron & un Haut-Justicier *de* l'Eglise, qui *seuls* ont *droit* de Banc au Chœur qui peut les contenir tous deux, soit qu'ils y ayent, ou qu'ils n'y ayent pas actuellement leurs Bancs, les Moyens ou Bas-Justiciers, ou Seigneurs de Fief ne trouvant que ces deux places libres, ne peuvent y prétendre ni acquerir ce droit par prescription, par les raisons ci-dessus, & parce qu'ils ne peuvent exclure le Patron ni le Haut-Justicier, & qu'en leur accordant ou les maintenant dans ces places, ce seroit leur donner lieu d'exclure ceux qui les excluroient eux-mêmes; d'autant plus que ces Moyens, Bas-Justiciers & Féodaux n'ayant pas en eux le germe des Droits Honorifiques, ne peuvent prétendre à ce Droit, encore moins *au préjudice du Patron & du Haut-Justicier.* Maréchal, chap. 2, pense ainsi par rapport au Patron, & cela doit s'entendre du Haut-Justicier vis-à-vis des Moyens & Bas, & Seigneurs de Fief. *Id Juris*, dit Chopin *loco supra*, *n.* 3, en parlant de la Litre, ce qui doit s'appliquer au Droit de Banc & autres Droits Honorifiques : *Quia eadem est ratio, competit Domino altæ Jurisdictionis (non mediæ, vel infimæ, vel Dominis Feudi).*

En vain dira-t-on que les Droits Honorifiques peuvent s'acquerir par possession : cela est bon pour dire *qu'à défaut* de Patron & de *Haut-Justicier*, les Moyens & Bas, & Seigneurs de Fief pourront les avoir par grande possession, quand il *n'y a ni Patron ni Haut-Justicier de l'Eglise*; mais cela ne tend jamais à pouvoir rendre vain le droit de ceux qui ont seuls la qualité requise, surtout pour ces grands Droits, qui, si on maintenoit la possession de ces Moyens-Justiciers, ce qui ne se pourroit qu'après le Patron & le Haut-Justicier, causeroit dans le Chœur une difformité ou une incommodité notable, & une multiplication des grands Honneurs de l'Eglise, ce qui ne se peut, *ut dicemus*.

Je puis sans crainte appliquer à ces décisions l'Arrêt du 27 Novembre 1593, rapporté par M. de Cambolas *supra*, qui refusa cet Honneur à deux Gentilshommes, *nonobstant leur possession*, fondé sur ce que le Patron & le Haut-Justicier *seuls* peuvent avoir ce Droit. Je puis invoquer l'Arrêt de 1681, rapporté sur Lapeyrere *supra*; les Arrêts de 1599 & 1603, rapportés par Maréchal *loco supra*, qui renvoyerent les Contendans devant les Curé & Marguilliers pour avoir place dans la Nef.

Ne peut-on pas aussi se servir de ce que dit Loiseau des Bancs dans l'Eglise, au chap. 11 des Seigneuries, n. 65 & 67 ? Il dit d'abord, qu'hors le Patron & le Haut-Justicier, qui sont seuls fondés en droit, nul ne peut avoir Banc dans l'Eglise sans la permission des Marguilliers. Il ajoute n. 67 : *Je conclus partant que quelque longue possession qu'on ait du Banc, elle ne sert de rien sans titre, parce que si pour acquerir une servitude la prescription même immémoriale ne profite, s'il n'y a titre, à plus forte raison ne vaut-elle rien où la servitude ne peut être imposée.*

Si cela est des Bancs dans la Nef, *à fortiori* des Bancs dans le Chœur ; il faut titre, ou qualité qui vaut titre.

Titre de Patronage, qualité de Haut-Justicier : nul autre que le Patron & le Haut-Justicier n'a titre ni qualité pour les Honneurs de l'Eglise : de la part d'un autre que le Patron & le Haut-Justicier, c'est une servitude qu'il veut acquerir par prescription ; & dès-là je conclus avec Loiseau, que nul par possession, telle longue qu'elle soit, ne peut avoir Banc dans le Chœur. En toute matiere il faut raisonner par principes & par conséquences ; c'est l'unique moyen de donner de bonnes décisions.

Il y en a qui disent que quand le Haut-Justicier n'a point son Auditoire dans le Lieu, les Seigneurs de Fief peuvent avoir Banc au Chœur : cet avis paroît spécieux. Cependant parce que le Roi réunira toutes les Justices en une dignitaire, celui qui aura obtenu ce titre perdra-t-il le droit qu'il avoit dans chaque Paroisse où ses Justices étoient distribuées ? Cela est inconséquent.

Les Hauts-Justiciers même *dans* la Paroisse, qui ne sont pas Hauts-Justiciers *de* l'Eglise, ne peuvent prétendre ce Droit ; *à fortiori* les Moyens, Bas-Justiciers, & Féodaux.

Par rapport aux Hauts-Justiciers *dans* la Paroisse, nous avons rapporté *supra*, chap. 3, n. 4, l'Arrêt du 5 Avril 1667, qui par grace laissa subsister le Banc *pendant la vie* de ce Haut-Justicier & sa femme ; & par là a jugé qu'un Haut-Justicier *dans* la Paroisse n'avoit pas *droit* de Banc au Chœur.

En voici encore un de ce siécle rapporté par Duperay, des Droits Honorifiques, chap. 11 : il a été rendu en la Cinquiéme Chambre des Enquêtes, au Rapport de M. Boucher d'Orsay.

Il est du 10 Février 1700 : je l'ai vérifié à la Tour.

Mais quoiqu'il soit rendu entre le sieur Feydeau de Vaugien & le sieur de Poutrincourt, comme le cite Duperay, on ne l'y trouvera pas sous les noms que Duperay l'annonce, comme je vais l'observer.

Le Procès a commencé aux Requêtes du Palais entre le sieur François de Broc-Cinqmarc, Commandeur de Saint Manny de Beaune & de Santenay, & non pas de Saint Maur de Beaune, & le sieur Philippe de Biencourt, Ecuyer : il a été repris par le sieur Roger, Commandeur ; ensuite par le sieur de Bonneville, & enfin par le sieur Feydeau de Vaugien, qui a obtenu l'Arrêt. D'autre côté il a été repris par un autre de Biencourt de Poutrincourt, ensuite un Curateur à sa succession vacante ; & est intervenu Charles de Biencourt de Poutrincourt, avec qui l'Arrêt est rendu.

Ensorte que pour trouver l'Arrêt, il faut le chercher entre le sieur François de Broc-Cinqmarc & le sieur Philippe de Biencourt.

Cet Arrêt juge trois points importans.

Le Commandeur de Saint Manny se prétendoit Haut-Justicier *du* Village, & dès-là en droit de se qualifier Seigneur de Saint Manny *indéfiniment*. Le sieur de Poutrincourt se disoit Seigneur du Fief de l'Hopital, & autres tenus de Viry, & à cause de sa Haute-Justice en droit de se dire Seigneur *en partie* de Saint Manny : il montroit les Litres de ses Auteurs : il avoit une Chapelle donnant dans le Chœur, dont cependant le Patronage n'étoit pas à lui.

L'Arrêt, 1°. maintient le Commandeur dans le droit

de se qualifier *Seigneur de Saint Manny*, avec droit de Haute, Moyenne & Basse-Justice. 2°. Fait défenses au sieur de Poutrincourt de se qualifier *Seigneur en partie*, (a) mais seulement Seigneur *du Fief de l'Hopital* & autres tenus de Viry, sis en la Paroisse de Saint Manny. 3°. Ordonne que dans trois mois ledit de Poutrincourt feroit effacer ses Litres ou de ses Auteurs, sinon permet audit Feydeau de les faire effacer aux frais & dépens dudit de Poutrincourt. 4°. Permet audit de Poutrincourt de jouir de la Chapelle dans le Chœur, à condition de l'entretenir de toutes réparations, si mieux n'aime avoir un Banc *dans la Nef* au lieu le plus honorable, ce qu'il sera tenu d'opter dans ... sinon l'option referée audit Feydeau. 5°. Ordonne que ledit de Biencourt de Poutrincourt aura le Pain benit & l'Eau benite après ledit Commandeur & ses successeurs.

Cet Arrêt consacre les grandes maximes, que pour jouir des grands Droits Honorifiques, il faut être Patron ou Haut-Justicier *de* la Paroisse; que pour se qualifier Seigneur *indéfiniment*, on doit être Seigneur Haut-Justicier *de* la Paroisse; que même pour se qualifier Seigneur *en partie*, il faut avoir part à la Haute-Justice *du sol de l'Eglise de* la Paroisse. On accorde au sieur de Poutrincourt, Haut-Justicier *dans* la Paroisse, un Banc au lieu le plus honorable dans *la Nef*; &, comme l'avoit jugé l'Arrêt du 5 Avril 1667 *supra*, chap. 3, il donne au sieur de Poutrincourt les Honneurs *moindres*, comme le Pain benit, l'Eau benite après le Commandeur Seigneur *de* la Paroisse, parce que comme Haut-Justi-

(a) *Nota.* Un Seigneur Haut-Justicier *dans* la Paroisse ne peut se dire Seigneur en partie.

cier *dans* la Paroisse, il est le plus qualifié d'entre les Habitans.

Il est vrai qu'*infra* je rapporte un Arrêt de 1679, qui accorda au sieur Detroyes, Seigneur de la Motte, ou, plus exactement, Vely, Paroisse de Saint Cyr en Val ou Vaux, près Orléans, les Droits Honorifiques, sur ce que par ses défenses il articuloit une possession de cent cinquante ans, quoiqu'il n'établît pas que l'Eglise fût dans sa *Haute-Justice*; mais si on fit droit sur sa possession, c'est que, 1°. Il n'y avoit point de Patron. 2°. Le Seigneur Châtelain dans la même Paroisse ne justifia *pas que l'Eglise fût dans sa Justice.* Et l'Arrêt accorde au Châtelain les Honneurs après le S^r^. Detroyes: nous expliquerons ce dernier point. Ainsi cet Arrêt ne croise point les maximes ci-dessus posées.

VI. De ce que dessus, deux conséquences.

La premiere, que le Patron a le droit *premier*; & que si le Chœur peut contenir deux Bancs, le Patron Ecclésiastique ou Laïc, *nil refert*, aura le sien au lieu le plus honorable; le Haut-Justicier l'aura *par droit* après le Patron. Que si le Chœur ne peut contenir qu'un Banc, s'il y a Patron, soit que son Banc y soit, ou qu'il n'y soit pas encore placé, le Haut-Justicier ne peut y faire placer le sien; sauf à lui, suivant l'Arrêt de 1622, à faire agrandir le Chœur à ses frais, si le Patron y consent; car je crois, quand il y a un Patron, auquel le Chœur est censé appartenir, qu'il faut son consentement pour agrandir le Chœur: *secùs* si, comme dans l'espéce de l'Arrêt de 1622, il n'y avoit point de Patron; mais s'il y en a un, & qu'il n'y consente pas, en ce cas le Haut-Justicier ne trouvant point de place pour placer son Banc dans le Chœur, doit avoir un Banc au lieu le plus honorable dans la Nef; *idem* du Patron, si le Chœur ne peut même en contenir un, si mieux il n'aime faire agrandir le Chœur sur la Nef, ce que je tiens qu'il peut faire du consentement de l'Evêque Diocésain, attendu sa qualité de Patron.

La raison est sensible. Si on dit que la Nef appartient aux Habitans, c'est parce que vis-à-vis des gros Décimateurs ils sont chargés de son rétablissement & entretien; mais il est bien certain que le Patron & le Haut-Justicier ont le droit primitif *dans toute* l'Eglise: s'ils prennent leur place dans le Chœur, c'est parce que c'est le lieu le plus honorable de l'Eglise; mais que si le Chœur ne peut contenir ces Bancs sans incommodité notable du Service Divin, ce dont le Diocésain jugera, suivant l'article 16 de l'Edit de 1695, il faut leur en assigner dans la Nef.

Il y a plus, je tiens que le Patron & le Haut-Justicier *de* l'Eglise peuvent avoir un Banc dans le Chœur, & l'autre dans la Nef sans aucune rétribution: l'Arrêt du premier Avril 1683 *supra* le décide nettement: il y avoit même une circonstance qui confirma le droit du Haut-Justicier dans la Nef, *à fortiori* du Patron. La Dame qui avoit la Haute-Justice, outre son Banc dans le Chœur, avoit encore une Chapelle à côté du Chœur pour sa famille: ce moyen fut opposé. Cependant l'Arrêt confirma la Sentence qui déboutoit le Gentilhomme de sa demande, à ce que ladite Dame fût tenue de faire ôter son Banc de la Nef. Maréchal, tome 2, n. 22, en rapporte encore un Arrêt du Grand Conseil du 16 Septembre 1600; & l'Arrêt de 1700 *supra* donne Banc dans la Nef à un Haut-Justicier *dans* la Paroisse.

La seconde conséquence. S'il y a Patron & Haut-Justicier du Lieu, soit que leurs Bancs soient placés, soit qu'ils ne le soient pas, comme on ne peut le leur refuser, les Moyens, Bas-Justiciers, ou Seigneurs de Fief ne peuvent ni l'acquerir, ni se le conserver par possession; parce que, comme dit Loiseau *supra, ils retiennent les Honneurs même en ne résidant pas dans la Paroisse*. La raison est, que les Honneurs de l'Eglise sont une suite incontestable de leur titre & qualité de Patron & de Haut-Justicier, sont inhérens au Patronage & à la Haute-Justice, que dès-là ils sont de pure faculté libre; & que comme ils peuvent user de leur droit au premier instant, on ne peut y mettre obstacle par la position d'un autre Banc, & l'on ne peut forcer le Curé à le souffrir, *nec vice versâ*, le Curé ne peut ni ne doit le permettre; car, dit encore Loiseau audit chap. 11, n. 77, *hors le Patron & le Haut-Justicier de l'Eglise, la premiere place de l'Eglise n'appartient à aucun, ensorte qu'il ne la puisse débattre en Justice.*

VII. Dans le cas où il y a plusieurs Hauts-Justiciers *dans* une Paroisse, il faut distinguer, ou tous ces Hauts-Justiciers ont la même Justice *du Lieu de* l'Eglise, ou ce sont plusieurs Hautes-Justices différentes, dont une seule est celle *de* l'Eglise, ou les unes ni les autres ne sont la Justice *de* l'Eglise.

Primo casu, je tiens que cet Honneur ne peut se multiplier; qu'il n'est dû qu'à l'aîné, ou celui qui a la majeure partie: c'est ce que juge l'Arrêt du 7 Mars 1648 *supra*; & sans ce préjugé je tiens le même parti, parce qu'il seroit indécent d'avoir autant de Bancs permanens dans le Chœur qu'il y auroit de parts de Justice, qui suivant le nombre peuvent se multiplier à l'infini.

Si

Si leurs portions sont égales, alors ou il y aura Patron, ou il n'y en aura point : s'il y a Patron, l'aîné ou le plus qualifié a droit de Banc *seul* : s'il n'y a point de Patron, & qu'ils ne soient que deux Cohauts-Justiciers, l'aîné ou le plus qualifié l'aura à droite, l'autre à gauche. L'Arrêt du 19 Août 1606 *supra*, sur la Litre, juge ce point.

C'est en ce sens, je crois, que l'on doit entendre l'Arrêt rapporté par Brillon *loco supra*, du 16 Août 1612, qui, selon lui, décida que le Proprietaire d'un quinziéme auroit un Banc après le Proprietaire des autres portions. Il faut supposer nécessairement qu'il n'y avoit point de Patron; qu'ils étoient *Cohauts-Justiciers du sol de l'Eglise*; qu'ils n'étoient que *deux* ayant part à la Haute-Justice de l'Eglise. Autrement, quelle multitude de Bancs dans le Chœur, si chaque Copatron, chaque Cohaut-Justicier en avoit un ? Appliquez ici sans crainte ce principe de Dumoulin *supra* : *Ex quo est unicum Feudum, & unius Titulus Feudi, non est nisi unicum Jus Patronatûs, & tunc plures Patroni non habentur nisi pro uno, alioquin ex persona hæredum nova servitus, novum onus adderetur.* Et cet autre de Dargentré : *Nec per hoc habebit plures Domino, sed in Dominio unius manebit.*

Ce principe est brillant, & s'accorde parfaitement à la décence que l'on doit garder dans les Eglises, & à la commodité du Service Divin, qui doit être le principal objet.

Secundo casu, si de tous les Hauts-Justiciers, un seul l'est *du sol* de l'Eglise, celui-là *seul* aura le Banc dans le Chœur, les autres dans la Nef : c'est ce que jugent les Arrêts du 11 Février 1655 *supra*, n. 1 *in fine*, & l'Arrêt du 10 Février 1700 *supra*.

Ce principe, qu'entre plusieurs Hauts-Justiciers dans une Paroisse, celui-là *seul* a les Honneurs *qui a l'Eglise dans sa Justice*, & est le *seul* Seigneur *de* la Paroisse, est encore attesté par Boucheul sur Poitou, art. 46, n. 26.

Nous avons dit, & nous avons prouvé par tout ce que dessus, que le Patron, vis-à-vis du Haut-Justicier *de* la Paroisse, n'a pas le droit *privatif, exclusif*, mais le droit *primitif*: c'est le vrai principe que les Arrêts de 1693 & 1705 *supra* ont consacré; c'est la pure doctrine de Loiseau.

En voici encore un autre qui l'a jugé ainsi, il est du Parlement de Paris du 29 Juillet 1690, qui se trouve dans le Recueil d'Arrêts qui sont à la fin des Œuvres de Maréchal.

Il est rendu entre Charles Darsy, Seigneur de Pousieux, Jean Boitiere, Seigneur de Saint Georges, & le sieur Gaussen, Abbé Commendataire de Notre-Dame de Puyferrand, Diocèse de Bourges, comme Patron de l'Eglise de Saint Georges.

Il y avoit eu une transaction en 1482 entre la Dame de Saint Georges & le Seigneur de Pousieux, par laquelle ils étoient convenus que les Droits Honorifiques dans l'Eglise de Saint Georges leur appartiendroient par moitié. Le sieur de Saint Georges prit des Lettres de rescision contre la transaction : l'Abbé de Notre-Dame de Puyferrand intervint dans la contestation, & demanda la prééminence comme *Patron* de cette Eglise. Il y avoit eu Sentence à Moulins.

La Cour, par son Arrêt, ayant égard aux Lettres de rescision, sur l'appel mit l'appellation & ce dont étoit appel au néant : ayant égard à l'intervention du sieur Abbé de Notre-Dame de Puyferrand, le maintient & garde, *comme Patron* de ladite Eglise de Saint Georges, en la possession & jouissance des Droits Honorifiques dans l'Eglise; (*en conséquence, ordonne* que le Banc mis par la famille de Pousieux dans le Chœur, du côté de l'Evangile, seroit ôté, & *qu'après ledit Abbé* de Puyferrand, ledit de Saint Georges jouiroit *de tous* les Droits Honorifiques dans ladite Eglise).

Ce mot *tous*, est à cause de la transaction, qui ne les lui donnoit que *par moitié* avec le sieur de Pousieux.

Cet Arrêt est à remarquer : il juge, 1°. Que le Patron a le droit *premier*, *non exclusif*. 2°. Que vis-à-vis du Patron & du Haut-Justicier on ne peut acquerir les grands Honneurs de l'Eglise, même *par possession* : le sieur de Pousieux en jouissoit depuis 1482, en conséquence de la transaction. 3°. Enfin, que *nuls* que le Patron & le Haut-Justicier n'ont droit aux Honneurs. Joignez cet Arrêt à ceux que j'ai rapportés *supra*, n. 5.

VIII. Quand il n'y a ni Patron ni Haut-Justicier *de* la Paroisse, qu'il n'y a que le Roi, auquel la possession, telle longue qu'elle ait été, ne peut jamais nuire, il est assez d'usage de maintenir les Moyens & Bas-Justiciers, & Seigneurs Féodaux, dans leur possession des Droits Honorifiques.

Il y a même quelques Arrêts qui les y ont maintenus vis-à-vis du Haut-Justicier qui n'avoit pas son Auditoire dans le lieu. Je ne crois pas qu'on suivît ces Arrêts, les principes y sont blessés.

Maréchal, chap. 1, tient en faveur d'un Châtelain qui fut maintenu contre un Seigneur de Fief dans une des trois Paroisses, qui n'étoit pas celle de sa demeure.

Bacquet, des Droits de Justice, chap. 20, n. 16,

rapporte une Sentence du Bailliage de Provins, sans date, par laquelle, selon lui, il fut jugé qu'un Gentilhomme pourroit prendre place au Chœur au-dessous de la place & Banc du Haut-Justicier, soit à côté dextre, soit à senestre, sans que ledit Gentilhomme pût y faire mettre Armoiries, sinon en cas de funérailles & pompes funébres, pour y être un an; le tout sans préjudicier aux Droits du Haut-Justicier.

Ferriere, chap. 15 des Droits Honorifiques, à la suite de son Traité du Patronage, remarque avec raison que cette Sentence est contre les principes.

Brillon, en son Dictionnaire d'Arrêts, derniere édition, tome 1, au mot *Banc*, *possession*, rapporte un Arrêt du Grand Conseil, siégeant à Lyon, du 16 Septembre 1600, qui jugea que *par possession* on pouvoit acquerir le Banc & la Sépulture au Chœur : les autres Droits Honorifiques, ajoute-t-il, demeurant à ceux à qui ils appartiennent, *le Patron étant le seul auquel cette possession ne puisse être objectée.*

J'ai prouvé *supra* que cette maxime n'est pas bonne : le Haut-Justicier après le Patron est le *seul* qui ait droit aux Honneurs, & la possession ne peut pas lui être objectée plus qu'au Patron, parce que l'un & l'autre *seuls* ont le droit.

Voyez l'Arrêt du 31 Août 1684, Journal des Audiences, derniere édition, tome 3, liv. 9, ch. 10, à la suite de l'Arrêt du premier Avril 1683, qui, nonobstant la possession d'un Gentilhomme pour un Banc dans l'Eglise à côté de l'Autel S. Laurent, ordonne que le Banc ne lui demeurera qu'à la charge de payer 20 sols par an de redevance à la Fabrique. Cet Arrêt juge que la possession n'avoit pû lui acquerir *droit* de Banc dans une

Eglise, *à fortiori* dans le Chœur; car notez que le droit de Banc, soit dans le Chœur, soit dans la Nef, est une indépendance; celui qui a le droit en use quand il veut, & ne paye pas la place où il le fait construire: au lieu que les Bancs dans la Nef ne sont pour tous les autres Habitans que des permissions, moyennant une rétribution; ces Bancs ne sont possedés qu'à titre précaire: mais que celui qui a qualité pour l'avoir, l'a *par droit*, & ne paye rien; autrement ce ne seroit plus un droit.

IX. En Artois, suivant Gosson sur l'art. 14, n. 19, & Maillard sur l'art. 5, & dans ses Notes sur le nombre 19 de Gosson, la possession est d'un très-grand poids pour les Droits Honorifiques.

Sur l'article 5, Maillard dit que par ces mots, *flots*, *flegards*, *chemins*, *voiries*, la Coutume a donné au Vicomtier la Justice sur tous les lieux *publics*; qu'on l'a étendue *aux Eglises & Cimetieres*: desorte qu'on a dit *que les lieux sacrés & Religieux étoient dans la Justice & Seigneurie des Seigneurs Vicomtiers*, les tenemens duquel abordoient l'Eglise ou Cimetiere, *quand même il y auroit un chemin ou place publique entre-deux.*

De-là il dit que les Vicomtiers, dont les tenemens abordent l'Eglise ou Cimetiere, auront préférablement aux autres Vicomtiers, dont les tenemens n'abordent pas l'Eglise, les Droits Honorifiques après *les Fondateurs*, *Curés primitifs*, *Patron ou Haut-Justicier*; mais ne les pourront avoir *avant eux*, parce que les Droits Honorifiques entre differentes personnes, se réglent par la qualité de leurs Droits, *& non par la possession.*

Il convient que vis-à-vis du Patron ou du Haut-Justicier, la possession ne fait rien.

Observez qu'en Artois & en Flandre, suivant l'article 29 du chap. 1 de la Coutume de la Salle de Lille, les cens que l'on a sur le Cimetiere fondent le droit aux Honneurs quand il n'y a point de Haut-Justicier, & font *réputer* Patron celui qui y a censive. L'Arrêt de Beaurains *supra*, chap. 2, le décide; ce qui est contraire à l'usage des autres Pays, où le cens retenu sur ces fonds consacrés, est un obstacle invincible à la prétention de s'en dire Fondateur & Patron, est une preuve qu'on n'a rien donné, & qu'au contraire on a voulu retenir le droit pécuniaire & de vasselage sur ce fonds, qui par sa destination devroit en être affranchi.

Maillard ajoute que les Hauts, Moyens & Bas-Justiciers qui n'abordent pas l'Eglise, peuvent avoir les Droits Honorifiques *après tous ceux ci-dessus*, s'ils ont *titre ou possession pour cela*.

Quel titre peuvent-ils avoir? Ce ne peut être que la fondation, auquel cas ils les auroient les premiers. Si ce sont titres de Haute-Justice sur le *sol de* l'Eglise ou Cimetiere, alors c'est la qualité de Haut-Justicier de l'Eglise qui donne les Droits Honorifiques.

Il ajoute, qu'on croit même la même chose à l'égard des simples Gentilshommes, s'ils prétendent les Droits Honorifiques *seulement après tous les autres*.

Sur le n. 19 de Gosson, art. 14, au mot *possession*, il rapporte un Arrêt du Grand Conseil au Rapport de M. Dreux, sur les conclusions de M. le Procureur Général, du 18 Août 1701, par lequel il dit que la veuve d'un Gentilhomme qui possedoit des Fiefs dans l'étendue d'une Paroisse de la Province d'Artois, dont la mouvance d'aucun n'abordoit à l'Eglise ni au Cimetiere, a été maintenue dans tous les Droits Honorifiques *après le Curé primitif & le Haut-Justicier*, notamment dans le Droit d'avoir son Banc fermé à queue à la main gauche où il étoit, & dans celui de faire sonner les cloches pendant six semaines après le décès de ceux de sa famille. Cet Arrêt est aussi rapporté par Simon, titre 16 à la fin, édition de Maréchal de 1740.

Quelle multiplication de Droits Honorifiques! L'Arrêt de Beaurains de 1714, rapporté *supra*, chap. 2, est contraire; il ne donne au sieur Lalard, Seigneur de Berlette, Baronnie *dans* la Paroisse de Savie, *que les simples préséances*, & lui ôte tous les grands Honneurs: cet Arrêt est dans le vrai principe.

L'Arrêt obtenu par le même sieur Beaurains le 10 Juin 1716, rapporté *infra*, chap. 6, sect. 1, contre les Prieur & Religieux de Saint Eloy, & Abbé d'Aubigny, *Curés primitifs* de Savie, juge encore contre la prétention *des simples Curés primitifs;* & *quod nota*, cet Arrêt est rendu pour l'Artois. Les Arrêts des 25 Mai & 30 Mars 1685, le premier du Grand Conseil, le second du Parlement; l'Arrêt du 18 Mars 1704 de la Cour des Aydes; l'Arrêt du 9 Décembre 1744, rapportés *supra*, sect. 2, n. 4, rejettent encore formellement la prétention des Curés primitifs qui ne prouvent pas *le Patronage*.

Gosson sur l'art. 14 d'Artois, n. 19, par rapport aux Bancs dans les Eglises, dit que le Conseil d'Artois a décidé par divers Jugemens qu'il falloit maintenir les uns, & déclarer les autres non-recevables; *camera variis Sententiis alios de sedibus in Templo certantes non audiendos, alios manu-tenendos judicavit.*

Voilà une judicieuse remarque: on a décidé tantôt pour, tantôt contre: cela mérite-t-il une place dans un Commentaire?

Cet Auteur finit ce nombre, en disant que l'équité veut que la possession soit conservée à un chacun : *caterum cum in Templis multa sint quæ à Laïcis possidere videntur, quasi non sacra, sed profana, & ut ratio ordinis & honestatis habeatur, sua cuique possessio servetur æquitati consentaneum est.*

Cette décision n'est pas bonne : la possession peut être utile à ceux qui ont *droit* aux Honneurs, pour la façon de se les faire déferer ; mais elle ne peut acquerir à *tout le monde* les Droits Honorifiques, comme cela résulteroit de ce sentiment.

Si cette opinion avoit lieu, ainsi que celle de Maillard, quelle confusion dans l'Eglise ! Que de gens aspireroient à ces Honneurs ! Que de manœuvres souvent indécentes pour s'en procurer la possession !

X. Voici une contestation jugée en la Grand'Chambre au Rapport de M. Bochard de Sarron pour cette Province d'Artois : j'ai lû l'Arrêt en original, & les Mémoires respectifs.

Entre François-Joseph de Lens, Chevalier, Comte de Blandecque, Appellant d'une Sentence du Bureau des Finances de Lille du 9 Novembre 1737, & Intimé ; & les Dames Abbesse & Religieuses de l'Abbaye de Sainte Colombe en Blandecque, Ordre de Cîteaux, Intimées, & Appellantes de la même Sentence.

Voici le fait ; je l'ai tiré des Mémoires de M^e^. Gillet, Avocat des Religieuses, & de M^e^. Pons, Avocat du Comte de Blandecque.

Le Monastere de Sainte Colombe en Blandecque a été fondé en 1186 par Didier, Evêque de Thérouanne : il donna aux Religieuses qu'il y établit le Personnat de l'Eglise de Blandecque, toutes ses dépendances

&

& revenus, & la Chapelle de Soyette. *Personatum Ecclesiæ Sanctæ Columbæ de Blandeka, cum omnibus pertinentiis suis & obventionibus, Capellam quoque de Soyeca ad eundem personatum spectantem inibidem servituris, salvo jure Parochiali, & Episcopali libenter concedimus.* Le Curé intervint, & fit plusieurs donations.

Gerard de Pennes possedoit un Fief dans cette Paroisse : il s'en désaisit ès mains de Philippe Comte de Flandres son Seigneur, suivant l'usage de ces Coutumes, & Philippe le donna aussi-tôt aux Religieuses par une Charte de la même année.

Gerardus de Pennes *& participes ejus resignaverunt in manum meam quidquid tenebant de me in Feudo in Parochia de Blandeka, tam in nummis* * *quam in aliis rebus ; ego autem in remedium animæ meæ & antecessorum meorum omnia hæc contuli Ecclesiæ de Blandeka perpetuò possidenda.*

* Censives, Rentes.

Il ajoute : *Addidi etiam Comitatum* (*a*) *totius terræ illius, & redditum prædictorum :* il réserva seulement, comme avoit fait l'Evêque de Therouanne, les Droits du Curé pendant sa vie, & déclara qu'après sa mort tout ce qui étoit spécifié dans les Chartes appartiendroit aux Religieuses : *Hæc autem omnia Balduinus Ecclesiæ Sacerdos* (*b*) *omni vitæ suæ tempore possidebit, post mortem autem ejus ad Ecclesiam revertetur.*

Cet établissement fut confirmé en 1187 par Guillaume Archevêque de Reims, & en 1201 par Baudouin Comte de Flandres, neveu du Comte Philippe, & par Lambert, nouvel Evêque de Therouanne.

(*a*) La Justice ; *id est*, en Artois, la Seigneurie.

(*b*) Cela paroît indiquer que la Paroisse étoit dans le Fief des choses données.

Les Religieuses ont toujours joui de l'Eglise de Blandecque comme de leur propre Eglise; desorte que, comme elles ne sont point cloîtrées, elle leur servoit en même tems d'Eglise conventuelle, & aux Habitans de Paroisse : dans la suite elles firent bâtir une Eglise dans l'intérieur de leur Monastere, & elles laisserent l'usage de celle-là aux Habitans : elles nomment à la Cure, & payent la Portion congrue du Curé.

Il paroissoit qu'elles jouissoient des Honneurs de l'Eglise, ayant un Banc dans le Chœur, où elles se rendent quand elles veulent, n'étant pas cloîtrées : en leur absence leur Bailli s'y place : elles y avoient les premiers Honneurs de l'Offrande & du Pain benit : elles étoient nommées aux Prieres du Prône : les Armes des Abbesses sont dans le Chœur; leurs Litres sont autour de l'Eglise; les cloches sonnent pendant six semaines à la mort de l'Abbesse.

Elles soutenoient que l'Eglise étoit entourée de leurs Domaines, & qu'elles y exerçoient la Justice.

Le premier Septembre 1628, Philippe IV. Roi d'Espagne, en conséquence de ses Lettres Patentes du 30 Mai 1625, aliéna par engagement à Robert de Lens, qui possedoit un petit Fief en Blandecque, tout ce qu'il possedoit à Blandecque : en voici la teneur.

» Sçavoir faisons que Nous, les choses susdites con-
» siderées, ayant ladite gagerie * pour agréable, eu sur
» ce l'avis desdits de nos Finances, avons par la délibé-
» ration de notre bonne Dame & tante Isabelle-Claire-
» Eugenie, Infante d'Espagne, de notre certaine scien-
» ce, autorité & puissance royale, vendu, vendons,
» cedons & transportons par forme de gagerie par ces

* Engagement.

» Présentes audit Seigneur de Blandecque (a) ladite » Terre & Seigneurie, Sénéchaussée & Soyette de Blan- » decque, avec les droits, profits, revenus & autorités, » ainsi qu'il est déclaré ci-dessus, (b) sauf & réservé les » droits régaliens.

» Et suivant ce, Nous avons éclipsé & séparé, éclip- » sons & séparons par ces Présentes la Haute, Moyen- » ne & Basse-Justice, & revenus de ladite Terre, Sei- » gneurie & Sénéchaussée, & Soyette de Blandecque, » pour en jouir aux mêmes droits, honneurs, préémi- » nences & franchises, tout ainsi qu'ont fait & font les » autres Hauts-Justiciers : donnons pouvoir audit sieur » de Blandecque, ses hoirs & successeurs, & ayant » cause, *de créer & établir Bailli, Maieur, Echevins,* » *Greffier, Sergent, & autres Officiers nécessaires*, & gé- » néralement tout ce que pourrions prétendre, pour » telle cause & prétexte que ce fût, *tant à l'Eglise, qu'au-* » *dition des comptes d'icelle, ensemble de la pauvreté*, & » autres de ladite Sénéchaussée & Soyette de Blandec- » que, si avant & ainsi que paravant cette cession elles » Nous ont compété & appartenu, & ce en toute Jus- » tice Haute, Moyenne & Basse, sans que nos Baillis » de Saint Omer, ou leurs Lieutenans, &c.

On prétend que Robert de Lens s'étant mis en pos-

(a) Le Fief que Robert de Lens possédoit à Blandecque, portoit apparemment le nom de Blandecque, nom de Bourg ou Village.

(b) C'étoit dans les Lettres des Commissaires nommés, où il étoit dit : avec toute Justice Haute, Moyenne & Basse, titre & préséance en l'Eglise, Droits de chasse, pêcherie, volerie, reliefs, & seigneuriaux de plantis, amendes & confiscations, tout ainsi que les prédécesseurs de Philippe IV. en avoient joui ; sauf le son de la cloche, aydes, ressort, remissions de crimes & délits, légitimations, octrois, aubaine, & autres royales ; & à la charge de payer au Receveur du Domaine 8700 livres monnoye de Flandres.

session de cette Seigneurie, entendit en personne en 1629 les comptes de la Communauté & de la Paroisse: on rapportoit ce compte original du 21 Août 1629: le Comte de Lens produisoit aussi un récépissé de déclarations données par le Bailli des Religieuses du premier Février 1657, en ces termes.

» Nous soussignés Bailli & hommes tenans des Da» mes Abbesse & Couvent de l'Abbaye de Sainte Co» lombe, à cause de la Seigneurie qu'elles ont audit » lieu & appendances, commis & autorisés de recevoir » les rapports * des Tenanciers desdites Dames, & d'en » donner récépissé.

* Déclarations.

De-là il concluoit que les Religieuses n'avoient à Blandecque qu'un petit Fief.

Le 23 Mars 1664, François de Lens obtint de nouvelles Lettres du Roi d'Espagne Philippe IV. portant érection de la Terre & Seigneurie de Blandecque *en Comté*.

» Faisons & créons Comte ledit François de Lens, » & sa Terre & Seigneurie de Blandecque, située au » Bailliage de Saint Omer en notre Pays & Comté » d'Artois, consistante en Haute, Moyenne & Basse» Justice, & relevante du Château de Saint Omer, avec » tous ses tenemens & arrieres-Fiefs, érigé & érigeons » en dignité, titre & prééminence de Comté, &c.

Peu de tems après, par un Jugement de la Chambre des Finances de Bruxelles, les Officiers Fiscaux du Conseil d'Artois ayant été ouis, il fut ordonné *que les Armes d'Espagne demeureroient à la principale vitre de la Paroisse; sauf au Comte de Lens à faire placer les siennes au-dessous*. Il y eut des comptes présentés aux Officiers des Religieuses par les Marguilliers.

Le premier Septembre 1667, le Comte de Lens donna sa Requête au Conseil d'Artois : il conclut à être maintenu en possession de tous les Droits Honorifiques de la Paroisse de Blandecque, *en qualité de seul Seigneur Haut-Justicier de la Paroisse, présumé Fondateur comme Engagiste du Domaine*, avec défenses aux Religieuses de l'y troubler.

Les Religieuses par leur Requête soutinrent être Dames *Patrones & Fondatrices* de l'Eglise Paroissiale de Blandecque ; qu'elles étoient en possession paisible & publique d'aller par elles, ou leur Bailli, les premieres à l'Offrande ; d'avoir les cloches sonnantes pendant six semaines au décès de leur Abbesse ; les Armoiries de leur Abbaye & Abbesse empreintes sur la verriere étant au côté droit du Chœur, où étoient celles du Roi & de la Province d'Artois ; la présentation à la Cure, les deux tiers des offrandes, la totalité du luminaire ; *& généralement toutes les prérogatives qui aux Seigneurs Patrons & Fondateurs peuvent appartenir.*

Premier Jugement au Conseil d'Artois, qui appointe les Parties à faire preuve des faits respectivement articulés.

François de Lens étant décedé, Gillon-Othon-François son fils reprit la contestation en 1678.

27 Septembre 1679, Sentence qui déboute le Comte de Lens de sa demande en complainte, & le condamne aux dépens.

En 1698, le Bailli du Comte de Lens ayant été le premier à l'Offrande, complainte des Religieuses. Sentence le 21 Février 1699, qui maintient les Religieuses ; condamne le Comte de Lens en l'amende & aux dépens.

En 1731, le Comte a renouvellé sa demande : il a donné sa Requête aux Trésoriers de France de Lille. Il conclut :

A ce que comme Seigneur de Blandecque il fût maintenu & gardé dans les Droits Honorifiques de l'Eglise Paroissiale ; en conséquence, qu'il fût fait défenses aux Abbesse & Religieuses de Sainte Colombe de s'arroger le titre de Dames Patrones & Fondatrices de l'Eglise ; au Curé & à tous autres de leur en accorder les Honneurs, à peine de 1000 livres d'amende, qui seroit encourue par la seule contravention. Qu'il fût pareillement maintenu & gardé dans le droit & possession d'avoir en chef, par le ministere de ses Officiers, la direction de toutes les affaires de la Communauté ; en conséquence, qu'il fût ordonné que le compte d'administration de la Commune seroit rapporté pour être corrigé dans la présentation, & les choses remises en leur ordre accoutumé.

12 Mai, défenses des Religieuses, fondées sur leur dotation & sur les Sentences de 1689 & 1699.

26 Janvier 1734, Sentence qui ordonna que les Parties comparoîtroient devant le Président du Bureau & le Rapporteur, pour répondre sur les points & articles qui leur seroient proposés d'office.

Le 27, Procès-verbal de comparution. Les faits proposés furent, sur quel Fief l'Eglise étoit bâtie ? De quelle nature étoient les héritages qui abordoient l'Eglise ? Si les Armes du Comte de Lens étoient sur quelques vitres de l'Eglise ? Les Parties ne furent pas d'accord sur ces faits.

28 Janvier, Sentence qui permit aux Religieuses de faire preuve de leur Haute-Justice, & que l'Eglise Pa-

roissiale étoit bâtie sur leur Fief; sauf au Comte de Lens la preuve contraire.

Les Religieuses firent une Enquête : elle paroissoit concluante en leur faveur. Le Curé y déposoit que le Comte de Lens n'avoit jamais reçu aucuns Honneurs, non plus que ses Officiers, depuis qu'il étoit Curé; qu'à la vérité il avoit recommandé le Comte d'Halines & le Baron de Lens parmi les morts.

Elles firent dresser un plan, qui montroit que l'Eglise, le Cimetiere, le Logement du Curé, celui du Chapelain, étoient sur le terrein de l'Abbaye; que la Litre de l'Abbesse étoit empreinte au dehors de l'Eglise.

Le sieur de Lens convenoit par un Mémoire, que les murs du Monastere bordoient entierement l'Eglise du côté du Midi; qu'à l'Orient du Monastere se trouvoit la Maison du Curé bâtie sur le fonds du Monastere, comme ayant autrefois appartenu à l'Eglise; que du même côté il y avoit une houbloniere qui faisoit partie des Biens du Monastere; mais que la Maison du Vicaire étoit bâtie sur un morceau de terre appartenant à lui Comte de Lens; qu'à l'Occident le Cimetiere tenoit immédiatement à la rue, ainsi que du côté du Midi; qu'il y avoit differens héritages à lui, & aux Religieuses; que *l'Eglise étoit au milieu du Cimetiere*; que les héritages appartenans aux Religieuses *autour de l'Eglise*, n'étoient que ceux donnés, & amortis lors de la fondation de la Paroisse, & n'avoient passés au Monastere qu'au moyen du Personat & des biens qui y étoient attachés; que sur ces biens, quoiqu'amortis, les Comtes de Flandres & d'Artois avoient toujours réservé la Haute-Justice.

Sur le tout, 9 Novembre 1737, Sentence définitive, par laquelle

» On déclare les Religieuses *Patrones & Fondatrices* » de l'Eglise de Blandecque, & en cette qualité les » maintient dans le droit & possession de recevoir *en* » *Chef* tous les Honneurs de ladite Eglise, d'adminis- » trer & entendre les comptes des biens d'icelle, & de » la pauvreté de la Paroisse. On adjuge au Comte de » Blandecque les Droits Honorifiques dans ladite Egli- » se Paroissiale, *comme Seigneur Engagiste*; le maintient » dans le droit & possession d'avoir, par le ministere de » ses Officiers, la direction de toutes les affaires de la » Communauté, d'en entendre les comptes; en consé- » quence, ordonne que le compte d'administration de la » Communauté sera corrigé dans sa présentation.

Appel respectif. Les Religieuses, du second chef : le Comte de Lens, du premier chef de la Sentence.

Moyens des Religieuses.

Toutes les terres de la Cure & de l'Eglise sont de leur Abbaye. Elles ont le Fief du sieur de Pennes : c'est sur ce Fief que l'Eglise est bâtie ; le Plan le prouve, l'Enquête en fait foi. Le Comte de Flandres y a joint *la Haute-Justice, addidi & dedi comitatum*, non-seulement sur le Fief, mais sur tout ce qu'elles tenoient, *quidquid tenebant*. L'Evêque de Therouanne leur a donné la Cure. Anciennement l'Eglise leur servoit de Conventuelle, & de Paroisse aux Habitans. Le Comte de Flandres, Souverain, ne s'est réservé que le surplus de Blandecque, nommé Sénéchaussée & Soyette de Blandecque : il a pû le faire comme Souverain. Elles sont en en possession immémoriale *de la Haute-Justice* sur ce terrein, & des Honneurs de l'Eglise; cela est prouvé par la Sentence de 1689, par leur Enquête : le Comte de Blandecque n'a pas osé en faire une. Elles sont donc *Patrones, Fondatrices & Hautes-Justicieres* de l'Eglise Paroissiale; conséquemment le premier chef de la Sentence a bien décidé. La seconde disposition ne peut se soutenir : le Comte de Blandecque n'est pas *Haut-Justicier du terrein où l'Eglise est bâtie*; il ne sçauroit y prétendre les Honneurs, encore moins les comptes de la Fabrique. Les Religieuses se trouvent dans le cas de l'article 29 de Lille : cette Coutume ne donne pas le Patronage plutôt au Haut-Justicier qu'au Vicomtier : elle ne requiert que d'avoir des Domaines de son Fief abordans l'Eglise; & il est prouvé que l'Eglise est entourée des Domaines du Monastere, où elles ont toute Justice.

Moyens du Comte de Lens.

Il a la Haute-Justice; comme Haut-Justicier les Droits Honorifiques lui appartiennent, aussi la Sentence les lui adjuge : il ne s'agit que de la préférence. Il faut distinguer les Patrons Fondateurs, d'avec les simples Collateurs & Décimateurs. L'art. 29 de Lille ne répute Fondateur le Vicomtier, qu'à défaut de titre particulier, & jamais au préjudice du Haut-Justicier, contre lequel il faut un titre particulier. Le titre des Religieuses n'est qu'une donation du Personat & des dixmes; cela ne donne que la présentation à la Cure. L'Eglise étoit bâtie lors de cette donation : les Religieuses ne peuvent prouver que les terres du Fief de Gerard de Pennes soient les terres de l'Eglise : elles ne sçavent pas même où il est situé. Les Armes des Comtes de Flandres sont à la maîtresse vitre. Le Fief de Gerard de Pennes étoit un Fief sans Seigneurie, *id est* sans Justice : si le Comte de Flandres y a ajouté la Justice par ce terme, *Comitatum*, ce n'est qu'une Moyenne Justice : il auroit dit *omnem Comitatum* ; il étoit le Haut-Justicier universel, & comme tel réputé Fondateur : le Comte de Lens Engagiste le représente : le Comte de Flandres ni le Roi n'ont point donné la Justice à leur préjudice, & pour se priver des Droits éminens de la Haute-Justice qu'ils avoient : on ne rapporte, & on ne peut rapporter aucun titre particulier de fondation ; par conséquent le Comte de Lens est dans le cas de l'article 29 de Lille.

Les conclusions de M. le Procureur Général étoient pour confirmer la Sentence.

Arrêt. » Arrêt du 27 Juillet 1743, par lequel faisant droit » sur le tout, en tant que touche l'appel du Comte de » Lens de Blandecque, sans avoir égard à sa demande » à fin d'être maintenu & gardé dans les Droits Hono» rifiques de l'Eglise Paroissiale de Blandecque, que » défenses fussent faites aux Religieuses de Sainte Co» lombe de Blandecque de s'arroger le titre de Dames » Patrones & Fondatrices de l'Eglise ; au Curé & à tous » autres de leur accorder les Honneurs, à peine de 1000 » livres d'amende ; a mis & met l'appellation au néant ; » le condamne en l'amende. Faisant droit sur l'appel » desdites Religieuses, a mis & met l'appellation & ce » dont est appel au néant ; émendant, maintient & » garde lesdites Abbesse & Religieuses dans le droit de » *Haute, Moyenne & Basse-Justice* sur le Cimetiere & » l'Eglise, & de jouir (*seules*) des Honneurs de l'Eglise ;

» administrer les comptes d'icelle, & de la Pauvreté & » Charité : Et avant faire droit sur le chef d'appel des » Religieuses, en ce que le Comte de Lens est main- » tenu dans le droit & possession d'avoir par ses Offi- » ciers la direction des affaires de la Communauté des » Habitans, & d'en entendre les comptes, ordonne que » les Parties contesteront plus amplement dans trois » mois devant le Conseiller Rapporteur. »

Cet Arrêt juge, 1°. ce que nous avons dit, que l'on ne doit point distinguer le Patron Ecclésiastique, du Patron Laïc, quand l'Ecclésiastique se montroit *Fondateur.* 2°. Que les Religieuses ayant *la Haute-Justice*, suivant la donation de 1186, *sur le terrein* de l'Eglise, étoient réputées Fondatrices suivant l'art. 29 du ch. 1 de la Salle de Lille. 3°. Qu'un Haut-Justicier *dans* la Paroisse n'étant ni Patron, ni Haut-Justicier *du sol de l'Eglise*, comme le Comte de Blandecque, qui par cet Arrêt est jugé n'avoir pas la Haute-Justice *du terrein de l'Eglise*, ne pouvoit avoir les Honneurs de l'Eglise. L'Arrêt ne peut être motivé, que sur ce que les Religieuses avoient la Haute-Justice *de* l'Eglise ; (*a*) si la possession leur a été utile, ce n'est que parce que par elles-mêmes étant, ou *étant réputées* Fondatrices suivant l'article 29 de Lille, *elles avoient droit aux Honneurs* ; & non pas par le mauvais principe de Gosson & de Maillard, que la possession sert beaucoup à acquerir ces Honneurs, sans distinguer ceux qui peuvent avoir droit ou non : nous l'avons montré ; *vis-à-vis du Patron*

(*a*) Rapprochez cet Arrêt de ceux que je rapporte dans ce Traité, pour établir la difference essentielle d'un Haut-Justicier *de* la Paroisse, & d'un Haut-Justicier *dans* la Paroisse ; avec cette distinction, vos décisions frapperont le but de la vérité.

ou du Haut-Justicier de l'Eglise, la possession n'acquiert pas ces Droits, *& hæc constantissimè vera sunt* : elle peut être utile, suivant les meilleurs Auteurs, à ceux qui n'ont ni Patron ni Haut-Justicier au-dessus d'eux; ils sont les Seigneurs, qui n'ont que le Roi pour Dominant & Haut-Justicier : comme les Droits du Roi ne se perdent jamais par la possession des autres, c'est dans ce cas où ils peuvent acquerir & se maintenir dans ces Honneurs par la possession. Je vais plus loin, je tiens que s'il n'y avoit qu'un Patron, un Seigneur de Fief ou un Moyen-Justicier, sous prétexte qu'il n'y auroit point de Haut-Justicier dans la Paroisse, ne pourroit acquerir ces Droits par possession *invito Patrono*. Ma raison est, que le Patron est le premier objet de ces Honneurs; qu'il n'est obligé de souffrir d'autres concurrens que le Haut-Justicier, & que son intérêt réel est de ne point souffrir qu'autre que lui puisse participer à ces Honneurs, sans en avoir le droit comme lui; & comme les Moyens & Bas-Justiciers, & les Féodaux, n'ont aucun droit à ces Honneurs, ce n'est pas le cas de donner au Patron un concurrent par possession, qui ne seroit jamais qu'une simple tolérance de sa part; tolérance dont on ne peut se faire un titre contre lui : c'est dans ce cas, où il peut dire qu'ayant seul droit à ces Honneurs, il a le droit exclusif de ces autres, qui n'ont en eux aucun germe de ces Honneurs, aucune qualité pour les avoir.

Il faut toujours dans ces matieres aller aux principes autant que cela est possible; c'est ce que je ne vois point, ou peu, dans les Auteurs qui ont écrit sur les Droits Honorifiques des Eglises; ou ils ont suivi tout de suite le sentiment d'un Auteur qui les a precedés, ou ils ont raconté historiquement les Arrêts : cela fait que dans ces Arrêts, par la façon dont ils sont rapportés & appliqués, on en voit beaucoup qui paroissent se croiser, & qui mis auprès des principes, & bien discutés, les confirment.

XI. Passons à une question singuliere levée par Brillon, d'après Maréchal.

Au tome 2 de Maréchal, titre 15, il y a un Arrêt du Parlement de Rouen du 14 Mai 1607, qui fit ôter les Bancs du Chœur que deux Gentilshommes y avoient, dont l'un prétendoit avoir droit par concession de l'Abbé de Savigny, Patron Ecclésiastique de l'Eglise de Moulines, & les renvoya dans la Nef.

D'où Maréchal infere dans le sommaire de cet Arrêt, & tome 1, chap. 2, que les Patrons *Ecclésiastiques* ne peuvent conceder Bancs ni Sépultures au Chœur, & n'y doivent souffrir que le Curé.

Brillon, en son Dictionnaire des Arrêts, derniere édition, tome 1, page 480, au mot *Banc dans la Nef*, en induit la même chose. Il ajoute qu'il y a des Arrêts semblables dans les Mémoires du Clergé ; & il dit tout de suite : *D'où l'on peut conclure que le Seigneur qui est tout ensemble (Patron Laïc) peut permettre à un Gentilhomme Seigneur de Fief d'avoir Banc dans le Chœur au-dessous du sien ; en faisant néanmoins toujours la principale considération de la commodité du Service Divin ; & c'est mon avis.*

Ego contra, j'ose le dire, Maréchal ni Brillon n'ont pas en cela raisonné d'après les principes.

1°. C'est un Arrêt du Parlement de Rouen : ce Parlement n'accorde les Honneurs de l'Eglise qu'au *Patron seul* : il les refuse même au Haut-Justicier s'il n'a pas le Patronage ; cela est constant.

2°. Abstraction faite de l'usage de ce Parlement, je dis que cet Arrêt est dans les grands principes; il est conforme à celui du 27 Novembre 1593, rapporté par M. de Cambolas *supra*; à celui de 1556 que j'y ai rapporté tout de suite : il juge que, *nul hors le Patron & le Haut-Justicier*, ès Parlemens où on défere ces Honneurs au Haut-Justicier, n'a droit aux Honneurs de l'Eglise; qu'il ne peut les acquerir par possession, & que dès que la contestation s'éleve entre deux personnes, dont l'un ni l'autre n'a droit aux Honneurs, quoique le Patron l'ait permis, on ne doit point multiplier ces Droits. Joignez-y l'Arrêt de 1681, rapporté *supra, ibid.* n. 1, qui juge qu'un Seigneur de Fief ne pouvoit avoir son Banc dans le Chœur, *même au-dessous de celui du Haut-Justicier.*

3°. Cette distinction du Patron *Ecclésiastique* & du Patron *Laïc* est une chimere parfaite; je l'ai prouvé *supra* sur le Droit de Litre, quest. 1. Quoi! Parce que cet Arrêt est rendu à l'occasion d'une concession donnée par un Patron Ecclésiastique, on en tirera la conséquence, que le Patron Laïc peut donner cette permission? Est-ce là raisonner par principe? Le Patron Ecclésiastique, quand il se montre Patron *Fondateur*, est, surtout par rapport aux Honneurs de l'Eglise, autant Patron que le Patron Laïc : *probavimus supra.*

Le vrai principe est, que les grands Honneurs de l'Eglise ne peuvent se ceder ni se communiquer à personne, si ce n'est à la femme & aux enfans, qui sont regardés comme les mêmes personnes que le Patron & le Haut-Justicier. Le vrai principe est, qu'en fait de Droits dépendans du Patronage, ou de la Seigneurie, ils ne peuvent se ceder sans le Patronage ou la Seigneurie : Maréchal en convient chap. 1 des Droits Honorifiques ; il en rapporte Arrêt du 15 Juillet 1625, au Rolle de Chartres : c'est ce que Dargentré explique fort bien dans sa cinquiéme Consultation ; ou, si elle n'est pas de lui, c'est ce que l'Auteur décide *& merito* ; c'est ce que décide l'Edit de Mai, registré le 15 dudit mois 1715. Le Roi se plaint, que quoique par les Edits de 1695 & 1702 il eût réservé *le Chef-lieu*, néanmoins par les aliénations on avoit engagé *le Patronage* & les Droits qui en suivoient : il révoque ces aliénations ; & voici le motif écrit dans cet Edit. Après avoir dit que dans les aliénations on avoit compris le Droit de Patronage, le Roi ajoute : *ce qui ne peut avoir d'effet, puisqu'il n'est pas possible de distinguer si le Droit du Patronage, (qui ne peut être transmis qu'avec l'universalité de la Glebe* * *à laquelle il est attaché,) Nous appartient à cause de la Seigneurie aliénée, ou du Chef-lieu que Nous nous sommes réservé, ou en qualité de Souverain.* Appliquez sans *aucune crainte ce qui est dit dans cet Edit du Patronage, qu'on ne peut ceder sans la Glebe à laquelle il est attaché, aux Honneurs de l'Eglise, qu'on ne peut ceder ni conceder qu'en cedant le Patronage ou la Seigneurie ausquels ils sont indissolublement attachés.*

* *Hic.*

C'est la pure doctrine de Loiseau, chap. 11 des Seigneuries, n. 51, rapportée *supra*. *Les Seigneurs se trompent fort, quand ils baillent des Lettres ou permissions à quelqu'un de leur Village pour avoir des rangs & des Bancs en l'Eglise ; car ils peuvent bien leur donner leur Seigneurie, mais sans les faire Seigneurs ; ils ne peuvent leur donner le rang de Seigneur.*

Ni plus ni moins qu'on tient que le Patron ne peut vendre

son Droit de Patronage, ni les Honneurs dépendans d'icelui, sans l'universalité de la Terre de laquelle il dépend.

(*Mais quoi qu'il en soit, ni l'un ni l'autre ne peuvent ceder à autrui ces Honneurs, & les retenir à soi*).

Mais en vendant la Seigneurie, peut-on se réserver les Droits Honorifiques, ou au moins quelques-uns des grands Droits?

Si on s'en tient aux principes, cela ne se peut : Loiseau *supra* le décide avec raison. Comme ces Droits ne sont pas purement spirituels, & qu'ils sont en quelque sorte partie des Droits de la Seigneurie; comme, ainsi que nous l'avons établi, on ne peut ceder les Droits sans ceder le Patronage ou la Seigneurie où ils sont attachés, il semble qu'en vendant la Seigneurie, sous prétexte d'une réserve de portion de Fief, que nous avons prouvé n'être point la Seigneurie, & ne point contenir le germe des Droits Honorifiques, on ne peut retenir ces Droits, qui sont inséparablement attachés au Patronage & à la Seigneurie; & que de même qu'un homme en *vendant* son Fief ne peut réserver d'en faire l'hommage, *quia*, dit Dumoulin, *non potest esse Vassallus sine Feudo*; de même on ne peut aliéner *la Seigneurie*, qui est la cause efficiente & productive de ses Droits, & se les réserver en tout ou partie. Cette conséquence me paroît juste : elle est d'après l'Edit de Mai 1715. Quand je dis la Seigneurie, j'entends la Haute-Justice de la Paroisse : je parle le langage de Loiseau, des Seigneuries, chap. 1, n. 25.

Néanmoins *consulté* en Mars 1747 par le sieur Pierre Gaudron, Ecuyer, Seigneur du Tilloy, Paroisse de Corbeil en Gâtinois : voici ce que j'ai trouvé dans le le Mémoire & les Piéces qui m'ont été communiqués.

La Seigneurie de Corbeil en Gâtinois est fort étendue. Le sieur le Clerc, qui à cause de Marie de Bast son épouse y possedoit un petit Fief, voulut en acheter plusieurs autres.

En 1626, Alexandre de Randel, Sieur de Grandchamp, du Tilloy & du Liard, possedoit ces Seigneuries du Tilloy & du Liard, Paroisse de Corbeil; outre ce, il possedoit encore differentes portions de Seigneuries dans celles de la Lande, de la Mote d'Egry, & le Châtelet, avec des portions de Justice, & des Vassaux de la Mote d'Egry, à cause de laquelle il prenoit la qualité de Seigneur en partie de Corbeil, & avoit *un Banc dans le Chœur à droite, près les marches;* le sieur le Clerc avoit son Banc à gauche.

Le sieur de Grandchamp vendit toutes ces portions de Seigneuries & Justices (je m'explique comme les contrats) au sieur le Clerc; *mais il se réserva expressément son Droit de Banc dans le Chœur*, & une Censive dans la Mote d'Egry, qui est la Seigneurie du Village de Corbeil, montant à 10 sols & une poule, portant lods & ventes sur deux maisons du Village du Tilloy: le contrat est du 16 Janvier 1626; au moyen de ce, le sieur de Grandchamp avoit quelque chose dans le Fief de la Mote d'Egry, qui est le Fief principal de la Paroisse.

En 1636, la Terre de Corbeil & Fiefs en dépendans furent saisis réellement sur Claude le Clerc: la saisie réelle fut portée aux Requêtes du Palais.

Le sieur de Grandchamp y forma opposition à fin de charge & de distraire, tant pour raison de ladite

Censive, que pour *raison de son Banc dans le Chœur.*

Le 11 Janvier 1654, Edme de Randel de Grandmont, frere & héritier du sieur de Grandchamp, vendit à Charles Mousselard, Seigneur de la Planchette, ladite Censive & le Droit de Banc, moyennant 450 livres; & comme ledit sieur de Grandmont s'étoit obligé de faire jouir le sieur de la Planchette, il reprit l'opposition à fin de charge & de distraire formée par le sieur de Grandchamp son frere.

* *Hic.* 24 Avril 1660, * Sentence aux Requêtes du Palais, par laquelle on fait distraction au sieur de Grandmont des cens & rentes seigneuriales, profits de lods & ventes, saisine & amende dont pourroient être chargées les deux masures en question, suivant le contrat de 1626, *ensemble du Banc dans le Chœur de la grandeur & forme qu'il est, suivant ledit contrat.*

Dans l'enchere de quarantaine on a fait mention de ces distractions.

En 1680, l'adjudication de la Terre de Corbeil a été faite au sieur de Boisfranc, aux *susdites conditions & distractions.*

En 1711, ladite Terre a été vendue au sieur Quetin. Le sieur de la Planchette & ses successeurs, & aujourd'hui le sieur Pierre Gaudron, jouissent de cette censive & poule, *& du Banc à main droite dans le Chœur.*

Voilà un préjugé qui peut faire dire que l'on peut se réserver les Droits Honorifiques *en vendant la Seigneurie*; car la censive de 10 sols & une poule réservée, comme nous l'avons prouvé, n'est point la Seigneurie, qui peut seule, après le Patronage, donner les grands Droits Honorifiques dans la Paroisse. C'est une Sentence dont il n'y a point eu d'appel : le decret a été adjugé en conformité : elle est passée en force de chose jugée : cela s'accorde-t-il avec les grands principes ? Cette Sentence, si on en eût interjetté appel, auroit-elle été confirmée? Je laisse au Lecteur à en juger.

Autre chose est, en vendant que l'on se réserve l'usufruit & les Droits Honorifiques, *interim* l'Acquereur n'en jouira pas; *ut dixi supra*, chap. 2 à la fin : cela ne multiplie pas les Honneurs; & dans ce cas le vendeur a encore quelque chose de la Seigneurie, puisqu'il s'en réserve l'usufruit.

Je tiens donc qu'on ne peut differencier le Patron *Fondateur* Ecclésiastique du Patron Laïc; ils sont tous deux également Patrons; les Droits leur sont acquis également; ils ne peuvent l'un faire plus ou moins que l'autre; leurs prérogatives ont les mêmes régles, parce qu'ils dérivent du même principe *de la fondation de l'Eglise* : aussi Loiseau ne les differencie point : il n'y a qu'une seule difference entre le Patron Ecclésiastique & le Patron Laïc pour les Honneurs; c'est qu'en Patronage Ecclésiastique ce n'est pas le Titulaire qui est Patron, quoiqu'il en ait tous les Honneurs, c'est son Eglise : *Prælatus non est Dominus Feudi nec verus Vassallus, sed ipsa Ecclesia cujus & bonorum est Procurator, non Dominus*, dit Dumoulin, ch. 30, *hodie* 43, n. 72 : de-là le Titulaire ne peut pas mettre sa Litre en Ceinture de deuil; il met les Armes de son Eglise autour de l'Eglise : mais le Laïc fait peindre ses propres Armes en Ceinture de deuil : *cætera paria sunt, ut diximus.* En fait de principes qui tranchent dans differentes questions, on ne doit pas en épargner la répétition, en les rapprochant de chaque question, le Lecteur en est plus soulagé.

XII. Voici un autre Arrêt qui juge une espéce singuliere : j'en ai prévenu le Lecteur *supra*, n. 5 à la fin.

Nous avons établi deux principes vrais : le premier, que le Haut-Justicier du Village, *de* la Paroisse, étoit *seul* en droit de se qualifier Seigneur *indéfiniment* : le second, que *vis-à-vis* du Patron & du Haut-Justicier, nul autre ne pouvoit avoir les Honneurs de l'Eglise, même par possession.

L'Arrêt que nous allons rapporter va paroître singulier ; mais les circonstances qui l'ont fait rendre feront connoître qu'il n'altere point les grands principes. Comme j'écrivois en 1743 dans un Procès entre ces deux Seigneurs, & que ce Procès étoit une suite de celui que l'Arrêt a jugé pour les Droits Honorifiques, parce que l'Arrêt sur d'autres chefs ordonnoit une plus ample contestation, j'ai eu occasion d'y voir tout le Procès sur les Honneurs de l'Eglise, dont on me remit toutes les piéces qui étoient restées aux Parties : voici le fait exact.

Demoiselle Marie Feuillette étoit Dame Châtelaine de Cornay, Coutume d'Orléans : cette Châtellenie est dans la Paroisse de Saint Cyr en Vaux, ou en Val, on dit l'un & l'autre, près Orléans : elle y a un Poteau à ses Armes.

Le sieur Henri-Sulpice de Troyes est Seigneur d'un Fief appellé la Motte-Vely ou Velly simplement, comme on le verra : il a Haute-Justice ; il y a aussi un Poteau à ses Armes. Ce Fief releve de Cornay à cause du Fief du petit Lude uni à la Châtellenie de Cornay.

En 1656, le sieur Daniel Feuillette, Châtelain de Cornay, ayeul de la Demoiselle de Cornay, prétendoit que le sieur Dodieux, lors Seigneur de la Motte-

Vely, ne devoit pas avoir les Honneurs dans l'Eglise de Saint Cyr; qu'ils lui appartenoient comme *Châtelain de Saint Cyr:* il forma sa demande le 16 Août, à ce que le sieur Dodieux fît ôter le Banc qu'il avoit au Chœur; à ce que lui sieur de Cornay fût recommandé le premier aux Prieres du Prône comme Châtelain, qu'il auroit le premier le Pain benit; défenses au sieur Dodieux d'entreprendre aucune chose.

Le premier Février 1657, par ses défenses que j'ai vûes, le sieur Dodieux s'expliqua ainsi: *Je suis en possession depuis* 150 *ans*, par mes pere & ayeul, des Honneurs de l'Eglise de Saint Cyr en Val.

Le sieur de Cornay avoit une Chapelle à côté du Chœur, *ouvrante sur le Sanctuaire*, & y entroit *par le Chœur.*

Le sieur de Troyes pere ayant acquis la Motte-Vely, fut assigné par le sieur de Cornay, pour voir déclarer commune avec lui la Sentence qui interviendroit. Le sieur de Troyes soutint qu'il étoit en possession par ses Auteurs, & que le sieur de Cornay ne pouvoit entrer *par le Sanctuaire* pour aller dans sa Chapelle.

16 Mai 1673, Sentence aux Requêtes du Palais, où l'affaire étoit pendante, par laquelle, » avant faire » droit, on ordonna que pardevant le Lieutenant Gé» néral de Blois, qui se transporteroit sur les lieux, » (depuis par Sentence du 23 Juin, M. Charlet Doyen » fut nommé Commissaire) les Parties informeroient » respectivement pour sçavoir dans quelle Justice l'E» glise * du Village de Saint Cyr étoit située, ou dans » la Haute-Justice de Cornay, ou dans la Haute-Jus» tice de la Motte-Velly, même pour sçavoir si le sieur » de Troyes ou ses Auteurs ont de toute ancienneté

* Hic.

» fait exercer la Justice sous le Portique de ladite Eglise » par ses Officiers; ordonne que plan & figure seroient » faits de ladite Eglise de Saint Cyr, du Portique d'i- » celle, & lieux adjacens; qu'il sera dressé Procès-ver- » bal des deux Poteaux; que les Parties représente- » ront les titres de censives qu'ils prétendent sur les » maisons & héritages joignant l'Eglise.

L'Enquête fut faite : le Plan fut fait aussi; il a été adhiré : je ne l'ai pas vû dans les productions des Parties. Sur le tout :

31 Juillet 1676, Sentence définitive, par laquelle » on maintient & garde le sieur de Troyes *en possession & jouissance* des Droits Honorifiques dans l'Eglise » Paroissiale de Saint Cyr en Vaux; fait défenses au » sieur de Cornay de l'y troubler; ordonne néan- » moins que la veuve & le sieur Feuillette fils jouiront » de la Chapelle qu'ils ont joignant le Chœur de la- » dite Eglise, sans qu'ils puissent y être troublés par » ledit de Troyes, ni empêchés d'entrer dans icelle par » le Chœur de ladite Eglise en l'état qu'elle est.

Le surplus de la Sentence concerne d'autres chefs qui n'ont aucun trait aux Droits Honorifiques : Appel respectif.

10 Juillet 1679 Arrêt, par lequel

» La Cour met les appellations respectivement in- » terjettées, & la Sentence dont étoit appel au néant, » en ce que par ladite Sentence il étoit dit, que la » veuve & le sieur Feuillette son fils entreroient dans » ladite Chapelle *par le Chœur de l'Eglise* en l'état qu'elle » étoit lors; émendant quant à ce, fait défenses ausdits » veuve & sieur Feuillette fils de passer par le Sanctuaire » pour entrer dans leur Chapelle, sauf à eux à faire faire

» une entrée en ladite Chapelle qui ne puisse incom-
» moder en quelque maniere que ce soit, & préjudi-
» cier au Banc du sieur de Troyes ; ladite Sentence au
» résidu sortissant effet : (prendra * seulement ledit de * *Hic.*
» Troyes, suivant ses Lettres Patentes de Juillet 1487,
» vérifiées le 9 Mai 1488, la qualité de Seigneur de
» Vely).

» Ayant aucunement égard à la Requête desdits
» veuve & sieur Feuillette son fils, du 8 dudit mois de
» Juillet, ordonne qu'ils, leurs successeurs & ayant
» cause, en qualité de Châtelains de Cornay, en l'ab-
» sence desdits de Troyes, sa femme & ayant cause,
» jouiront des Honneurs de l'Eglise de Saint Cyr.

N'entendez pas cette derniere disposition des grands Honneurs de l'Eglise, comme Prieres nominales, droit de Banc, Litres, 1°. Ces Honneurs ne se multiplient pas. 2°. La présence ou absence de celui auquel on les adjuge n'y fait rien ; absent comme présent il est recommandé au Chœur ; il y a sa Litre, son Banc. Cet Arrêt ne s'entend que des Honneurs moindres, que l'on accorde aux Hauts-Justiciers qui ne le sont que *dans* la Paroisse, & non *de* la Paroisse, comme le décide bien Roye, *de Jurib. Honorif. lib.* 2, *cap.* 9. C'est ce que décide aussi l'Arrêt du 4 Septembre 1664, rapporté *infra*, chap. 6, sect. 2 du Pain benit ; & l'Arrêt du 5 Avril 1667, rapporté *supra*, chap. 3, n. 4.

Je ne rapporte cet Arrêt, que j'ai vû en entier, que *relativement aux Droits Honorifiques* : il prononce sur d'autres chefs.

1°. On voit que l'on fait droit *sur la possession* du sieur de Troyes. 2°. On ne les accorde au sieur de Cornay, quoique Châtelain, qu'en l'absence du sieur de Troyes

& sa femme. 3°. On ordonne que le sieur de Troyes ne prendra que la qualité de *Seigneur de Velly*. En lisant rapidement cet Arrêt, on pensera qu'il croise les grands principes ; mais selon moi il les confirme. En effet j'ai vû toutes les piéces du Procès, & les Enquêtes respectives.

L'Enquête du sieur de Troyes prouvoit que ses Officiers rendoient la Justice sous le Portique de l'Eglise de Saint Cyr en Val ; ce n'étoit pas un moyen pour se dire *Seigneur de l'Eglise*, *de la Paroisse*. Plusieurs témoins de l'Enquête du sieur Cornay déposoient *qu'ils ne sçavoient pas sur quelle Justice étoit l'Eglise* : on doit présumer par là que ces Seigneurs n'ayant pas d'Auditoire, les Juges la rendoient sous ce Portique dans les tems incommodes ; *& l'Enquête du sieur de Troyes ne prouvoit nullement que l'Eglise fût située dans sa Justice* : c'étoit pourtant une des preuves positivement ordonnées par la Sentence interlocutoire ; aussi la Sentence définitive, confirmée en ce point par l'Arrêt, ne prononce rien sur ce chef, elle fait seulement droit *sur la possession du sieur de Troyes*.

Cornay est une Châtellenie *dans* Saint Cyr en Vaux, mais elle n'est point la Châtellenie *de* la Paroisse.

La Seigneurie de Velly, qu'on dit aujourd'hui la Motte-Velly, n'a jamais été regardée comme la Seigneurie *de* la Paroisse, mais comme une Seigneurie *dans* la Paroisse : elle se nommoit *la Motte*, *sine addito*, & non *la Motte-Saint-Cyr*, comme le prétendit alors le sieur de Troyes : en voici la preuve démonstrative, ce sont les Lettres Patentes obtenues par un prédécesseur du sieur de Troyes en Juillet 1487, d'après lesquelles l'Arrêt a prononcé. Voici comme ce Seigneur

s'y

s'y expliquoit : j'en ai vû copie dûement collationnée & produite. Le Roi y parle en ces termes :

» Nous avons reçu humble supplication de notre » amé & féal Conseiller-Rapporteur & Correcteur des » Lettres de notre Chancellerie, Maître Aubert Levisse, » Seigneur (de la Terre & Seigneurie de la Motte,*) ** Hic décisif.* » située & assise en la Duché d'Orléans, (en * la Paroisse ** Hic.* » de S. Cyr,) contenant que pour ce qu'il y ait plusieurs » Terres & Seigneuries en notre Royaume vulgaire- » ment appellées *la Motte*, il, pour le different d'icelles, » & autres causes à ce le mouvans, feroit volontiers la- » dite Terre & Seigneurie *de la Motte*, en laquelle il a » tout droit de Justice & Jurisdiction Haute, Moyenne » & Basse, dorénavant nommer ladite Terre & Sei- » gneurie *de Velly*, ce qu'il ne voudroit faire sans notre » permission & autorité, & à cette cause Nous a hum- » blement supplié nos graces & permissions lui être » impétrées.

» Pourquoi Nous, ce que dit est considéré, à notre- » dit Conseiller exposant, pour reconnoissance des » bons & loyaux, & grands services qu'il Nous fait de » jour en jour en maintes & diverses manieres, avons » octroyé & octroyons de grace spéciale, par ces Pré- » sentes, que ladite Terre & Seigneurie *de la Motte* » soit dorénavant appellée *Velly*, & qu'elle ne soit plus » appellée *la Motte*, lequel nom *de la Motte* Nous avons » transmué & converti, transmuons & convertissons » audit nom *de Velly*. Si donnons en mandement, &c.

Il est clair que cette Terre ne s'est jamais appellée que *la Motte*, & depuis Velly, *sine addito* ; qu'elle étoit dite *sise* en la Paroisse de Saint Cyr. Comme alors le sieur de Troyes en prenoit la qualité, cela avoit occasionné une Requête de 1664 des Sieur & Dame de Cornay, visée dans la Sentence du 17 Mai 1673, à ce que la qualité de *Seigneur de la Motte-Saint-Cyr* fût supprimée, ce qui a donné lieu à la disposition de l'Arrêt ci-dessus remarquée. Joignez cet Arrêt à ceux que j'ai rapportés *supra*, pour faire voir que le *seul* Haut-Justicier *de* la Paroisse, & non *dans* la Paroisse, pouvoit en porter le titre; & que si la possession maintient un quelqu'un, qui n'en a pas le droit, dans les Honneurs de l'Eglise, c'est parce qu'il n'y a ni Patron ni Seigneur *de* la Paroisse; & que, comme nous l'avons dit, les Moyens-Justiciers même peuvent quelquefois, par grande & très-longue possession, avoir ces Honneurs & s'y maintenir: mais cette possession des Honneurs de l'Eglise ne donne pas le titre *de Seigneur* de la Paroisse; parce que, comme nous l'avons établi, entre deux Hauts-Justiciers dans une Paroisse, il n'y a que celui qui l'est *du sol* de l'Eglise qui puisse avoir cette qualité; & quand aucun ne l'est, aucun ne peut avoir ce titre: l'Arrêt confirme ce principe.

His positis, nil mirùm, si la Sentence & l'Arrêt n'ont statué que sur *la possession*, & non sur le droit aux Honneurs, il ne paroissoit pas être Seigneur *de* l'Eglise; mais il n'avoit pour Partie que le Châtelain de Cornay, dont la Châtellenie n'est pas la Châtellenie *de* la Paroisse, mais une Châtellenie *dans* la Paroisse: comme sa Terre de Velly, ou la Motte-Velly, étant un Fief & Justice *dans*, comme les Lettres Patentes le disent, non *de* la Paroisse, *quod toto cœlo distat*; ainsi il *n'y avoit ni Patron ni Haut-Justicier (de) la Paroisse.*

C'est ainsi que l'on doit entendre ce que dit Lapeyrere en ses Décisions, lettre E, n. 2, où la note dit:

On peut acquerir des Droits Honorifiques par Coutume & par possession immémoriale.

Il en est de même de la note sur la lettre P, n. 61 à la fin, où l'on renvoye aux Arrêts ci-dessus.

Tout cela s'entend quand il n'y a ni Patron ni Haut-Justicier *de* l'Eglise. Aussi Lapeyrere, sur la même lettre E, dit : *Le Haut-Justicier a rang & tous autres Droits Honorifiques dans l'Eglise au-dessus de toutes personnes, fors ses Superieurs, le Patron, & ceux de la haute Noblesse, non résidans dans son territoire, & tant lui que le Patron ont action civile & complainte pour ces Droits honorables ; (mais pour les autres Seigneurs, Moyens, Bas-Justiciers, Directs, Gentilshommes, ils n'ont aucune action pour ce droit, quelque possession qu'ils puissent alléguer).* C'est un passage de Loiseau qu'il adopte.

Au nombre 2 il dit : *Nul autre que le Patron & le Haut-Justicier ne peut avoir Banc sans concession expresse des Marguilliers ;* & nous avons rapporté *supra* l'Arrêt de 1593, rapporté par M. de Cambolas, & l'Arrêt de 1700, qui le firent ôter à des personnes non Hauts-Justiciers *de* la Paroisse : cet Arrêt est dans le vrai principe.

Tenez donc pour principe certain, que si l'on peut acquerir les Honneurs de l'Eglise par longue possession, ce ne peut être vis-à-vis du Patron & du Haut-Justicier *de* la Paroisse, ou vis-à-vis de l'un ou de l'autre ; c'est-à-dire, comme nous l'avons dit *supra*, quoiqu'il n'y ait ou qu'un Patron, ou qu'un Haut-Justicier de l'Eglise, ils ne sont point tenus de souffrir de concurrens, parce qu'eux seuls ont de droit ces Honneurs, 1°. Parce que nul *n'a droit* à ces Honneurs, si ce n'est le Patron & le Haut-Justicier *de* l'Eglise ; que cette possession est toujours vicieuse dans son principe, fondée ou sur l'absence, ou sur l'ignorance du Patron & du Haut-Justicier. 2°. Parce que donner ces Honneurs vis-à-vis des Patron & Haut-Justicier, c'est leur donner, comme nous le disons, des concurrens qu'ils ne peuvent avoir. 3°. Quelle confusion dans l'Eglise, si d'autres que le Patron & le Haut-Justicier avoient leurs Litres, leurs Bancs, étoient recommandés aux Prieres! Quelle multiplication de Droits, qui, de l'avis de tous les meilleurs Auteurs, sont incessibles, incommunicables, si ce n'est à la femme ou aux enfans, qui sont censés la même personne que le mari & le pere! Tenez enfin, que quand il n'y a ni Patron ni Haut-Justicier de l'Eglise, on peut quelquefois acquerir ces Droits par possession; *ut diximus supra*, n. 8.

Cette possession même des Seigneurs de Fief, ou des Moyens & Bas-Justiciers, lorsqu'ils n'ont aucun Patron ou Haut-Justicier du Lieu au-dessus d'eux, n'est qu'une possession de tolérance, & qui réguliérement ne peut donner le droit aux Honneurs: ils y sont quelquefois maintenus, comme le prouve l'Arrêt du 10 Juillet 1679; mais 1°. dans cette espéce, celui qui les contestoit au sieur de Troyes, n'y avoit pas plus de droit que lui: 2°. le Curé ne les contestoit pas au sieur de Troyes ni à l'autre; il ne prenoit aucun parti dans ce différend.

Sur la lettre L de Lapeyrere, n. 1, où il donne pour maxime que l'on peut acquerir les Droits par prescription, on voit que cette maxime a souffert beaucoup de contradictions.

Un Seigneur d'une maison près d'Ustarits prétendit sa maison noble, somma le Curé de le recommander au Prône, & prétendit le premier rang dans l'Eglise : il cita le Curé devant M. l'Evêque de Bayonne, & y soutint que c'étoit la Coutume ancienne. M. l'Evêque de Bayonne ordonna au Curé de faire, *more solito*. Les Marguilliers prirent le fait & cause du Curé, & interjetterent appel comme d'abus de cette Ordonnance. Le Proprietaire de cette maison noble traduisit les Marguilliers devant le Sénéchal de Bayonne, pour voir dire qu'il seroit maintenu dans le droit, préséances, & autres prérogatives, attendu la nobilité de sa maison : il fut admis à faire preuve de la nobilité de sa maison. Après sa preuve, il demanda que ses conclusions lui fussent adjugées. Autre Appointement, qui l'admet à vérifier sa possession des Honneurs.

Appel de ces Appointemens, auquel on joint l'appel comme d'abus.

Par l'Arrêt du premier Mars 1678, sur les appellations on mit hors de Cour ; ensorte que cet Arrêt paroît avoir admis la possession, ou du moins la preuve de la possession, *contradicente* le Curé. Cet Arrêt croise celui du 27 Octobre 1593, qui est plus conforme aux vrais principes, le Curé ne pouvant régulierement être forcé de déferer ces Honneurs à d'autres qu'au Patron & au Haut-Justicier.

Il y a un autre Arrêt au même endroit du 25 Mars 1706, qui maintient après Enquête la Dame Lasalle, Paroisse de Bardes près d'Ustarits, peut-être le même que dessus, dans le droit de se faire donner l'Eau benite en entrant dans l'Eglise, à se faire porter la Paix à baiser dans son Banc dans une Chapelle à côté du Maître-Autel.

C'est pousser loin l'Honneur de l'Eau benite & de

la Paix, sur une simple possession, sans justifier de Haute-Justice ni de Patronage. Je doute fort que cet Arrêt soit suivi, au moins pour cette façon de se faire donner l'Eau benite, & se faire apporter la Paix dans son Banc.

Si on tolere quelquefois ces sortes de possessions, ce n'est qu'une pure souffrance qui ne peut acquerir aucun droit : souvent, comme je le dis *infra* pour les Sépultures, on a égard à la possession immémoriale; mais pour les Droits qui se répetent, comme les Prieres nominales, l'Encens, l'Eau benite, le baiser de la Paix par distinction honorable, le Banc & la Litre, je crois la décision de l'Arrêt de 1593, & le sentiment de M. de Cambolas, plus dans les principes de la matiere. Hors le Patron & le Haut-Justicier, en faveur desquels la déference de ces Honneurs a passé en Droit qui leur est acquis, & pour lequel ils ont droit de former complainte, je tiens que les Moyens & Bas-Justiciers, & Seigneurs Féodaux, n'ont aucun droit à ces Honneurs, & ne peuvent en acquerir le droit par possession immémoriale : toujours certain qu'ils ne peuvent s'y maintenir régulierement quand il y a Patron ou Haut-Justicier dans le lieu qui réclament ces Honneurs; auquel cas les Honneurs étant restitués à ceux qui les ont par droit, *ut probavimus*, la possession des autres, dont le commencement est toujours abusif, s'efface; on ne doit point multiplier ces Honneurs, & leur possession ne leur profitera que *pour les préseances* simples vis-à-vis leurs égaux, ou des autres Habitans.

A l'occasion de cet Arrêt du 10 Juillet 1679, il est bon de dire un mot de l'abus que l'Enquête du sieur de Troyes nous découvre, que je sçai être dans pluſieurs autres Villages, même dans des Villes où il y a des Juſtices ſeigneuriales.

Les Seigneurs Hauts-Juſticiers ſont extrêmement jaloux de leur droit de Juſtice; mais s'il doit leur en coûter, ils s'embarraſſent peu de la décence dans la tenue & exercice de ce droit éminent, qui eſt un rayon de la Majeſté Royale, ils négligent de faire bâtir des Auditoires pour la rendre; & leurs Officiers encore moins jaloux de l'honneur du grade qu'ils occupent, appréhendent de fâcher leurs Seigneurs, d'encourir leur deſtitution, & de perdre les petits émolumens qu'ils en retirent; ne ſçachant pas où rendre la Juſtice, ils vont ſous les Portiques, vulgairement Porches des Egliſes, dans des Cimetieres, ſouvent même dans des Cabarets.

Rien de plus indécent : l'Egliſe deſtinée ſpécialement au culte de Dieu, le Cimetiere deſtiné à la ſépulture des Fidéles, ſont en quelque façon profanés par ces actes ſéculiers de Juſtice contentieuſe; & c'eſt encore plus deshonorer leur miniſtere & la Juſtice, de la rendre dans des Cabarets.

J'employe les propres termes de M. le Procureur Général lorſqu'il s'éleva contre ces abus, & que ſur ſa remontrance fut rendu l'Arrêt du 28 *Avril* 1673, qui a été publié, & qui eſt au ſecond tome du Journal des Audiences, derniere édition, liv. 12, chap. 4. Voici l'Arrêt.

» La Cour a ordonné & ordonne que tous Seigneurs » Hauts-Juſticiers qui n'ont point d'Auditoire pour y » faire rendre la Juſtice, ſeront tenus d'en donner dans » ſix mois pour tout délai à leurs Officiers, auſquels la » Cour fait défenſes de rendre la Juſtice ſous les Por-

» ches des Eglises & dans les Cimetieres, ni aussi dans
» les Cabarets, à peine d'interdiction de leurs Charges.
» Fait en Parlement le 28 Avril 1673.

Signé, Du Tillet.

Section Quatrie'me.

De l'Encens.

I. *Que l'Honneur de l'Encens a causé bien des Procès.*

II. *Arrêts à ce sujet. Pour la façon & le tems de le donner.*

III. *Que les Arrêts ne jugent rien de précis sur la quotité des Encensemens; qu'il faut suivre l'usage de la Paroisse.*

Arrêt qui juge une question singuliere.

I. Cet Honneur dû aux Patron & Haut-Justicier de la Paroisse, a causé bien des troubles : les Curés souvent impatiens de ces Honneurs, regardent comme au-dessous d'eux d'honorer par l'Encens leurs Patrons & leurs Seigneurs : les Arrêts ont arrêté ces contestations qui causoient de l'inédification & de l'indécence, & ont condamné les Curés à donner l'Encens à leur Patron & à leur Seigneur.

Maréchal ni ses Annotateurs n'ont rien dit de précis sur cet Honneur. Roye en a parlé en deux endroits de son Traité, sect. 1, chap. 5, & liv. 2, chap. 4, mais sans s'y étendre beaucoup.

II. Ce que j'ai pû recueillir des Arrêts intervenus sur ce sujet est, qu'à la Messe ès jours que l'on encense, & hors les jours où le Saint Sacrement est exposé, au-quel

quel jour les Encensemens, autres que de l'Autel, cessent, le Curé, de dessus les marches de l'Autel, doit se tourner du côté des Bancs ou Chapelles des Patrons & Seigneurs, & les encenser les uns après les autres, leurs femmes & leurs enfans : tel est l'Arrêt de Tallemay, qui est à la fin des Œuvres de Maréchal, qui le dit précisément, ainsi que celui de Dijon du 29 Mars 1702, rapporté par l'Auteur du petit Traité qui est à la fin de l'édition de Maréchal de 1740 : ce Curé avoit plaidé pendant vingt-six ans, & il avoit fallu cinq Arrêts, dont le dernier le condamnoit en 100 livres d'amende envers la Fabrique à la premiere contravention. Les Arrêts de Vatan, de Beaurains, de Broindon, que je rapporte *infra*, chap. 6, sect. 1, ordonnent que le Curé, non un Enfant de Chœur, encensera. Ils doivent être entendus comme les deux précedens : on ne doit pas obliger le Curé de quitter l'Autel pour aller encenser les Patrons & les Seigneurs.

A Vêpres, il doit se transporter au-devant des Bancs, & dans les Chapelles des Patrons & Seigneurs, les encenser : tous les Arrêts sont uniformes sur ce point.

Si cependant l'usage de la Paroisse, de ne faire encenser *à la Messe* que par un Enfant de Chœur, étoit certain, je crois que cela doit être suivi ; c'est ce qu'a jugé l'Arrêt du 13 Mars 1742, & un Arrêt de Provence de 1669, qui dit, par le Soudiacre : ces deux Arrêts sont rapportés *infra*.

Ce que dessus sous-entendu, après le Clergé, & ceux qui revêtus de surplis aident à l'Office Divin, suivant l'art. 45 de l'Edit de 1695, & les Arrêts que je viens de citer.

III. Quant à la question de sçavoir combien de fois

le Curé doit encenser le Patron & le Seigneur, leurs femmes & enfans, toutes les fois qu'il doit encenser, l'Arrêt de Vatan & l'Arrêt de Beaurains disent au Seigneur, *quod intellige*, du Patron *primario*, s'il y en a un, trois fois, la femme trois fois, les enfans chacun une fois.

L'Arrêt de Tallemay confirma la Sentence qui disoit une fois le Seigneur, une fois la femme, & une fois pour tous les enfans.

Les autres disent simplement donner l'Encens, ce qui se réfere à l'usage. L'Arrêt de Provence dit *tous*, sans distinguer le Seigneur, la femme ni les enfans, ni combien de fois.

Je crois que pour cet Honneur on doit suivre l'usage de la Paroisse, & que dans le doute on doit suivre l'Arrêt de Tallemay : cet Honneur est une gratitude de l'Eglise, dont on doit user avec modération. Je tiens que l'Encens, toutes les fois qu'on doit le donner, soit à la Messe, soit à Vêpres, donné une fois au Patron, au Seigneur, une fois à leurs femmes, une fois pour leurs enfans, est un Honneur suffisamment déferé.

Nous avons ci-dessus excepté les jours où le Saint Sacrement est exposé, esquels on n'encense personne; cela est incontestable : mais pour prévenir les mauvaises contestations des Curés, qui sous des prétextes spécieux pourroient exposer le Saint Sacrement dans les jours où ils doivent donner l'Encens à leurs Patron & Seigneur Haut-Justicier; qui sont tous les jours où on le donne au Clergé, j'ai trouvé dans le petit Traité dont j'ai parlé *supra*, un Arrêt du 12 Août 1701, contre le Curé de Cressy : c'est un des cinq obtenus contre lui par le Sieur Faubert son Seigneur.

Ce Curé pendant ces longues contestations, le premier Arrêt est de 1675, avoit obtenu des Bulles du Pape pour établir une Confrairie dans son Eglise, & exposer le Saint Sacrement le jour du Patron; afin de se dispenser de donner ces jours-là l'Encens au Seigneur.

L'Arrêt ordonna, attendu qu'en la présence du Saint Sacrement tous les encensemens, excepté celui de l'Autel, cessent, le Curé, quand le Saint Sacrement seroit exposé le jour du Patron, *seroit tenu de donner l'Encens au sieur Faubert le Dimanche suivant; quod nota*, sans examiner si ces jours-là on encense ou si l'on n'encense pas.

Cet Arrêt est notable, & doit fixer la Jurisprudence dans ces cas où les Curés évitent, avec trop d'affectation, de rendre à leurs Patron & Seigneur les Honneurs qui leur sont dûs.

SECTION CINQUIE'ME.

De la Sépulture au Chœur.

I. *A qui autrefois on déferoit l'Honneur de la Sépulture dans le Chœur.*

II. *Si les Tombes doivent y être plates ou relevées.*

III. *Qu'on peut être en possession de Sépulture au Chœur, sans en induire le Droit de Banc ni les autres Honneurs.*

IV. *Que ce Droit ne se prescrit, ni contre le Patron, ni contre le Haut-Justicier.*

Réflexions sur un Arrêt cité par Maréchal.

V. Discussions d'autres Arrêts rapportés par cet Auteur.

VI. Que les Patrons & Hauts-Justiciers peuvent s'opposer à ce que tout autre soit inhumé dans le Chœur.

I. L'Honneur de la Sépulture au Chœur est un des plus beaux Droits des Patrons & des Hauts-Justiciers, & de leurs familles.

Autrefois, suivant que le remarque Roye, *de Jurib. Honor, lib.* 1 ; *cap.* 9, la Sépulture dans l'Eglise ne fut accordée que pour les Martyrs, ensuite aux Evêques, Abbés, Prêtres, *& fidelibus Laïcis*, dit le Canon *Nullus* 13, *quæst.* 3, du Decret de Gratian : ce Canon est tiré du Concile de Mayence tenu sous Charlemagne ; c'est le Canon 52.

Simon, titre 24, dit que le Concile de Tibur de l'an 895, permit aux Prêtres de se faire enterrer dans l'Eglise, & que le Concile de Meaux l'étendit aux Laïcs qui s'en rendroient dignes par leur probité. Roye ajoute que ce même Concile de Meaux tenu sous Charles le Chauve, défendit aux Laïcs de regarder ces Sépultures dans l'Eglise comme héréditaires.

Roye dit qu'autrefois les Patrons, même les Ducs, prenoient pour lieu le plus honorable pour leur Sépulture le devant du Crucifix dans la Nef, au-devant de la principale porte du Chœur, d'autres proche le Chancel, (a) d'autres devant le Maître-Autel : *tandem*, ajoute-t-il, *Principibus & Patronis ad Cancellos, & Chorum ipsum penetrare concessum est, & ita Cancellus est honoratior Sepulturæ locus, & posteà qui Cancello propior*

(a) La partie du Chœur entre le Maître-Autel & la balustrade qui le renferme.

est, aut in medio Ecclesiæ antè Crucifixum, aut Sanctuarium.

C'est de-là que dans nos mœurs les places les plus honorables dans le Chœur font partie des grands Honneurs : on n'y a admis que le Patron & le Haut-Justicier. Voyez les Loix Ecclésiastiques dans leur ordre naturel.

II. Ces Sépulcres dans le Chœur, ou dans l'endroit le plus honorable dans l'Eglise, sont-ils des Sépulcres relevés, ou des Tombes plates, sur lesquelles sont gravées les Armes des Patrons & Hauts-Justiciers?

Duplessis, dans sa vingt-deuxiéme Consultation, traite très-bien la question de sçavoir qui est celui qui a droit de prétendre la Sépulture dans le Chœur : il décide que cet Honneur n'appartient qu'au Patron & au Haut-Justicier, pourvû que cela n'apporte aucune incommodité pour le Service Divin; auquel cas il soutient que l'Archidiacre, dans le cours de sa Visite, peut faire baisser les Tombeaux qui incommodent.

III. Le droit de Sépulture dans le Chœur n'induit pourtant pas le droit d'y avoir son Banc : on peut être en possession d'avoir sa Sépulture au Chœur à cause des grands bienfaits, sans pour cela y avoir droit de Banc, *nec vice versa*; la possession du Banc ne donne pas le droit de Sépulture : c'est ce que décident précisément Loiseau, des Seigneuries, chap. 11, n. 88, & Simon, audit titre 24; & c'est ce qu'a jugé l'Arrêt de Saint Georges, où j'avois écrit, & que j'ai rapporté *supra*, chap. 2, n. 7 : l'Arrêt confirma la Sentence, qui avoit ordonné la démolition du Banc du sieur de la Baugisiere, *& l'infirma au chef qui ordonnoit que les Armes gravées sur la Tombe de son fils seroient effacées.*

IV. On ne peut prescrire ce Droit contre le Patron ni le Haut-Justicier de l'Eglise; mais on ne fait pas pour cela exhumer les corps, on fait seulement défenses pour l'avenir de troubler le Patron & le Haut-Justicier dans leur droit d'y être inhumés *seuls*.

Il est vrai qu'au tome 2, n. 40, Maréchal, toujours jaloux d'élever les Droits du Patron sur la ruine de ceux du Haut-Justicier, rapporte Arrêt du 20 Mai 1623, qui ordonna que le Banc & la Tombe du sieur Gaulay seroient ôtés du Chœur: il l'avoit cité chap. 2, pour prouver que ce Droit appartient au Patron *seul*.

Mais il n'a pas voulu observer au Lecteur que cet Arrêt avoit été rendu *pour la Bretagne*, où depuis l'Ordonnance de 1539, les Patrons *seuls* ont les Droits Honorifiques, s'il n'y a possession antérieure, *ut diximus supra*. L'appel étoit d'une Sentence rendue par l'Alloué du Siége Présidial de Rennes; c'est, selon Ragueau sur ce mot, le Lieutenant Général du Sénéchal. Ainsi la maxime générale qu'il pose en conséquence de cet Arrêt n'est pas exacte; & par le vû de l'Arrêt, où les moyens des Parties sont rapportés, on voit que l'Ordonnance de 1539, pour la Bretagne, a été le motif de l'Arrêt.

V. Il y a aussi, suivant Maréchal, plusieurs Arrêts qui confirment la possession de la Sépulture au Chœur.

Au nombre 18, tome 2, il rapporte un Arrêt du Parlement de Toulouse, entre le sieur de Cariac, Seigneur dudit Lieu, & Bernard de Molinier, du 3 Septembre 1551, qui dit: *La Cour déclare ledit de Cariac n'avoir droit ne lui estre loisible de prohiber audit de Molinier sa Sépulture dans l'Eglise dudit lieu de Vieux, où ses prédécesseurs, Seigneurs d'icelle, ont accoutumé d'être ensevelis.*

Le sieur Molinier avoit deux parts dans la Moyenne-Justice, & une possession immémoriale.

Il cite l'Arrêt de Hauches du 3 Août 1713, qui conserva à M. de Champrond sa Tombe au Chœur près le Maître-Autel : mais le même Arrêt adjugeoit à M. de Champrond *la qualité de Seigneur de Hauches indéfiniment*, & d'autres Honneurs ; ainsi *nil mirum* qu'il lui conserva sa Sépulture au Chœur.

Chap. 4, il rapporte l'Arrêt de Boubiez du 19 Mai 1607 : il est au tome 2, n. 19. Cet Arrêt, ni la Sentence, qui n'est infirmée qu'en un chef, ne parlent ni de près ni de loin de la Sépulture. Je l'ai déja observé, cet Arrêt est rendu entre deux Seigneurs, que la Sentence, confirmée en ce point, dit qu'ils ne pourront se qualifier *que Seigneurs de tels Fiefs sis à Boubiez* ; ainsi, selon moi, il ne juge rien de la question.

L'Arrêt de Bourgogne du 10 Avril 1612, rapporté tome 2, n. 5, *est entre deux Coseigneurs de Paroisse* ; il les maintient tous deux dans le droit de Sépulture. Cet Arrêt, rendu entre deux Coseigneurs de la Paroisse, ne peut être tiré à conséquence pour *le droit* de Sépulture au Chœur, pour autres que le Patron & le Haut-Justicier.

Celui du Grand Conseil du 16 Septembre 1600, rapporté tome 2, n. 22, qui confirme la possession de Sépulture sans préjudice des Droits du Patron, avec celui de 1552, sont les seuls qui appuyent cette possession vis-à-vis du Patron, & conséquemment du Haut-Justicier. Maréchal suivant toujours son idée, en rapportant cet Arrêt, finit le sommaire en disant : *Le Patron seul étant celui à qui cette possession ne peut nuire.*

Mais cet Arrêt est rendu sur un Procès évoqué *de Bretagne* : il en convient chap. 4.

VI. Le principe vrai, est que *de droit* il n'y a que le Patron & le Haut-Justicier qui ayent leur Sépulture au Chœur ; ils peuvent s'opposer à ce que tous autres y soient inhumés : on ne peut prescrire ce droit contre eux, c'est-à-dire acquerir ce droit à leur exclusion, la possession exclusive ne pouvant avoir lieu contre ceux qui ont eux-mêmes le droit primitif, exclusif de tous Moyens & Bas-Justiciers, Seigneurs de Fiefs, & autres n'ayant aucune part au Patronage ou à la Haute-Justice. Nous avons deux Arrêts qui l'ont jugé.

Le premier, rapporté par M. Lebret, liv. 3, décision 8, du mois d'Août 1605, sur ses conclusions. En infirmant la Sentence, l'Appellant ayant justifié qu'il étoit *Patron Fondateur & Haut-Justicier*, il fut dit, nonobstant l'intervention des Religieux de S. Serge, qu'il auroit droit *de Sépulture au Chœur dans l'Eglise de Combrée*, (*même d'empêcher que l'Intimé, quoique Noble de race, y pût élire sa Sépulture*).

Le second, dans les Mémoires du Clergé, tome 3, p. 1349, du 3 Février 1620, qui jugea que par titre ou possession on ne pouvoit prescrire le droit de Sépulture au Chœur contre le Haut-Justicier, *à fortiori* contre le Patron. Voilà le vrai principe : cependant la possession immémoriale peut y faire maintenir, quoique le Haut-Justicier s'y opposât. Nous venons de le dire, & nous avons rapporté *suprà*, chap. 2, n. 7, l'Arrêt du 31 Mai 1726.

SECTION

SECTION SIXIE'ME.

Si les grands Honneurs se multiplient.

I. *Que les grands Honneurs de l'Eglise ne se multiplient pas ; qu'ils se communiquent aux femmes & aux enfans des Patrons & Hauts-Justiciers.*

Que le Curé ne peut les refuser à la femme, soit en présence, soit en l'absence du mari.

Arrêt sur cette question.

II. *Que ces Droits ne se communiquent point à d'autres.*

I. Nous pouvons trancher en un mot. Nous avons fait voir, en parlant des Litres, que ces Droits ne se multiplioient pas : nous avons prouvé qu'on ne pouvoit ceder les Droits Honorifiques, sans ceder le Patronage ou la Haute-Justice où ils étoient attachés ; que dans le principe, nuls autres que le Patron & le Haut-Justicier ne pouvoient prétendre à ces Droits ; que la possession de tout autre étoit abusive & de pure souffrance, n'ayant pas en eux le germe productif des Droits Honorifiques ; que, suivant Loiseau, le Patron & le Haut-Justicier retenoient ces Droits, *même absens.*

Mais ces Droits se communiquent aux femmes & enfans des Patrons & Hauts-Justiciers : tous les Arrêts que nous avons rapportés ci-dessus, pour les Prieres nominales & l'Encens, le jugent, *quia radiis mariti, & patris corruscant.*

Néanmoins, quoique cela soit certain, suivant tous

les Arrêts & les Auteurs, il n'arrive que trop souvent que les Curés se tenant strictement, quelquefois par humeur, à la lettre de leur Rituel, refusent ces Droits à la Dame du Lieu, son mari vivant : en voici un exemple récent.

En 1723, le sieur Nicolas-Pierre Mouton, Prêtre-Curé de Damard près Lagny, refusa de nommer aux Prieres du Prône la Dame épouse de M. Dunoyer, Maître des Comptes, Seigneur de Damard. D'abord il prétexta qu'il ne les sçavoit pas mariés : on le lui justifia; alors il se répandit en injures, & refusa de la nommer.

14 Mars 1724, Sentence aux Requêtes du Palais, qui porte que le Curé de Damard *sera tenu de recommander aux Prieres nominales M. Dunoyer & sa femme, comme aussi de leur donner l'Eau benite, (même à la femme en l'absence du mari); que les termes injurieux inserés dans les dires du Curé seront supprimés, & la Sentence affichée aux Portes de l'Eglise de Damard.*

Appel. Voici ses moyens dans le Mémoire imprimé. Le sieur Curé est fondé sur le Rituel de Paris du 18 Février 1697, qui porte : *A la Campagne il faut nommer le Seigneur (ou) la Dame ; pour Monsieur N. Seigneur, ou Madame N. Dame :* ce Rituel est copié sur celui du premier Décembre 1645, publié par ordre de M. de Gondi, qui porte les mêmes termes : ils disent, *Monsieur, ou Madame.* Le Curé de Damard suit son Rituel : Le Curé de Tournant certifie qu'il agit ainsi.

C'étoit, comme on le sent bien, abuser de la particule *ou*, qui n'est mise que comme exemple, dans le cas où le Seigneur n'est pas marié, ou bien quand c'est une Dame qui est Dame du Lieu, & est fille ou veuve; & non pas pour le rendre strictement *au singulier*, ni pour retrancher cet Honneur à la femme son mari vivant.

Aussi de relevée, le 21 Juillet 1724, sur les conclusions de M. Gilbert de Voisins, aujourd'hui Conseiller d'Etat, Arrêt qui met *l'appellation au néant, avec amende & dépens ; ordonne que l'Arrêt sera publié & affiché.*

II. Mais ces Droits ne se communiquent pas à d'autres ; c'est ce qu'établit parfaitement, §. 7, le petit Traité des Droits Honorifiques, imprimé en 1740 à la suite de Maréchal, que l'Auteur du Traité des Terriers, en son second volume, dit être de M. de Clugny, Conseiller au Parlement de Dijon : il observe fort bien qu'on ne doit pas souffrir qu'en l'absence des Seigneurs, leurs Domestiques occupent leurs places, exigent le Pain benit, l'Eau benite, l'Encens, la Paix à baiser. Loiseau, chap. 11 des Seigneuries, n. 57 & 58, s'éleve fortement contre cet abus ; encore moins en présence des Seigneurs, après eux : ce mot de Domestiques, s'entend de tous ceux qui sont ou à ses gages, ou à sa suite.

Cette décision doit s'étendre aux Fermiers & Receveurs des Seigneurs ; comme Fermiers, ils auront ce que peut prétendre le reste du commun, il est vrai, les premiers, comme premiers Fermiers dans la Paroisse, mais rien par distinction honorifique, & au préjudice de personnes qualifiées qui se trouveroient de la Paroisse : ils ne sont que simples Habitans, Notables s'ils le veulent : le Seigneur du Lieu est le seul *premier* Habitant, c'est-à-dire Chef des Habitans. Les Fermiers & Receveurs ne sont que des Notables : cela ne donne aucun rang, aucun honneur, sinon vis-à-vis des autres simples Habitans ; ils ne peuvent jamais se dire *représentans* le Seigneur, *le Juge seul* peut le représenter, ainsi que le Procureur Fiscal, cela est de maxime immuable. S'il n'y a point de Justice dans le Lieu autre que celle du Roi, le Seigneur alors n'est représenté *par personne*, son Fermier ou Receveur ne sont que de simples Préposés pour recevoir l'utile de la Seigneurie, & rien de plus : ils ne peuvent prétendre aucune préséance que vis-à-vis des autres Fermiers ou autres Habitans, parce qu'encore une fois, ils ne sont, au plus, que des Notables, cette qualité ne leur donne rien par distinction, *ni à titre d'Honneurs* : cela est encore incontestable.

CHAPITRE VI.

Des Honneurs moindres.

Quels sont les Honneurs moindres? Que ces Droits s'accordent quelquefois par bienséance.

QUand je traite ici des Droits Honorifiques moindres, je ne dirai pas *petits* Droits Honorifiques, il n'y a point de petits Honneurs dans l'Eglise; avec Roye & les autres, je dis Honneurs *moindres*, relativement à ceux dont je viens de parler *supra* : ce ne sont même *strictè* que des Droits de rang *&* *de préséances.*

Ces Droits sont l'Eau benite, le Pain benit, le baiser de la Paix, le pas à l'Offrande, à la Procession : il ne s'agit en tout cela que du pas entre ceux qui n'ont pas *de droit* les Honneurs de l'Eglise; car à l'égard du Patron & du Haut-Justicier, ce sont Honneurs de l'Eglise compris sous le mot générique, *tous* les Droits Honorifiques.

Je dis avec Danty, en sa premiere Observation, que ces Droits de la seconde classe, quand ce ne sont pas les Patrons ou Hauts-Justiciers qui les demandent, ne sont déferés aux autres que *par bienséance*, mais qu'il est d'usage de les leur accorder pour empêcher les disputes & le scandale; que personne, autres que le Patron & le Haut-Justicier, ne peut intenter complainte pour ces Droits; qu'il n'y a qu'une action personnelle contre celui au-dessus duquel on prétend avoir le pas. *Vide ci-après*, chap. dernier, où je traite cette question.

SECTION PREMIERE.

De l'Eau benite.

I. *Que les Auteurs sont partagés sur la façon de donner l'Eau benite ; que les Arrêts paroissent juger diversement.*

II. *Deux façons de donner l'Eau benite.*

III. *Autorités sur ce.*

IV. *Deux conséquences de ces Autorités.*

V. *Qu'il y a sur ce deux questions.*

Preuves qu'on ne peut la prétendre avant le Clergé, ni avant tous ceux qui sont revêtus de Surplis.

Arrêts qui jugent pour l'Aspersion avec distinction ; autres qui jugent pour la présentation du goupillon.

VI. *Solution de la question. Que cela dépend de l'usage constant de la Paroisse, & non des Paroisses voisines.*

I. Les Auteurs sont partagés sur la façon de donner par le Curé l'Eau benite, soit au Patron, soit au Haut-Justicier, leurs femmes & enfans. Les Arrêts semblent causer cette division des Auteurs : de-là ces indécences qui amenent les contestations sur la façon de donner l'Eau benite & l'Encens. J'ai la preuve d'une contestation jugée récemment, où le Seigneur se plaignoit, & offroit la preuve positive de la façon indécente dont le Curé lui donnoit l'Eau benite même par aspersion; & l'Auteur du petit Traité qui est à la fin de l'édition de 1740 de Maréchal, en rapporte des traits qui marquent combien ils se montrent hommes en ces occasions.

C'est ce point que je veux discuter dans cette section. Je dirai mon sentiment tel que je le conçois, sans qu'il soit déterminé par aucun motif autre que celui de la vérité que je crois voir dans les derniers Arrêts, dont j'apperçois clairement les espéces.

II. Il y a deux façons de donner l'Eau benite : l'une *par aspersion avec distinction*, c'est-à-dire à la personne *seule*, séparément du reste des Fidéles : l'autre par *présentation* du goupillon (a) ou aspersoir.

L'Auteur du petit Traité dont nous venons de parler, soutient, §. 3, que l'Eau benite doit se donner *par présentation du goupillon :* il veut que le terme *donner*, qui se trouve dans quelques Arrêts, & notamment dans celui de 1670, dont je parlerai, signifie *la présentation* du goupillon. Je dirai sur cela ce que je pense.

III. Voici les Autorités que j'ai pû recueillir sur cette matiere.

Comme les deux façons de donner l'Eau benite cau-

(a) Ducange, sur le mot *vispilio, tersorium, gallic.* goupillon, dit : *Quæ quidem vox gallica formata à* goupillon, *vulpecula, seu cauda vulpeculæ, quod ejusmodi tersoria plerumque ex caudis vulpecularum fierent.*

Le Dictionnaire Universel, au mot *Goupillon*, dit que ce mot vient de *goupil*, renard, à cause de quelque ressemblance qu'il a avec sa queuë; ou plutôt parce qu'on se servoit autrefois d'une vraie queue de renard pour un goupillon; qu'on en trouve la preuve dans les vieux titres du Chapitre de Notre-Dame de Paris.

soient toujours des divisions, le Clergé assemblé en 1665, en fit une délibération; mais cette délibération ne paroît pas avoir été suivie, comme je le prouverai: le plus grand nombre des Arrêts a suivi l'usage de la Paroisse, la possession où étoient ou le Curé, ou le Patron & le Haut-Justicier.

Cette délibération a son importance: je l'ai tirée en entier des Mémoires du Clergé, édit. 1716, tome 5, p. 1470 & suivantes: elle est intitulée *Procès-verbal de l'Assemblée du Clergé convoquée en* 1665, dans la séance du 18 Novembre 1656, p. 953.

» Sur ce qui a été remontré par M. l'Abbé de Bonsy, » que les Curés des Villes & Villages où il y a des Sei- » gneurs sont souvent inquiétés pour leur rendre des » Honneurs qu'ils n'ont pas accoutumé de leur rendre, » particulierement en l'Eau benite, & qu'il étoit de la » dignité de l'Assemblée d'y pourvoir par quelque Ré- » glement stable & général, afin que les Curés sçachent » de quelle façon ils doivent se comporter. La matiere » mise en déliberation, il a été résolu, par l'avis des » Provinces, que les Curés feront tous les Dimanches » l'Eau benite, conformément au Rituel; & qu'après » avoir aspergé l'Autel, & tous les Ecclésiastiques étant » au Chœur, ils donneront *par aspersion* l'Eau benite » aux Seigneurs & Dames des lieux étant en leurs Bancs » ordinaires.

On remarque ensuite que le Procès qui étoit entre le Syndic du Diocèse de Castres & la Dame Marquise d'Ambres, au sujet de la maniere de lui donner l'Eau benite, a été la matiere de cette délibération; que cette Dame prétendoit avoir des Places dans le Chœur de l'Eglise de Lautrec; qu'on devoit *lui présenter l'Eau benite*

benite avec le goupillon ; qu'elle avoit obtenu Arrê tcontradictoire contre le Syndic du Diocèse de Castres au Parlement de Toulouse, portant que *par provision, & sans préjudice du droit des Parties, à la Grand'Messe qui se dit au Chœur, on portera à ladite Dame, & à la Demoiselle sa fille, l'Eau benite à la main avec le goupillon, & qu'elles auront chacune une place des plus honorables de celles qui ne sont point occupées par les Ecclésiastiques ;* que le Syndic s'étant pourvû au Conseil, il y auroit obtenu Arrêt de surséance à l'exécution de celui du Parlement, avec Commission pour faire assigner les Parties.

Ensuite on dit, dans la séance du 7 Novembre du matin, p. 933, » que M. l'Evêque de Montauban avoit » dit que sur la plainte qui avoit été faite à l'Assemblée » par MM. les Promoteurs, que plusieurs Seigneurs » Hauts-Justiciers obligeoient les Curés *de leur présenter* » *l'Eau benite avec le goupillon à la main*, contre l'ordre » & la pratique de l'Eglise, il avoit été commis & M. » Molin pour dresser un Réglement sur ce sujet, lequel » seroit envoyé dans tous les Diocèses ; que pour » exécuter leur commission ils s'étoient assemblés, & » avoient vû une Ordonnance que feu M. l'Archevê» que de Toulouse avoit faite pour servir de Réglement » dans son Diocèse, par laquelle il faisoit voir que » c'étoit contre la forme de l'Eglise qu'on donnoit l'Eau » benite avec le goupillon ; que le cérémonial ordon» noit qu'elle fût donnée seulement *par aspersion ;* que » cette Ordonnance expliquant l'institution de cette » cérémonie, & ayant été confirmée par Arrêt du Con» seil, ils pouvoient en former un Réglement, lequel » seroit envoyé dans tous les Diocèses avec une délibe» ration de l'Assemblée, si elle le jugeoit à propos.

La proposition de M. de Montauban & de M. Molin ayant été agréée, ils ont été priés de prendre la peine de dresser ce Réglement.

On ajoute : « On a rapporté la Déliberation que » l'Assemblée fit quelques jours auparavant, dans la- » quelle il n'a pas été expliqué si c'est le projet dressé » par M. l'Evêque de Montauban & M. Molin.

Cette précaution n'eut pas tout le succès qu'on en devoit attendre. On voit dans la séance du 20 Janvier, pages 1093 & 1094, que M. de Montpellier y rapporta que le Procès d'entre le Syndic du Diocèse de Castres & la Dame Marquise d'Ambres *avoit été jugé au Conseil, & les Parties renvoyées au Parlement de Toulouse.*

L'Assemblée chargea M. de Bonzi de voir M. le Chancelier, pour le prier d'arrêter l'expédition de l'Arrêt, jusqu'à ce qu'elle lui eût représenté l'intérêt qu'elle avoit dans cette affaire.

Dans la séance du 20 Janvier, page 1097, M. l'Evêque de Limoges & M. l'Abbé Civon rapporterent : » Qu'ils avoient vû M. le Chancelier, qui avoit ré- » pondu à ce qu'ils lui avoient représenté, que le Con- » seil n'avoit pû s'empêcher de renvoyer cette affaire » au Parlement de Toulouse, (*étant de sa compétence*) ; » & que si ce Parlement jugeoit contre les Canons & » Usages de l'Eglise, on n'avoit qu'à présenter Requête » au Conseil, & qu'il rendroit justice.

On ajoute ;

» On ne voit pas dans ce Procès-verbal, ni dans » celui de l'Assemblée convoquée en 1660, la suite de » cette affaire. Lorsque le Clergé estime qu'il est du » bon ordre de l'Eglise de réformer certains points de

» discipline qui semblent intéresser des Seigneurs de » Paroisses, on peut difficilement le faire sans obtenir » du Roi des Lettres Patentes confirmatives des Déliberations des Assemblées générales, & les faire enregistrer dans les Parlemens : sans cette précaution, les » Seigneurs qui continuent leurs entreprises, obtiennent des Arrêts qui les maintiennent *en la possession* » *qu'ils alléguent.*

Ensuite on rapporte l'Arrêt de Tallemay, dont nous parlerons ci-après; & tout de suite on lit cette réflexion.

» Les Curés ne succomberoient pas dans les différends de cette qualité, si le Rituel du Diocèse en » contenoit un Réglement; les Curés seroient déchargés de toutes poursuites en rapportant le Rituel, & » faisant leurs déclarations qu'ils se conformeront aux » Réglemens qui leur seront donnés par les Superieurs » à qui il appartient d'en donner.

Ensuite on ajoute :

» Si les Curés faisoient refus de donner l'Eau benite » en la forme prescrite par le Rituel, (avant les autres » Laïcs qui ne servent point au Service Divin en Habits d'Eglise) les Seigneurs seroient fondés à en faire » leurs plaintes; *c'est un Droit Honorifique dû aux Seigneurs;* mais la maniere de donner l'Eau benite par » aspersion, ou par présentation de l'aspersoir, ne doit » pas être consideré comme un Droit Honorifique : elle » regarde les cérémonies de l'Eglise, qui doivent être » réglées suivant que les Evêques le jugent convenable pour la décence du Service Divin.

A la page 1474, il y a un Arrêt du Grand Conseil du 14 Décembre 1625, qui ordonne que *les Enfans de Chœur revêtus d'Habits d'Eglise auront l'Eau benite &*

le Pain benit avant tous Patrons, Seigneurs & Gentilshommes.

Pages 1490 & suivantes, sont deux Arrêts du Parlement de Paris des 27 Mai 1664 & 25 Mars 1698. Par le premier, il est dit que le Curé (*donnera*) l'Eau benite au Seigneur de la Paroisse & à ses enfans, *après ceux lesquels serviront actuellement à l'Autel, & seront revêtus de Chapes & Surplis, & autres Gens servans à l'Autel, comme représentans le Clergé.*

Le second fait défenses aux Gentilshommes, même Seigneurs de Paroisses y demeurans, *de troubler les Clercs dans la perception des Honneurs de l'Eglise, qui leur sont dûs préférablement aux Gentilshommes pendant qu'ils aident au Service Divin, ni d'empêcher les Curés directement ni indirectement de les donner, ni lesdits Clercs de les recevoir.* Brillon, tome 2, derniere édition, au mot Droits Honorifiques, n. 51, p. 91, col. 1, en rapporte encore un du 3 Avril 1699, qui juge la même chose.

Au même tome 5 des Mémoires du Clergé, p. 1663 & suivantes, on trouve l'Ordonnance de M. l'Archevêque de Toulouse sur la façon de donner l'Eau benite, dont il est parlé ci-dessus.

Il y rapporte plusieurs autorités, pour faire voir que l'Eau benite ne se donne aux Laïcs que *par aspersion*, fondé sur le Pseaume, *Asperges me Domine*: il dit qu'aux Bénédictions des Armes qui se font avec l'Eau benite, l'Empereur Leon ordonna que ce fût *par aspersion*; que si on changeoit la forme de la donner, elle perdroit le rapport qu'elle a non-seulement avec les Aspersions de l'ancienne Loi, mais avec celles de la Grace du Baptême, ausquelles les Peres de l'Eglise la comparent; que l'Aspersoir est donné à la main de l'Evêque *seul*, qui ayant pris de l'Eau benite, en *asperge* celui qui officie, à cause que celui qui est d'un Ordre superieur doit départir les Bénédictions à celui qui est d'un Ordre inferieur, & non pas les recevoir de lui. A ces causes :

» Il enjoint aux Recteurs, * Vicaires de son Diocèse, » de rendre soigneusement & avec révérence aux Sei- » gneurs Justiciers de leurs Paroisses les Honneurs qui » leur sont dûs, sans néanmoins changer les usages » saintement établis par l'Eglise ; & faisant le Prône, » de les recommander aux Prieres du Peuple ; & en » donnant l'Eau benite le jour du Dimanche, après » avoir aspergé l'Autel & les Ecclésiastiques, de la don- » ner *séparément & par aspersion aux Seigneurs & à leur* » *famille*, étant dans leur Banc ou Siége, à peine de » désobéissance, & d'être procedé contre eux comme » infracteurs des Statuts du Diocèse.

* Curés, *idem* en Bretagne.

A la suite de ce Mandement, p. 1668, est l'Arrêt de Vaujours, dont nous allons parler ci-après.

IV. De ce que dessus on peut tirer deux choses.

La premiere, que les Juges Laïcs sont compétens pour connoître de ces sortes de contestations, comme nous le dirons dans la suite ; parce que les Honneurs de l'Eglise ne tiennent pas purement du Spirituel, mais sont des conséquences du Patronage & de la Haute-Justice, & font partie de leurs Droits, des Droits de la Seigneurie.

La seconde, que la façon de donner l'Eau benite *par présentation* du goupillon, ou *par aspersion*, n'a pas été jusqu'à présent bien déterminée : nous allons discuter ce point.

V. Deux questions à éclaircir.

La premiere, avant qui & après qui les Patrons &

Hauts-Justiciers sont-ils en droit d'avoir l'Eau benite? (C'est la même chose pour l'Encens, la Paix & le Pain benit).

La seconde, doivent-ils l'avoir par *présentation* du goupillon, ou par *aspersion* avec distinction, c'est-à-dire séparément, & avant tous les autres Fidéles?

Sur le premier point, il est d'abord certain que les Patrons & Hauts-Justiciers doivent avoir l'Eau benite *séparément*, & avec distinction, avant tous les autres Habitans de la Paroisse, tels qu'ils soient; *intellige* Laïcs, parce qu'ils sont constamment les plus distingués, & les premiers de la Paroisse.

Mais ils ne peuvent l'avoir *avant le Clergé*, ou *tout ce qui représente le Clergé, faisant fonction actuelle dans le Clergé.*

Je sçai des Paroisses où, sous prétexte que le Maître d'Ecole, ou le second Chantre, ou autre servant actuellement à l'Office Divin *en Habits d'Eglise*, sont, ou leur Jardinier, ou leur Fermier, ou quelque Gagne denier que sa voix aura placé là, les Patrons ou Seigneurs prétendent & se font donner l'Eau benite, l'Encens & le Pain benit avant ces Clercs.

C'est un abus, que ni les Ordonnances de nos Rois, ni les Arrêts n'ont jamais toleré: tout Servant à l'Eglise, à l'Office Divin *en Habits d'Eglise*, est réputé, pour ce tems, du Corps du Clergé; tel qu'il soit par lui-même, il est du Clergé, il fait nombre avec le Clergé, & doit avoir ces Honneurs avant tout autre Laïc, *tel qu'il soit*: dans l'Eglise on ne doit point regarder la personne qui sert à l'Autel, ou à l'Office; c'est le Clergé en lui-même qu'on doit considerer, c'est le Clergé que l'on respecte dans ceux que la nécessité des lieux oblige à emprunter des Laïcs pour la célébration du Service Divin; & il est incontestable que le Clergé a ces Honneurs avant tout Laïc : l'Edit de 1695 en a une disposition précise.

ARTICLE XLV.

D'abord cet article ordonne que les Archevêques & Evêques, & tous autres Ecclésiastiques, seront honorés comme le premier Ordre du Royaume : il ajoute, *& que même les Laïcs, dont on est obligé de se servir en certains lieux pour aider au Service Divin, y reçoivent, pendant ce tems, les Honneurs de l'Eglise préferablement à tous autres Laïcs.*

On a vû *supra* l'Arrêt du Grand Conseil du 14 Septembre 1635, les Arrêts du Parlement de Paris des 17 Mai 1664 & 25 Mars 1698, qui y sont formels. Brillon, en son Dictionnaire des Arrêts, tome 5, derniere édition, au mot *Pain benit*, en rapporte un autre du Parlement de Paris du 20 Juillet 1699, qui ordonna la même chose : il est dans les Mémoires du Clergé, tome 5, page 1501.

Il y en a encore un récent, dont je parlerai ci-après, du 13 Mars 1742, qui ordonne que l'on donnera le Pain benit au Seigneur & la Paix à baiser après le Clergé, *& ceux qui seront revêtus de Surplis servant à l'Office Divin;* que l'Eau benite lui sera donnée aussi après le Clergé, *& ceux qui en tiennent lieu.*

Ensorte que je puis dire que tel est le vœu des Ordonnances & de la Jurisprudence, & que la prétention, même la possession contraire, est un abus d'autant moins excusable, qu'il est contre l'honneur & le respect dû au Service Divin, & qu'il heurte de front le texte des Ordonnances & les Arrêts.

Sur le second point, qui est de sçavoir si l'Eau benite doit se donner par *présentation* du goupillon, ou par *aspersion* avec distinction, les Arrêts ont jugé & les Auteurs ont pensé diversement.

Dans le petit Traité de M. de Clugny, imprimé à la fin des Œuvres de Maréchal, on trouve plusieurs Arrêts.

Un premier de Dijon du 21 Mai 1670, entre le Curé de Desise, & Dame Marguerite de Chissay, veuve de Messire Jean Damas de Savailly, Baron de Villiers, & les Chanoines d'Autun, *Fondateurs* de l'Eglise, Intervenans. Il est dit, *que sans préjudice du droit des Patrons, le Curé de Desise, après avoir donné l'aspersion aux Autels, passant devant le lieu où la Dame de Chissay avoit pris son Siége*, lui *donneroit de l'Eau benite séparément.*

L'Auteur dit, que sous prétexte que l'Arrêt dit *donner*, sans s'expliquer si c'étoit par *aspersion* ou par *présentation*, les Curés se croyent en droit de choisir l'un ou l'autre; & sur cela il prétend que le terme *donner*, signifie *présenter*, & conclut que les Curés doivent *présenter* le goupillon : pour cela il rapporte un second Arrêt du même Parlement du 5 Juin 1704, en faveur du sieur de la Loge, Seigneur de Broindon, contre le Curé de Broindon, *qui maintint le Seigneur dans la possession où il étoit de recevoir l'Eau benite par présentation du goupillon.*

Un troisiéme du Parlement de Paris du 26 Juin 1696, connu sous le nom d'Arrêt de Tallemay, rapporté par Danty en sa dix-septiéme Observation sur Maréchal, entre M. Fijean Maître des Comptes, Baron de Tallemay, & M^e^. Pierre Geraud Garselon, Prêtre-Curé de Tallemay, qui confirma la Sentence des Re-

quêtes

quêtes du Palais, par laquelle le Curé étoit condamné, *ainsi qu'il l'avoit consenti par ses défenses*, de donner l'Eau benite les Dimanches aux Seigneur & Dame de Tallemay en leur Chapelle par *présentation* du goupillon, & à leurs enfans par *aspersion* seulement.

Un quatriéme du Grand Conseil du 27 Novembre 1704 : il est dans les Arrêts & Réglemens imprimés à la fin des Œuvres de Maréchal, entre le Marquis de Vatan, & les Chanoines & Chapitre de Saint Laurian de Vatan. L'Arrêt appointe au fond ; & cependant, par *provision*, ordonne que lesdits du Chapitre seront tenus *de présenter & donner* l'Encens & l'Eau benite ausdits de Vatan, sa femme & leurs enfans ; *à l'égard* de l'Eau benite, par *présentation* du goupillon.

Au chap. 2, n. 5 ; *supra*, j'ai rapporté l'Arrêt de Beaurains, Seigneur de Savie en Artois, contre le Curé dudit Savie, du Parlement de Paris du 10 Juin 1716, au Rapport de M. l'Abbé Lorenchet, en la Premiere des Enquêtes.

Le sieur de Beaurains, par une Requête du 25 Mai précédent, avoit conclu à ce qu'en augmentant les conclusions par lui prises au sujet des Droits Honorifiques, il fût ordonné que les Abbé & Religieux du Mont-Saint-Eloi, & le Prieur d'Aubigny, *Curés primitifs, & leurs Vicaires perpétuels*, seroient tenus de lui *présenter* l'Eau benite, la Paix & l'Encens, à son épouse & à leurs enfans, sçavoir l'Eau benite par *présentation du goupillon à chacun d'eux séparément*.

Par l'Arrêt, *la Cour ordonne que les Abbé & Religieux, & Prieur d'Aubigny, Curés primitifs* (a) *de l'Eglise de*

(a) Observez que l'Arrêt ne donne aux Abbé & Religieux du Mont-Saint-Eloi, & Prieur d'Aubigny, que la qualité *de Curés primitifs*. Dans

Savie, & leurs Vicaires perpétuels, seront tenus de (présenter) & donner l'Eau benite, l'Encens & la Paix ausdits de Beaurains, sa femme & leurs enfans, sçavoir l'Eau benite par présentation du goupillon à chacun d'eux separément.

L'Arrêt a été donné au Public avec le Fait : je n'y ai point remarqué de possession par le Seigneur ; d'où on pourroit conclure que cet Arrêt juge la question de droit : mais, comme le remarque très-bien sur cet Arrêt M. d'Hericourt, dans ses Loix Ecclésiastiques, *c'est l'usage du Pays* d'Artois.

Brillon, tome 2, derniere édition, p. 910, n. 78 à la fin, rapporte l'Arrêt du 20 Juillet 1699, cité *supra*, qui condamne le Curé d'Ougnes & Cortoy en Brie à donner l'Eau benite *par aspersion* aux Seigneur & Dame d'Ougnes.

Aux Mémoires du Clergé, *loco citato*, p. 1468, il y a un Arrêt du Parlement de Paris du 21 Août 1714, entre le Curé de Vaujours, Chanoine Régulier de Saint Victor, & les Sieur & Dame de Monlaurs, Hauts-Justiciers de Vaujours.

le vû de l'Arrêt du 14 Juillet 1714, entre le sieur Bon l'Allard & le sieur de Beaurains, on voit que les Abbé & Religieux, & Prieur d'Aubigny, avoient donné une Requête le 23 Juin 1714, par laquelle ils avoient demandé acte de ce qu'ils dénioient que le sieur l'Allard eût aucun Droit de Seigneurie à Savie ; de ce qu'ils dénioient aussi que le sieur de *Beaurains* fût *seul* Seigneur Vicomtier du Village, & qu'il fut Seigneur des héritages faisant le contour de l'Eglise & Cimetiere de Savie ; qu'ils *soutenoient être Seigneurs Justiciers & Vicomtiers* à Savie, à cause de quoi ils étoient Vicomtiers des manoirs & héritages du contour de l'Eglise & Cimetiere ; de ce qu'ils dénioient que les sieurs l'Allard & Beaurains eussent aucun Droit de Patronage réel ou personnel dans l'Eglise. C'étoit leur moyen d'intervention, qui fut disjointe par Arrêt du 27 Juin 1714 : ils se désisterent de leur intervention ; en conséquence abandonnerent leur prétention de Seigneurs Vicomtiers du contour de l'Eglise & Cimetiere, qui les auroit fait réputer Fondateurs, suivant l'art. 29 de la Salle de Lille. *Notez* ceci à cause de ce qui est dit dans les Loix Ecclésiastiques.

Le Curé demandoit par sa Requête, qu'en infirmant la Sentence du Châtelet du 13 Mars 1713, il fût maintenu & gardé *dans la possession & l'usage immémorial, même à l'égard des Sieur & Dame de Monlaurs, depuis qu'ils avoient acquis ladite Terre de Vaujours*, de leur donner l'Eau benite séparément *par aspersion*, ainsi qu'ils l'avoient reçue depuis dix à douze ans. Les Chanoines de Saint Victor, qui étoient Parties, demanderent à faire preuve de cet usage.

Par l'Arrêt, sur les conclusions de M. Joly de Fleury, il fut ainsi prononcé.

» La Cour a reçu les Parties de Leroy de Valieres » (les Chanoines de Saint Victor & le Curé) Opposantes à l'Arrêt par défaut; au principal, a mis & met » l'appellation & ce dont est appel au néant; émendant, » a maintenu & gardé lesdites Parties de Leroy de Valieres (dans la possession) de donner aux Parties de » Leroy de Fontenelle (les Sieur & Dame de Vaujours) » l'Eau benite, après qu'elle aura été donnée au Clergé, » à part, & avant de la donner au reste du Peuple (par » aspersion) dépens compensés.

L'Auteur de la Pratique des Terriers, tome 2, page 37, en rapporte deux, celui du 20 Juillet 1699, & un du 4 Septembre 1716, qui, dit-il, ont jugé que l'Eau benite devoit se donner par aspersion. Je n'ai pas vû le dernier, il n'en rapporte pas l'espéce.

Brillon en son Dictionnaire, tome 2, au mot *Droits Honorifiques, Eau benite*, n. 62, rapporte un Arrêt du Mardi 13 Juin 1724, au Rolle de Champagne, sur les conclusions de M. Daguesseau, aujourd'hui Conseiller d'Etat, sur l'opposition formée par un Evêque à un Arrêt pris par défaut contre un Curé, confirmatif d'une Sentence qui condamnoit le Curé à donner l'Eau benite *par présentation du goupillon*. L'Arrêt met l'appellation & ce au néant; émendant, ordonne que le Curé sera tenu de donner l'Eau benite au Seigneur *par aspersion avec distinction*, *&* *d'une maniere décente*, plaidans M^e^. Normand pour M. l'Evêque de Troyes, M^e^. Aubry pour le Comte de Brienne. Je sçavois cet Arrêt. Brillon remarque la circonstance importante, que par les Enquêtes respectives il étoit justifié que jamais le Curé n'avoit donné l'Eau benite autrement que *par aspersion*, sinon le jour que le Seigneur prenoit possession. M. de Troyes prétendit aussi que l'Eau benite par aspersion étoit l'usage de l'Eglise, suivant ces paroles du Pseaume, *Asperges me Domine*.

Cet Arrêt juge, comme celui de Vaujours, par la possession du Curé, & que le cas de la prise de possession par le nouveau Seigneur, ne pouvoit déranger l'usage de ne la donner que *par aspersion* seulement: l'Arrêt n'excepta pas ce jour.

Brillon, *ibid.* n. 65, rapporte un Arrêt sur les conclusions de M. Daguesseau, aujourd'hui Chancelier de France, donné le Mardi de relevée 26 Juin 1696, au profit de M. Fijean, Maître des Comptes, comme Baron *de Talvert*: il se trompe, c'est l'Arrêt *de Tallemay* rapporté *supra*. J'observe cela pour qu'on ne croye pas que ce soient deux Arrêts.

Voici l'Arrêt récent dont j'ai parlé *supra*, du 13 Mars 1742, en la Grand'Chambre, au Rapport de M. Bochard de Sarron, entre M^e^. Christophe Maclot, Prêtre-Curé de Mazerny, Appellant d'une Sentence du Bailliage de Rheims du 16 Février 1740, & Messire Jacques Guyaldon du Han, Chevalier, Seigneur de Crevecœur & de Mazerny, Intimé, pour qui Mᵉ. Blavier Avocat écrivoit, Mᵉ. Gondouin Avocat du Curé.

Voici le fait tiré du Mémoire de Mᵉ. Blavier.

Les Seigneurs de Mazerny avoient pendant longtems embrassé la Religion Protestante; dès-là ne paroissant pas à l'Eglise, les Curés ne leur déferoient aucune sorte d'Honneurs: la Justice étoit restée indivise entr'eux; cela avoit occasionné des contestations pour sçavoir lequel d'entr'eux devoit jouir des prérogatives, & pendant ce tems aucun d'eux n'en jouissoit.

En 1738, le sieur du Han, héritier de son pere, réunit en lui seul tous les Droits de Justice; & comme il fait profession de la Religion Catholique, il s'adressa au Curé pour lui déferer les Honneurs de l'Eglise: refus. Sommations, dont la premiere étoit du 26 Février audit an: on le sommoit entr'autres de donner l'Eau benite *par présentation.*

Le Curé ne voulut pas déferer à ces sommations: il ne refusoit pas tout-à-fait les Honneurs; mais au lieu de *présenter* le goupillon, il *aspergea* si amplement, que le sieur du Han se trouva inondé; c'est ainsi que le sieur du Han s'en plaignoit: cela causa du scandale: le sieur du Han de Crevecœur prit le parti d'assigner le Curé; & en attendant la décision, il ne se mit plus dans son Banc au Chœur, il se plaça dans le Banc de ses Domestiques près la Porte de l'Eglise.

L'affaire portée au Bailliage de Rheims, Sentence contradictoire, par laquelle » le sieur Maclot fut condamné, suivant ses offres, à recommander le sieur » du Han de Crevecœur aux Prieres du Prône par nom, » surnom & qualité; à lui faire donner le Pain benit, » & la Paix à baiser après le Clergé, lorsqu'il y en au-

» roit en ladite Paroisse; & en ce qui concerne l'Eau
» benite & l'Encens, on le condamna à la donner *par*
» *présentation* du goupillon le premier après le Clergé:
» on le condamna à faire donner l'Encens audit du Han
» à la Messe par un Enfant de Chœur, aussi après le
» Clergé, & à le donner lui-même à Vêpres, en se
» transportant à cet effet au-devant du Banc seigneu-
» rial dudit de Crevecœur aux principales Fêtes, & au-
» tres jours esquels on a accoutumé d'encenser dans
» l'Eglise de Mazerny, tous dépens compensés.

Appel par le sieur Maclot.

28 Avril 1740, Requête (*a*) du sieur de Crevecœur, à ce que le sieur Maclot fût déclaré non-recevable en son appel, ou en tout cas l'appellation au néant, sans préjudice à lui du Han d'interjetter appel de ladite Sentence aux chefs qui lui font préjudice.

Le 6 Août 1740, Requête du sieur Maclot, à ce que l'appellation & ce fût mise au néant, en ce que par ladite Sentence il avoit été condamné à faire donner audit du Han de Crevecœur le Pain benit, la Paix à baiser, & l'Encens à la Messe par un Enfant de Chœur; en ce qu'il avoit été condamné à donner lui-même l'Encens à Vêpres aux jours marqués par ladite Sentence, en se transportant au-devant du Banc seigneurial, que ledit du Han avoit par affectation depuis peu placé dans la Nef au bas de l'Eglise; comme aussi en ce qu'il avoit été condamné à donner l'Eau benite *par présentation* du goupillon, & les dépens compensés.

Emendant quant à ce, il fût déchargé de ladite condamnation de faire donner le Pain benit, la Paix à baiser, & l'Encens à la Messe; sauf audit de Creve-

(*a*) J'ai tiré toutes les Requêtes du vû de l'Arrêt que j'ai eu en main.

cœur, ainsi que lui Maclot y consentoit, à faire ordonner que ce sera un Enfant de Chœur qui continuera à s'acquitter de ses fonctions en la maniere accoutumée; & néanmoins acte de ce qu'il s'en rapportoit à la prudence de la Cour pour régler cette cérémonie d'une maniere qui ne fût pas indécente, & contraire au caractere d'un Curé; qu'il fût déchargé de la condamnation de se transporter à Vêpres au-devant du nouveau Banc du sieur du Han, à présent au bas de la Nef, pour lui donner l'Encens: acte de ce qu'il consentoit lui donner à Vêpres, lorsqu'il sera dans son Banc dans le Chœur, après qu'il l'aura donné au Clergé, s'il y est, & à ceux qui seront revêtus de Surplis ès jours accoutumés.

» Ledit de Crevecœur débouté de sa demande, à ce » que ledit Maclot soit condamné à lui donner l'Eau » benite *par présentation du goupillon;* & qu'il fût ordon» né que l'Eau benite lui seroit donnée *par aspersion,* » comme aux autres Paroissiens, le premier & par dis» tinction après le Clergé, lorsqu'il y en aura, & ceux » qui seront revêtus de Surplis servans à l'Office Divin, » ainsi qu'il est dit à l'égard de l'Encens, *suivant l'usage* » *de la Paroisse de Mazerny*, & en la maniere accoutu» mée, *dont ledit du Han étoit convenu par ses moyens du* » 25 *Novembre* 1739, & aux dépens.

7 Juillet 1741, Requête dudit du Han de Crevecœur, à ce que, où la Cour feroit difficulté de confirmer la Sentence purement & simplement, il lui fût donné acte de ce qu'il articuloit & mettoit en fait, que l'usage des Paroisses voisines de Mazerny, notamment à Poix, Montigny, Villers, le Tournant, Sorbon, Novion & Arnecourt, étoit de donner l'Eau benite aux

Seigneurs *par présentation* du goupillon ; acte de ce qu'il articuloit & mettoit en fait, qu'au lieu par le sieur Maclot de satisfaire à la sommation du 3 Mai 1738, & suivant icelle, de lui donner l'Eau benite *par présentation* du goupillon, le premier Dimanche auquel ledit du Han s'étoit trouvé à la Messe après ladite sommation, *il avoit affecté de lui jetter avec le goupillon une si grande quantité d'Eau, que son visage, sa perruque & son habit en avoient été entierement mouillés ; que cela se fit d'une maniere si insultante, que les Paroissiens en furent scandalisés. En cas de déni, permis d'en faire preuve.*

27 Juillet, Requête dudit Maclot, à ce que ledit du Han fût déclaré non-recevable en sa demande ; & où la Cour y feroit difficulté quant à *l'aspersion*, en ce cas il lui fût donné acte de ce qu'il dénioit lesdits faits sur l'aspersion du 3 Mai 1738 ; permis de faire preuve contraire.

Pour moyens d'appel, le sieur Maclot prétendoit, 1°. En général, que l'Eau benite ne devoit se donner que par *aspersion*. 2°. *Que tel étoit l'usage de la Paroisse de Mazerny.* 3° Que ledit du Han *n'avoit aucune possession de se faire donner l'Eau benite par présentation du goupillon.*

Le sieur de Crevecœur répondit, 1°. Que les Arrêts jugeoient que l'Eau benite devoit se donner par *présentation du goupillon.* 2°. Que tel étoit l'usage de toutes les Paroisses voisines. 3°. *Que s'il n'avoit point de possession*, * il y en avoit deux raisons ; la premiere, que ses Auteurs avoient vécu dans la Religion Protestante, ce qui étoit prouvé en l'Instance, & que par conséquent ils n'avoient pû jouir des Honneurs ; la seconde, que ce n'étoit qu'en 1738 que les contestations sur les Droits de

* *Hic.*

de Justice avoient été terminées entre le sieur de Manicourt & lui.

Il ajoutoit tout de suite par son Mémoire : *Il seroit donc ridicule de consulter pour cette affaire l'usage de la Paroisse, puisqu'il n'y en a aucun, quel qu'il soit ; qu'à cet égard les choses sont entieres : si le sieur de Crevecœur ne peut pas assurer que la possession soit en faveur, l'Appellant ne peut pas soutenir qu'elle lui soit contraire.*

Voici l'Arrêt.

» Notredite Cour faisant droit sur le tout, a mis & » met l'appellation & ce dont a été appellé au néant ; » émendant, condamne ledit Maclot, Curé de Mazerny, suivant ses offres, à recommander au Prône » ledit Jacques Guyaldon de Crevecœur par nom, sur- » nom & qualité ; à lui faire donner le Pain benit & la » Paix à baiser *le premier après le Clergé, & ceux qui se-* » *ront revêtus de Surplis servans à l'Office Divin ;* comme » aussi de donner audit du Han l'Eau benite *par asper-* » *sion avec distinction, & d'une maniere décente, le premier* » *après le Clergé, & ceux qui en tiennent lieu ;* & pareil- » lement à lui faire donner l'Encens par l'Enfant de » Chœur à la Messe *le premier après le Clergé, & ceux* » *qui en tiennent lieu ;* & à le donner lui-même à Vêpres » les principales Fêtes de l'année, & autres jours aus- » quels on a accoutumé d'encenser dans l'Eglise de Ma- » zerny, *en se transportant à cet effet au-devant du Banc* » *seigneurial dudit du Han, & seulement lorsque ledit du* » *Han sera dans ledit Banc seigneurial & ordinaire dans le* » *Chœur de l'Eglise :* sur le surplus des demandes, fins » & conclusions des Parties, les met hors de Cour ; » condamne ledit du Han en tous les dépens des Causes » principale, d'appel & demande.

Mᵉ. Blavier, en me remettant son Mémoire & la note de l'Arrêt, mit ces mots : *motif du Jugement, défaut de possession.* Et en effet, le plus fort moyen du sieur Maclot Curé, dans l'Instance, étoit *le défaut de possession* dans le sieur du Han ; aussi a-t-on vû que le sieur du Han ne réclamoit *que l'usage des Paroisses voisines.*

VI. Pour moi, au milieu de ces Jugemens differens, & des sentimens des Auteurs, je tiens, 1°. Que le terme *donner*, qui se trouve dans quelques Arrêts, ne signifie pas, comme l'a pensé M. de Clugny en son petit Traité dont j'ai parlé *supra*, *la présentation du goupillon.* Le terme *donner* est générique : il peut signifier *l'aspersion par distinction*, comme *la présentation du goupillon*, plutôt même *l'aspersion* : ce terme s'employe pour l'Encens, qui ne se présente pas. L'explication du terme *donner* est même dans l'Arrêt de 1670, rapporté par cet Auteur : il y est dit, *après avoir donné l'aspersion aux Autels* ; aussi l'Arrêt du 26 Juin 1696, celui du 10 Juin 1716, qui ordonnent *la présentation* du goupillon, ne disent pas simplement *donner* l'Eau benite, comme celui de Dijon du 21 Juillet 1670 ; ils ajoutent, *par présentation* du goupillon. Il y a un Arrêt de Provence du 21 Juin 1669, rapporté par Boniface, tome 4, liv. 1, tit. 4, chap. 1, qui s'exprime en ces termes : *Enjoint audit André Eisseric, Curé, présenter la Paix & l'aspersion avec décence.* N'y auroit-il pas une faute dans l'impression ? Ne seroit-ce pas, *présenter l'aspersoir ?* Les conclusions disoient, *donner l'aspersion* : l'Arrêt dit, *présenter l'aspersion.* Est-ce donner l'aspersion par distinction ? est-ce présenter le goupillon ? Cela est obscur.

2°. Je tiens que l'on ne voit pas que l'usage de *présenter* le goupillon aux Patrons & Seigneurs soit fort ancien : des Arrêts que l'on rapporte pour la *présentation* du goupillon ; l'un est celui de 1696, qui y condamne le Curé de Tallemay, *ainsi qu'il l'avoit consenti par ses défenses* ; le second est l'Arrêt de Provence de 1699, si le mot présenter l'aspersion, veut dire présenter l'aspersoir ; le troisiéme est l'Arrêt de Dijon du 5 Juin 1704, *qui maintient le sieur de Broindon (en sa possession) de recevoir l'Eau benite par présentation du goupillon* ; le quatriéme celui du Grand Conseil du 27 Novembre 1704, qui ne l'adjuge que *par provision* : ce qui fait présumer que le Seigneur de Saint Laurian de Vatan avoit pour lui la possession ; le cinquiéme est l'Arrêt de Beaurains du 10 Juin 1716, mais il juge *suivant l'usage de l'Artois.*

Au contraire, nous avons l'Arrêt de Vaujours du 21 Août 1714, qui maintient le Curé *dans sa possession* de ne la donner que *par aspersion* ; celui du 13 Juin 1724, où l'Enquête justifioit *pareille possession de la part du Curé* ; celui du 13 Mars 1742, qui, sur *le défaut de possession* du Seigneur de Mazerny bien constaté, infirme la Sentence de Reims, qui condamnoit le Curé à donner par *présentation* du goupillon, & ordonne qu'il la donnera *par aspersion, avec distinction, & d'une maniere décente.*

De-là je conclus que ces sortes de contestations doivent se décider *par la possession*, ou du Curé, ou du Seigneur, par l'usage *certain & immémorial* de la Paroisse ; que l'usage des Paroisses voisines ne peut rien, chaque Paroisse a son usage particulier, l'Arrêt du 13 Mars 1742 le juge, le Seigneur de Mazerny articuloit l'usage de toutes les Paroisses voisines.

Au moyen de ce, on concilie tous ces differens Arrêts, qui n'ont amené des sentimens differens, que parce que les Auteurs n'ont pas été assez scrupuleux sur le rapport des Arrêts. Combien en composant mon Traité des Fiefs ai-je rencontré d'Auteurs, qui les uns d'après les autres fondoient leur sentiment sur un Arrêt mal rapporté, ou dont on avoit tû les circonstances; & en remontant à la source, l'Arrêt ne jugeoit rien de cela ? Combien en ai-je montré ci-dessus, qui ne jugeoient rien moins que ce que Maréchal avançoit, ou qui étoient rendus dans des Parlemens dont la Jurisprudence particuliere ne pouvoit fonder les décisions que l'on donnoit pour générales ? On nous a donné les Arrêts de Tallemay & de Vatan, comme ayant jugé le point de droit, *la présentation du goupillon* : cependant l'un est rendu *du consentement du Curé*, l'autre *par provision ;* celui de Broindon juge *la possession du Seigneur*.

Je tiens donc que si l'usage de la Paroisse de ne donner l'Eau benite que *par aspersion*, *avec distinction & décence*, est certain, le Patron ni le Seigneur ne peuvent en exiger davantage : si au contraire l'usage de la donner *par présentation* du goupillon est constaté, le Curé ne peut le refuser.

La possession, surtout de ceux qui ont *droit* aux Honneurs de l'Eglise, est ce qui ordinairement, & le plus sûrement, décide *de la façon* de les déferer, sans dire crûment comme Ferriere, en son Traité des Droits Honorifiques, chap. 2, n. 9 à la fin, que les Curés sont tenus de *présenter* le goupillon aux Patrons & aux Hauts-Justiciers; ni comme Simon, chap. 21, que l'Eau benite ne se donne que *par aspersion :* je tiens que tout cela dépend de l'usage local de la Paroisse, ou même de la Province, comme en Artois; mais je ne crois pas que le seul usage du Diocèse l'emportât sur une possession immémoriale bien prouvée par le Seigneur de l'avoir par *présentation*. Brillon, qui rapporte l'Arrêt de Brienne cité *supra*, dit que les Enquêtes justifioient que le Curé n'avoit jamais donné l'Eau benite que *par aspersion*, sinon le jour que le Seigneur prenoit possession; ensorte que cet Arrêt jugea seulement, 1°. que l'Evêque par sa tierce opposition, en soutenant l'usage de la Paroisse conforme à celui du Diocèse, pouvoit relever le Curé du défaut d'opposition à l'Arrêt qui l'avoit condamné à donner par présentation : 2°. comme nous l'avons dit *supra*, que le droit singulier de l'avoir le jour de sa prise de possession, ne pouvoit déranger l'usage constant de ne la donner que *par aspersion*.

Il est vrai qu'au tome 2 du Traité des Dixmes de M. L. M. édit. 1731, pag. 322 & suivantes, il y a un Arrêt du 31 Juillet 1713, entre Messire Louis Gaston, Chevalier, Marquis de Crevecœur, & Dame Henriette de Laney de Raray son épouse, Marquise de Raray, Appellans de Sentences rendues au Bailliage de Senlis les 6 & 20 Février 1710, & Me. Pierre Doutreleau, Prêtre-Curé de la Paroisse de Raray, qui, après avoir prononcé sur les grosses Dixmes prétendues par le Curé dans le Parc dudit Raray, s'explique ainsi sur les Droits Honorifiques.

» Sera tenu led. Doutreleau, Curé, de faire les Prieres » nominales pour lesdits Sieur & Dame de Crevecœur, » leur donner l'Encens, *présenter l'Eau benite*, & leur » faire distribuer le Pain benit suivant l'usage du Dio- » cèse de Senlis; condamne le Curé en la moitié des » dépens de la Cause d'appel, l'autre moitié compensée.

Cet Arrêt dit, suivant l'usage du Diocèse de Senlis:

Cela s'applique-t-il à la façon de donner l'Encens; à la présentation de l'Eau benite, qui est constamment la présentation du goupillon; ou seulement, comme on pourroit le croire, à la façon de faire donner le Pain benit aux Seigneurs?

Ce qu'il y a de certain, 1°. c'est que, j'ai lû exactement le vû, il n'y avoit d'autre demande de la part des Sieur & Dame de Crevecœur, sinon qu'ils déclaroient n'avoir jamais refusé la dixme d'agneaux, à raison de 3 sols chacun, & des cochons de lait de treize un, *en les recommandant au Prône de la Grand'Messe en qualité de seuls Seigneurs de Raray par leurs noms & surnoms, leur donnant les premiers l'Eau benite, l'Encens & le Pain benit*: on n'y voit point de demande à fin de donner l'Eau benite & le Pain benit de telle ou telle façon.

2°. C'est que cet Arrêt se réfere à l'usage: s'il dit, suivant l'usage du Diocèse, c'est qu'apparemment il n'y avoit point d'usage certain dans la Paroisse, comme les Arrêts ci-dessus prouvent l'usage de chacune Paroisse de donner l'Eau benite par aspersion ou par présentation du goupillon.

Ainsi, je me tiens à ce que j'ai dit ci-dessus, que l'on doit suivre l'usage bien constaté de la Paroisse: on pourroit ajouter, que si l'usage de la Paroisse n'étoit pas bien constant, en ce cas, sans recourir à l'usage des Paroisses voisines, il faudroit, suivant cet Arrêt, avoir recours à l'usage le plus général du Diocèse; mais c'est toujours l'usage qu'il faut suivre en ce cas. Et dans le point de droit, l'usage auquel on doit faire attention le premier & principalement, est constamment l'usage de la Paroisse dont il s'agit, parce que cet usage seul constate la possession ou du Curé, pour ne la donner que par aspersion, ou des Patrons & Seigneurs, pour la donner par présentation. Cet Arrêt confirme l'opinion que je tiens, & dans laquelle je persiste.

SECTION SECONDE.

Du Pain benit.

I. *Suivant l'Edit de 1695, le Pain benit doit se donner avant tous au Clergé, & ceux qui portent le Surplis.*

Le choix du jour pour le rendre a cause des procès.

II. *Le Patron seul, quand il y en a un, a droit d'interrompre les jours, le Haut-Justicier aussi, à défaut de Patron.*

III. *Explication d'un Arrêt cité par Maréchal.*

IV. *Qu'après le Clergé, le Patron & le Haut-Justicier, leurs femmes & enfans ont le Pain benit. Arrêt.*

Discussion d'un autre Arrêt; qu'il ne juge pas selon que Bretonnier le dit. Principes sur ce Droit.

V. *Dans les Officiers de Justice, distinguez les Officiers Royaux & les Officiers des Seigneurs.*

Que la dignité de la personne peut donner cette préséance. Arrêt.

VI. *Les Arrêts jugent diversement par rapport aux Officiers des Seigneurs.*

VII. *Solution de la question. Qu'on ne doit pas distinguer le Gradué du non Gradué les jours de Patron ou autres, en présence ou absence des Seigneurs.*

VIII. *Que ce n'est qu'un Droit de préséance que les Officiers du Seigneur doivent avoir avant tous.*

IX. *Usage du Parlement de Toulouse. Réfléxions sur cet usage.*

I. La distribution du Pain benit a causé bien des contestations, & en éleve tous les jours, soit entre les Seigneurs, soit entre leurs Officiers, les Gentilshommes & Habitans un peu distingués dans les Paroisses. Cette distribution se fait ordinairement par les Bedeaux s'il y en a, sinon par les Marguilliers ou Fabriciens en charge.

On sçait que suivant l'article 45 de l'Edit de 1695, & les Arrêts ci-dessus rapportés pour l'Eau benite & l'Encens, on doit donner le Pain benit d'abord à tout le Clergé, *même à ceux qui en Surplis aident au Service Divin, & aux Enfans de Chœur, en un mot à tous ceux qui sont revêtus d'Habits d'Eglise pour l'Office.*

Mais cette distribution de Pain benit n'est pas ce qui *seul* amene les contestations, le choix du jour pour le rendre en cause aussi.

Roye, *lib.* 1, *cap.* 12, *de Jurib. Honor.* dit : *Hodie Seniores aliive Nobiles Panem illum offerunt per ordinem arcuum*, (*a*) *id est juxta ordinem & dignitatem locorum in quibus sedent in Ecclesia, & ideo forte Panem benedictum priores offerre volunt, quod ita præ cæteris videantur in Ecclesia bene meriti.*

II. Je tiens que le Patron *seul*, quand il y en a un, est en droit d'interrompre les rangs, & de le présenter annuellement le jour du Patron, ou tel autre jour dont il

(*a*) Suivant les arcades de l'Eglise, Roye rapporte l'usage de son tems ; à présent c'est suivant la dignité, ou le titre & la priorité du Fief : je l'ai vû ainsi pratiquer dans plusieurs Eglises aux environs de Paris.

il voudra faire choix ; mais qu'il ne peut varier tous les ans : il doit se tenir au jour qu'il a pris, cela causeroit trop de trouble. Je tiens aussi, lorsqu'il n'y a point de Patron Ecclésiastique ou Laïc, j'entends *Patron Fondateur*, que le Haut-Justicier du lieu où l'Eglise est bâtie peut faire un pareil choix. Ma raison est tirée de l'Arrêt du 29 Juillet 1690, rapporté *suprà*, qui adjuge au Haut-Justicier *tous* les Droits Honorifiques après le Patron, & de tous les autres Arrêts qui ont maintenu les Hauts-Justiciers dans *tous* les Honneurs de l'Eglise. Or le droit de choisir un jour pour offrir le Pain benit, est constamment un Honneur de l'Eglise ; mais par rapport à ce Droit singulier qui trouble les rangs de la Paroisse, quand il y a un Patron, je pense que le Haut-Justicier ne doit pas jouir de ce privilége, c'est assez de l'accorder à un, l'Offrande du Pain est commune à tous les Fidéles ; c'est assez dans les Eglises des Campagnes de leur donner des rangs suivant leurs dignités & qualités, sans permettre de les déranger : le Patron *seul*, à cause de la grandeur de son bienfait, parce qu'il a donné l'être au Temple, peut avoir ce droit. Il est pourtant quelque Paroisse où le Haut-Justicier a ce droit après le Patron : il y en a même, comme Maréchal le remarque à l'occasion de l'Arrêt que nous rapportons *modo infra*, où des Gentilshommes se sont arrogés ce droit : tout cela est un abus, que l'orgueil a seul enfanté.

III. Par rapport au Patron, voici l'Arrêt que Maréchal nous rapporte tome 2, n. 51 : voici le fait comme il le rapporte.

Le Sieur Dolivet étoit, selon Maréchal, Patron & Seigneur de Dannemarie, il étoit Protestant, il n'y demeuroit pas ; mais la Dame son épouse, Catholique ;

y faisoit ordinairement ses Pâques, & s'y trouvoit aux Fêtes solemnelles : elle choisit le jour de Noël pour offrir le Pain benit aux trois Messes : cela eut lieu pendant deux ans sans trouble. Les Sieur & Demoiselle Hudelines, qui demeuroient dans cette Paroisse, voulurent l'offrir ce même jour de Noël ; les Marguilliers n'y consentirent pas : ils le firent distribuer par leur Domestique.

La Dame Dolivet forma d'abord complainte ; ensuite, sçachant que pour ce cas il n'y avoit pas lieu à la complainte, (a) elle prit des conclusions pures & simples, à ce que défenses fussent faites au sieur Hudelines & sa femme d'offrir le Pain benit le jour de Noël.

Pour moyens, elle disoit que son mari étoit Patron, Fondateur, Seigneur de la Paroisse, que tous les Droits Honorifiques lui appartenoient à l'exclusion de tous autres, & notamment des Sieur & Demoiselle Hudelines qui n'y avoient aucun droit de Seigneurie.

Les Sieur & Demoiselle Hudelines dirent qu'ils avouoient que tous les Droits Honorifiques appartenoient au sieur Dolivet ; mais que l'acte de présenter le Pain benit étoit un acte de pure dévotion & charité, puisque chaque Paroissien l'offroit à son tour ; que cela ne devoit point être mis au rang des Droits Honorifiques : de-là ils soutenoient la Dame Dolivet non-recevable en sa demande.

Le 22 Octobre 1610, Sentence du Prevôt de Houdan, qui maintient & garde la Dame Dolivet dans la possession & jouissance du Droit Honorifique de faire

(a) Il y a Arrêt du 4 Mars 1533 qui le juge : Chopin le rapporte *lib.* 1, *cap.* 4, *n.* 5, *de sacra polit. Vide* ci-après, chap. 7. Cet Arrêt est aussi dans les Remarques sur M. le Prestre, cent. 2, chap. 55, édit. 1695.

présenter le Pain benit par chacun an le jour & Fête de Noël dans l'Eglise Paroissiale de Dannemarie; défenses aux Sieur & Demoiselle Hudelines de l'y troubler : sur le surplus des demandes, hors de Cour sans dépens.

Appel à Montfort : 21 Février 1611, Sentence qui confirme. Appel en la Cour.

27 Janvier 1612, Arrêt *consultis classibus*, qui met l'appellation au néant sans amende; condamne les Appellans aux dépens de la Cause d'appel, lesquels, avec ceux adjugés par la Sentence du Bailli de Montfort, *la Cour a taxés & moderés à* 50 *livres parisis.* Cet Arrêt est remarquable, il liquide des dépens.

Danty, en sa onziéme Observation sur Maréchal, prétend que Maréchal s'est trompé sur cet Arrêt: 1°. Que le sieur Dolivet n'étoit point Patron, mais Seigneur d'un Village & Hameau, nommés Olainville & Dannemarie. 2°. Que cette qualité de Patron n'étoit pas alléguée par les défenses de la Dame Dolivet qui y sont transcrites, qu'elle proposa seulement qu'elle étoit reconnue Dame du Village & Paroisse d'Olainville. 3°. Qu'elle allégua que l'usage de la Province étoit tel dans le Comté de Montfort en faveur des Hauts-Justiciers; qu'on lui permit d'en faire la preuve, laquelle ayant été faite, elle gagna sa Cause par la Sentence confirmée par l'Arrêt.

Lequel croire, de Maréchal ou de Danty? Il est vrai que dans les qualités de l'Arrêt il n'est point parlé de la qualité de Patron.

Cependant par le vû de l'Arrêt, rapporté tout au long par Maréchal, il est clair que la Sentence de Houdan, ni celle de Montfort, ne permirent pas la preuve des faits articulés, il n'y a pas un mot de l'Enquête dans les Sentences; & l'on vise dans l'Arrêt des Lettres obtenues le 2 Août 1611 par les Appellans pour articuler & prouver les faits y contenus. Il ne paroît pas que ces Lettres à fin d'Enquête fussent obtenues sur l'appel de la Sentence de Houdan & Montfort, puisque la Sentence rendue à Montfort est du 21 Février, & ces Lettres sont du 2 Août 1611, postérieures de plus de cinq mois à la Sentence rendue à Montfort. La Cour prononce sans s'arrêter ausdites Lettres. Enfin, Danty dit que dans *les défenses* de la Dame Dolivet cette qualité n'étoit point alléguée, mais la Dame Dolivet étoit *Demanderesse*.

Voilà bien des incertitudes sur cet Arrêt.

Au surplus, Danty dit que si la question se présentoit à l'égard du Patron, cet Arrêt seroit regardé comme un préjugé en sa faveur, puisque si le Haut-Justicier a obtenu, *à fortiori* le Patron, qui *a tous les Droits à son exclusion.* Cette réfléxion de Danty est bonne, en ce qu'il dit que cet Arrêt profiteroit au Patron; mais il tombe dans l'erreur de Maréchal, en ce qu'il dit que le Patron a tous les Droits Honorifiques *à l'exclusion* du Haut-Justicier. Nous avons démontré *supra* que le Patron a le droit *primitif*, non pas *exclusif*; & cela est incontestable.

Pour moi, dans cette incertitude *sur ce Droit singulier*, que je nomme Droit Honorifique, parce qu'il est *une conséquence* des Honneurs de l'Eglise, je dis que si cet Arrêt a jugé en faveur du Haut-Justicier, c'est qu'il n'y avoit pas de Patron; & que s'il y en avoit eu, la Dame Dolivet n'auroit pas obtenu, non pas à cause du droit prétendu *exclusif*, que l'on attribue mal au Patron vis-à-vis du Haut-Justicier, mais parce que ce droit *extraordinaire*, qui trouble les rangs & le bon ordre dans l'Eglise, ne doit être accordé qu'à l'un ou l'autre; & quand il y a Patron, il doit avoir le pas, car ce n'est qu'un Honneur *de préséance*, & non ce qu'on nomme les Honneurs de l'Eglise *proprie*; les simples préséances *ne sont pas des Droits*, mais des usages établis pour le bon ordre & la tranquillité de l'Eglise.

Brillon, tome 5 de son Dictionnaire des Arrêts, au mot Pain benit, rapporte un Arrêt du 28 Août 1613, qu'il a tiré des Mémoires du Clergé, tome 3, p. 1307, édition de 1716, qui juge la même chose en faveur du Patron.

Je n'ai pas vû l'espéce de cet Arrêt, mais je tiens que le droit du Patron est incontestable, de même que celui du Haut-Justicier, à défaut de Patron, dans ce cas *singulier*. C'est le *seul* cas où je crois que le Haut-Justicier ne peut pas prétendre à un Honneur dans l'Eglise lorsqu'il y a un Patron; cependant je sçai des Paroisses autour de Paris, où non-seulement le Haut-Justicier du Lieu, je n'y connois pas de Patron, offre le Pain benit le jour du Patron de l'Eglise, & le Seigneur du premier Fief de la Paroisse a le jour de Pâques; dans un autre le jour de la Pentecôte.

IV. A l'égard de la distribution du Pain benit, il est sans difficulté que *summo jure*, après tout ce qui forme & représente le Clergé, le Pain benit doit être offert au Patron, sa femme & ses enfans; ensuite au Haut-Justicier, sa femme & ses enfans, & après eux à tous les Fidéles indistinctement. Le Marguillier ou le Bedeau ne sont point astraints à chercher de place en place les personnes qui prétendroient cette préférence; ainsi le pensent Maréchal & Simon.

Il y a un Arrêt précis rapporté par Henrys, édit. 1708, tome 2, liv. 1, quest. 3, du 18 Juillet 1651, entre Barthelemi Mardiguier, dit Piquet, Marguillier de la Paroisse de Talais en Lyonnois, Appellant d'une Ordonnance du Sénéchal de Lyon du 3 Août 1650, & de la Sentence rendue le 24 en conséquence; & Claude Laurencin, Ecuyer, Sieur de Prepin, Intimé; &... de Colombel, Chevalier du Guet de la Ville de Lyon, les Curé, Vicaires & Consuls de Talais, Intervenans.

» La Cour faisant droit tant sur les interventions » que sur l'appel, a mis & met l'appellation & ce au » néant; émendant, ordonne que les Marguilliers ne » présenteront le Pain benit qu'aux Seigneurs & Pa» trons.

Cela doit s'entendre par préférence & distinction; car dans plusieurs endroits les Marguilliers présentent la corbeille à tout le monde, dans d'autres le Bedeau; mais l'un ou l'autre doivent le présenter aux Patron & Haut-Justicier, leurs femmes & enfans par distinction; souvent même, je l'ai vû dans deux ou trois Paroisses, on ne distribue le Pain benit dans la corbeille, qu'après que sur un plat, ou dans une corbeille distincte, on l'a présenté au Patron & au Haut-Justicier, & à leur famille : cela dépend encore de l'usage de la Paroisse, qui fonde la possession de donner ou recevoir le Pain benit.

Bretonnier, qui s'étoit fait un capital de ne point entrer dans la discussion des Droits Honorifiques, s'en rapportant entierement à Maréchal, comme il le dit sur cette question 3, & sur le Plaidoyer 16 d'Henrys, sans approfondir aucunement cet Arrêt, qui certainement a eu ses circonstances, confond dans les Droits qu'en général on dit Honorifiques, ce qui est vraiment Droit Honorifique, & ce qui n'est que *simple préseance.* En voici la preuve.

Il rapporte un Arrêt du 2 Décembre 1662, qui, dit-il, mit hors de Cour deux Seigneurs qui prétendoient le premier pas à la Procession. Qu'en conclut-il? Rien : il le rapporte comme un Arrêt sur les Droits Honorifiques.

Si Bretonnier avoit voulu rapporter les circonstances de cet Arrêt telles qu'on les trouve dans Desmaisons, il nous auroit instruit que *le fait seul,* & *la qualité* des Parties occasionnerent cet Arrêt, qui ne juge que de simples *préseances*, & ne les juge *même pas dans le point de Droit.*

Le Bourg de Lairion, ou Larmeneau en Poitou, est un Prieuré-Cure; *le Curé en est Seigneur.* Les sieurs de Boisvert & Desmouliers avoient chacun *un Fief* dans la Paroisse : le sieur de Boisvert étoit Vassal du sieur Desmouliers.

En l'année 1660, ils se trouverent tous deux dans l'Eglise. Le sieur de Boisvert qui étoit dans le Chœur suivit la Procession, & prit le premier rang après les Prêtres : le sieur Desmouliers qui étoit dans la Nef, quand il vit la Procession à l'endroit où il étoit, voulut reprendre le premier rang, & repoussa le sieur de Boisvert; cela causa quelque scandale : le Curé se contenta de leur dire de se comporter modestement; ils marcherent côte à côte, en se disant des paroles fâcheuses.

Plainte par le sieur Desmouliers; information; decret d'ajournement personnel contre le sieur de Boisvert. Appel.

La Cause portée à la Tournelle, le sieur de Boisvert dit que le sieur Desmouliers avoit été Elû; mais que ne l'étant plus, ayant été supprimé, il ne pouvoit prétendre de le préceder, lui qui étoit Gentilhomme; parce qu'ayant été Consul de Niort, le Roi ayant accordé la Noblesse aux Consuls de cette Ville, même n'étant plus en Charge, il avoit le rang de Noble.

Le sieur Desmouliers dit que la Noblesse du sieur de Boisvert étoit contestée; qu'il y avoit Instance de ce pour lors en la Cour des Aydes; que le sieur de Boisvert étoit son Vassal, & que tout supprimé qu'il avoit été lui Desmouliers, n'étant que simple Fermier, il étoit le Seigneur du sieur de Boisvert.

M. Talon dit, *qu'il y avoit certainement lieu de s'étonner que deux personnes qui n'étoient recommandables ni par leur naissance, ni par leurs Charges, ni par leur mérite particulier, fussent assez hardis pour entreprendre une contestation (pour une préseance) dans une Eglise dont ils n'étoient ni Fondateurs, ni Bienfacteurs, ni Seigneurs du Lieu, étant un Droit Honorifique* (a) *qui ne s'accorde qu'à ceux qui ont l'une ou l'autre de ces qualités; que tout ce que l'on pouvoit dire lorsqu'il arrivoit pareilles contestations entre telles personnes, c'est qu'il n'y avoit lieu de complainte* (b) *: desorte qu'il estimoit qu'il y avoit lieu de mettre l'appellation & ce au néant; émendant, évoquant le principal & y faisant droit, sur l'extraordinaire mettre les Parties hors de Cour; leur enjoindre de se comporter modestement dans l'Eglise, sans dépens.*

(a) Ce principe n'est pas tout-à-fait exact. Les préséances ne sont pas des Droits Honorifiques; nos Livres sont pleins d'Arrêts qui les accordent à des personnes qui n'ont aucune de ces qualités.

(b) La complainte n'est accordée qu'aux Patrons & Hauts-Justiciers; les autres n'ont qu'une action personnelle entr'eux.

L'Arrêt

L'Arrêt suivit les conclusions.

On voit sensiblement que le fait & la qualité des Contendans ont seuls occasionné cet Arrêt, mais que la Cour ne jugea pas que des Seigneurs de Fiefs qualifiés, ou des Gentilshommes, ou des Gens en Charges honorables ne pussent se pourvoir par action civile les uns contre les autres pour obtenir des préséances.

Voilà comme on donne des maximes au hazard. Henrys l'expose dans cette question 3. Nous agiterons cette thèse à la fin de ce petit Ouvrage; mais voici les principes qu'il faut tenir.

1°. Nuls autres que le Patron ou le Haut-Justicier n'ont la complainte pour les Droits Honorifiques: *dicemus infra*.

2°. Dans les Honneurs de l'Eglise, il faut distinguer les *vrais* Honneurs de l'Eglise, comme les Litres, les Prieres nominales, le Banc, la Sépulture au Chœur, l'Encens; & les Droits qui ne sont que de simples préséances, ausquels plusieurs autres que les Patron & Haut-Justicier peuvent aspirer, si ce n'est l'Eau benite, qui se donne aux Patron & Haut-Justicier avec distinction: cette préséance à cet égard est un Droit Honorifique, & il y a lieu à la complainte de la part du Patron ou du Haut-Justicier.

3°. Aucun n'a action contre le Curé, le Patron ou le Haut-Justicier, pour les simples préséances; mais tous ceux qui par leur naissance, leurs qualités, leurs Charges, leurs Seigneuries *dans* les Paroisses, sont distingués du reste des Habitans, peuvent se pourvoir par action simple *contre les Contendans*, & contre ceux qui les déferent, comme les Marguilliers qui font distribuer le Pain benit, ou qui souvent dans les Villages le distribuent eux-mêmes, comme pour le pas à l'Offrande, à la Procession; c'est ce qu'établit Maréchal, chap. 1: il y en a nombre d'Arrêts.

Brillon, en son Dictionnaire d'Arrêts, tome 5, au mot *Pain benit*, rapporte un Arrêt du 30 Mars 1699, qui, sur la dispute de deux Gentilshommes, en infirmant la Sentence de la Sénéchaussée de Bourbonnois, confirma une Ordonnance de M. l'Evêque de Nevers, qui, sur la remontrance du Curé, avoit ordonné que le corbillon seroit mis sur les Fonts, ou à la Porte de l'Eglise, où chacun prendroit, sans ordre ni distinction, *& sans préjudice du droit des Parties.* Cet Arrêt est encore rapporté par l'Auteur des nouvelles Remarques sur M. Louet, derniere édition, lettre V, somm. 4, dist. 3.

L'article 26 des Arrêtés de M. le Premier Président de Lamoignon porte: *L'aspersion de l'Eau benite & la distribution du Pain benit seront faites sans distinction, à commencer par un bout & finir par l'autre, (après toutefois qu'elles auront été faites à ceux à qui appartiennent les Droits Honorifiques).*

Observez, *per transennam*, que cet Arrêté ne donne l'Eau benite aux Patron & Haut-Justicier que *par aspersion.*

Ces décisions sont dans le principe étroit; néanmoins Maréchal dit que l'usage est de présenter le Pain benit aux Seigneurs, Gentilshommes & Officiers, suivant l'ordre des préséances qu'il explique chap. 1: & dans beaucoup de Paroisses cet usage est regardé comme une sorte de Droit, par ceux à qui on le distribue après le Patron & le Haut-Justicier; néanmoins ce n'est pas un Droit. Nul autre, dit Loiseau, que le Patron & le

Haut-Justicier n'ont les Honneurs *par Droit*, cela ne peut être fondé que sur la possession & l'usage de la Paroisse ; nul ne peut former complainte pour ce, *ut diximus supra modo*, hors le Patron & le Haut-Justicier.

S'il y avoit plusieurs Patrons & Hauts-Justiciers, pour ne point multiplier les Honneurs de l'Eglise, comme je l'ai dit à l'occasion des Litres & Bancs, qui ne peuvent changer alternativement, je crois que ces Copatrons & Cohauts-Justiciers ne doivent les avoir par préférence aux autres que par Dimanches consécutivement, suivant leurs portions, en commençant par l'aîné ou celui qui le représente, quelque petite que fût sa portion : il y en a Arrêt précis du premier Avril 1631, rapporté par Bardet, tome 1, liv. 4, ch. 19. A l'égard des Prieres nominales, on peut les nommer tous, en commençant par l'aîné : à l'égard du Banc au Chœur, je crois que l'aîné *seul* peut en avoir un ; que cependant, si cela ne nuit point au Service Divin, les autres pourroient en avoir un *pour eux tous* d'un autre côté, suivant un Arrêt du 20 Février 1616, rapporté par Maréchal, tome 2, n. 9.

V. Par rapport aux Officiers de Justice, je tiens qu'il faut distinguer. *Nota.* Je ne parle pas des grands Honneurs de l'Eglise, je parle du Pain benit ; *ce n'est qu'un Droit de préséance*, comme l'Offrande, le pas à la Procession. C'est ce que Roye appelle *Honores minores*.

Je dis donc qu'il faut distinguer les Officiers royaux, de ceux des Seigneurs. Quant aux Officiers royaux, *lorsqu'ils sont en Corps*, les Marguilliers doivent leur faire porter des morceaux de Pain benit distingués dans une corbeille à part.

Nous en avons un Arrêt du 24 Mars 1684, Journal des Audiences, derniere édition, tome 3, liv. 10, chap. 9, entre les Officiers du Bailliage & les Marguilliers de l'Eglise de Saint Pierre de Dreux, qui ordonna *que les Marguilliers seroient tenus de leur faire distribuer du Pain benit par morceaux distingués en la maniere accoutumée.*

La dignité de la personne donne encore cette préséance. Au deuxiéme tome du Journal des Audiences, derniere édition, liv. 3, chap. 52, il y a un Arrêt entre M. l'Evêque de Langres, Seigneur d'Evry, & M. de Meaupeou, Président en la Cinquiéme Chambre des Enquêtes. M. de Langres donna ordre à son Ecuyer de se faire donner le Pain benit en son absence avant M. de Meaupeou. Par l'Arrêt du 4 Septembre 1664, il fut dit *qu'en l'absence de M. l'Evêque de Langres, M. de Meaupeou auroit le premier le Pain benit, & les autres Honneurs, Madame son épouse & ses enfans. M. de Langres condamné en 6000 livres de dommages-intérêts, & aux dépens.* M. de Meaupeou avoit un Fief considérable dans la Paroisse.

Cependant je crois que cet Arrêt ne fut rendu ainsi qu'à cause de la dignité de M. de Meaupeou; aussi dans le récit du fait, on voit que M. de Langres disoit que M. de Meaupeou n'avoit qu'un Fief sans Justice, *déclarant qu'il n'empêchoit pas que M. de Meaupeou, comme la personne la plus qualifiée de la Paroisse, n'eût en son absence le premier les Honneurs du Pain benit & de l'Eglise.* L'Arrêt le juge ainsi : ce n'étoit point à cause du Fief, ni de la possession. Je tiens de plus que ces termes, *en l'absence*, ne réferent qu'à ceux-ci, *aura le premier*, & que M. l'Evêque présent, M. de Meaupeou devoit les avoir après lui.

Il y a encore un Arrêt récent du Grand Conseil, rapporté tout au long à la fin du second tome de la Pratique universelle des Terriers, du 23 Janvier 1738, entre Yves-Joseph Pomier, Secretaire du Roi, ancien Président-Trésorier de France honoraire à Alençon, Proprietaire de l'Hôtel & Maison de Villemilan, sis à Wuissous; & les Curé & Marguilliers, Prevôt, Lieutenant, & Procureur Fiscal & Greffier de ladite Justice de Wuissous, sur les conclusions de M. Lescalopier, Avocat Général, qui ordonne l'exécution des Edits & Déclarations rendus en faveur des Secretaires du Roi & Trésoriers de France, qui maintient ledit Pomier en l'une & l'autre qualités au droit d'avoir le Pain benit par morceaux de distinction avant tous Officiers des Justices seigneuriales de Wuissous, & de les préceder à l'Offrande, & autres assemblées publiques.

Cet Arrêt est clair; il n'a d'autre motif que les priviléges de la Charge. Or ces priviléges, tels qu'il plaît au Roi de les accorder, ne font rien aux principes, ce sont des exceptions qui les confirment.

Cela revient à ce que dit Loiseau, chap. 5 des Ordres, n. 74 & 75: *Les Magistrats, & autres Offices annoblissant, doivent marcher par-tout devant les simples Gentilshommes de race: parce qu'outre qu'ils sont Nobles comme eux, ils ont plus qu'eux d'être Officiers du Roi, & par conséquent d'avoir la puissance publique, & une fonction excellente, que les simples Gentilshommes n'ont pas.*

VI. Quant aux Officiers de Justice des Seigneurs, les Arrêts jugent diversement, les Auteurs se divisent; les uns donnent ces Honneurs aux Gradués seulement, les autres non; d'autres aux non Gradués le jour du Patron; les autres distinguent la présence ou absence du Seigneur; d'autres n'en disent rien. Maréchal, ch. 1, Simon, titre 16; ils s'appuyent sur Loiseau, chap. 11 des Seign. n. 55 : je ne l'y ai pas lû. Simon, tit. 22, dit de même. Voici les Arrêts.

Maréchal, *loco citato*, en rapporte un du 7 Mars 1631; il est au tome 2, n. 32, entre M^e^. Nicolas Niel, Avocat en la Cour, Mayeur, Juge ordinaire de la Baronnie de Sommevoire, contre Jean Perotte, dit la Folie, Archer des Gardes du Corps du Roi, qui prononce ainsi : *Il sera dit que la Cour a maintenu & gardé, maintient & garde ledit Niel, Juge ordinaire de la Baronnie de Sommevoire, aux droits de préséances en toutes Assemblées générales & particulieres; fait défenses audit Perotte de l'y troubler, sous telles peines qu'il appartiendra.*

Simon, titre 21, dit : Il n'y a que les Officiers Gradués des Seigneurs à qui on doive apporter le Pain benit avant les autres, si ce n'est le jour du Patron, où le moindre Officier peut tenir la place du Seigneur. Maréchal en rapporte un du mois de Mars 1640, où il dit avoir été présent, M^e^. Demontholon son cousin plaidant pour Mesdames les Princesses de Mantoue, Intervenantes pour leur Bailli, par lequel il a été jugé que le Juge de Cayeux, près Saint Vallery-sur-Somme, auroit les Honneurs *par préférence* au Prieur du lieu *non Patron*, & aussi *par préférence* à un Gentilhomme de la même Paroisse. Cet Arrêt ne distingue point la présence ou absence du Seigneur. Maréchal ne nous dit pas s'il étoit Gradué. Cet Arrêt me paroît singulier, en ce qu'il fait donner le Pain benit au Juge avant le Prieur du lieu qui n'étoit pas Patron : je crois que son rang d'Ecclésiastique devoit lui conserver cette préséance.

Nous avons ci-dessus, chap. 3, n. 4, rapporté l'Arrêt pour Comblaville du 5 Avril 1665, qui donna à un Haut-Justicier *dans* la Paroisse les Honneurs par préférence aux Officiers du Seigneur, *même Gradués.*

Il y a un Arrêt du 21 Août 1679, tome 3 du Journal des Audiences, liv. 5, chap. 10, entre M. le Duc de Mazarin & le Seigneur de Brouilly, Seigneur de la neuviéme partie de Ramwez; M. de Mazarin, Seigneur des huit autres parties. Cet Arrêt, après avoir réglé entre ces Seigneurs la façon de rendre la justice, & d'avoir les Honneurs de l'Eglise, dit *que les Officiers de Justice jouiront des Honneurs de l'Eglise (en leur absence) mais l'un desdits Seigneurs présent, quand même ce ne seroit pas le tems de sa jouissance, les Officiers de l'absent ne pourront rien prétendre aux Honneurs.* Cet Arrêt est encore remarquable; il ôte aux Juges toutes préséances lorsque le Seigneur est présent.

Nota. Ils avoient chacun leurs Officiers. Faites attention à cet Arrêt pour la décision que je donnerai ci-après.

Au même tome 3, liv. 9, chap. 28, il y a Arrêt du 2 Décembre 1683, entre les Marguilliers de l'Eglise de Saint Saturnin de Gentilly, Appellans d'une Sentence du Châtelet de Paris du 18 Février précedent; les Officiers de la Justice de Gentilly, la Dame de Beauvais, Dame de Gentilly, Intervenante pour ses Officiers.

Par la Sentence, *ayant égard à l'intervention de la Dame de Beauvais, faisant droit au principal, on ordonne qu'à l'avenir les Officiers de la Justice de Gentilly auront la préséance ès Droits Honorifiques avant les Marguilliers du lieu; on enjoint aux Marguilliers d'envoyer par le Be-*

deau, ou celui qui aura charge, le Pain benit ausdits Officiers, (les premiers après les Seigneurs & Dames).

L'Arrêt met l'appellation au néant, dépens néanmoins compensés.

Cet Arrêt juge bien nettement que la présence des Seigneurs n'efface point le caractere des Officiers de Justice; il ne distingue pas les Gradués ou non Gradués.

Nous avons rapporté *supra* l'Arrêt de Coubertin du 11 Janvier 1734, qui déclare que les Dames de Saint Cyr près Versailles auront *seules* les Droits Honorifiques : cet Arrêt confirme la Sentence des Requêtes de l'Hôtel du 6 Août 1729, par laquelle, après avoir dit que les Prieres nominales, & les autres Droits Honorifiques appartiendront *seulement* aux Religieuses, il étoit dit, (*qu'après leur Bailli & Lieutenant*) *tous Gentilshommes, ayant Fief & Justice dans la Paroisse, auront rang & séance dans ladite Paroisse suivant leurs qualités & dignités.* On n'y distingue point le Gradué ou non Gradué; mais comme les Religieuses sont toujours réputées absentes de la Paroisse, on pourroit dire que les Honneurs ne leur sont accordés *qu'en l'absence des Seigneurs.*

Au cinquiéme tome, derniere édition du même Journal, liv. 6, chap. 25, on trouve un Arrêt du 16 Juillet 1706, entre les Doyen, Chanoines & Chapitre de l'Eglise Cathédrale d'Auxerre, Appellans d'une Sentence dudit Bailliage du 19 Janvier précedent, & Messire Henri Dumotet, Chevalier, Seigneur d'Arthe, & Haut-Justicier dudit Lieu, *en* la Paroisse de Mery-la-Valée, Intimé : M^e^. Thevart Avocat du Chapitre, M^e^. Guillet de Blaru Avocat du sieur Dumotet. Cet Arrêt

Arrêt *confirme* la Sentence avec amende & dépens : voici la Sentence.

Nous ordonnons que le Pain benit sera présenté au Sieur Dumotet, & qu'il jouira des autres (a) *Honneurs de la Paroisse de Mery avant les Officiers de ladite Justice dudit lieu, pour la préséance à la Procession, (au cas qu'ils ne soient pas Gradués, excepté le jour de la Fête Patronale de la Paroisse, auquel jour les Honneurs leur seront déférés comme représentans les Seigneurs d'icelle).*

On voit par cet Arrêt, 1°. Que le sieur Dumotet n'étoit pas Haut-Justicier *de* la Paroisse, mais *dans* la Paroisse. 2°. Qu'on ne distingue point la présence ou absence des Seigneurs, dont un d'entr'eux pouvoit s'y trouver quelquefois. 3°. Qu'il differencie les Gradués & non Gradués; que cette distinction de Gradué ou non Gradué n'a pas lieu le jour du Patron.

Nous avons rapporté *supra*, chapitre 2, l'Arrêt de Beaurains, Seigneur de Savie en Artois, contre le sieur Bon-l'Allard, Seigneur de Berlette, du quatorze Juillet 1714.

Cet Arrêt adjuge les Honneurs ausdits de Beaurains & sa femme; & ajoute, *& en leur absence à leur Bailli ou Lieutenant, comme premier Officier de Justice.*

Cet Arrêt ne les donne qu'à un Officier, Bailli ou Lieutenant, suivant l'usage de l'Artois, comme M. d'Hericourt le remarque dans ses Loix Ecclésiastiques : il ne distingue point *le Gradué ou le non Gradué*; mais il ne les accorde au Bailli, ou Lieutenant, qu'en l'absence du Seigneur.

VII. Quant à moi, dans cette diversité d'opinions

(a) *Intellige minores*, comme je l'ai dit sect. du Banc, sur l'Arrêt du 10 Juin 1679.

& de Jugemens, voici ce que je veux raisonner en Jurisconsulte. Je vais donc parler principes.

1°. Je tiens d'abord que le Gradué, Juge du Seigneur *de* la Paroisse, a la préséance sur tous autres Habitans de la Paroisse, Gentilshommes, Moyens-Justiciers, même Haut-Justicier *dans* la Paroisse : l'Arrêt de 1706 le juge bien nettement, en n'adjugeant les Honneurs au sieur Dumotet, Haut-Justicier *dans*, non *de* la Paroisse, qu'au cas que les Officiers ne soient point Gradués. L'Arrêt de Gentilly de 1683 les adjuge purement & simplement aux Officiers de Justice *les premiers après les Seigneurs & Dames.*

2°. Je crois fermement que la distinction de la présence ou de l'absence du Seigneur, du Gradué ou du non Gradué, du jour du Patron, & des autres jours, n'a aucun fondement, qu'elle est contre les vrais principes de la matiere. En effet :

Premierement, il ne s'agit, quant aux Officiers de Justice, que *de simples préséances*, comme d'avoir le Pain benit, d'aller à l'Offrande, à la Procession avant les autres ; il n'est question d'aucun des grands, des vrais Droits Honorifiques : ces préséances ne sont *qu'après le Patron, le Haut-Justicier, leurs femmes & enfans* ; ainsi cela n'intéresse ni le Patron, ni le Seigneur de l'Eglise : ce sont pourtant les *seuls* que les Honneurs de l'Eglise regardent personnellement.

Mais hors ces préséances, on ne doit pas aller jusqu'à vouloir qu'ils participent aux Honneurs de l'Encens, ou autres plus grands ; ils ne peuvent prétendre qu'aux simples préséances, aux Honneurs du pas, après les Patron & Seigneur, & leurs familles.

Les Dames de la Maison Royale de Saint Cyr près

Versailles sont Dames de Chevreuse, que le Roi a uni à leur Manse après l'avoir acquis par échange, contre Montfort-Lamaury, de M. le Duc de Luynes en 1692.

Le 28 Août 1742, elles firent assigner au Grand Conseil, en vertu de leurs Lettres d'attribution générale, Jean-Louis Moret, Prêtre-Curé de Chevreuse, à ce qu'il fût dit & ordonné *qu'elles seroient maintenues & gardées dans tous les Droits Honorifiques, prééminences & prérogatives appartenans aux Hauts-Justiciers en l'Eglise Paroissiale, & dans toute la Ville & Bailliage de Chevreuse, avoir Banc & accoudoir dans le Chœur de ladite Eglise, faire sonner les cloches pour avertir de l'heure & ouverture de l'Audience dudit Bailliage, (& d'avoir pour & au lieu d'elles Demanderesses par leurs Officiers, lorsqu'ils assisteront au Service Divin dans le Chœur de ladite Eglise Paroissiale, un coup d'Encensoir* (a) *après les Chantres & autres Officiers du Chœur); que défenses seroient faites au Défendeur & à tous autres de troubler & empêcher lesdites Demanderesses en la jouissance & possession desdits Droits; (qu'il seroit enjoint audit Défendeur de donner à leursdits Officiers, & non à autres, le coup d'Encensoir, ainsi qu'il est accoutumé); & pour avoir ôté nuitamment & furtivement le Banc ou accoudoir qui étoit dans le Chœur, fait ôter la corde de la cloche pour empêcher de sonner pour l'Audience, & refusé le coup d'Encensoir, qu'il seroit condamné en leurs dommages-interêts, & à rétablir le Prie-Dieu ou accoudoir dans le même endroit du Chœur où il étoit placé; & à faute de ce faire dans le tems préfini*

(a) Je sçai qu'on plaida que cela avoit été jugé au Grand Conseil en 1733 en faveur des Religieux de Saint Germain des Prés, comme Seigneurs de Surenne. Je n'ai point vû l'Arrêt. Le Curé ne s'opposoit plus à ce chef. Le fait que je rapporte est vrai.

par l'Arrêt qui interviendroit, elles demeureroient autorisées à faire faire un autre Prie-Dieu ou accoudoir aux dépens du Défendeur ; à cet effet, d'avancer les deniers nécessaires, dont elles seroient remboursées sur les quittances des Ouvriers ; que défenses seroient faites audit Défendeur de récidiver, & de plus user de semblables voies, à peine de saisie de son temporel, & autres peines s'il y échet, sans préjudice d'autres droits dûs & actions, & sauf à prendre par la suite plus amples conclusions, & ledit Défendeur condamné aux dépens.

7 Novembre 1742, Requête dudit Moret, Curé, à ce qu'il lui fût donné acte de ce que pour fins de non-recevoir & défenses il employoit le contenu en sa Requête; *en conséquence, que lesdites Dames de Saint Cyr fussent déclarées non-recevables, & subsidiairement mal fondées en leur demande, ou en tout cas qu'elles en seroient déboutées avec dépens.* Il avoit déclaré par cette Requête qu'il ne contestoit pas les Droits qui leur étoient dûs personnellement en leur qualité de Dames de la Terre, Ville & Bailliage de Chevreuse.

7 Novembre 1742, Requête des Dames de Saint Cyr; elles demandent acte de cette déclaration, & en conséquence, que leurs conclusions leur fussent adjugées.

13 Juillet 1743, Requête du Curé, à ce qu'où le Grand Conseil fit difficulté de lui adjuger les conclusions de sa Requête du 7 Novembre 1741, *en ce qui touche le Prie-Dieu mis par le Bailli de Chevreuse dans le Chœur pour son usage, & qu'il avoit fait ôter, attendu qu'il incommodoit le Service Divin, & pour raison des cloches de ladite Eglise que l'on vouloit faire sonner pour annoncer la tenue des Audiences, en ce cas il lui fût donné acte de ce*

qu'il articuloit & mettoit en fait, & offroit de prouver, tant par titres que par témoins, que depuis 1714 que son prédécesseur avoit fait ôter le Prie-Dieu que le Bailli de Chevreuse s'étoit avisé de faire mettre dans le Chœur de ladite Eglise, il n'y en avoit été mis & placé par ledit Bailli d'aprésent qu'en l'année 1741, & quelques jours après la prise de possession de lui Curé; comme aussi qu'il n'a point été question de se servir des cloches de ladite Paroisse pour annoncer la tenue des Audiences, & que ce n'étoit que depuis la prise de possession de lui Curé que le Bailli de Chevreuse a renouvellé la prétention de son prédécesseur, dont il s'étoit désisté en 1714; permis de faire preuve desdits faits, pour l'Enquête faite & rapportée, être ordonné ce que de raison, avec dépens.

Voici l'Arrêt.

Après que de la Monnoye, Avocat des Dames de Saint Cyr, Taboué, Avocat dudit Moret, ensemble M. le Bret, pour M. le Procureur Général du Roi, ont été ouis:

Icelui notredit Grand Conseil a maintenu & gardé, maintient & garde les Parties de la Monnoye dans les Droits, Honneurs, prééminences appartenans aux Seigneurs Hauts-Justiciers en l'Eglise Paroissiale de Chevreuse, & notamment dans le Droit d'avoir un Banc seigneurial dans le Chœur de ladite Eglise de Chevreuse; en conséquence, condamne la Partie de Taboué à rétablir dans trois jours, à compter de celui de la signification du présent Arrêt, le Prie-Dieu dont est question, sinon permis ausdites Parties de la Monnoye d'en faire faire un aux frais de la Partie de Taboué, dont elles seront remboursées sur les simples quittances des Ouvriers; maintient & garde pareillement lesdites Parties de la Monnoye dans la possession de faire sonner une des cloches de ladite Eglise Paroissiale de Chevreuse pour avertir de l'heure de la tenue des Audiences; & sur le surplus des demandes, a mis & met les Parties hors de Cour, dépens compensés. La Partie de Taboué fournira le présent Arrêt. Si donnons en mandement, &c. Signé, GALLOIS. Scellé le 5 Mars 1743; le 24 Juillet 1743 signifié à M^e. Hardiet, Procureur du sieur Moret.

Cet Arrêt met hors de Cour sur la demande à fin de donner le coup d'Encensoir aux Officiers de Justice; *& rectè*, ces grands Honneurs ne leur sont pas dûs, ils ne peuvent prétendre que les simples préséances.

L'Honneur du Seigneur, dit Loiseau, des Offices, liv. 5, chap. 1, n. 47, *est différent de celui de son Juge, auquel il est dû à cause de son exercice, en tant que l'Honneur est inséparable des actes de vertu* (a).

Les Seigneuries, dit Loiseau, chap. 11 des Ordres, n. 28, *sont dignités qui ne sont presque qu'honoraires, c'est-à-dire consistant en seul Honneur, sans autre puissance publique que celle de leur Justice, (laquelle puissance réside en effet en leurs Officiers, & non en eux)*.

Secondement, Loiseau, *ibid.* chap. 2, n. 83 & suivans, est obligé d'en convenir, les Seigneurs ne sont astraints par aucune Ordonnance à nommer pour Juges *des Gradués*; leur Juge, Gradué ou non Gradué, est toujours revêtu de la puissance publique, dont seulement ce Droit *in se* appartient *honorifiquement* au Seigneur. Je dis honorifiquement, parce que dans le fait c'est en son Juge, non en lui, que reside la puissance publique; le Juge Gradué ou non Gradué, dans le lieu de la Justice est Juge, & a le commandement à l'*instar*

(a) *Vertu* se prend ici pour la fonction du Juge; *ab honesto onere*, dit Loiseau.

des plus grands Juges dans leurs Siéges. Loiseau, *ibid.* chap. 2, n. 84. Cela même se trouve consacré par la Déclaration du 26 Décembre 1703, dûement enregistrée pour les Acquereurs de Justices par engagement. Elle s'explique ainsi :

Pourront les Acquereurs desdites Justices établir & instituer, pour l'exercice d'icelles, tels Juges capables qu'ils jugeront à propos, (Gradués ou non Gradués) pourvû qu'ils ayent atteint l'âge de vingt-cinq ans, & à condition que lorsqu'ils ne seront pas Gradués ils ne pourront juger aucuns Procès criminels, sans appeller le nombre de Gradués requis par nos Ordonnances.

Troisiémement, on pourroit peut-être distinguer la présence & l'absence du Seigneur, si, comme autrefois, les Seigneurs rendoient la Justice par eux-mêmes, ou par leurs Délégués ; mais à présent ils sont contraints de déposer leur autorité ès mains de celui qu'ils nomment Juge, *en laissant à leurs Juges,* dit Loiseau *ibid.* ch. 1, n. 42 & 43, *ce qui étoit de leur ancien Office, à sçavoir l'exercice de la Justice.*

Par cette nomination & institution de leurs Juges, les Seigneurs se sont tellement dépouillés de l'exercice de leur Justice, exercice qui comprend *l'acte principal de la Justice,* que s'ils veulent poursuivre chez eux les Droits de leurs Terres, ils doivent se pourvoir devant leur Juge ; il faut qu'ils en subissent le Jugement, sauf l'appel. Ordonnance de 1667, titre des Récusations. On dira que l'Ordonnance ne les y assujettit pas, cela est vrai ; mais s'ils veulent faire usage de leur Justice pour leurs Droits, il faut qu'ils ayent recours à leur Juge ; c'est leur Juge, non eux qui décideront ; c'est à leur Juge, non à eux, que l'Ordonnance donne ce pouvoir, & en ce sens le Juge, Gradué ou non, est le Juge de son Seigneur.

Le Seigneur n'a plus que la qualité *personnelle & honorifique* de Justicier; *la qualité de Magistrat, non plus que l'Office, ne résident pas véritablement en la personne des Seigneurs, mais en celle des Juges.* Loiseau *ibid.* chap. 1, n. 41.

On dira que mon sentiment tend à multiplier les Honneurs de l'Eglise, qui, suivant moi, ne doivent pas être multipliés; mais il ne s'agit ici que *de préséances*, qui se multiplient tous les jours suivant la qualité des personnes; & d'ailleurs personne ne représente le Haut-Justicier, que celui en qui réside pleinement l'exercice de la Justice.

Que le Seigneur soit présent à un scandale, à un désordre qui arrivera dans l'Eglise, auquel il faudra remédier promptement, ou dont il faudra informer, sauf le renvoi pour juger définitivement, dans les cas qui excedent le pouvoir du Haut-Justicier, si le Juge est absent, le Seigneur n'aura que la voie de la remontrance, il faudra recourir au Juge; si ce Juge est présent, Gradué ou non, c'est à lui que l'on doit s'adresser, non au Seigneur.

Il est donc, Gradué ou non Gradué, en présence comme en l'absence du Seigneur, revêtu *seul* de la puissance publique, & dès-là il est, après le Seigneur, la personne la plus qualifiée; parce qu'en lui *seul* réside l'exercice, *l'acte réel* de cette puissance publique, qui, dans les Seigneurs même, est le germe des grands Honneurs qu'on leur défere.

Pourquoi donc, dans ces Droits que nous agitons, qui ne sont que de simples *préséances qui ne multiplient*

pas

pas les vrais Honneurs, ce Juge qui, Gradué ou non Gradué, le Seigneur présent ou absent, est le Juge du Lieu, le Juge de tous les Habitans, des Nobles de la Paroisse, *le Juge de son Seigneur même*, n'aura-t-il pas ces préséances avant tous autres que le Patron & le Seigneur, ou que quand il sera Gradué, ou que quand le Seigneur sera absent, ou que dans un jour plus marqué dans la Paroisse?

J'avoue ingénuement & de bonne foi que, quelques réfléxions que j'aye faites sur ces différens préjugés, sur ces différentes opinions, je n'ai jamais pû me familiariser avec ces distinctions de Gradué ou de non Gradué, de présence ou d'absence du Seigneur, de jour de Patron, ou d'un autre jour. Quoi! Ce Juge s'il n'est pas Gradué, si le Seigneur est présent, sera néanmoins *réellement* le Juge, le *seul* revêtu de la puissance publique, & cependant il ne le sera pas dans ces momens, il sera confondu avec le reste des Habitans, il sera au-dessous de ceux sur lesquels il a néanmoins l'autorité de la Justice.

L'Auteur du Traité des Terriers, dont l'Ouvrage mérite l'attention du Public, au tome 2, sect. 12 du rang des Officiers de Justice, p. 77 & 78, prend le parti contraire à celui que j'embrasse; les Lecteurs ont la pleine liberté du choix : pour appuyer son sentiment, il invoque Loiseau, des Seigneuries, chap. 11, n. 58. Voici ce qu'il dit : *Loiseau, des Seigneuries, chap.* 11, *n.* 58, *convient que les Gens d'affaires du Seigneur ne peuvent le représenter, qu'il n'y a que les Officiers de Justice qui le puissent en son absence ; mais il estime qu'il faut qu'ils soient Gradués ; que l'on doit tolerer la même chose à l'égard des non Gradués, au moins le jour du Patron.* Ces derniers termes sont en lettres italiques; je fais cette observation pour ce que je vais dire.

J'ai lû ce nombre 58; & afin qu'on ne s'y méprenne pas, le voici:

« Mais voici un abus insigne qui se pratique en cette » matiere. Si le Seigneur & la Dame du Village, & leurs » enfans ne sont à la Messe, leur Valet & leur Cham- » briere, qui seront assis en leur Banc, se feront don- » ner l'Eau benite, apporter du Pain benit les premiers, » même la Paix à baiser en cérémonie, disant qu'ils re- » présentent leur Maître. Chose absurde; car, comme » il vient d'être dit, ces prééminences sont attachées » aux personnes de ceux qui participent à la Seigneurie, » en telle sorte qu'elles ne peuvent être suppléées ni re- » présentées par autres; c'est tout ainsi que si un Valet » vouloit représenter son Maître au lit du mariage, du » moins il y a autant d'absurdité que s'il vouloit aller le » premier à la Procession en l'absence de son Maître; » car de dire que les Honneurs de l'Eglise soient dûs » au Banc où Monsieur le Valet s'est mis, & non au » Seigneur, ce seroit une moquerie; d'ailleurs, de dire » que le Pain benit fût un tribut appartenant au Sei- » gneur, ce seroit une impiété.

Y a-t-il dans ce nombre un seul mot des Officiers de Justice, un seul mot de Gradué, de non Gradué, de jour de Patron ou autres jours? Si on peut tirer quelqu'induction de ce nombre, c'est en ce qu'il dit que les Honneurs ne sont attachés qu'aux personnes qui participent à la Seigneurie, lesquelles ne peuvent être suppléées par autres; ce seroit en faveur des Officiers de Justice, qui non-seulement participent à la Seigneurie & puissance publique, qui est la vraie

Seigneurie, mais *en qui*, suivant Loiseau lui-même *suprà, la puissance publique réside, & non dans les Seigneurs.*

Non-seulement Loiseau ne dit rien des Officiers de Justice dans ce nombre, mais dans tout ce chapitre 11, où il traite *ex professo* les Honneurs de l'Eglise, il n'en dit pas un mot : cet Auteur, dont le nom seul fait l'éloge, dont le suffrage est presque toujours un Arrêt, n'auroit pas parlé ainsi, après (endroits que j'ai cités & que l'on peut vérifier) avoir établi que les Seigneurs Hauts-Justiciers n'ont que le titre honoraire de Haut-Justicier, & les Honneurs qui en sont la conséquence ; mais que la puissance publique, qui est *proprie* leur Haute-Justice, réside en leurs Officiers seuls. Cet Auteur est dans les mains de tout le monde, il n'y a qu'à vérifier ce chapitre 11.

C'est ainsi que je vois souvent des citations d'Auteurs accrédités, que l'on hazarde sans prévoir qu'on met le Lecteur à même de les vérifier, & que l'on risque d'être contredit sur le champ.

On dira que souvent ce Juge sera un homme de néant, que la rareté de Sujets, les circonstances, auront nécessité de nommer.

Voilà l'homme qui parle ; c'est l'amour propre de celui qui voit impatiemment ce Juge avoir ou prétendre le pas sur lui, qui fournit ce moyen ; c'est l'orgueil qui lui cause ces impatiences. Nous l'avons remarqué *suprà* ; il a fallu une Ordonnance, il a fallu des Arrêts, il en faut encore tous les jours, pour arrêter la vanité de celui qui veut être préferé à un de ces Habitans, qui revêtu de Surplis, est dans ce moment du nombre du Clergé, sert à l'Office Divin ; il ne voit que l'homme, que l'Habitant, son amour propre ne veut pas y voir le Clerc, l'homme employé au Service Divin; mais la Loi, la Justice interpréte de la Loi, décide-t-elle, doit-elle décider en ce cas *de la personne*? C'est *le fond du droit* dont il est ici question; *le grade ne fait pas le Juge*, ce sont *les provisions* du Seigneur, *sa reception à cette fonction*, qui lui donne cette puissance publique, qui seule peut le mener à ces Préséances Honorifiques dans l'Eglise; c'est la qualité, la fonction qu'on doit considérer, non la personne qui en est revêtue.

VIII. Je tiens, *quant à ces Droits de simples préséances*, que le Juge, Gradué ou non, le Lieutenant en son absence, le Procureur Fiscal, le Seigneur absent ou présent, doivent jouir *de ces Honneurs moindres* avant tous autres de la Paroisse, tels qu'ils soient, après le Patron & le Haut-Justicier *de* la Paroisse, leurs femmes & enfans; un Haut-Justicier *dans*, non *de* la Paroisse, *dans* l'Eglise dont il n'est pas Seigneur, vis-à-vis du Juge du territoire de l'Eglise, n'est qu'un simple Habitant, quoiqu'il ne soit pas Justiciable de ce Juge; il n'est alors qu'un Habitant *dans la Justice d'un autre*.

Je pense que le Juge doit avoir ces préséances, même en présence du Coseigneur qui ne seroit pas en tour, qui auroit ses Officiers distincts, *mais après lui*; ce tour n'est que relatif aux Coseigneurs, pour ne pas multiplier les grands Droits: mais en tour, ou non en tour, il est toujours Seigneur du lieu; c'est ce que juge précisément l'Arrêt du 21 Août 1679, rapporté *suprà*, n. 6.

C'est honorer les Seigneurs, que d'accorder à leurs Officiers ces préséances en leur présence; c'est honorer la Justice elle-même, que de les déferer aux Juges avant tous les autres, après le Patron & le Seigneur. Le Juge, pour parler le langage de Loiseau, *locis citatis*, non-seulement participe à la Seigneurie, j'entends la puissance publique, qui est la vraie Seigneurie, mais cette puissance publique réside en lui seul, & non dans son Seigneur qui n'en a que la qualité, & le pouvoir de la faire administrer.

Il est vrai que si, comme le permet l'Ordonnance de Roussillon de 1563, la Justice se rendoit par des Juges nommés par chacun des Coseigneurs, alors l'Officier qui ne seroit pas en exercice ne pourroit les prétendre; celui qui est en tour, en les obtenant, les conserve à celui qui entrera après lui; mais pendant ce tems, pendant cette suspense permise par l'Ordonnance, cet Officier non en tour n'est qu'un simple Habitant.

Tel est mon avis sur un point si controversé; cependant, comme je me suis fait une loi de ne point celer les autorités qui paroîtroient contraires, ne prétendant jamais donner des préceptes, mais dire franchement ce qu'après un mûr & scrupuleux examen j'ai cru devoir penser, il m'est tombé dans les mains en Juillet 1749, depuis la composition de ce Traité, la grosse en parchemin d'un Arrêt rendu sur Procès par écrit en la Deuxiéme des Enquêtes, au Rapport de M. Daverdouin, le 25 Juin 1725, qui, par rapport aux Officiers de Justice, sembleroit ne leur donner les Honneurs qu'en l'absence des Seigneurs: cet Arrêt juge aussi ce que j'ai dit des Seigneurs qui exercent la Justice, & ont les Honneurs par tour d'années; & que ces Droits, que je crois devoir être déferés aux Officiers des Justices, ne regardent point le Seigneur qui ne seroit pas en tour,

& qui, ainsi que je le dis, en tour, ou non en tour, est toujours Seigneur de la Paroisse vis-à-vis des Officiers du Seigneur qui est en tour.

Cet Arrêt est rendu entre Joseph-Antoine Hennequin, Chevalier, Seigneur de Charmont, Seigneur Baron de Chassenay en partie, & des Tours Sainte Parise pour le tout, Intimé; & Louis de Cayeul, Chevalier, Marquis de Lyancourt, aussi Seigneur & Baron de Chassenay en partie, Appellant de plusieurs Sentences de Troyes; Messire Claude-François Poncher, Maître des Requêtes, & Dame Elisabeth Arnault son épouse, aussi Seigneurs Barons de Chassenay, Intervenans.

Cet Arrêt prononce sur plusieurs chefs de demandes; mais je ne rapporte que ce qui a trait aux Droits Honorifiques.

C'étoit pour raison des Droits Honorifiques dans la Paroisse de Nocés, * dépendante de la Baronnie de Chassenay.

* L'extrait des Justices ressortissantes à Troyes, qui est à la fin du Commentaire de le Grand, dit, *Noez*.

Voici exactement le dispositif de l'Arrêt à cet égard.

» Notredite Cour, par son Jugement & Arrêt, sans » s'arrêter à la demande dudit Poncher & sa femme, » portée par Requête du 30 Juin 1723, tendante à ce » que ledit Hennequin de Charmont soit tenu de leur » rapporter & communiquer tous & chacun les titres » & piéces mentionnés en la décharge dudit Desmarets » du 29 Avril 1719, notamment les copies des partages de Chassenay, & les titres & piéces concernant » le Patronage à Nocés: en tant que touche l'appel interjetté par ledit de Cayeul de Lyancourt, de la Sentence du Bailliage de Troyes du 7 Novembre 1714, » & le chef de demande desdits Poncher & sa femme,

» porté par Requête du 28 Août 1723, par lequel ils
» adhérent audit appel dudit de Cayeul de Lyancourt,
» a mis & met l'appellation, & Sentence de laquelle il
» a été appellé, au néant; émendant, sans avoir égard
» aux chefs de demandes dudit de Cayeul de Lyan-
» court, portés par ses Requêtes & écritures fournies
» en Cause principale les 14 Juin & 12 Août 1712,
» à ce qu'il soit fait défenses audit Hennequin de Char-
» mont de prendre la qualité de Baron de Chassenay,
» & que ledit de Cayeul de Lyancourt soit déclaré seul
» Baron de Chassenay, ni aux chefs de demandes du-
» dit Poncher & sa femme, portés par Requête du 6
» Septembre 1721, tendante aux mêmes fins, desquels
» chefs tant ledit de Cayeul de Lyancourt, que lesdits
» Poncher & sa femme sont déboutés; ayant aucune-
» ment égard aux chefs de demandes dudit Henne-
» quin de Charmont, portés par ses Requêtes & écri-
» tures fournies en Cause principale les 9 Décembre
» 1713 & 15 Novembre 1716, à fin d'être maintenu
» & gardé dans le droit de se dire & qualifier Seigneur
» Baron en partie de Chassenay, maintient & garde
» ledit Hennequin de Charmont dans le droit de se
» dire & qualifier Seigneur Baron en partie de Chasse-
» nay, à cause de ses Tours Sainte Parise de Chassenay;
» sans avoir égard aux chefs de demandes dudit Hen-
» nequin de Charmont, portés par ses Requête & Ex-
» ploit des 20 Novembre 1711 & 16 Décembre 1713,
» à fin de séance & prééminence *de lui & de ses Offi-
» ciers*, & de tous les Droits Honorifiques, *avant ledit
» de Cayeul de Lyancourt & ses Officiers, dans l'Eglise de
» Nocés*; d'exercer & faire exercer seul par lui la Justice
» dans le Village de Nocés depuis le 31 Juillet jusqu'au

» 2 Août suivant, ni aux chefs de demandes dudit de » Cayeul de Lyancourt, portés par Requête du 14 Juin » 1712, ni à ceux dudit Poncher & sa femme, portés » par Requête du 6 Septembre 1721, à ce qu'ils fussent maintenus dans le droit d'exercer & faire exercer » seuls la Justice, & d'avoir les Droits Honorifiques » dans l'Eglise dudit Nocés depuis le 31 Juillet de chacune année jusqu'au 2 Août suivant.

» Ordonne que la Sentence arbitrale du premier » Juillet 1572 sera exécutée selon sa forme & teneur; » & suivant icelle, maintient & garde tant ledit Hennequin de Charmont, que lesdits Poncher & sa femme, dans le droit de faire exercer la Justice dans le » Village de Nocés depuis les premieres Vêpres, veille » de Saint Pierre aux Liens, tout le jour de ladite Fête » & le lendemain d'icelle jusqu'au premier coup de la

* Hic. » Messe, & d'*avoir lesdits jours par eux & leurs* * *Officiers les Droits Honorifiques dans l'Eglise du Village de* » *Nocés*, lesquels Droits seront par ledit Hennequin » de Charmont, & ledit Poncher & sa femme, exercés » concurremment & alternativement d'année en année, à commencer le 31 Juillet de la présente année 1725, par ledit Hennequin de Charmont, pen-

* Hic. » dant lesquels jours *ledit Hennequin de Charmont &* * » *ses Officiers exerceront la Justice dans le Village de Nocés, & jouiront des Droits Honorifiques dans l'Eglise dudit lieu de Nocés*; & l'année d'après & suivante, *lesdits* » *Poncher & sa femme, & leurs Officiers, exerceront la* » *Justice dans ledit Village de Nocés, & jouiront des Droits* » *Honorifiques dans l'Eglise dudit lieu, & ainsi alternativement d'année en année.*

» Pourront les Officiers du Seigneur qui ne sera

» pas

» pas dans son tour d'exercice, aller audit lieu de Nocés, » & assister à l'Audience, au Jugement des Causes y » portées, & y prendre place, & avoir voix délibéra- » tive, après toutefois les Officiers du Seigneur qui sera » dans son année d'exercice, & à la charge que le Bailli » ou Lieutenant de la Justice du Seigneur qui sera dans » son année d'exercice, présidera à ladite Audience.

» *Ne pourront* * *aucuns Officiers desdits Seigneurs, mê- » me ceux qui seront en exercice, prétendre les Droits Ho- » norifiques dans ladite Eglise de Nocés, au cas que le Sei- » gneur qui ne seroit pas en exercice se trouvât en personne » lesdits jours dans ladite Eglise de Nocés.* * *Hic.*

» Sans que le présent Arrêt puisse être tiré à consé- » quence par ledit Hennequin de Charmont à cet » égard, pour être le premier à exercer, ou faire exer- » cer par ses Officiers lesdits Droits de Justice, & jouir » aussi *le premier, & ses Officiers*, desdits Droits Hono- » rifiques dans ladite Eglise, ni prétendre pour raison » de ce aucun Droit de superiorité ou de prééminence » sur lesdits Poncher & sa femme.

Le même Arrêt interloque sur la demande de M. & Madame Poncher, à fin de jouir seuls des Droits Honorifiques *dans l'Eglise de Chassenay*; ordonne que dans trois mois ils feront preuve de leur possession, & que ledit Charmont n'en a jamais joüi, sauf audit Charmont la preuve contraire; ordonne que les témoins qui seront entendus, seront tenus de déclarer s'il est de leur connoissance que le terrein de l'Eglise de Chassenay soit dans la Seigneurie de M. & Madame Poncher, & il ordonne en même tems un Plan figuratif des lieux.

J'ai lû cet Arrêt en entier, il n'y a dans les conclusions des Parties aucune demande pour admettre ou exclure les Officiers Gradués ou non Gradués, rien qui parle de l'absence ou présence des Seigneurs; ce que je remarque, c'est que, 1°. l'Arrêt adjuge les Honneurs dans l'Eglise de Nocés par tour d'année : Nocés étoit une Paroisse dépendante de la Baronnie de Chassenay.

2°. Cet Arrêt adjuge les Droits Honorifiques *aux Seigneurs & à leurs Officiers* chacuns dans leur année: on entend bien, par rapport aux Officiers, que cela ne s'entend que des simples préséances.

Ce qui forme le doute, c'est de sçavoir comment entendre ces termes, *lesdits Seigneurs & leurs Officiers*; cela s'entend-il, *ou* leurs Officiers, ou bien les Seigneurs & leurs Officiers *simul*; c'est-à-dire pour les préséances, qu'ils les auront en présence de leurs Seigneurs, & après eux?

L'Arrêt juge bien que si le Seigneur qui n'est pas en tour d'année assiste *en personne* à l'Office, les Officiers du Seigneur en exercice n'auront point les Droits Honorifiques : cela appuye bien ce que j'ai dit, que le Seigneur en tour, ou non en tour, étoit toujours Seigneur; mais cet Arrêt ne les donne point au Seigneur non en tour dans ce cas, à l'exclusion des Officiers du Seigneur en tour; cela juge seulement, que ce Seigneur non en tour présent, empêche que les Officiers du Seigneur en tour n'en jouissent. Voilà mes réfléxions sur cet Arrêt, qu'il est important de remarquer.

Nota. J'ai connu par les demandes visées dans l'Arrêt, que ce Droit des Barons de Chassenay étoit un Droit extraordinaire; qu'ils n'avoient droit dans l'Eglise & Village de Nocés où il y a Mairie, que le jour de Saint Pierre aux Liens, Fête de Patron; que dans ce jour, dès les premieres Vêpres jusqu'au lendemain de la Fête au premier coup de la Grand'Messe, ils avoient droit d'y aller avec leurs Officiers, qui, par privauté sur les Officiers de la Mairie de Nocés, y exerçoient la Police, & que ce jour ils avoient seuls, & leurs Officiers, les Droits Honorifiques dans l'Eglise dudit Nocés : ensorte que cet Arrêt ne réglant que des Honneurs extraordinaires, *nil mirum*, si les Officiers de Chassenay ne paroissent avoir les Droits que hors la présence des Seigneurs, même de Chassenay, pour les représenter, n'étant pas les *Juges naturels* du lieu de Nocés, qui a son Juge ordinaire. Cette observation me paroît importante pour le Lecteur.

Voilà ce que je pense; tel est l'avis que j'ai cru devoir prendre, après avoir pesé sérieusement & avec scrupule tous les autres sentimens; j'embrasse d'autant plus volontiers ce parti, que l'on voit que je raisonne par principes, & que je n'ai lû dans les Auteurs aucunes raisons pour appuyer ces distinctions de Gradué ou de non Gradué, de présence ou d'absence du Seigneur, de jour du Patron ou d'autres jours. Je vois bien qu'ils le décident; mais se fondent-ils en principes? Non.

IX. Le Parlement de Toulouse donne aux Hommagers, *id est* aux Vassaux du Seigneur, la préséance sur les Officiers de Justice du Seigneur, & sur les Consuls, surtout depuis l'Ordonnance de Moulins.

M. Dolive, liv. 1 de ses Questions notables, ch. 29, fait sur cela une dissertation fort curieuse, à l'occasion d'un Arrêt du 22 Août 1629, rendu à son Rapport; voici le fait qui y avoit donné lieu.

Robert Dangereux tenoit en Fief du Comte de Lisle-Enjordain le Château de Serre, dans le Territoire & Jurisdiction de Levinhac, avec quelques Droits de directe & domination féodale en dépendans, avoit Banc & séance honorable dans l'Eglise en qualité de Seigneur direct & Hommager du Comte, & en avoit joui paisiblement jusqu'en 1555, qu'il fut troublé par les Consuls de Levinhac. Le Sénéchal de Lisle avoit maintenu les Consuls. Arrêt le 14 Août 1555, qui mit l'appellation & Sentence au néant; ordonna, avant faire droit, que le Roi & la Reine de Navarre, Comtes de Lisle, seroient appellés; & cependant, par provision, adjuge la préséance audit Dangereux. Le Roi & la Reine de Navarre ayant paru en Cause, Arrêt le dernier Juillet 1556, qui maintint définitivement les Consuls, *comme ayant la Jurisdiction en toutes Causes civiles & criminelles, possession & saisine*, de préceder en tous actes & assemblées publiques ledit Dangereux, en portant la livrée consulaire, & avoir Banc au lieu le plus éminent: ils en jouirent jusqu'en 1628.

Il y eut des changemens dans cet intervale: Robert Dangereux mourut; ses successeurs firent depuis l'an 1562 profession de la Religion Protestante; l'Ordonnance de Moulins de 1566 ôta aux Consuls la Jurisdiction civile, les réduisit à *l'instar* des Officiers municipaux des Villes & Bourgs, en leur laissant toutefois le criminel.

En 1628, Daniel du Barry devenu possesseur du Château de Serre, se pourvut par Requête en interprétation de l'Arrêt de 1556: il dit, 1°. Qu'on ne pouvoit lui opposer de prescription de jouissance par les Consuls, parce que depuis l'an 1562 ses Auteurs avoient été Protestans. 2°. Que l'Ordonnance de Moulins avoit ôté aux Consuls la Jurisdiction civile, qui étoit un des motifs de l'Arrêt.

Le 22 Août 1629, Arrêt au Rapport de M. Dolive, qui ordonna que l'on contesteroit plus amplement pendant un mois, que l'affaire seroit communiquée à M. le Procureur Général, & que par provision ledit du Barry précederoit les Consuls, suivant l'Arrêt du 14 Août 1555.

Contre cet Arrêt, le Syndic des Consuls prit Requête civile, opposa la contrariété d'Arrêts entre celui de 1629 & celui de 1556. Le 14 Mai 1630 Arrêt qui démet le Syndic de ses Lettres en forme de Requête civile, sans dépens.

A l'occasion de cet Arrêt, M. Dolive fait une dissertation fort curieuse sur la qualité des Hommagers, Vassaux du Seigneur : il dit que le Fief est comme un corps mystique ; le Fief dominant en est le chef, les Fiefs servans en sont les membres ; que les membres doivent partager les honneurs du chef ; qu'autrefois les Vassaux étoient appellés *Commilitones* de leur Seigneur ; qu'ils l'assistoient en Guerre & en sa Justice, pourquoi on les appelloit *Pares Curiæ ;* que dès-là mettre entr'eux & leur Seigneur les Officiers de ce Seigneur, c'étoit faire une séparation trop forte, trop violente, du chef & de ses membres ; & il conclut au fond, que l'Arrêt de 1629 & celui de 1630 étoient juridiques, d'autant plus que depuis l'Ordonnance de Moulins, les Consuls *n'avoient plus la Jurisdiction civile*, ce qui étoit un des motifs de l'Arrêt de 1556.

L'addition sur cette question pose pour maxime, que les Hommagers sont en droit de suivre immédiatement leur Seigneur : on en rapporte plusieurs Arrêts.* Un du 27 Juin 1601, entre Alexandre Fregouse, Abbé de Fontfroide, & Jean Casalades, Procureur & Cura-

* Je les rapporte par ordre de date.

teur de Françoise de Pogio, & Isabeau de Baudinel, qui jugea que lesdites de Pogio & Baudinel, qui n'avoient que des Fiefs dans le lieu de Saint Nazaire, dont elles faisoient hommage à l'Abbé, précederoient les Bailli & Consuls de Saint Nazaire.

Un second de la Chambre de l'Edit de Castres du 28 Février 1604, entre Bernard de Montaud, Sieur & Baron dudit lieu, les Syndic & Consuls, & Bertrand de Fabaret, Sieur de Cossol & de la Coste, qui ordonna que ledit Fabaret, en qualité de Vassal & d'Hommager de Montaud, précederoit les Consuls en tous actes, & dans l'Eglise, soit dedans, soit dehors; qu'il pourroit avoir un Banc & un agenouilloir dans l'Eglise, en telle sorte cependant que ledit Banc & Siége ne puisse être censé fait en émulation dudit sieur de Montaud.

Un troisiéme du 26 Mars 1608, entre François de Montesquieu & Anne de Villeneuve, mariés, & les Consuls du lieu de Cadoul, qui juge de même.

Un quatriéme du 8 Août 1611, entre Messire Charles Descars, Sieur & Baron d'Esse, Aucanville, la Motte & autres lieux, & Pierre de Dieupantale, Sieur de Marquestaud, son Hommager, qui confirme le Jugement des Requêtes du 27 Octobre 1610, qui maintenoit ledit de Dieupantale en la faculté de préceder dans l'Eglise d'Aucanville *le Juge*, & tous autres Officiers du sieur Descars.

Un cinquiéme du 3 Avril 1612, entre Pierre Descoparier, Coseigneur direct de Posols, & les Consuls dudit lieu de Posols.

Un sixiéme du 28 Juin 1619, entre Nicolas de Bertrand, Sieur de Bandeau, & les Consuls de Berat: le sieur Bertrand faisoit hommage au Baron de Berat de sa Maison de Bandeau, sous le service d'une Epée dorée, à chaque mutation de Seigneur : cet Arrêt n'étoit que provisionel, il en obtint un définitif au mois de Décembre suivant.

Un septiéme du 19 Août 1622, entre le sieur Dantin & les Consuls d'Argelas.

Un huitiéme du 9 Juin 1628, entre M^e^. Etienne Pezau, & les Consuls de Verdun.

Tous ces Arrêts donnent aux Hommagers, *id est*, Vassaux du Seigneur, la préséance sur les Consuls.

L'addition finit en disant, les Hommagers étant si fort attachés à leur Seigneur, qu'il y a une relation entr'eux semblable à celle du pere aux enfans, du mari à la femme, & conclut qu'on ne doit point les séparer.

On peut encore y ajouter un Arrêt de ce Parlement du 13 Septembre 1552, dont j'ai parlé *suprà* sur la Litre, deuxiéme question, qui ordonne que le sieur Molinier, Coseigneur en la Moyenne & Basse-Justice, précederoit *tous* autres, après le sieur Ducarine & sa femme.

M. de Cambolas, liv. 4, chap. 25, en rapporte deux.

Le premier, du 26 Avril 1621 : le fait étoit, que de la Baronnie d'Antraigues dépendent sept ou huit Villages, d'une partie desquels le sieur de Montpairoux étoit Seigneur direct, pour laquelle il faisoit hommage à Antraigues, dans lequel lieu d'Antraigues il n'avoit pourtant aucune Directe; mais comme Gentilhomme & Hommager du Baron pour quelques Mazages (*a*) dépendans de ladite Baronnie, il prétendit préceder *le Juge*. Le Sénéchal avoit adjugé la préséance au Juge;

(*a*) *Idem ac mansus*, Ducange, sur le mot *Massa*.

l'Arrêt infirme la Sentence, & ordonna que ledit de Montpairoux précederoit le Juge ès lieux où il étoit Seigneur direct, même par provision dans Antraigues; & cependant que l'on contesteroit plus amplement sur ce chef, & le Baron d'Antraigues appellé.

Il rapporte aussi l'Arrêt du 9 Juin 1628 *suprà*.

Le second, du 24 Mai 1632, entre les Consuls de Caladoin & le sieur de Janin : jugé que les Consuls le précederoient, quoique Gentilhomme, & ayant deux cens septiers de bled de rente fonciere : il remarque que ces Consuls étoient faits par le Juge royal de Terebasse audit Caladoin, qui étoit *une Ville fermée*, laquelle avoit rang & séance dans l'Assemblée des Assiétes du Pays d'Albigeois, & qu'il n'avoit aucune Justice ni Directe générale dans le lieu.

Ensorte que sans ces circonstances il auroit précedé les Consuls.

X. Je respecte infiniment les Arrêts, surtout quand par une longue suite ils forment comme un Code de Jurisprudence; cependant quelque sçavante & curieuse que soit la Dissertation de M. Dolive, je distinguerois d'abord *les Juges* des Seigneurs & les Consuls; le Juge est l'Officier qui a proprement la vraie Jurisdiction, ès mains duquel le Seigneur a remis l'exercice de la puissance publique; les Consuls ne sont que des Officiers municipaux, qui, surtout dans des Bourgs & Villages, ne doivent pas être considerés, depuis l'Ordonnance de Moulins, comme de vrais Juges, comme Juges ordinaires, & conséquemment ne doivent pas avoir un rang aussi éminent. Aussi M. Dolive motive son Arrêt sur ce que depuis l'Ordonnance de Moulins les Consuls *n'avoient plus la Jurisdiction civile*.

Ensuite

Ensuite je ferois attention, 1°. que les Vassaux-Hommagers ne tiennent plus à leur Seigneur aussi indissolublement qu'autrefois. Quand une fois le Vassal a fait son hommage, il est autant Seigneur dans son Fief, que son Seigneur dominant l'est dans le sien : le Vassal investi peut former complainte contre son Seigneur qui le trouble dans ses possessions ; & si la sous-inféodation ne fait pas un démembrement réel, *fit tamen aliqua* (*dismembratio*), dit Dumoulin, §. 35, *hodie* 51, gl. 1, n. 17, *circa medium*, cela fait un Fief séparé & distinct du dominant ; & ce qui écarte en cela le réel démembrement, c'est qu'il n'est pas un Fief *indépendant* de celui dont il est détaché, il n'est pas subsistant *per se*, il est portion subalterne du Fief dominant, & dès-là toujours portion du même Fief ; l'unité du titre est toujours la même.

2°. Que les titres de *Commilitanes*, *Pares Curiæ*, sont des titres que l'ambition & la puissance immodérée des Hauts Seigneurs avoient donnés à leurs Vassaux pour être eux-mêmes plus puissans, & se former un petit Etat de leur Seigneurie, d'où les Vassaux étoient obligés *à l'ordre du Seigneur*, *au Service de Cour & de Plaids*. Mais depuis que la prudence de nos Rois a ramené à eux *seuls* toute l'autorité, ces titres fastueux ont disparu, les Seigneurs n'ont plus eu ce pouvoir de faire la Guerre, & de s'y faire suivre par leurs Vassaux, ils n'ont plus eu de Cour ; &, ainsi que le prouve Loiseau *loco citato suprà*, les Seigneurs ont été obligés de déposer leur autorité ès mains de leurs Juges, dont pour les Droits de leur Terre, s'ils veulent faire usage de leur Jurisdiction, ils doivent subir les Jugemens, sauf l'appel, suivant l'Ordonnance de 1667 ; dans la Picardie même, où il y a encore des vestiges de ces Fiefs de Pairies, ce ne sont pas les Vassaux qui assistent le Juge du dominant, ce sont leurs Juges.

Depuis ce tems toute l'autorité du Seigneur, tout l'exercice de la puissance publique réside dans le Juge du Seigneur, il est le seul qui représente le Seigneur dans la partie la plus noble de la Seigneurie, il est le Juge de tous; & dès-là il doit préceder tous les autres Habitans, même Seigneurs de Fief, comme étant celui qui a la vraie puissance publique, le Seigneur n'en ayant plus que l'honorifique, qui lui donne le droit général à tous les Honneurs de l'Eglise après le Patron. Voilà les réfléxions que j'ai cru devoir faire sur cette Jurisprudence; réfléxions que l'état vrai de nos Fiefs, tels qu'ils sont depuis très-long-tems, suggere; ce qui, je l'espere, fera quelqu'impression sur les Juges, parce qu'ils veulent toujours chercher le vrai, & le faire triompher; parce qu'ils n'ont d'intention réelle que de juger suivant les principes, qui sont le repos des familles, & le frein de l'orgueil & de la chicane.

SECTION TROISIE'ME.

De la Paix, Offrande & Procession.

Que les préséances pour l'Offrande, la Paix & la Procession, se réglent par la qualité des personnes.

Je ne m'étends pas sur ces Droits de préséances; il est certain que le Droit d'aller le premier à l'Offrande, d'avoir le baiser de la Paix, d'aller le premier à la Procession, appartient au Patron primitivement, & ensuite au Haut-Justicier, leurs femmes & enfans.

Après eux, en conséquence de ce que j'ai observé dans la Section précédente, je tiens que le pas à l'Offrande & à la Procession appartient aux Juges du Seigneur de la Paroisse, & ensuite aux Gentilshommes & Seigneurs de Fiefs, suivant la qualité & dignité de leurs Fiefs; c'est une conséquence de l'Arrêt de Coubertin rapporté *supra*, du 11 Juillet 1734.

Ces Droits ne méritent pas une plus longue discussion; la décision s'en trouve dans tout ce que j'ai avancé dans les Sections précedentes: j'en touche quelque chose à la fin de ce Traité.

CHAPITRE VII.

De la forme d'agir pour les Droits Honorifiques, & quels Juges en doivent connoître.

I. *Que la complainte pour les Honneurs est la voie ordinaire pour les Patron & Haut-Justicier.*

II. *Que cela doit se porter devant le Juge Laïc.*

III. *Principes sur cela. Que l'action pour ces préséances ne regarde pas le Curé.*

I. JE ne parlerai dans ce Chapitre que *relativement aux Patrons & aux Hauts-Justiciers*, ausquels *de droit* tous les Honneurs de l'Eglise, soit les vrais Droits Honorifiques, soit les Droits de préséances, appartiennent.

Tous les Auteurs conviennent assez que la complainte est la voie ordinaire de se pourvoir pour les Droits Honorifiques. Maréchal, chap. 7, qui ne voudroit accorder les Honneurs qu'au Patron, dit que quelquefois on a reçu la complainte des autres Seigneurs; mais il a passé que le Haut-Justicier avoit droit de former complainte pour les Droits Honorifiques, ainsi que le Patron; parce que ces Droits sont inhérens à sa Justice, & en sont des dépendances. Loiseau, des Seigneuries, chap. 11, n. 39; Bacquet, des Droits de Justice, chap. 20. Cela est avoué par les autres Auteurs, comme l'observe Danty en sa dix-septiéme Observation sur Maréchal, & l'Auteur du petit Traité imprimé à la fin des Œuvres de Maréchal. Brillon, en son Dictionnaire des Arrêts, tome 5, au mot *Prieres nominales*, rapporte deux Arrêts en faveur du Haut-Justicier, l'un de Paris, du 2 Août 1614, l'autre de Provence, du 26 Mars 1647, qui jugent qu'elle doit être portée devant le Juge Laïc.

II. Par rapport aux Juges qui en doivent connoître, les Auteurs s'accordent encore sur ce point, que c'est le Juge Laïc, & non le Juge d'Eglise; parce que, comme le dit fort bien Henrys, tome 2, édit. 1708, liv. 1, quest. 3, ces Droits ne sont pas purement spirituels, ils ont quelque chose du temporel, en tant qu'ils dépendent d'une Seigneurie ou d'un Fief, & tombent par ce moyen dans quelque commerce, par une dépendance nécessaire.

Tous les autres Auteurs parlent assez de même. M. le Prestre, édit. 1695, cent. 2, chap. 55, en rapporte deux Arrêts, l'un pour le Patron, l'autre pour le Haut-Justicier, des 27 Avril 1557, & 23 Décembre 1603: joignez les deux Arrêts rapportés par Brillon *suprà modo*.

Henrys, édit. 1708, tome 2, liv. 1, quest. 3, admet la complainte du Patron & du Haut-Justicier.

L'Auteur du petit Traité dont je viens de parler, en rapporte un de Dijon du 30 Juin 1667, au profit de la Dame de Rabutin de Chantal, contre le Curé de Montalan, qui, sans avoir égard au déclinatoire du Curé qui demandoit son renvoi devant M. l'Evêque d'Autun, ordonna que le Curé défendroit. Ferriere, des Droits Honorifiques, chap. 7, en rapporte un pareil du 6 Septembre 1629. Dans la Délibération du Clergé que j'ai rapportée *suprà*, chap. 6, sect. 1 de l'Eau benite, on lit que M. le Chancelier répondit aux Députés du Clergé, *que le Conseil n'avoit pû s'empêcher de renvoyer au Parlement de Toulouse l'affaire d'entre la Marquise d'Ambres & le Syndic du Diocèse de Castres, sur la façon de lui donner l'Eau benite, (étant de sa compétence).*

Ensorte que cela ne fait plus aujourd'hui la matiere d'un doute.

III. Tenez donc pour principes, 1°. Que le Patron & le Haut-Justicier *seuls* peuvent agir, soit par Requête, soit par complainte, pour leurs Droits Honorifiques. 2°. Que cette action doit être portée devant le Juge Laïc qui doit en connoître, non le Juge d'Eglise.

Il y a quelques Auteurs qui pour le Pain benit, c'est-à-dire pour le rendre, ou pour l'avoir, ou aller le premier à l'Offrande, pensent que la complainte n'a pas lieu, qu'il faut se pourvoir tout d'un coup au fond. Chopin, *de sacrâ politiâ*, *lib.* 1, *tit.* 4, *n.* 5. Maréchal, chap. 3.

Notez que l'action pour la préséance ne regarde pas le Curé, si ce n'est la façon de donner l'Eau benite au Patron & au Haut-Justicier. J'en ai rapporté *suprà*, chap. 9, sect. 2, Arrêt de 1612.

Notez encore que pour les Droits de préséance, tous autres que le Patron & le Curé ne peuven tintenter complainte. Arrêt de Paris du 25 Mai 1630, rapporté par Ferriere *loco citato*, pour le Curé de Coulons : j'en parlerai encore plus au long *infrà*, chap. 9.

CHAPITRE VIII.

De l'heure du Service Divin; & du droit de donner la permission de la Fête du Village.

I. *Personne ne peut avancer ni retarder les heures du Service Divin marquées par les Statuts des Diocèses.*

II. *Que le Haut-Justicier a seul le droit d'ordonner ou d'empêcher les Fêtes de Village.*

III. *Ce droit est un droit de Justice, non de Fief.*

IV. *Réglemens de la Cour sur ces Fêtes.*

Dans la Châtellenie de Lille, ce droit fait partie des Droits Honorifiques.

I. IL est incontestable que les heures du Service Divin, ainsi qu'elles sont réglées par les Statuts des Diocèses & par les Rituels, doivent être exactement observées, & que nul n'est en droit de faire avancer ou retarder l'heure marquée par les Evêques. Loiseau, chap. 11 des Seigneuries, le dit fort bien n. 47.

C'est ce que Maréchal, chap. 8, & l'Auteur du petit Traité qui est à la fin, établissent fort bien; ils se fondent sur l'art. 3 de l'Edit du Roi Charles IX. de 1571, qui dit:

» Défendons très-expressément aux Seigneurs tem-
» porels, & autres personnes quelconques, de con-
» traindre les Curés ou Vicaires à changer ou differer

» les heures du Service Divin ordinaires & accoutu-
» mées.

Il y a encore l'Arrêt des grands Jours de Clermont, du 30 Octobre 1655, qui porte les mêmes défenses.

Ensorte qu'il n'y a pas matiere à question sur ce point.

II. Par rapport aux Fêtes de Villages, qu'on nomme ordinairement foires ou assemblées qui s'y forment les jours de Patron, abus qu'il n'a pas été possible d'abattre, par le concours de tous les Habitans des Paroisses circonvoisines, y ayant souvent de grandes foires établies dans ce jour.

Le droit d'y ordonner ou défendre les réjouissances, n'appartient régulierement qu'au Haut-Justicier *de* la Paroisse; ou, s'il n'y en a pas, au Juge Royal immédiat devant lequel les Habitans répondent en premiere instance.

Loiseau, chap. 11 des Seigneuries, n. 12, traite très-bien ce point : voici comme il s'explique.

« Pareillement nos Gentilshommes se trompent fort,
» quand (*n'étant point Justiciers*) ils se débattent à ou-
» trance à qui donnera permission de faire la Fête du
» Village, à qui en fera faire le cri & semonce, per-
» mettant de lever les quilles, & autres cérémonies qui
» en dépendent, estimant que ce soit la vraie marque
» de la Seigneurie du Village, (*bien que ce soit un droit*
» *de Justice & de commandement sur les personnes, qui par*
» *conséquent n'appartient qu'aux Justiciers*). Encore y a-
» t-il quelques Coutumes qui n'attribuent ce droit
» qu'aux Hauts-Justiciers : Senlis, titre 4, art. 96; Bar,
» titre 2, art. 36; d'autres l'attribuent seulement aux
» Moyens-Justiciers; Amiens, art. 242; celle de Lille,
art.

» art. 29, veut que pour avoir ce droit, la Seigneurie » directe & féodale *du contour* de l'Eglise soit jointe à la » Moyenne-Justice; toutefois j'estime que le Bas-Jus- » ticier en peut user, *pourvû que le Haut-Justicier ne l'ait » défendu expressément, ce que je tiens qu'il peut licitement » faire, parce que ce territoire lui appartient, non pas au » Moyen ni au Bas-Justicier*; c'est pourquoi je conseille » à celui qui se sentira le plus mal fondé en ces débats, » de se munir & fortifier du nom & autorité du Sei- » gneur Haut-Justicier, ou de son Juge en son ab- sence.

Maréchal, chapitre 1 des Droits Honorifiques, dit aussi formellement, *semblables Droits sont de Police, & conséquemment de Justice.*

Je dirois, ce semble, du Juge, & non du Seigneur Haut-Justicier, c'est un fait de Police qui est une portion de l'exercice de la Haute-Justice, dont le Juge *seul* est capable, qu'il peut *seul* exercer, & non le Seigneur. Il est néanmoins vrai que le Seigneur Justicier jouit *personnellement* de ce Droit; que le Juge n'a autre chose que la Police à exercer pendant le jour de la Fête. En l'absence du Seigneur, c'est le Juge qui donne ou refuse ces permissions, & nul autre ne le peut.

Cependant si, pour de bonnes & justes causes, le Juge trouvoit à propos de la défendre, & fit pour cela publier son Ordonnance, je ne crois pas que le Seigneur, qui n'a aucun droit d'exercice de Jurisdiction, pût la permettre; il n'a que la voie de se pourvoir par les voies de droit, s'il a des moyens; la preuve en est dans le Réglement que je vais rapporter, il sévit contre les Officiers qui n'empêchent pas ces assemblées les jours marqués par cet Arrêt; ils ont donc le droit de les défendre : hors cela, toujours vrai que le Seigneur Justicier jouit *personnellement* du droit de l'accorder.

III. Ce Droit est donc réellement un Droit *de Justice*, & n'appartient à qui que ce soit autre que *le Justicier ;* c'est l'esprit de toutes les Coutumes. Et en effet, je l'ai dit, & cela est vrai, c'est un acte de Police, par conséquent un acte *de puissance publique*, qui ne peut émaner que *du Justicier*, Haut ou Moyen, suivant les Coutumes, & non d'aucun autre, tel qu'il soit, fût-il le seul Seigneur féodal ou direct du Village ; parce que, comme le remarque Loiseau, ces Droits ne sont de Seigneurie privée, mais *de Seigneurie publique, qui est la Justice.*

De-là on voit combien est grande l'erreur des simples Seigneurs de Fiefs, encore plus de ceux qui disent les représenter, même dans les Villages où il y a Haute-Justice, mais où les Officiers ne résident point ; les Fermiers ou Receveurs de ces Terres prétendent représenter le Seigneur, *nihil abusivius ;* le Juge *seul* représente le Seigneur, ou en l'absence du Juge le Procureur Fiscal. Le Fermier ou Receveur d'une Terre est un Préposé *à l'utile* de la Terre, le Fermier la prend à forfait, c'est-à-dire moyennant le prix de son bail. Le Receveur proprement dit est un homme chargé de la procuration du Seigneur pour recevoir : tout cela ne tend qu'à l'utile de la Seigneurie ; l'un & l'autre sont bien éloignés de représenter le Seigneur, surtout en ce qui dépend *des actes de puissance publique*, qui ne peuvent s'exercer sans provisions *ad hoc* du Seigneur ; nous l'avons déja dit chap. 5, sect. 6 à la fin. Voilà l'exact vrai. Combien errent ces Seigneurs de Fiefs, ou simples Gentilshommes, qui, sous prétexte de leur primauté par leur dignité ou qualité dans le lieu, s'imaginent être les Maîtres du Village, & veulent ordonner ou défendre ces Fêtes suivant leur goût ou caprice; ils ne s'apperçoivent pas qu'ils font acte de Justice, ce qu'ils ne peuvent faire; ils s'exposent souvent à l'insulte d'un Paysan, qui se trouvant le plus mutin, & ne voyant aucunes défenses émanées de la Justice, bravera impunément la défense du Seigneur de Fief, ou de celui qui veut le représenter, sans se porter aux voies de fait contre de pareilles défenses faites *à non habente potestatem*; le Seigneur féodal ou le Gentilhomme ne seront pas recevables à le traduire en Justice pour avoir méprisé ces défenses.

IV. Mais il faut avouer en même tems, que si les Seigneurs Justiciers ont *seuls* ce Droit, ils devroient mettre leur application à empêcher ces sortes de fêtes & assemblées, toujours tumultueuses, les jours de Fêtes solemnelles & de Patron, qui sont des jours consacrés par l'Eglise aux prieres, & à un culte spécial & plus majestueux.

On voit tous les jours dans ces fêtes de Village, où la grossiereté & la brutalité regnent sur tout, des danses, des parties scandaleuses par les rendez-vous; on voit les Cabarets plus ouverts & plus achalandés; de-là plus de désordres à craindre. Les Justiciers devroient respecter ces grands jours; & si les Foires & Marchés, qui sont utiles à leurs Seigneuries, échéoient dans ces jours, les remettre à des jours moins solemnels, qu'au moins l'Eglise n'a pas consacrés à un culte plus spécial & plus pompeux; encore mieux de les remettre à un jour que l'Eglise ne consacre pas par des Offices publics & de commandement.

La Cour y a pourvu de tout son pouvoir ; elle en a fait un Jugement solemnel aux grands jours ; l'Arrêt est du 14 Decembre 1665.

Ce premier Arrêt n'ayant pas eu son exécution, le 3 Septembre 1667 elle fit un Réglement ; il est rapporté tome 2 du Journal des Audiences, derniere édition, liv. 6, chap. 42 : voici ce qu'il porte.

» La Cour a ordonné & ordonne que ledit Arrêt » du 14 Décembre 1665, sera exécuté dans tout le » Ressort d'icelle ; ce faisant, conformément aux Or- » donnances, seront & demeureront les danses publi- » ques, appellées *fêtes baladoires*, & autres semblables, » supprimées ; fait défenses à toutes personnes d'en faire » aucunes ; à tous Seigneurs Hauts-Justiciers, * tant » Ecclésiastiques que Séculiers, & à leurs Officiers, de » les permettre, ni de souffrir que les Foires & Mar- » chés soient tenus ès Fêtes solemnelles de Pâques, » Pentecôte, de tous les Saints, Noël, Saint Sacre- » ment, de la Vierge, de l'Ascension, Circoncision, » Epiphanie, Dimanches & Fêtes, à peine de 100 li- » vres d'amende, tant contre chacun des contrevenans, » que contre les Seigneurs qui les auront soufferts, & » les Officiers qui ne les auront pas empêchés ; & si au- » cunes Foires & Marchés échéoient à aucuns desdits » jours, seront remis à autres subséquens : à cet effet, » sera le présent Arrêt lû & publié ès Prônes des Mes- » ses Paroissiales de chacune Eglise du Ressort de la » Cour ; enjoint à tous Curés d'en faire les publica- » tions, & aux Substituts du Procureur Général des » lieux d'y tenir la main, & d'en certifier la Cour dans » le mois.

* *Hic.*

Ces deux Arrêts jugent nettement que le droit de

permettre ou défendre la fête de Village, est un droit *de Justice*; que le Justicier *seul* peut l'exercer par lui, *ou ses Officiers*, puisqu'il prononce une peine contre les Officiers qui ne les auront pas empêchées; & conséquemment, que nul autre que le Seigneur Haut-Justicier, ou son Juge, ne peut les permettre ou les défendre.

Au même tome 2 du Journal des Audiences, liv. 12, chap. 6, il y a encore un autre Arrêt du 28 Avril 1673, sur la requisition de M. le Procureur Général, pour le Diocèse de Paris, qui ordonne que les Foires qui tomberont ès jours de Fêtes solemnelles & de Patron, seront remises au lendemain, suivant les art. 24 & 25 de l'Ordonnance d'Orléans.

Il seroit à souhaiter que ces Réglemens eussent leur pleine exécution; l'objet de l'Eglise, dans ces solemnités, en seroit plus dignement rempli.

Dans la Châtellenie de Lille en Flandres, c'est au Seigneur du Village *ayant les Droits Honorifiques*, à permettre les danses aux jours de Fêtes & de la Dédicace, à l'exclusion de tous autres Seigneurs ayant Fiefs dans le Village. Arrêt du Parlement de Tournay du 3 Décembre 1695, au profit de Guillaume-François de Montmorency, Vicomte de Voullers, contre Eustache le Sure, Ecuyer, Sieur de Farvaques. Cet Arrêt est le quatre-vingt-deuxiéme des Arrêts de ce Parlement, donnés au Public par M. Pinaux Desjaunaux, Président à Mortier. L'article 29 de la Salle de Lille dit: *Le Haut-Justicier ou Vicomtier, dont les héritages abordent le Cimetiere & l'Eglise*, il le répute Fondateur, & lui donne ce droit; ensorte qu'en ce Pays cela fait partie des Droits Honorifiques; & comme ces Droits, s'il n'y a titre contraire, sont à celui dont les Domaines & Directes abordent l'Eglise & Cimetiere, cette Coutume en fait une suite du Patronage, & c'est assez l'usage de ces Provinces de Flandres.

Par Arrêt de 1719, en la Grand'Chambre, les Sieur & Dame Matissard, Engagistes de la Haute-Justice du Village de Souchet en Artois, ont été maintenus, à l'exclusion du sieur de Freslaux, qui n'avoit que la Justice Vicomtiere, dans le Droit de permettre les danses & jeux publics en ces jours.

CHAPITRE IX.

Des Chapelles dans les Eglises.

Que cet Arrêt ne doit pas être tiré à conséquence, à cause des circonstances.

X. XI. *Des Droits de préseances dans l'Eglise.*

S'il y a action pour ces préséances par autres que le Patron & le Haut-Justicier.

Discussion des Auteurs. Conclusion ; qu'il y a action.

XII. *Maximes sur les préséances.*

I. JE ne parle pas de ces Chapelles ou Oratoires dans les Châteaux ou Maisons particulieres, rien de plus fréquent dans les premiers siécles, peu à peu on les a réduits : on sçait qu'on ne peut plus faire usage de ces Chapelles ou Oratoires que par la permission expresse de l'Evêque Diocésain ; & comme ces permissions ne sont réputées données que sur des causes légitimes, pressantes, & seulement pour le Seigneur ou Proprietaire de la Maison, il n'est pas permis d'y avoir cloche pour y assembler le monde, & le détourner de l'Eglise Paroissiale.

II. Je traite des Chapelles dans les Eglises, non pas de ceux à qui elles peuvent appartenir dans la suite, cela regarde le Droit de Patronage ; je n'agite ici que les Droits Honorifiques ; le Patronage des Chapelles s'acquiert par les mêmes voies que le Patronage des Eglises.

Ferriere, Traité du Patronage, chap. 5, observe fort bien que si la Chapelle est bâtie dans une Eglise Conventuelle, le droit du Patron ne consiste que dans les Honneurs de la Procession dans la Chapelle, & non dans le droit de Présentation ; mais que si la Chapelle étoit

étoit bâtie dans une Eglise séculiere qui passât dans la suite à des Réguliers, le Patronage Laïc ne s'éteindroit pas, le Patron y conserveroit le droit de nommer un Chapelain.

III. Loiseau, des Seigneuries, chap. 11, n. 80, dit que le Fondateur y a la même prééminence que le Patron de l'Eglise a dans l'Eglise; que cela a été jugé par un Arrêt du 18 Mars 1602, au profit du Seigneur de Lenville, contre M. Miron, Lieutenant Civil: c'étoit le sieur Olivier de Lenville, descendant de M. Olivier Chancelier de France; il est rapporté par Chenu en ses Questions notables, quest. 85.

Brillon, dans son Dictionnaire, tome 2, au mot *Chapelle, Famille*, rapporte cet Arrêt comme n'ayant jugé autre chose, sinon que le droit de Chapelle appartenant à une Famille ne peut être cedé à un Etranger par un héritier du Fondateur, au préjudice des autres héritiers, encore qu'ils ne soient pas demeurans dans la Paroisse, & que l'acheteur eût le consentement des Marguilliers. Maréchal, chap. 4, l'a rapporté comme Brillon.

Quoi qu'il en soit, il est toujours vrai, comme Loiseau le dit, que le Patron d'une Chapelle y a la même prééminence, que le Patron de l'Eglise a dans l'Eglise. C'est encore l'avis de Boucheul sur Poitou, art. 1, n. 18, sans blesser les droits des Patron & Haut-Justicier *de* l'Eglise.

IV. Les Curé & Marguilliers peuvent-ils ôter à une Famille leur Chapelle, même en lui conservant sa Sépulture, sous prétexte que ceux qui existent ne demeurent pas dans la Paroisse, & que l'Eglise ne peut aliéner à perpétuité?

Cette espéce est differente de celle de l'Arrêt de 1602. Dans l'espéce de l'Arrêt de 1602, la vente étoit faite par un descendant du Fondateur, du consentement des Marguilliers : la question que je propose est d'une vente faite par les Marguilliers *seuls*, au préjudice des descendans des Fondateurs.

La négative vient d'être jugée par deux Arrêts du même jour, sur les conclusions de M. Gilbert de Voisins, Avocat Général, aujourd'hui Président au Mortier.

Comme les demandes des Marguilliers tendoient à mêmes fins pour deux Chapelles, & qu'elles furent plaidées par les mêmes Avocats, sur les conclusions de M. Gilbert, il n'y eut qu'une même prononciation ; mais attendu que cela interessoit deux Familles distinctes, on permit d'en expédier deux Arrêts. Je sçai ce fait de M[e]. Nau notre Confrere, fils de M[e]. Nau Greffier du Grand Conseil, qui m'a remis l'Arrêt que son pere a obtenu, & son Mémoire manuscrit ; & de M[e]. Laverdy, qui plaidoit pour M[e]. Nau. Je ne rapporte que cet Arrêt ; l'autre se trouvera de même date, il étoit fondé sur les mêmes moyens, & juge mot pour mot la même chose ; cela est certain : voici le fait.

En l'année 1588, l'Eglise de Saint Eustache à Paris n'avoit pas encore sa perfection, les fonds manquoient, les Ouvriers refusoient de travailler : dans les collatérales de l'Eglise, entre les quatre piliers, il y avoit des places propres à faire des Chapelles ; les Marguilliers proposerent de les ceder moyennant une somme qui serviroit à payer les Ouvriers ; cela fut exécuté : ils les concederent à condition de faire les clôtures de vitrage, le pavé, la cave, la boiserie, & les autres ornemens.

Le sieur Jean Gaudais & Geneviéve Chantereau sa femme, Auteurs du sieur Nau, conjointement avec les légataires d'Isaac Chantereau, qui par son testament avoit laissé une somme pour la fondation d'une Chapelle & Sépulture, se firent conceder la proprieté de la Chapelle du Saint Esprit, s'engagerent à la faire clore, paver, lambrisser, garnir de vitres, faire faire les fermetures, achever ce qui étoit à faire, faire faire une cave pour eux & leurs successeurs & héritiers; il fut dit qu'ils pourroient faire mettre aux vitrages & autres endroits de la Chapelle leurs Armoiries, & intituler cette Chapelle de leur nom; elle s'appelle encore la Chapelle des Chantereau : les Fondateurs donnerent encore une somme de 1100 livres, somme considerable en ce temslà, par la rareté de l'argent, pour le revenu d'un Chapelain; ils en ont toujours joui depuis.

En 1700, les Marguilliers vendirent cette Chapelle à M. Dumay, Président en la Chambre des Comptes; le sieur Nau pere, descendant du sieur Chantereau, s'y opposa; assignation aux Requêtes du Palais : à la vûe des titres du sieur Nau, M. Dumay se désista. Les Marguilliers furent assignés par le sieur Nau pour le reconnoître Proprietaire de la Chapelle, voir dire que ses titres seroient enregistrés sur les Registres de la Fabrique, sinon que la Sentence vaudroit enregistrement. La Sentence l'ordonna : point d'appel. Il avoit nommé un Chapelain; il en nomma en 1711, 1715, 1728, 1733 : il rapportoit des quittances de frais funéraires dans cette Chapelle des années 1721, 1724 & 1744.

L'Eglise & Fabrique de Saint Eustache a obtenu des Lettres d'attribution au Parlement le 4 Août 1741, regiſtrées le 21.

Les 7 Septembre & 29 Octobre 1742, en vertu d'une Ordonnance de la Cour, les Curé & Marguilliers de Saint Eustache firent aſſigner M^e. Jean-Joſeph Nau, Ecuyer, Greffier au Grand Conſeil, pour voir dire que, ſans s'arrêter aux titres & piéces par lui communiqués, il leur ſeroit permis de diſpoſer de la Chapelle du Saint Eſprit, de proceder à une nouvelle conceſſion, après les differentes publications faites en la maniere accoutumée.

Deux moyens. 1°. Défaut de demeure dans la Paroiſſe. 2°. L'Egliſe ne peut aliéner à perpétuité : ils conſentoient de conſerver la Sépulture.

On répondit que le défaut de demeure du Fondateur dans la Paroiſſe n'étoit pas un moyen ; qu'il pouvoit à chaque inſtant y venir demeurer ; que l'aliénation n'étoit pas à perpétuité, mais pour la famille des Chantereau ; qu'à l'extinction de cette famille la Chapelle retournoit à l'Egliſe ; qu'il falloit diſtinguer l'aliénation à une famille qui avoit un terme fixe à l'extinction d'icelle, & l'aliénation à perpétuité qui n'avoit point de tems limité.

M. Gilbert, par rapport au moyen de défaut de demeure dans la Paroiſſe, dit qu'il falloit faire une grande difference entre les Bancs concedés dans la Nef, ou aux côtés de la Nef & du Chœur, & les Chapelles particulieres ; qu'à l'égard des Bancs, comme la Nef & autres places de l'Egliſe étoient ſingulierement deſtinées pour aſſiſter par les Paroiſſiens, *id eſt*, Habitans de la Paroiſſe au Service Divin, il s'enſuivoit que les Bancs qui y étoient ne pouvoient appartenir qu'à ceux qui demeuroient dans la Paroiſſe, parce que ceux-là ſeuls étoient Paroiſſiens obligés à l'aſſiſtance de la Paroiſſe; mais que ces Chapelles n'étoient proprement que des Oratoires particuliers, ayant Chapelain, par conſéquent Service diſtinct de celui de la Paroiſſe; que ces Oratoires conſtruits par des Particuliers étoient encore deſtinés plus ſingulierement à la Sépulture des Fondateurs & de leurs deſcendans; qu'il n'y avoit en cela rien qui oblige à une demeure actuelle ſur la Paroiſſe, parce que cette Chapelle ou Oratoire avoit une deſtination toute differente de celle de la Nef. Il adopta les autres moyens propoſés.

Sur le tout, le 16 Décembre 1744, après que Daugy, Avocat des Curé & Marguilliers de Saint Euſtache, de Laverdy, Avocat de Nau, ont été ouis, enſemble M. Gilbert, pour M. le Procureur Général; Arrêt, par lequel *la Cour déboute les Parties de Daugy de leur demande, & les condamne aux dépens.*

V. A qui une Chapelle, dont il ne paroît pas de Fondateur, appartient-elle? Le Seigneur peut-il la prétendre? Les Habitans, ſans le Curé & les Fabriciens, peuvent-ils en diſpoſer?

Cette queſtion a fait un Procès en la Premiere des Enquêtes, au Rapport de M. Boucher.

L'affaire étoit entre la Dame veuve du Terme & la Demoiſelle du Terme, Dames d'Abainville, d'une part; & les Syndic, Manans & Habitans d'Abainville, d'autre.

Voici l'Arrêt & l'eſpéce telle qu'on me l'a donné par un de Meſſieurs de la Chambre.

La queſtion étoit de ſçavoir à qui on adjugeroit

la maintenue d'une Chapelle de la Paroisse d'Abainville.

Les Dame & Demoiselle du Terme prétendoient en conserver la possession & jouissance ; cette possession de leur part étoit prouvée, soit par la déposition de plusieurs témoins, soit par quittances d'Ouvriers, des réparations que la Dame du Terme avoit fait faire à cette Chapelle : elles ne rapportoient pas, à la vérité, de titres de propriété, mais elles articuloient & mettoient en fait qu'ils avoient été brûlés dans un incendie arrivé un grand nombre d'années auparavant.

Les Habitans d'Abainville prouvoient aussi de leur côté leur possession par la déposition de plusieurs témoins ; ils prétendoient que les quittances de réparations produites par les Dame & Demoiselle du Terme ne pouvoient prouver leur possession, parce que la Chapelle avoit été réparée avec les deniers de charité, dont la Dame du Terme faisoit ordinairement la collecte ; qu'au surplus, dès qu'elle ne rapportoit pas de titre, elle ne pouvoit jamais être recevable dans sa prétention ; étant de principe, suivant Loiseau & tous les Auteurs, qu'aucun Laïc ne peut posseder une Chapelle dans l'Eglise, qu'autant qu'il a un titre précis.

Dans ces circonstances, la Dame du Terme n'a point été maintenue dans la possession de la Chapelle, parce qu'elle ne rapportoit aucun titre de proprieté ; & que d'ailleurs, pour être admise à prouver le fait d'incendie, au moins auroit-il fallu une possession précise : on en voyoit bien quelques actes de sa part ; mais démentis par d'autres actes de possession de la part des Habitans.

D'un autre côté, on ne pouvoit non plus maintenir les Syndic, Manans & Habitans de la Paroisse dans la possession de la Chapelle; car en général une Chapelle n'appartient pas aux Habitans, mais à la Fabrique & au Curé, qui n'étoient pas en Cause: ce sont eux qui décident conjointement de la destination d'une Chapelle; si on la vendra, si on la laissera fermée, ou si on permettra aux Habitans de s'en servir.

On avoit à la vérité la ressource d'ordonner que le Curé & la Fabrique d'Abainville seroient mis en Cause; mais pour tirer les Parties d'affaire, & leur éviter les frais d'un interlocutoire, on a mis hors de Cour sur la demande des Dame & Demoiselle du Terme, afin d'être maintenues dans la possession & jouissance de la Chapelle contentieuse: on a pareillement mis hors de Cour sur la demande des Maire, Syndic & Habitans de ladite Paroisse, afin d'être maintenus dans la possession & jouissance de ladite Chapelle, tous dépens de la Cause d'appel compensés; la Dame du Terme condamnée aux dépens de la Cause principale.

Par ce Jugement, la Chapelle n'étant adjugée ni au Seigneur, ni au Corps des Habitans qui la réclamoient, il s'ensuit qu'elle retombe dans le cas des Chapelles ordinaires, & que conséquemment elle appartient au Curé & à la Fabrique, qui se trouvent en droit d'en disposer de la maniere la plus avantageuse pour l'Eglise d'Abainville, soit seuls, soit par le concours du suffrage des Habitans dûement convoqués.

L'Arrêt est du 2 Septembre 1745.

VI. Loiseau, *loco citato*, n. 81, forme la question de sçavoir si le Fondateur d'une Chapelle dans l'Eglise peut la fermer à clef. Il distingue: si elle est bâtie hors l'ancien enclos de l'Eglise, ce qui, dit-il, est à présumer, quand elle est située dans les aîles de l'Eglise, & a sa voûte à part; alors elle est présumée particuliere au Fondateur, il peut la fermer à clef: si elle est sous la grande voûte de l'Eglise, elle ne peut être tout-à-fait particuliere, ayant été une fois publique; & dans ce cas c'est assez que lui & sa famille y ayent les premieres places, sans empêcher les autres d'y occuper les places vacantes. Cette distinction paroît judicieuse.

Danty, en sa dix-huitiéme Observation sur Maréchal, rapporte une espéce pareille, mais dont l'Arrêt est remarquable.

La contestation étoit entre Isaac Gravier, Conseiller au Présidial de Lyon, & sa femme, se prétendans Patrons de la Chapelle de Saint Pierre & de Saint Quentin, fondée dans l'Eglise de Fontaines, bâtie à côté du Maître-Autel du Chœur, d'une part; & les Luminiers (*a*) & Habitans de ladite Paroisse, d'autre.

Deux questions: la premiere, en l'absence du sieur Gravier on avoit mis un Confessional dans cette Chapelle, ce qui en rendoit l'entrée publique; il prétendit qu'on

(*a*) Marguilliers, Fabriciens, en quelques endroits *Gagers*, & ce qu'on appelle Marguillier dans ces lieux, est le Bedeau; dans d'autres Provinces on dit *Marilliers*. Je me sers du terme *Marguilliers*, comme plus général & plus usité, & l'on sentira à merveille, je crois, dans les Provinces même où Marguillier se prend pour le Bedeau, que je parle de ceux qui ont soin de l'Œuvre, & qui sont chargés de l'administration de l'Eglise. En Auvergne le mot *Luminiers* se prend pour ce qu'à Paris nous appellons Marguilliers; ce terme vient de ce qu'ils prennent soin du luminaire de l'Eglise; d'où Ducange, en son Glossaire, dit: *Luminaria Ecclesiarum, uti vocant, Fabricæ, seu Ecclesiasticorum æditIorum, & Matriculariorum Fisci.* De-là, ajoute-t-il, Luminiers, *in Consuetudine Arvern. dicuntur Matricularii, Procuratores Fabricarum, Syndici, quod penes eos luminarium concinnandorum cura esset. Nota.* Dans la basse Latinité, Marguilliers se nommoient *Matricularii. Vide* Ducange sur ce mot. Dans la Province de Toulouse on dit *Ouvriers.* Brillon, Dictionnaire des Arrêts, derniere édition, tome 5, au mot Rente en grains, n. 38, qui en rapporte un exemple.

qu'on devoit l'ôter : l'autre, si le droit de nomination d'un Prêtre, quoiqu'affecté aux mâles, doit passer aux femelles de la famille du Fondateur, quand la ligne masculine est éteinte ; il prétendit l'affirmative.

Dans le fait, il soutenoit que le droit des Desures avoit passé à la famille des Gravier par le mariage de Jeanne Desures sa bisayeule avec Antoine Gravier ; que depuis ce tems les parens avoient toujours eu soin des revenus de cette Chapelle & de l'exécution de la fondation : le titre de fondation du 14 Mai 1505 portoit, *per propinquiores in genere dicti Joannis* Desures *de cognomine* Desures.

La Sentence rendue par le Juge du Comté de Lyon, du 14 Septembre 1695, avoit ordonné que le Confessional resteroit, & que l'entrée demeureroit libre pour y aller : appel par Gravier.

Par l'Arrêt du 16 Janvier 1698, en la Quatriéme Chambre des Enquêtes, au Rapport de M. Cochet de Saint Valier, depuis Président de la Seconde des Requêtes du Palais, la Cour infirma la Sentence ; émendant quant à ce, *ordonna que le Confessional seroit ôté & mis en un autre endroit de l'Eglise de Fontaine ; que ledit Gravier nommeroit les Prêtres qui disoient les Messes fondées par Pierre Desures fils par son testament du 14 Mai 1505 dans ladite Chapelle ; condamna les Luminiers & Habitans aux dépens.*

Cet Arrêt est remarquable ; quoique l'exécution de la fondation parût affectée aux mâles, néanmoins on jugea qu'elle avoit pû passer, par les femmes, à des alliés qui portoient un autre nom, à défaut de la ligne masculine.

VII. Un des Honneurs principaux que le Patronage

d'une Chapelle procure, outre le droit d'y présenter, est d'y avoir sa Litre, son Banc & sa Sépulture, comme le Patron de l'Eglise les a dans le Chœur de l'Eglise.

Maréchal, chapitres 4 & 5, dit que la Litre est en dedans la Chapelle seulement, sans l'étendre dans la Nef, ni au dehors de l'Eglise, & que ce droit appartient aux Patrons Fondateurs de la Chapelle.

Je tiens ce parti, le Patron d'une Chapelle bâtie sur les côtés ou aîles de l'Eglise, ayant sa voûte particuliere, y est Patron Fondateur autant que celui de l'Eglise l'est de l'Eglise; il a pour lui le titre de Fondateur de la Chapelle, & dès-là le germe productif des Honneurs : cette Chapelle est, pour ainsi dire, une petite Eglise à part, dont il est le seul Patron. Je tiens même *absolutè*, contre Maréchal, *ibid.* quoique régulierement il faille son consentement pour la construction, que le Patron de l'Eglise ne peut y mettre sa Litre, encore moins au-dessus de celle du Patron de la Chapelle; chaque Patron a son district; la Chapelle une fois bâtie & fondée a son Patron, privativement à tout autre : aussi Maréchal se méfiant de son avis, conseille au Patron de l'Eglise de ne faire mettre sa Litre qu'au dehors de la Chapelle, & cela est bon; car les deux piliers de l'arcade sous laquelle, quoiqu'en dehors, elle se trouve, sont au Patron de l'Eglise, mais il n'a rien au dedans.

De ce Droit de Litre, on doit, comme nous l'avons dit *suprà*, en induire le Droit de Banc & de Sépulture dans la Chapelle.

En un mot, à l'exception des Honneurs qui se déferent aux Patrons dans les Eglises, tels que les Prieres nominales, l'Encens, le Pain benit, le baiser de la Paix, la préséance à l'Offrande de la Messe du Chœur, à la Procession, le Patron d'une Chapelle doit, dans sa Chapelle, jouir de tous les autres Droits attribués aux Patrons, qui sont les conséquences du Patronage; il doit avoir dans sa Chapelle la même prééminence, que le Patron de l'Eglise a dans l'Eglise; & s'il y avoit quelque fondation à grand Service, je crois que dans cette occasion il auroit *tous* les Honneurs qui se déferent aux Patrons de l'Eglise. Loiseau, chap. 11 des Seigneuries, n. 80, tient qu'il y a les mêmes Droits. Je la suppose, avec Loiseau, bâtie hors la grande voûte de l'Eglise, ayant sa voûte à part.

VIII. *Quid* en cette espéce, qui m'a été proposée le 16 Juillet 1736?

Le Seigneur du Fief de la Montagne, premier Fief de la Paroisse de Saint Germain de Morigny près Etampes, se pourvut en la Justice de Morigny, & demanda permission de faire mettre son Banc, Armes & Litres dans la Chapelle de Notre-Dame de cette Eglise, *comme ses prédécesseurs avoient fait.* Les Abbé & Religieux de Morigny, Seigneurs Hauts-Justiciers & Féodaux, & Curés de la Paroisse, s'y opposerent. Contestation. Le sieur de la Montagne m'envoya son Mémoire, & copie d'une Sentence contradictoirement rendue le premier Août 1621 en ladite Justice de Morigny, avec le Procureur Fiscal, par laquelle » on permit au Seigneur » lors du Fief de la Montagne, sis en la Paroisse de » Morigny, comme étant le premier & principal Fief » de la Paroisse de Morigny, de faire mettre un Banc » & Siége dans ladite Eglise en la Chapelle de Notre- » Dame, (ainsi que ses prédécesseurs Seigneurs de la » Montagne avoient ci-devant fait), auquel Banc,

» il pouvoit mettre & élever ses Armes, ensemble faire
» mettre en icelle, tant en la muraille de ladite Cha-
» pelle, que vitres étant au-dessus dudit Banc, lequel
» Banc seroit mis & posé contre la muraille de ladite
» Chapelle au côté droit de l'Autel, & approchant d'i-
» celui d'environ trois pieds; comme aussi permet au-
» dit Seigneur de la Montagne de faire mettre Litres
» en ladite Chapelle où seroient peintes ses Armes; &
» pour en faire plus ample désignation, ordonne que
» le Juge se transportera dans ladite Chapelle avec le
» Procureur Fiscal.

En conséquence Procès-verbal, dont on m'envoya copie.

On articuloit un autre fait, dont on offroit la preuve, qui étoit que trente ans avant la contestation, les Litres des Seigneurs de la Montagne dans ladite Chapelle avoient été rafraîchies & repeintes, au vû & sçû des Abbé & Religieux, sans opposition de leur part.

Consultus respondi, que quoique le principe général s'opposât à la prétention du Seigneur de la Montagne, les circonstances particulieres & sa possession le tiroient de la thèse générale, & devoient lui faire adjuger les conclusions de sa demande.

Dans le principe, le Patron & le Haut-Justicier *de* la Paroisse ont *seuls* les grands Droits Honorifiques. Si quelquefois les Moyens-Justiciers en jouissent vis-à-vis des Patrons, 1°. Ce n'est pas à leur exclusion, ni du Haut-Justicier du Lieu. 2°. C'est pure tolérance, par grande possession, encore je la tiens abusive : le Seigneur de la Montagne n'étant ni Patron ni Haut-Justicier *de* l'Eglise de Morigny, quoique son Fief son le premier & le principal Fief de la Paroisse, cela ne lui donne pas *le droit* aux Honneurs.

Cependant deux circonstances particulieres se tirent de la thèse générale.

La premiere, il ne s'agit point ici de Litre patronale ou seigneuriale, de Banc patronal ou seigneurial dans l'Eglise, *id est* dans ce qu'on nomme proprement l'Eglise, le Chœur, la Nef, mais seulement dans une Chapelle de cette Eglise.

La seconde, qu'il paroissoit en possession paisible du Banc armorié & de la Litre dans cette Chapelle depuis plus de cent ans, possession contradictoire avec les Abbé & Religieux, Seigneurs de Morigny.

Les Litres & Bancs dans les Chapelles ne portent aucun préjudice aux Droits des Patrons & Hauts-Justiciers à la Paroisse; ces Chapelles ordinairement sont des hors d'œuvres, dont les voûtes pour la plupart sont hors la maîtresse voûte de l'Eglise; ces Litres n'intéressent point les Litres patronales & seigneuriales : on ne peut argumenter du Droit de Litre dans une Eglise, à la Litre dans une Chapelle particuliere. L'Arrêt d'Herbelay rapporté *suprà*, en refusant au Seigneur de Beauvais le Banc & la Litre dans l'Eglise, lui permit de l'avoir dans la Chapelle de Sainte Catherine *seulement*, dit l'Arrêt.

Dans le fait particulier, il paroissoit que le Seigneur de la Montagne jouissoit de ces Droits dans la Chapelle depuis plus de cent ans, puisque la Sentence est de 1621, & que cette Sentence les lui permettoit, comme ses Prédécesseurs Seigneurs de la Montagne avoient fait audit lieu.

La possession immémoriale profite souvent pour les

Honneurs, quand elle ne nuit ni aux Patrons, ni aux Hauts-Justiciers du lieu. Ferriere, chap. 11 des Droits Honorifiques, en rapporte des Arrêts; cependant voyez ce que j'en ai dit *suprà*.

J'étois présent à l'Audience, lorsqu'en 1727, sur les conclusions de M. Talon, lors Avocat Général, depuis Président à Mortier, Magistrat que nous avons perdu à la fleur de son âge en 1744, Magistrat universellement & justement regreté; il nous rendoit parfaitement ses illustres ancêtres; sa science profonde, plus encore la droiture de son cœur, la douceur de ses mœurs, la bonté de son caractere, son zéle pour la Justice, son amour pour la Patrie, seront les sujets éternels de nos larmes, regrets d'autant plus amers, que presque dans le même instant nous avons perdu l'unique rejetton d'une famille aussi chere, aussi respectable: sur ses conclusions le sieur de Bernon obtint d'être maintenu dans la possession de la Sépulture au Chœur de l'Eglise de Brigeuil; on fit défenses au sieur du Moutiers Seigneur de l'y troubler; (Me. de Lavady plaidoit pour lui). Le sieur du Moutiers Seigneur & l'Archiprêtre Curé de ladite Paroisse de Brigeuil le lui contestoient; Me. Julien de Prunay Avocat du sieur du Moutiers, Me. Jorel Avocat de l'Archiprêtre: le sieur de Bernon se fondoit sur sa possession, & les Inscriptions qui se lisoient sur la tombe de ses ancêtres: M. l'Avocat Général fonda ses conclusions *sur la grande possession*, & conformément aux conclusions l'Arrêt y maintint le sieur de Bernon.

Dans l'espéce, le sieur de la Monte est fondé en possession de plus d'un siécle, possession appuyée d'une Sentence contradictoire avec le Procureur Fiscal de la

Haute-Justice de Morigny, au vû & sçû des Abbé & Religieux; trente ans avant ses Litres avoient été rafraîchies. Il est vrai que la Sentence de 1621 paroissoit ne confirmer que le Banc armorié; que la Litre paroissoit plutôt une permission qu'une confirmation; mais le rétablissement du Banc avec Armes au-dessus, fait présumer, sinon un parfait Patronage de cette Chapelle, au moins des bienfaits des prédécesseurs Seigneurs du Fief de la Montagne. La possession de la Litre depuis la Sentence de 1621, c'est-à-dire depuis cent quinze ans, paroissoit suffisante pour l'y maintenir dans cette Chapelle.

Je conclus qu'après une possession aussi publique, aussi contradictoire, aussi ancienne, il paroissoit que le sieur de la Montagne étoit bien fondé dans sa demande, d'autant plus que cela ne nuisoit point aux Religieux dans le Chœur, ni à leurs Droits.

Comme il y a eu un changement dans cette Abbaye de Morigny, qui je crois est devenue une Paroisse séculiere, cette affaire est demeurée sans poursuites.

IX. Peut-on former complainte pour un Droit de Sépulture dans une Chapelle que l'on prétend fondée par ses Auteurs?

Par Arrêt du 22 Décembre 1600, entre Charles Bonynx, Ecuyer, Sieur de Corpoi, & Consorts, Appellans d'une Sentence de Mehun, * & Paul Ragueau, Lieutenant au Siége royal de Mehun, rapporté par

(a) On écrit à présent Meun. Ce Meun dont parle l'Arrêt, n'est pas celui qui est à deux lieues d'Orléans; c'est Meun sur Yerre en Berry: cela se voit par le vû de l'Arrêt.

Chenu en ses Questions notables, question 84 : jugé qu'on n'y étoit pas recevable.

Cet Arrêt paroît croiser le principe que nous avons posé, que le Patron d'une Chapelle étoit dans sa Chapelle également Patron comme le Patron de l'Eglise.

Mais cet Arrêt ne doit pas être tiré à conséquence ; il n'y a qu'à lire le vû où sont les Plaidoyers : celui auquel on contestoit la Sépulture, prétendoit être aussi *descendu* des Fondateurs par les femmes : cette circonstance fit juger que la complainte qu'on avoit formée contre lui, n'avoit pas lieu *contre un descendant des Fondateurs*. Chenu rapporte cet Arrêt tout au long, on peut le lire ; il ne juge pas la question pure de droit, de sçavoir si un Patron ou ses descendans peuvent former complainte pour leur Sépulture dans leur Chapelle.

Il est vrai que dans ses défenses Paul Ragueau disoit que la complainte n'avoit pas lieu pour droit de Sépulture, que celà avoit été jugé le 20 Juillet 1547 par Arrêt ; mais on ne voit point le fait de cet Arrêt. Je tiens que le Droit de Sépulture étant un Droit Honorifique du Patronage, peut occasionner une complainte de la part du Patron, ou de ses descendans, *contre des étrangers. Vide suprà.*

Des Préséances.

X. Comme la préséance pour aller le premier à l'Offrande, à la Procession, & d'autres cérémonies, qui à d'autres qu'aux Patron & Haut-Justicier *de* la Paroisse, sont de simples déférences accordées ou à la qualité & dignité du Fief, ou de Judicature, souvent même à l'âge ; comme ce Droit n'est pas à proprement parler un Droit Honorifique, & que mon objet dans ce petit

Ouvrage

Ouvrage n'a été que les Honneurs dûs aux Patrons & Hauts-Justiciers *de* la Paroisse, je ne me livrerai point à cette discussion.

Il y a peu de matiere où il y ait eu autant d'Arrêts, & où la Jurisprudence ait tant varié, à cause des circonstances, ou à cause de l'usage local, que souvent on ne veut pas déranger, dans la crainte d'exciter des troubles & des querelles dans les Villes de Provinces ou dans les Villages.

Cette varieté empêche de donner des maximes sur cela. Ce n'est pas le travail qui m'a détourné, je ne le crains pas, je le cherche quand il s'agit de donner des preuves de mon dévouement sincere à mon Ordre; & ne trouve-t-on pas dans le travail même, la récompense du travail, disoit un Auteur? * Je ne ferois que copier historiquement tous les préjugés rapportés par Maréchal & ses Additionnaires; par Ferriere qui en a fait une ample compilation dans son Traité du Patronage & des Droits Honorifiques; par Brillon en son Dictionnaire d'Arrêts, au mot *Préséances.* Après ce récit historique, toujours dérangé par quelque Arrêt amené par les circonstances particulieres que les Arrêtistes n'auront pas exactement rapportées, il ne m'auroit pas été possible d'en tirer des maximes, je ne dis pas certaines, mais à peu près générales; je l'ai éprouvé, j'ai fait l'extrait fidéle des Auteurs; j'ai mis les Arrêts par tables, tantôt chronologiques, tantôt alphabétiques; & après ce travail, quand j'ai voulu en tirer des maximes, je n'ai rien trouvé qui ne fût contredit par quelque Arrêt.

* Le P. Bouhours.

Cela m'a ôté l'envie qui m'avoit d'abord flaté de fermer ce petit Ouvrage par un Chapitre des Droits de Préséances ; je n'aime pas à n'être que Copiste ; si je ne suis pas Auteur de quelque chose, au moins je veux pouvoir tirer des Ecrits des autres des principes qui puissent être utiles à mes Confreres ; je n'ai pû réussir ; j'aime mieux ne point partager avec ceux qui ont écrit avant moi la gloire d'avoir tâché de réduire en maximes tant de préjugés differens. Je viens d'indiquer les sources où mes Confreres pourront puiser ; je les avertis de prendre bien garde aux circonstances qui auront amené les Arrêts ; il en est peu qui ayent jugé la question de droit, l'usage local y est presque toujours la circonstance déterminante.

XI. Je me contenterai d'agiter une question importante de cette matiere, parce qu'elle a trouvé de grands Auteurs pour l'affirmative & pour la négative.

Cette question est de sçavoir s'il y a une action pour ces Droits de préséances ; c'est-à-dire, si ceux (autres que les Patron & Haut-Justicier *de* la Paroisse) qui les prétendent ont action en Justice ; après cela je rapporterai les régles que Roye, *de Jurib. Honorif.* donne sur cela, il les détaille fort bien ; c'est à lui seul que nous les devons, au moins pour l'ordre & pour les raisons de décider.

Ces Droits de préséances ont souvent causé des querelles dans l'Eglise ; j'en ai rapporté un exemple *suprà*, chap. 6, sect. 2, n. 4. Autrefois même, comme Loiseau nous l'apprend, on ne voyoit point de demande en Justice pour ces préséances, ces querelles se vuidoient l'épée à la main : de bons Auteurs ont pensé [illegible]e pour ces Droits il n'y avoit nulle action.

Loiseau, chap. 11 des Seigneuries, nomb. 42, dit : *Quoi qu'il en soit, ceux qui ont cette simple préséance hono-*

raire, ne sont pas recevables d'en faire Procès en Justice; c'est pourquoi ordinairement ès Procès intentés pour les Honneurs (a) *de l'Eglise, le Demandeur perd sa Cause; parce que ne pouvant fonder son Droit, il faut que le Défendeur soit renvoyé absous: de-là vient qu'on aime mieux se battre, que de plaider sur ce sujet, ou bien on a accoutumé de faire quelqu'escapade ou violence, pour rendre son Adversaire Demandeur.* Au nombre 43, il dit qu'il y avoit lors plus de deux mille querelles pour cela; il venoit de dire aux nombres 37 & 38 que pour cela il n'y avoit point d'action, parce que la Justice n'est que pour conserver le droit d'un chacun; mais que s'il arrivoit scandale, on pourroit se pourvoir par Requête au Juge pour suppléer au défaut d'action.

Henrys, tome 2, édition 1708, liv. 1., quest. 3 des Matieres Ecclésiastiques, après avoir parlé du Patron & du Haut-Justicier, dit: *Hors ceux-là, si l'on défere aux Gentilshommes, aux Officiers, ou autres Personnes, c'est plutôt par bienséance que par devoir, c'est plutôt un Droit de civilité que d'obligation; (si ces Honneurs leur sont refusés, ils ne sont pas en droit de s'en plaindre, ils n'ont point d'action pour les demander).*

Pour appuyer cette maxime, il rapporte crument & sans circonstances l'Arrêt du 18 Juillet 1651, que nous avons rapporté d'après lui *suprà*, section du Pain benit.

Il répete encore cette doctrine en son Plaidoyer 16; il y invoque Pontanus sur Blois, art. 5., au mot *Nobilium*: on verra qu'Henrys s'est trompé.

Bretonnier sur Henrys, *ibid.* quest. 3, suit la même

(a) Observez qu'il ne parle que des simples préséances, comme on peut e voir n. 41.

doctrine, & pour l'appuyer cite l'Arrêt de 1662, que nous venons de dire *suprà*, chap. 6, sect. 2, n. 4, être dans le Recueil de Desmaisons, lettre H, chap. 1 : nous avons fait voir ce qui avoit causé ce préjugé, & qu'il n'a aucun trait à la question qu'il agite.

Mais outre que cette doctrine n'a pas pris faveur, puisque nos Livres sont remplis d'Arrêts qui ont adjugé ces préséances à des Hauts-Justiciers *dans* la Paroisse, à des Seigneurs de Fiefs, à des Personnes qualifiées, à des Officiers commensaux de la Maison du Roi, nous avons de bons Auteurs qui sur ces préséances ont pensé plus exactement, & ont mieux expliqué ce point. Il n'y a qu'à lire ceux que j'ai expliqué ci-dessus.

Pontanus, sur l'art. 5 de Blois, §. 2, au mot *Nobilium*, dit que toutes les fois que pour ces sortes d'Honneurs on a voulu former complainte, il a toujours conclu contre : voici sa raison.

Certà enim regula est, ubi non est petitorium, (sed sola actio personalis) ibi possessorium esse non potest.

Ce mot *petitorium* doit être entendu *du droit* aux Honneurs ; or comme il n'y a que le Patron & le Haut-Justicier qui ayent les Honneurs *par droit*, il n'y a qu'eux qui puissent former complainte : *probavimus suprà.*

Cet Auteur convient qu'il y a une action ; il ne dit pas ce qu'Henrys, Plaidoyer 16, lui fait dire, qu'il n'y a pas d'action : *il y a une action personnelle, sed sola actio personalis.* En vain dira-t-on qu'elle peut être regardée comme réelle, si on la fonde sur ce qu'on est, par exemple, Haut-Justicier *dans* la Paroisse, ou qu'on y a un grand Fief : cette action ne doit être considerée que par la qualité de celui qui l'intente ; la Justice & le Fief en ce cas ne sont que des accessoires pour appuyer l'action : la véritable action qui peut tendre au pétitoire, est celle qui descend du Patronage, ou de la Haute-Justice *de* la Paroisse ; parce que les Patron & Haut-Justicier *de* la Paroisse ont *seuls droit* aux Honneurs de l'Eglise ; tous autres n'ont qu'une action personnelle, contre un autre dont la qualité, ou la dignité, ou l'âge ne paroîtront pas assez fort pour obtenir.

Pour achever de convaincre que Pontanus étoit bien éloigné de penser ce qu'Henrys lui prête, faisons parler l'Auteur lui-même ; c'est ainsi qu'on instruit : on fait tomber dans l'erreur, quand on ne fait qu'indiquer un Auteur que souvent on n'a que parcouru, ou que l'on a pris à contre-sens, ou dont on n'a pris que les raisons de douter : voici comme Pontanus s'explique.

Verum ut omnem rem semel finiam, constat ex his quæ diximus pro ambitiosis illis Honoris, (ut ita dicam) praeeminentiis vindicandis, competere Judicis officium quod subsidiarium est, petitorium verò, vel possessorium, nihil ad eos pertinere.

On voit clairement que cet Auteur ne rejettoit l'action pour ces préséances, qu'autant qu'on la fondoit sur *son prétendu droit* à ces Honneurs, ou qu'on l'intentoit par *forme de complainte ;* mais quand elle étoit dirigée par *simple demande* de préséance, il ne la rejettoit pas.

Cette action, comme nous l'avons déja remarqué, n'est ni contre le Curé, ni contre le Patron, ni contre le Haut-Justicier *de* la Paroisse ; mais contre les Concurrens, ou contre ceux qui les déferent, comme les Marguilliers & Fabriciens : cette action contre ces derniers n'est que pour les obliger à conserver les rangs. Pontanus ajoute :

Quod tamen non, nisi hac distinctione adhibitâ, recipiendum est; nam hujusmodi Honores solent duplici ratione exhiberi, contemplatione videlicet personæ, vel juris personæ adhærentis. Si intuitu personæ, ut puta, si venerando cuidam & eximio Parrochiano ob singulare aliquod benemeritum in Ecclesiam, sive Parrochianos ipsos collatum, vel raram aliquam ejus virtutem, aut eminentem autoritatem, datum sit eminentiori loco Honoris gratiâ in Templo sedere, tùm si quis infimæ sortis homo, vel nebulo quispiam cui nihil est magis cordi quam ut viris probis negotium facessat, eum sedentem dejiciat loco; tunc cum virtus colenda sit, & honorifice tractandi ii quibus ipsa inest, Judicis officio succurri disturbato oportet; ille enim sedis honor exhibitus personalis est, nec in jure consistit, sed in moribus tantùm; ideo nullum remedium nec petitorium, nec possessorium competit.

Ce n'est pas là refuser *toute* action, comme le dit Henrys, Plaidoyer 16. Cet office du Juge n'intervient que *sur la demande* de celui qui se plaint de ce qu'on ne lui défere pas cette préséance; & l'office du Juge en faveur d'un quelqu'un spécialement, ne s'interpose pas sans une demande en Justice : concluons avec lui, que *est actio personalis.* Il rejette seulement l'action au pétitoire & l'action en complainte; parce que les Patron & Haut-Justicier *de* l'Eglise ayant *seuls* droit à *tous* les Honneurs de l'Eglise, grands & moindres, ces deux actions au pétitoire & en complainte n'appartiennent qu'à eux seuls.

On dira que je cite toujours; ne le dois-je pas faire? Qui, sur la foi du docte Henrys, n'auroit pas dit que

Pontanus pensoit qu'il n'y avoit aucune action pour les Droits de préséances ?

XII. Après avoir prouvé que l'on a action pour les préséances, mais action qui ne regarde pas le Curé, mais les Contendans seuls entr'eux, & quelquefois les Marguilliers pour la distribution du Pain benit, venons aux maximes que Roye nous en a données.

C'est au livre 2, chapitre 9, que nous les trouvons. Pour ne rien altérer du sentiment de cet Auteur, nous rapportons ce qu'il dit.

Post Feudatorem, post Seniorem cujuslibet Justitiæ, & Feudi Dominum, in quibus constructa est Ecclesia. N'allez pas prendre ces termes pour un simple Seigneur de Fief ayant Moyenne & Basse-Justice sur le terrein de l'Eglise : ces mots, *cujuslibet Justitiæ*, doivent s'entendre d'un Châtelain, ou plus haut Seigneur, ou du Haut-Justicier, à cause des Coutumes de Tours & Lodunois, qui les differencient pour les Honneurs. La preuve de ce que je dis est dans ce qui suit.

Post Benefactores, id est grands Bienfacteurs ; *quicumque omnimodam Jurisdictionem in quadam Villa, in quodam Paræciæ vico, in quadam parte habeant, in qua non sit Ecclesia, statim minores habent Honores : (semper quidem ille dicitur Senior, qui in suo Senioratu constructam habet Paræcialem Ecclesiam, eique præ cæteris debentur Honores).* Voilà le Haut-Justicier de la Paroisse ; & par là il est sensible que ce qu'il dit *suprà* ne s'y réfere pas, & qu'il ne donne pas les Honneurs à tous les Justiciers indifferemment, mais seulement les préséances.

Sed tamen in eâdem Paræciâ plures alii possunt esse Domini vel Seniores, & ex iis qui omnimodam Jurisdictionem habet, minores ei debentur Honores, post eum iis qui me-

diam, & posteà iis qui infimam, aut præcipuum vel majus Feudum. Illi omnes dicuntur capitales Domini... & in iis inter alios milites, non Patronos, non Seniores Parœciæ, non Benefactores, Principem locum habere debent, ac proinde minores Honores in eorum Ecclesiis. Voici une de ses raisons. *Quia cum Parochianorum major pars iis Nobilibus subjaceat ratione Jurisdictionis, & majorum Feudorum, concinnentibus votis velle videtur iis in Ecclesia sua Parœciali Honorem, & præeminentiam aliquam deferri, & assignari.*

Cet Auteur pense qu'après le Patron, le Haut-Justicier *de* la Paroisse, les grands Bienfacteurs, les Hauts, Moyens & Bas-Justiciers *dans* la Paroisse, les Seigneurs de grands Fiefs, doivent avoir ces prééminences. Il continue.

Iis succedunt alii quidam Nobiles qui intra Parœcialis Ecclesiæ fines habent tantùm minora Feuda, id genus hominibus in eâ præstari solent minores Honores, (non quidem jure sed per patientiam).

On pourroit dire que Roye pensoit que les Hauts, Moyens & Bas-Justiciers, ou Seigneurs de grands Fiefs *dans* la Paroisse, *ont droit* à ces préséances: le principe est contraire; c'est toujours par bienséance qu'on leur défere; dans l'Eglise ils sont simples Habitans. *Non quidem jure, sed per patientiam*; cela fait voir que ce n'est que par déference pour leur qualité, parce qu'ils sont les plus qualifiés dans la Paroisse.

Denique sunt quidam Nobiles qui licet nullum Feudum habeant iis tamen quidam præstantur Honores... sed inter eos tenendus ille ordo est. Ut qui ex his Feudum habeat, aliis præferatur qui non habeant, quia, præter Nobilitatem inter eos æqualem, habet Feudum quod Honorem utcumque importat & exigit. Si

Si autem omnes sunt æquales, vel quod æqualia Feuda, vel quod nulla habeant, inter eos servanda est generalis regula, ut qui prior est tempore, potior sit jure... & hoc nihil aliud est quam ut juniores senioribus cedant, ut qui ex iis ætate provectior sit, ille habeatur ævo Honoris primus.

Forte tamen ab eâ regulâ excipiendum est nisi alter ex iis prædium illud habeat cujus Domini Honores illos longuâ possessione inter alios æquales Nobiles acquisierint, tunc enim officio prætoris incumbit ut eum vel etiam juniorem in eâ possessione tueatur.

Telles sont les régles que Roye nous donne sur ces préséances; elles ont été adoptées par les Arrêts. Maréchal enseigne à peu près les mêmes maximes.

D'abord les Justiciers *dans* la Paroisse, Hauts, Moyens ou Bas, selon leurs degrés; ensuite les Seigneurs de Fiefs, suivant la qualité & le rang de leurs Fiefs; après eux les grands Bienfacteurs; ensuite les Gentilshommes, & entr'eux ceux qui possedent des Fiefs; & s'ils n'en ont point, l'âge ou la dignité.

Ajoutons que les Nobles de race, suivant moi, doivent passer avant les Annoblis: ajoutons aussi la grande Magistrature, les Officiers commensaux de la Maison du Roi. Il y a des Déclarations qui distinguent les Commensaux : il faut y avoir attention.

Voilà, MES CHERS CONFRERES, mes Réfléxions sur le Droit des Patrons & des Hauts-Justiciers *de* la Paroisse aux Honneurs de l'Eglise, & sur la qualité de Seigneur *sine addito* indéfiniment : j'ai tâché de mettre sous vos yeux les principes de cette matiere, & le vrai jugé des Arrêts; je n'ai voulu que vous faciliter la route des bonnes décisions. Heureux si ce petit Ouvrage trouve auprès de vous la même indulgence que vous accordez à mon Traité des Fiefs; plus heureux encore si vous êtes pleinement convaincus que mon but unique a été de mériter votre estime : content d'être avoué de mon Ordre, je me garde bien d'aspirer à ce qu'on dit estime vraiment générale. Quel est l'homme doué d'assez de mérite, d'un bonheur assez grand pour l'acquerir, disoit un Moderne; * quel est l'homme assez puissant pour interdire la médisance à tous ses ennemis? Qui est-ce qui a pû fermer la bouche à l'envie? Travaillons principalement à mériter l'estime du Cercle où nous sommes destinés par état; comme on nous y connoît mieux, si nous en avons l'approbation, elle sera plus véritable.

* Saint-Evremont

Que n'ai-je pas dû tenter pour mériter votre estime? L'estime de ceux qui, par leurs travaux continuels, leur application scrupuleuse à remplir les devoirs de la Profession, sont eux-mêmes autant de Sujets qui méritent la confiance & l'amour du Public, est l'estime que l'Avocat doit rechercher avec plus de soin, dont il doit être singulierement ambitieux. *Ea est enim profectò jucunda laus, quæ ab iis proficiscitur, qui ipsi in laude vixerunt. Cicero ad Famil. Epist. 6, lib. 15.*

ADDITION
POUR LE CHAPITRE V.

Contenant l'espéce de l'Arrêt du 18 Janvier 1603, cité par M. Guyot page 258, avec quelques Réfléxions sur cet Arrêt.

L'Arrêt qui donne lieu à cette Addition, est appellé communément l'Arrêt de Fontaine-Martel : il est fameux dans cette matiere, & on le cite souvent. Maréchal l'a rapporté en son Traité des Droits Honorifiques, tome 2, n. 69. M. Guyot en a aussi fait mention, & a témoigné ses regrets de ce que cet Auteur n'en a pas rapporté l'espéce ; c'est pourquoi on a cru qu'il seroit utile d'expliquer ici les circonstances dans lesquelles il est intervenu.

François Martel, Chevalier, Sieur de Fontaine-Martel, qui obtint l'Arrêt dont il s'agit, étoit en 1601 Seigneur de Bretigny sous Montlhery.

Cette Seigneurie est composée de trois principaux Fiefs ; sçavoir, celui de Bretigny, & les Fiefs de Saint Pierre & de Saint Philbert de Bretigny ; ces deux derniers ont pris leur nom de deux Eglises Paroissiales situées dans l'étendue desdits Fiefs. Le Seigneur de Bretigny n'est point Fondateur ni Patron de ces Eglises ; c'est M. l'Archevêque de Paris qui nomme aux deux Cures.

Louis de Montbron, Chevalier, Sieur de Fontaine-Chalandray, étoit alors Seigneur du Plessis-Pasté, Terre contiguë à celle de Bretigny, & qui lui appartenoit du chef de Claude Blosset sa femme, fille de défunt Jean Blosset II. du nom, aussi Seigneur du Plessis-Pasté : il prétendoit en cette qualité être Patron Fondateur de l'Eglise Paroissiale de Saint Pierre de Bretigny ; que cette Eglise avoit été fondée par Jean Blosset I. du nom, Comte de Torcy, & Anne de Cugnac de Dampierre sa femme, Seigneurs du Plessis-Pasté. Ce Jean Blosset vivoit en 1473.

Il paroît que le sieur de Montbron prétendoit que les Seigneurs du Plessis-Pasté étoient aussi Fondateurs de l'Eglise Paroissiale de Saint Philbert, & qu'ils y avoient anciennement leur Sépulture.

Ce qui pouvoit donner lieu à cette opinion, est que la Cure de Saint Philbert existoit déja dans le douziéme siécle, tems où il n'y avoit encore au Plessis qu'une simple Chapelle ; il y eut même un tems où la Cure de Saint Pierre étoit desservie par le Curé de S. Philbert ; de sorte qu'elle n'étoit regardée que comme une Succursale de Saint Philbert. Le Curé de S. Philbert demeuroit alors ordinairement au Plessis pour sa commodité, & disoit la Messe dans la Chapelle dudit lieu.

Quoi qu'il en soit des raisons sur lesquelles le sieur de Montbron s'appuyoit pour le Patronage de l'Eglise de Saint Philbert, il paroît qu'il prétendoit jouir des Droits Honorifiques en l'une & l'autre Eglise, & que c'étoit en qualité de Patron ; c'est ce que nous annonce le titre que Maréchal a mis à l'Arrêt de 1603, qu'il donne comme ayant jugé que le sieur de Montbron n'avoit point de titres suffisans pour se dire Patron.

Ce fut en 1601 que la contestation s'éleva à ce sujet entre le sieur de Montbron & le sieur de Fontaine-Martel. Elle avoit d'abord été portée au Conseil privé du Roi, où par Arrêt du 5 Avril audit an elle fut renvoyée au Parlement; ensorte que les Parties y plaiderent en premiere Instance.

Le sieur de Fontaine-Martel, Seigneur de Bretigny, étoit Demandeur, & concluoit à ce qu'en qualité de Seigneur de la Terre & Seigneurie de Bretigny, ensemble des Fiefs de S. Pierre & de S. Philbert dudit lieu, il fût maintenu en la jouissance de tous Droits & Prérogatives d'Honneur au dedans desdites Eglises de Saint Pierre & de S. Philbert, soit pour l'Eau benite, Offrande, Pain benit, Prieres, & tous autres généralement quelconques; & que défenses fussent faites au sieur de Montbron de l'y troubler, à peine de tous dépens, dommages & interêts.

On ne voit point quelle étoit la teneur des défenses du sieur de Montbron; mais il paroît que c'étoit en qualité de Patron qu'il prétendoit les Droits Honorifiques.

Les Parties furent appointées en droit, & elles produisirent respectivement.

Il intervint le 7 Septembre 1601 un Arrêt interlocutoire, par lequel il fut ordonné, sans préjudice des droits des Parties, que par le Rapporteur du Procès, qui se transporteroit sur les lieux, il seroit fait Procès-verbal & description des Armoiries gravées & peintes en la voûte, vitres, sur les cloches, & autres endroits, ensemble du lieu où étoit la Cave voûtée des Sépultures des sieurs du Plessis-Pasté esdites Eglises de Saint Pierre & de Saint Philbert,

Il fut encore ordonné par un autre Arrêt du 3 Octobre suivant, qu'en procedant par le Rapporteur à l'exécution de l'Arrêt du 7 Septembre précedent, il seroit fait description des lieux, tant de ce qui seroit requis par ledit de Montbron, que par le sieur de Fontaine-Martel, & Procès-verbal de l'état contentieux & prétentions desdites Parties qui seroient ouies pardevant lui, pour audit Procès-verbal, mis dans un sac à part, avoir égard, si faire se devoit.

Ce Procès-verbal fut fait & joint au Procès.

Les Parties écrivirent encore, & produisirent respectivement au sujet de ce Procès-verbal : on ne voit point quelle en étoit la teneur ; mais voici ce que l'on a appris de l'état des lieux & de la tradition du Pays.

L'Eglise Paroissiale de Saint Pierre de Bretigny, en l'état qu'elle est présentement, est de plusieurs constructions différentes ; le Chœur paroît être du douziéme siécle, ou au plus tard du treiziéme ; la Nef avec le bas côté à droite sont d'une construction différente & beaucoup moins ancienne.

On tient communément que ce fut Jean Blosset premier du nom, Comte de Torcy, Seigneur du Plessis-Pasté, & Anne de Cugnac sa femme, qui vivoient en 1473, qui firent construire cette partie de l'Eglise de Saint Pierre ; qu'il y avoit au Plessis une Chapelle dédiée à Saint Jacques : quelques-uns prétendent qu'elle étoit dans l'enceinte du Château ; d'autres, qu'elle étoit située dans le même lieu où est présentement l'Eglise Paroissiale du Plessis-Pasté ; que Jean Blosset fit transférer cette Chapelle à Saint Pierre de Bretigny.

Ce qu'il y a de certain, est qu'à la voûte des deux espaces de la Nef les plus proches du Chœur, en l'état où il étoit anciennement, & avant qu'on l'eût agrandi d'une partie de la Nef, il y a des Armoiries gravées en pierre dure; sçavoir, au premier espace le plus proche de l'ancien Chœur, ce sont les Armoiries pleines des Blosset, & au second espace l'écu est partie de Blosset & de Cugnac, ce qui fait connoître que cette construction est du tems de Jean Blosset premier du nom, & d'Anne de Cugnac sa femme.

Il est aussi notoire dans le Pays, que depuis cette construction jusqu'en 1668, que fut bâtie l'Eglise Paroissiale du Plessis-Pasté, il y avoit dans la Nef de l'Eglise de Saint Pierre, contre le pilier le plus proche du Chœur, à gauche en entrant, un Autel dédié sous le titre de Saint Jacques, comme étoit la Chapelle du Plessis; les Habitans du Plessis se plaçoient tous ensemble de ce côté dans la Nef, & il y avoit un canton particulier du Cimetiere de Saint Pierre destiné pour eux; ensorte qu'ils avoient dans la Paroisse de Saint Pierre une espéce de Paroisse particuliere pour eux.

On lit sur la plus grosse des cloches de Saint Pierre, qu'elle fut nommée Jeanne par Jean Blosset, Baron de Torcy, Seigneur du Plessis-Pasté; & sur la seconde, qu'elle fut nommée Anne par Anne de Saint-Berthevin, femme de Jean Blosset, Seigneur du Plessis-Pasté, en 1573. Il n'est pas dit sur l'une ni l'autre cloche, que les Seigneurs du Plessis fussent Fondateurs de l'Eglise de Saint Pierre.

Pour ce qui est de la Cave voûtée dont parloit le sieur de Montbron, il est certain qu'il y a dans le Chœur de l'Eglise de Saint Pierre un Caveau du côté de l'Evangile, proche le Banc du Seigneur de Bretigny, lequel ayant été ouvert en 1706 pour y inhumer Charles

Martel, Comte de Fontaine-Martel, Seigneur de Bretigny, décedé en ladite année, on y trouva deux cercueils de plomb; l'un étoit celui dudit Jean Bloſſet II. du nom, dont le nom, les qualités & le tems du décès étoient gravés ſur le cercueil; l'autre portoit cette Inſcription : *Cy giſt Anne de Saint-Berthevin, Dame vertueuſe de ce Lieu, décedée l'an* 1587.

Nous remarquerons ici en paſſant, à l'occaſion de ces Sépultures, un fait aſſez ſingulier; c'eſt que le cercueil de ladite Anne de Saint-Berthevin ayant été ouvert par les Ouvriers, on trouva ſon corps ſain & entier, quoiqu'elle fût décedée depuis cent vingt-trois ans, & qu'il n'y eût dans le cercueil de ſon mari qu'un peu de cendre : il eſt vrai que les entrailles de la femme avoient été ôtées, d'où l'on peut juger que le corps avoit été embaumé (*a*).

Au reſte, il n'y avoit encore ſur ces cercueils aucune Inſcription qui annonçât que les Seigneurs fuſſent conſiderés comme Patrons.

On ne connoît point de vitres ni d'ornemens à Saint Pierre ſur leſquels ſe trouvent les Armoiries des Seigneurs du Pleſſis-Paſté.

Pour ce qui eſt de l'Egliſe de Saint Philbert, on ne ſçait ſur quoi le ſieur de Montbron pouvoit ſe fonder pour s'en dire Patron; car on n'y connoît aucunes Armoiries des Seigneurs du Pleſſis, ſoit à la voûte, aux vitres, ni ailleurs; aucune Inſcription ſur les cloches qui faſſe mention des Seigneurs du Pleſſis, aucune Sépulture particuliere pour eux.

Il ſe peut faire que très-anciennement ils fuſſent de

(*a*) V. le Mercure de Janvier 1737, pag. 53 & ſuivantes, où ce fait eſt rapporté plus au long.

cette

cette Paroiſſe, que le Curé vînt dire la Meſſe dans leur Chapelle, en conſidération de quoi ils auroient fait quelques libéralités à cette Egliſe ; mais il ne s'enſuit pas de-là qu'ils fuſſent Seigneurs ni Patrons de cette Paroiſſe.

Le ſieur de Montbron n'avoit donc quelque apparence de droit que pour l'Egliſe de Saint Pierre, à cauſe des Armoiries de ſes Auteurs gravées à la voûte, des Inſcriptions ſur les cloches, & du Caveau dans le lieu le plus honorable.

Mais il eſt ſenſible que l'Inſcription des cloches ne prouvoit autre choſe, ſinon qu'un Seigneur du Pleſſis & ſa femme avoient été Parain & Maraine de deux des cloches, & le ſilence de ces Inſcriptions ſur leur prétendue qualité de Patrons, faiſoit une preuve contr'eux.

Il en étoit de même de la Sépulture donnée à ces Seigneurs dans le lieu le plus honorable ; ce ne pouvoit être qu'une tolérance de la part des Seigneurs de Bretigny ; & cette Sépulture n'étant accompagnée d'aucune Inſcription qui attribuât la qualité de Patrons, ne pouvoit faire un titre.

Il ne reſtoit donc pour le ſieur de Montbron que les Armoiries des Bloſſet gravées à la voûte ; ces Armoiries prouvoient inconteſtablement que Jean Bloſſet & ſa femme étoient regardés comme les Fondateurs de cette partie de l'Egliſe, mais elles ne ſont que dans la Nef, qui eſt d'une conſtruction différente de celle du Chœur ; ainſi Jean Bloſſet ne pouvoit être regardé comme Fondateur de l'Egliſe, mais ſeulement comme un Bienfaiteur qui avoit augmenté les bâtimens de l'Eglise ; ce qui ne suffit pas pour attribuer les Droits Honorifiques.

Pour ce qui est du sieur de Fontaine-Martel, Seigneur de Bretigny, il n'est pas douteux qu'il étoit seul Seigneur Féodal, & Haut, Moyen & Bas-Justicier du lieu où les Eglises de Saint Pierre & de Saint Philbert sont construites ; qu'en qualité de Seigneur Haut-Justicier, & à défaut de Patron, il avoit seul droit de prétendre tous les Droits Honorifiques ; & il est évident que c'est ce que l'Arrêt de 1603 a entendu lui adjuger.

En effet, quoique cet Arrêt adjuge seulement au sieur de Fontaine-Martel les premiers rangs & honneurs esdites Eglises Saint Pierre & Saint Philbert de Bretigny, & particulierement ès Prieres qui se font en icelles, il ne s'ensuit pas de-là que le sieur de Montbron y eût le second rang, & sur-tout pour l'Eau benite par distinction, & les Prieres nominales, qui n'appartiennent qu'au Patron & au Haut-Justicier. Les Seigneurs du Plessis n'ont jamais eu aucune possession de cette nature, du moins depuis l'Arrêt de 1603.

Mais il se peut faire que l'Arrêt, en adjugeant les premiers rangs & honneurs au sieur de Fontaine-Martel, ait entendu que le sieur de Montbron, qui après le Seigneur de Bretigny étoit le plus qualifié de la Paroisse, auroit le second rang pour l'Offrande & pour la distribution du Pain benit, & autres semblables cérémonies ; ce qui ne touche simplement que les préséances, qui ne sont pas du nombre des grands Droits Honorifiques proprement dits, lesquels n'appartiennent qu'au Patron, & après lui au Seigneur Haut-Justicier.

Au reste, le Seigneur de Bretigny auroit pû, en défendant ses droits, prendre des conclusions plus précises, & demander, en qualité de Seigneur Haut-Justicier, d'être maintenu dans le droit & possession de jouir seul de tous les Droits Honorifiques, à l'exclusion du sieur de Montbron.

Il y a apparence que la qualité de Seigneur Haut-Justicier du lieu où sont construites les deux Eglises, n'étoit point contestée au sieur de Fontaine-Martel ; & que par conséquent le sieur de Montbron même, en se prétendant Patron, ne contestoit pas au sieur de Fontaine-Martel qu'il pût participer après lui aux Droits Honorifiques ; mais il prétendoit comme Patron y avoir le *premier rang*. C'est pourquoi l'Arrêt ayant jugé qu'il n'étoit point Patron, adjugea au sieur de Fontaine-Martel les premiers rangs & honneurs, & particulierement aux Prieres nominales, ausquelles ceux qui n'ont que de simples préséances ne peuvent avoir aucune part ; & l'Arrêt fit défenses au sieur de Montbron de troubler le sieur de Fontaine-Martel, sans adjuger au sieur de Montbron aucun rang dans les Droits Honorifiques, parce qu'en effet le sieur de Montbron n'y avoit aucun droit.

Pour mettre le Lecteur mieux en état de juger des conséquences que l'on peut tirer de cet Arrêt, on en va rapporter ici le dispositif.

» Dit a été que ladite Cour a adjugé audit Martel » les premiers rangs & honneurs esdites Eglises Saint » Pierre & Saint Philbert de Bretigny, & particulierement ès Prieres qui se font en icelles : fait inhibi- » tions & défenses audit de Montbron de le troubler

» & empêcher en la jouissance desdits rangs & hon-
» neurs, & l'a condamné ès dépens de l'Instance &
» autres réservés par lesdits Arrêts des 20 Juin, 7 Sep-
» tembre & 3 Octobre, sans autres dépens, dom-
» mages & interêts. Prononcé le dix-huit Janvier mil
» six cens trois.

FIN.

TABLE DES MATIERES

CONTENUES DANS CE VOLUME.

J

L

Fin de la Table des Matieres.

ERRATA.

Page 7, ligne 18, *domus Beneficium*, lisez *demus beneficium.*
P. 409, ligne 17, *Commilitanes*, lisez *Commilitones.*
P. 450, ligne 20, *prefactò*, lisez *profecto.*

APPROBATION.

J'AI examiné par l'ordre de Monseigneur le Chancelier, un Manuscrit intitulé, *Observations sur le droit des Patrons & des Seigneurs de Paroisse aux Honneurs dans l'Eglise, &c. par M. Germain-Antoine Guyot, Avocat au Parlement* : Et j'ai trouvé que l'impression ne peut être que très-utile. A Paris ce 8 Mai 1749. RASSICOD.

PRIVILEGE DU ROY.

LOUIS, par la grace de Dieu, Roi de France & de Navarre : A nos amés & féaux Conseillers les Gens tenans nos Cours de Parlement, Maîtres des Requêtes ordinaires de notre Hôtel, Grand Conseil, Prevôt de Paris, Baillifs, Sénéchaux, leurs Lieutenans Civils & autres nos Justiciers qu'il appartiendra ; SALUT. Notre bien amé le sieur GUYOT, Avocat en notre Parlement de Paris, Nous a fait exposer qu'il desiroit faire imprimer & donner au Public un Ouvrage de sa composition, qui a pour titre, *Observations sur le droit des Patrons & des Seigneurs de Paroisse, &c.* s'il Nous plaisoit lui accorder nos Lettres de Privilége pour ce nécessaires. A CES CAUSES, voulant favorablement traiter l'Exposant, Nous lui avons permis & permettons par ces Présentes de faire imprimer sondit Ouvrage en un ou plusieurs volumes, & autant de fois que bon lui semblera, & de le faire vendre & débiter par tout notre Royaume pendant le tems de six années consécutives, à compter du jour de la date desdites Présentes : Faisons défenses à tous Libraires, Imprimeurs & autres personnes, de quelque qualité & condition qu'elles soient, d'en introduire d'impression étrangere dans aucun lieu de notre obéissance ; comme aussi d'imprimer ou faire imprimer, vendre, faire vendre, débiter ni contrefaire ledit Ouvrage, ni d'en faire aucun extrait sous quelque prétexte que ce soit, d'augmentation, correction, changement ou autres, sans la permission expresse & par écrit dudit Exposant, ou de ceux qui auront droit de lui, à peine de confiscation des Exemplaires contrefaits, de trois mille livres d'amende contre chacun des contrevenans, dont un tiers à Nous, un tiers à l'Hôtel-Dieu de Paris, & l'autre tiers audit Exposant ou à celui qui aura droit de lui, & de tous dépens, dommages & interêts ; à la charge que ces Présentes seront enregistrées tout au long sur le Registre de la Communauté des Libraires & Imprimeurs de Paris dans trois mois de la date d'icelles ; que l'impression dudit Ouvrage sera faite dans notre Royaume & non ailleurs, en bon papier & beaux caracteres, conformément à la feuille imprimée attachée pour modéle sous le contre-scel des Présentes ; que l'Impétrant se conformera en tout aux Réglemens de la Librairie, & notamment à celui du 10 Avril 1725 ; qu'avant de l'exposer en vente, le manuscrit qui aura servi de copie à l'impression dudit Ouvrage, sera remis dans le même état où l'approbation y aura été donnée, ès mains de notre très-cher & féal Chevalier le Sieur Daguesseau, Chancelier de France, Commandeur de nos Ordres; & qu'il en sera ensuite remis deux Exemplaires dans notre Bibliothéque publique, un dans celle de notre très-cher & féal Chevalier le Sieur Daguesseau, Chancelier de France, le tout à peine de nullité des Présentes; du contenu desquelles vous mandons & enjoignons de faire jouir ledit Exposant & ses ayans causes pleinement & paisiblement, sans souffrir qu'il leur soit fait aucun trouble ou empêchement: Voulons que la copie des Présentes, qui sera imprimée tout au long au commencement ou à la fin dudit Ouvrage, soit tenue pour dûement signifiée; & qu'aux copies collationnées par l'un de nos amés & féaux Conseillers & Secretaires, foi soit ajoutée comme à l'Original: Commandons au premier notre Huissier ou Sergent sur ce requis, de faire pour l'exécution d'icelles tous actes requis & nécessaires, sans demander autre permission, & nonobstant clameur de Haro, Charte Normande & Lettres à ce contraires: CAR tel est notre plaisir. Donné à Paris le trente-uniéme jour du mois de Mai, l'an de grace mil sept cens quarante-neuf, & de notre Regne le trente-quatriéme. Par le Roi en son Conseil, SAINSON.

Je soussigné cede & transporte mes droits au présent Privilége au sieur BERNARD BRUNET, Imprimeur-Libraire à Paris, pour en jouir en mon lieu & place, suivant les conventions faites entre nous. A Paris ce 23 Juin mil sept cens quarante-neuf. GUYOT.

Regiſtré, enſemble la Ceſſion ci-deſſus, ſur le Regiſtre douze de la Chambre Royale des Libraires & Imprimeurs de Paris, N. 195, Fol. 182, conformément aux anciens Réglemens, confirmés par celui du 28 Février 1723. A Paris ce 27 Juin 1749. G. CAVELIER, *Syndic.*

www.ingramcontent.com/pod-product-compliance
Lightning Source LLC
Chambersburg PA
CBHW060915220326
41599CB00020B/2968

* 9 7 8 2 0 1 2 5 9 3 9 7 8 *